L-TAB

롯데그룹
온라인 조직 · 직무적합진단

시대에듀

2025 최신판 시대에듀 All-New 롯데그룹 L-TAB
온라인 조직·직무적합진단 최신기출유형 + 모의고사 3회 + 무료롯데특강

Always **with you**

사람의 인연은 길에서 우연하게 만나거나 함께 살아가는 것만을 의미하지는 않습니다.
책을 펴내는 출판사와 그 책을 읽는 독자의 만남도 소중한 인연입니다.
시대에듀는 항상 독자의 마음을 헤아리기 위해 노력하고 있습니다. 늘 독자와 함께하겠습니다.

머리말 PREFACE

롯데그룹은 글로벌 기업으로 롯데제과를 설립한 이후 40여 년 동안 식품, 유통, 관광, 화학, 건설, 금융 등으로 꾸준히 사업을 다각화하면서 국가 경제 발전과 고객의 삶의 질 향상에 기여해왔다. 또한 철저한 품질주의와 내실 경영으로 건전한 재무구조를 구축하고, 핵심 사업에 역량을 효율적으로 집중하였다. 이를 통해 글로벌 경쟁력을 지속적으로 강화하여 세계 기업으로의 도약을 위한 기반을 다져왔다.

롯데그룹은 미래 50년 동안에도 지속가능한 성장을 이룰 수 있도록 그룹의 성장 방향을 질적 성장으로 전환하고, 이에 맞춰 새로운 비전인 「Lifetime Value Creator」를 선포하여 고객에게 전 생애주기에 걸쳐 최고의 가치를 선사하도록 노력하고 있다.

롯데그룹은 사고와 행동방식의 기준으로 'Beyond Customer Expectation', 'Challenge', 'Respect', 'Originality'라는 핵심가치와 함께 '투명 경영', '핵심 역량 강화', '가치 경영', '현장 경영'이라는 네 가지 경영방침을 제시한다. 이를 바탕으로 적극적으로 세계 시장을 개척하여 아시아를 선도하는 글로벌 기업의 꿈을 반드시 실현해 나갈 수 있도록 우수인재 확보를 위한 롯데그룹만의 인재 선발방식인 L-TAB을 실행하고 있다.

이에 시대에듀에서는 롯데그룹 온라인 조직·직무적합진단 L-TAB을 준비하는 수험생들이 시험에 효과적으로 대비할 수 있도록 다음과 같은 특징의 본서를 출간하게 되었다.

도서의 특징

❶ 2024년 하반기 기출복원문제를 수록하여 최근 출제경향을 한눈에 파악할 수 있도록 하였다.

❷ 영역별 대표기출유형과 기출응용문제를 수록하여 단계별로 학습이 가능하도록 하였다.

❸ 최종점검 모의고사와 도서 동형 온라인 실전연습 서비스를 제공하여 실전과 같은 연습이 가능하도록 하였다.

❹ 조직적합진단부터 면접까지 채용 관련 내용을 꼼꼼하게 다루어 본서 한 권으로 마지막 관문까지 무사히 통과할 수 있도록 구성하였다.

끝으로 본서를 통해 롯데그룹 입사를 준비하는 여러분 모두에게 합격의 기쁨이 있기를 진심으로 기원한다.

SDC(Sidae Data Center) 씀

◇ **미션**

사랑과 신뢰를 받는 제품과 서비스를 제공하여
인류의 풍요로운 삶에 기여한다.

We enrich people's lives by providing superior products and services
that our customers love and trust.

풍요	기여	확장
롯데가 설립 이래 지속적으로 고객에게 제공해 온 '풍요'의 가치를 강조해 타 그룹과 차별성을 나타낸다.	'고객의 사랑과 신뢰를 받고 인류의 삶에 기여'하기 위한 끊임없는 노력의 동기를 제공한다.	'제품과 서비스' 그리고 '인류'라는 포괄적인 표현으로 신규 사업영역 확장의 의지를 피력한다.

◇ **비전**

Lifetime Value Creator
'새로운 50년을 향한 다짐'

롯데는 미래 50년 동안에도 지속가능한 성장을 이룰 수 있도록 그룹의 성장 방향을 질적 성장으로 전환하고, 이에 맞춰 새로운 비전을 선포하였다. 「Lifetime Value Creator」에는 롯데의 브랜드를 통해 고객에게 전 생애주기에 걸쳐 최고의 가치를 선사하겠다는 의미가 담겨있다.

◇ **핵심가치**

Beyond Customer Expectation

우리는 고객의 요구를 충족하는 데 머무르지 않고, 고객의 기대를 뛰어넘는 가치를 창출해낸다.

우리는 업무의 본질에 집중하며 끊임없는 도전을 통해 더 높은 수준의 목표를 달성해 나간다.	우리는 다양한 의견을 존중하며 소통하고, 원칙을 준수함으로써 신뢰에 기반한 공동체를 지향한다.	우리는 변화에 민첩하게 대응하고, 경계를 뛰어넘는 협업과 틀을 깨는 혁신을 통해 쉽게 모방할 수 없는 독창성을 만든다.

◇ **인재상**

자신의 성장과 함께 우리 사회를 보다 성숙시켜 나갈
열정과 책임감을 갖춘 글로벌 인재

실패를 두려워하지 않는 인재	실력을 키우기 위해 끊임없이 노력하는 인재	협력과 상생을 아는 인재

2024년 하반기 기출분석 ANALYSIS

총평

2024년 하반기 롯데그룹 L-TAB은 상반기 시험과 비슷한 유형으로 출제되었다. 어렵지 않은 시험이었기에 L-TAB 특유의 시험 방식을 잘 수행해 내는 것이 관건이었다. 특히 자료해석 유형을 꼼꼼하게 푸는 것이 중요했으며, 기초적인 수리 이론을 빠르고 정확하게 응용하는 능력이 필요했다. 평소 문제를 풀 때 시간 관리에 철저한 습관과 갑작스러운 업무 상황에도 당황하지 않는 적응력이 요구되는 시험이었다. 문제의 수준이 평이했던 만큼 안정적인 전략을 세우는 것이 변별력을 키웠으리라 본다.

◇ 핵심전략

롯데그룹 L-TAB의 가장 큰 특징은 타 기업의 일반적인 인적성검사와 달리 실제 업무 상황처럼 Outlook 메일함 혹은 자료실 등의 환경이 주어진다는 것이다. 이메일 및 메신저를 통해 동시다발적으로 주어지는 과제를 직접 수행해야 하는 만큼 낯선 시험 형태에 당황할 수 있다. 그러나 실제 문제 풀이에 사용되는 개념은 언어적 사고의 사실적 독해, 수리적 사고의 자료해석 등 타 인적성검사와 비슷하다는 것을 인지하고 이를 활용할 수 있어야 한다.

실제 업무 환경과 유사하게 진행되는 온라인 시험이므로 필기도구의 사용은 제한되며, 프로그램 내 계산기와 메모장만 사용할 수 있다. 따라서 직무적합진단 응시 전 사전검사를 필수적으로 시행하여 시험에 대한 이해도를 높여야 한다. 화면만 보며 문제를 푸는 일에 익숙해지고, 계산기와 메모장을 빠르고 정확하게 사용할 수 있도록 충분히 연습해야 한다.

◇ 시험진행

구분	개요	시간
조직적합진단	• 롯데그룹의 인재상에 부합하는 인재인지 평가 • 지원자 개인 성향 및 인성 위주 질문 구성	1시간
직무적합진단	• 실제 업무 상황처럼 구현된 Outlook 메일함/자료실 환경에서 이메일 및 메신저 등으로 전달된 다수의 과제 수행 • 문항에 따라 객관식, 주관식, 자료 첨부 등 다양한 형태의 답변이 가능 • 문항 수 구분은 없으나 대략적으로 하나의 상황마다 3~4문제가 주어짐	3시간 (사전 준비 1시간 포함)

※ 조직적합진단은 직무적합진단 시행 이전에 진행되며, 일반적인 인성검사와 유사하다.
※ 직무적합진단 시작 전에 1시간의 점검 및 준비 시간이 주어진다.

◇ 영역별 출제비중

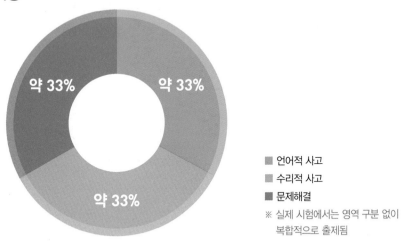

약 33% 약 33% 약 33%

■ 언어적 사고
■ 수리적 사고
■ 문제해결

※ 실제 시험에서는 영역 구분 없이
복합적으로 출제됨

◇ 영역별 출제특징

구분	영역	출제특징
직무 적합 진단	언어적 사고	• 추론적 독해를 통해 지문의 핵심을 파악하는 문제 • 글의 흐름을 파악하여 개요/내용을 올바르게 수정하는 문제 • 진술의 진실 및 거짓 여부를 확인하는 문제
	수리적 사고	• 거리 · 속력 · 시간, 농도, 금액, 일률, 경우의 수, 확률을 구하는 문제 • 통계자료를 해석하는 문제 • 순위, 비율, 증감률을 구하는 문제 • 제시된 자료의 규칙을 찾아 미래의 값을 추론하는 문제
	문제 해결	• 조직생활에서 발생할 수 있는 여러 가지 상황에 대한 대처 능력을 평가하는 문제 • 가격 계산, 스케줄 관리, 고객 응대, 시스템 관리 매뉴얼 등 다양한 상황을 가정한 문제

신입사원 채용 안내 INFORMATION

롯데그룹은 수시채용을 통해 계열사별로 필요한 시기와 인원을 판단하여 신입사원을 채용하고 있다. 전반적인 채용절차는 다음과 같으나, 지원 회사 및 모집 분야에 따라 세부적인 절차가 달라지므로 정확한 절차는 개별 채용 공고를 통해 확인해야 한다.

◇ 채용절차

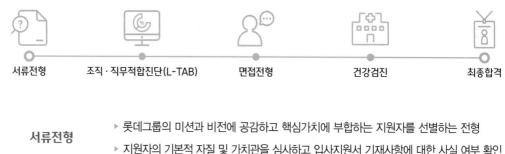

서류전형   조직 · 직무적합진단(L-TAB)   면접전형   건강검진   최종합격

서류전형
- ▶ 롯데그룹의 미션과 비전에 공감하고 핵심가치에 부합하는 지원자를 선별하는 전형
- ▶ 지원자의 기본적 자질 및 가치관을 심사하고 입사지원서 기재사항에 대한 사실 여부 확인

L-TAB
- ▶ 지원자의 조직적응력 및 직무적합성을 판단하기 위한 기초능력 진단
- ▶ **조직적합진단** : 지원자의 성격과 가치관이 롯데그룹의 문화와 얼마나 부합하는지 판단
- ▶ **직무적합진단** : 지원자가 직무 수행을 위한 기초역량을 갖추었는지 종합적으로 판단

면접전형
- ▶ 지원자의 역량, 가치관 및 발전 가능성을 종합적으로 심사
- ▶ 다양한 방식을 하루 동안 ONE-STOP으로 진행(역량면접, 임원면접, PT면접, GD면접, 외국어 평가 등)
- ※ 지원하는 계열사 · 직무에 따라 면접유형이 상이할 수 있습니다.

건강검진 및 합격
- ▶ 건강검진은 계열사별로 진행하며, 안내받은 일정과 장소에 방문하여 검진 시행
- ▶ 최종합격자에 한하여 입사 후 그룹 및 계열사 입문교육 시행

❖ 채용절차는 채용유형, 채용직무, 채용시기 등에 따라 변동될 수 있으므로 반드시 발표되는 채용공고를 확인하기 바랍니다.

온라인 시험 Tip TEST TIP

◇ 직무적합진단(적성검사) 형식 및 답변 방식

영역	• 3개 영역 • 언어적 사고, 수리적 사고, 문제해결
문제 형식	• 실제 업무 상황처럼 구현된 Outlook 메일함/자료실 환경에서 신입사원으로서 겪을 수 있는 다양한 과제를 해결해 가는 형식
답변 방식	• 이메일 혹은 메신저 형태로 제시된 과제에 대하여 응시자가 [이메일-회신] 혹은 [메신저-답장]을 통해 답변 등록 • 객관식, 주관식, 특정 자료 첨부 등의 여러 가지 형태로 답변 가능

◇ 필수 준비물

❶ 타인과 접촉이 없으며 원활한 네트워크 환경이 조성된 응시 장소
❷ 권장 사양에 적합한 PC 및 주변기기(웹캠, 마이크, 스피커, 키보드, 마우스)
❸ 신분증(주민등록증, 주민등록증 발급 확인서, 운전면허증, 여권, 외국인거소증 중 택 1), 휴대전화

◇ 유의사항

❶ 반기 1회 응시 결과를 해당 반기 내 활용한다(상반기 6/30, 하반기 12/31까지 유효).
❷ 사전 검사 미실시 시 본 진단에 참여할 수 없으므로 반드시 실시해야 한다.
❸ 부정행위 의심을 받을 수 있으니 문제 풀이 외의 행동을 삼간다.
❹ 준비 물품 이외의 물품은 책상 위에서 제거하도록 한다.
❺ 시험 도중 화장실에 갈 수 없으므로 주의한다.
❻ 시험을 보기 전날, 롯데그룹에서 제공하는 직무적합진단 응시자 매뉴얼을 마지막으로 숙지한다.

롯데

언어적 사고 ▶ 추론적 독해

Hard

07 다음 글 뒤에 이어질 내용으로 가장 적절한 것은?

> 테레민이라는 악기는 손을 대지 않고 연주하는 악기이다. 이 악기를 연주하기 위해 연주자는 허리 높이쯤에 위치한 상자 앞에 선다. 오른손은 상자에 수직으로 세워진 안테나 주위에서 움직인다. 오른손의 엄지와 집게손가락으로 고리를 만들고 손을 흔들면서 나머지 손가락을 하나씩 펴면 안테나에 손이 닿지 않고서도 음이 들린다. 이때 들리는 음은 피아노 건반을 눌렀을 때 나는 것처럼 정해진 음이 아니고 현악기를 연주하는 것과 같은 연속음이며, 소리는 손과 손가락의 움직임에 따라 변한다. 왼손은 손가락을 펼친 채로 상자에서 수평으로 뻗은 안테나 위에서 서서히 오르내리면서 소리를 조절한다.
> 오른손으로는 수직 안테나와의 거리에 따라 음고(音高)를 조절하고 왼손으로는 수평 안테나와의 거리에 따라 음량을 조절한다. 따라서 오른손과 수직 안테나는 음고를 조절하는 회로에 속하고 왼손과

수리적 사고 ▶ 자료분석

08 다음은 우리나라 일부 업종에서 일하는 근로자 수 및 고령근로자 비율과 국가별 65세 이상 경제활동 참가율 현황에 관한 자료이다. 이에 대한 설명으로 적절한 것은?

〈업종별 근로자 수 및 고령근로자 비율〉

문제해결 ▶ 문제해결

08 인사업무를 담당하고 있는 귀하는 전 직원을 대상으로 몇 년 동안 혼인 여부와 업무성과를 연계하여 조사를 실시해왔다. 그 결과 안정적인 가정을 꾸린 직원이 더 높은 성과를 달성한다는 사실을 확인할 수 있었다. 조사 내용 중 특히 신입사원의 혼인율이 급격하게 낮아지고 있으며, 최근 그 수치가 매우 낮아 향후 업무성과에 좋지 못한 영향을 미칠 것으로 예상되었다. 이러한 문제의 근본 원인을 찾아 도식화하여 팀장에게 보고하려고 한다. 다음 중 현상 간의 인과관계를 따져볼 때, 귀하가 (D)에 입력할 내용으로 적절한 것은?

> • 배우자를 만날 시간이 없다.
> • 신입사원이어서 업무에 대해 잘 모른다.
> • 매일 늦게 퇴근한다.
> • 업무를 제때 못 마친다.
> • 업무에 대한 OJT나 업무 매뉴얼을 활용하여 업무시간을 줄인다.

〈문제〉

삼성

수리 ▶ 자료계산

2024년 적중

03 다음은 S기업 영업 A ~ D팀의 분기별 매출액과 분기별 매출액에서 각 영업팀의 구성비를 나타낸 자료이다. A ~ D팀의 연간 매출액이 많은 순서와 1위 팀이 기록한 연간 매출액을 바르게 나열한 것은?

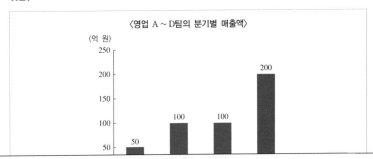

〈영업 A ~ D팀의 분기별 매출액〉

(억 원)

추리 ▶ 도식추리

2024년 적중

※ 다음 도식에서 기호들은 일정한 규칙에 따라 문자를 변화시킨다. 물음표에 들어갈 적절한 문자를 고르시오(단, 규칙은 가로와 세로 중 한 방향으로만 적용되며, 모음은 단모음 10개를 기준으로 한다). [1~4]

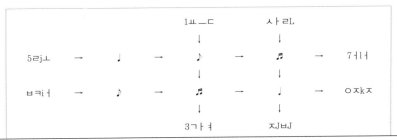

추리 ▶ 참 또는 거짓

2024년 적중

※ 다음 글의 내용이 참일 때 항상 거짓인 것을 고르시오. [24~26]

24
권리와 의무의 주체가 될 수 있는 자격을 권리 능력이라 한다. 사람은 태어나면서 저절로 권리 능력을 갖게 되고 생존하는 내내 보유한다. 그리하여 사람은 재산에 대한 소유권의 주체가 되며, 다른 사람에 대하여 채권을 누리기도 하고 채무를 지기도 한다. 사람들의 결합체인 단체도 일정한 요건을 갖추면 법으로써 부여되는 권리 능력인 법인격을 취득할 수 있다. 단체 중에는 사람들이 일정한 목적을 갖고 결합한 조직체로서 구성원과 구별되어 독자적 실체로서 존재하며, 운영 기구를 두어 구성원의 가입과 탈퇴에 관계없이 존속하는 단체가 있다. 이를 사단(社團)이라 하며, 사단이 갖춘 이러한 성질을 사단성이라 한다. 사단의 구성원은 사원이라 한다. 사단은 법인(法人)으로 등기되어야 법인격이 생기는데, 법인격을 가진 사단을 사단 법인이라 부른다. 반면에 사단성을 갖추고도 법인으로 등기하지 않은 사단은 '법인이 아닌 사단'이라 한다. 사람과 법인만이 권리 능력을 가지며, 사람

주요 대기업 적중 문제 TEST CHECK

SK

언어이해 ▶ 사실적 독해

03 다음 글의 내용으로 적절하지 않은 것은?

> 생물 농약이란 농작물에 피해를 주는 병이나 해충, 잡초를 제거하기 위해 자연에 있는 생물로 만든 천연 농약을 뜻한다. 생물 농약을 개발한 것은 흙 속에 사는 병원균으로부터 식물을 보호할 목적에서였다. 뿌리를 공격하는 병원균은 땅속에 살고 있으므로 병원균을 제거하기에 어려움이 있었다. 게다가 화학 농약의 경우 그 성분이 토양에 달라붙어 제 기능을 발휘하지 못했기 때문에 식물 성장을 돕고 항균 작용을 할 수 있는 미생물에 주목하기 시작한 것이다.
>
> 식물 성장을 돕고 항균 작용을 하는 미생물 집단을 '근권미생물'이라 하는데, 여러 종류의 근권미생물 중 농약으로 쓰기에 가장 좋은 것은 뿌리에 잘 달라붙는 것들이다. 근권미생물의 입장에서 뿌리 주변은 사막의 오아시스와 비슷한 조건이다. 뿌리 주변은 뿌리에서 공급되는 양분과 안락한 서식 환경을 제공받지만, 뿌리 주변에서 멀리 떨어진 곳은 황량한 지역이어서 먹을 것을 찾기가 어렵기 때문이다. 따라서 뿌리 주변에서는 좋은 위치를 선점하기 위해 미생물 간에 치열한 싸움이 벌어진

자료해석 ▶ 자료추론

Hard
15 다음은 우리나라 지역별 가구 수와 1인 가구 수에 대한 자료이다. 이에 대한 설명으로 옳은 것은?

〈지역별 가구 수 및 1인 가구 수〉

(단위 : 천 가구)

구분	전체 가구	1인 가구
서울특별시	3,675	1,012
부산광역시	1,316	367
대구광역시	924	241
인천광역시	1,036	254
광주광역시	567	161
대전광역시	596	178
울산광역시	407	97
경기도	4,396	1,045
강원도	616	202
충청북도	632	201
충청남도	866	279

언어추리 ▶ 진실게임

01 S사 직원들끼리 이번 달 성과급에 대해 이야기를 나누고 있다. 성과급은 반드시 늘거나 줄어들었고, 직원 중 1명만 거짓말을 하고 있을 때, 항상 참인 것은?

> • 직원 A : 나는 이번에 성과급이 늘어났어. 그래도 B만큼은 오르지 않았네.
> • 직원 B : 맞아 난 성과급이 좀 늘어났지. D보다 조금 더 늘었어.
> • 직원 C : 좋겠다. 오~ E도 성과급이 늘어났네.
> • 직원 D : 무슨 소리야! E는 C와 같이 성과급이 줄어들었는데.
> • 직원 E : 그런 것보다 D가 A보다 성과급이 조금 올랐는데?

① 직원 A의 성과급이 오른 사람 중 가장 적다.

② 직원 B의 성과급이 가장 많이 올랐다.

포스코

언어이해 ▶ 주제 / 맥락 이해

02 다음 글의 주제로 적절한 것은?

'새'는 하나의 범주이다. [+동물], [+날 것]과 같이 성분석을 한다면 우리 머릿속에 떠오른 '새'의 의미를 충분히 설명했다고 보기 어렵다. 성분석 이론의 의미자질 분석은 단순할 뿐이다. 이것이 실망스러운 이유는 성분석 이론의 '새'에 대한 의미 기술이 고작해야 다른 범주, 즉 조류가 아닌 다른 동물 범주와 구별해 주는 정도밖에 되지 못했기 때문이다. 아리스토텔레스 이래로 하나의 범주는 경계가 뚜렷한 실재물이며 범주 구성원은 서로 동등한 자격을 가지고 있다고 믿어왔다. 그리고 범주를 구성하는 단위는 자질들의 집합으로 설명될 수 있다고 생각해 왔다. 앞에서 보여준 성분석 이론 역시 그런 고전적인 범주 인식에 바탕을 두고 있다. 어휘의 의미는 의미성분, 곧 의미자질들의 총화로 기술될 수 있다고 믿는 것, 그것은 하나의 범주가 필요충분조건으로 이루어져있다는 가정에 서만이 가능한 것이었다. 그러나 '새'의 범주를 떠올려 보면 범주의 구성원들끼리 결코 동등한 자격 을 가지고 있지 않다. 가장 원형적인 구성원이 있는가 하면, 덜 원형적인 것, 주변적인 것도 있는

문제해결 ▶ 대안탐색 및 선택

`Easy`
04 다음 그림과 같이 O지점부터 D지점 사이에 운송망이 주어졌을 때, 최단 경로에 대한 설명으로 옳지 않은 것은?(단, 구간별 숫자는 거리를 나타낸다)

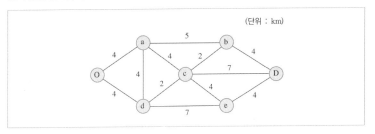

(단위 : km)

① O에서 c까지 최단거리는 6km이다.
② O에서 D까지 a를 경유하는 최단거리는 13km이다.

추리 ▶ 명제

`Easy`
15 P사의 A ~ F팀은 월요일부터 토요일까지 하루에 2팀씩 함께 회의를 진행한다. 다음 〈조건〉을 참고할 때, 반드시 참인 것은?(단, 월요일부터 토요일까지 각 팀의 회의 진행 횟수는 서로 같다)

조건
• 오늘은 목요일이고 A팀과 F팀이 함께 회의를 진행했다.
• B팀은 A팀과 연이은 요일에 회의를 진행하지 않는다.
• B팀은 오늘을 포함하여 이번 주에는 더 이상 회의를 진행하지 않는다.
• C팀은 월요일에 회의를 진행했다.
• D팀과 C팀은 이번 주에 B팀과 한 번씩 회의를 진행한다.
• A팀과 F팀은 이번 주에 이틀을 연이어 함께 회의를 진행한다.

① E팀은 수요일과 토요일 하루 중에만 회의를 진행한다.
② 화요일에 회의를 진행한 팀은 B팀과 F팀이다.

도서 200% 활용하기 STRUCTURES

1 | 2024년 하반기 기출복원문제로 출제경향 파악

2024 하반기 기출복원문제

※ 정답 및 해설은 기출복원문제 바로 뒤 p.011에 있습니다.

※ L사 마케팅 부서 소속인 귀하는 자사 요식업 매장의 매출 증대 방안을 모색하던 중 다음과 같은 글을 읽었다. 이어지는 질문에 답하시오. [1~3]

언택트란 접촉을 뜻하는 '콘택트(Contact)'에 부정을 뜻하는 '언(Un)'을 붙여 만든 신조어로, 고객과 대면하지 않고 서비스나 상품을 판매하는 기술이 생활 속에서 확산되는 현상을 가리킨다. 쉽게 말해 키오스크(Kiosk), 드론, VR(가상현실) 쇼핑, 챗봇 등으로 대표되는 첨단기술을 통해 사람 간의 대면 없이 상품이나 서비스를 주고받을 수 있게 된 것을 '언택트'라고 하는바 이른바 '언택트 마케팅'을 펼치고 있는데, 그 영역서 사람들의 관심을 모으고 있다.

어느새 우리 일상에 자리한 ⊙ 언택트 마케팅의 대표적주문 시스템이다. 특히 패스트푸드 업계에서 키오스크을 도입한 후 꾸준히 늘려가고 있다, B업체도 올해까지확대할 예정이다. 이러한 흐름은 패스푸드점에만 국한나타나고 있다. 최근 커피전문점에서는 스마트폰 앱을하기만 하면 되는 시스템을 구축해 나가고 있고, 마트발 더 나아가 일찌감치 '쇼핑 도우미 로봇' 경쟁을 펼이처럼 언택트 마케팅의 봇물이 터지는 이유는 무엇대 따른 결과이기도 하지만, 판매 직원의 과도한 관심으로 볼 수 있다. 특히 젊은 층에 대면 접촉에 부담와 '권태기'를 합성한 신조어인 '관태기' 그리고 모바일반면 전화 통화를 두려워한다는 뜻의 '콜포비아'라는주도한 또 다른 요인으로는 인공지능(AI)과 빅데이터,는 기술의 진화를 꼽을 수 있다. 하지만 우리는 기술의아가 편안함에 느끼기 시작한다는 것에 더 주목할 필요절대 간과해선 안 될 것이 언택트 기술을 더 이상 높언택트 기술의 보편화는 구매의 편의성을 높이고 소비긍정적으로 볼 수도 있으나, 일자리 감소와 같은 노동소외시키는 '언택트 디바이드(Untact Divide)'를 낳음소비트렌드 분석센터는 '비대면 접촉도 궁극적으로는지 않은 곳은 기술로 대체하고, 보다 대면 접촉이 필요아 하며, 그에 따라 그동안 무료로 인식됐던 인적 서등장하게 될 것이라는 전망을 내놓고 있다.

2 · 롯데그룹 L-TAB

2024 하반기 기출복원문제 정답 및 해설

01	02	03	04	05	06	07	08	09	10
④	⑤	④	④	②	②	②	②	③	④
11	12	13	14						
⑤	②	③	②						

01 정답 ④

언택트 기술이 낳을 수 있는 문제에 대응하기 위해서는 인간 중심의 비대면 접촉이 이루어져야 한다, 인력이 불필요한 곳은 기술로 대체할 수 있지만, 보다 대면 접촉이 필요한 곳에는 인력을 재배치해야 한다는 것이다. 따라서 최대한 인력을 언택트 기술로 대체해야 한다는 ④는 글의 내용과 일치하지 않는다.

02 정답 ⑤

언택트 마케팅에 사용되는 기술의 보편화는 디지털 환경에 익숙하지 않은 고령층을 소외시키는 '언택트 디바이드' 등의 문제를 낳을 수 있다. 따라서 ⑤는 언택트 마케팅의 확산 원인으로 적절하지 않다.

03 정답 ④

작년의 매출을 x원이라고 하면 올해의 매출은 $1.25x$원이다.
$1.25x \times 0.02 = a$
$\therefore x = 40a$
따라서 작년에 부과된 세금은 $0.02x$원이므로 $0.02 \times 40a = 0.8a$원이다.

04 정답 ④

제시문은 방송의 발달이 문화에 끼치는 영향과 방송의 위상 변화를 방송의 기술적·산업적 성격을 바탕으로 서술하고, 방송 매체에 대한 비판 정신을 가져야 할을 주장하고 있다. 논의 과정에서 구체적 사례를 들고, 전문가의 견해를 인용하고 있으나 친숙한 대상에 빗대어 유추하고 있는 것은 아니다.

05 정답 ②

글쓴이는 방송 메커니즘의 양면성에 대해 언급하고, 21세기 대중문화가 생산적이며 유익한 것이 될 수 있는지도 우리가 매스 미디어에 내용에 어떤 가치를 담아내느냐에 달려 있다고 강조하고 있다. 이는 결국 대중문화 및 대중문화에 큰 영향력을 미치는 매스 미디어에 대해 비판 정신을 갖추어야 함을 강조한 것으로 볼 수 있다.

06 정답 ②

2명씩 짝을 지어 한 그룹으로 보고 원탁에 앉는 방법을 구하기 위해서 원순열 공식 $(n-1)!$을 이용한다.
2명씩 3그룹이므로 $(3-1)! = 2 \times 1 = 2$가지이다. 또한 그룹 내에서 2명이 자리를 바꿔 앉을 수 있는 경우는 2가지씩이다. 따라서 6명이 원탁에 앉을 수 있는 방법은 $2 \times 2 \times 2 \times 2 = 16$가지이다.

07 정답 ②

E사원의 진술에 따라 C사원과 E사원의 진술은 동시에 참이 되거나 거짓이 된다.
i) C사원과 E사원이 모두 거짓말을 한 경우
참인 B사원의 진술에 따라 D사원이 금요일에 열리는 세미나에 참석한다. 그러나 이때 C와 E 중 1명이 참석한다는 D사원의 진술과 모순되므로 성립하지 않는다.
ii) C사원과 E사원이 모두 진실을 말한 경우
C사원과 E사원의 진술에 따라 C, D, E사원은 세미나에 참석할 수 없다. 따라서 D사원이 세미나에 참석한다는 B사원의 진술은 거짓이 되며, C와 E사원 중 1명이 참석한다는 D사원의 진술도 거짓이 된다. 또한 A사원은 세미나에 참석하지 않으므로 금요일 세미나에 참석하는 사람은 B사원이 된다.
따라서 B사원과 D사원이 거짓말을 하고 있으며, 이번 주 금요일 세미나에 참석하는 사람은 B사원이다.

2024년 하반기 기출복원문제 정답 및 해설 · 11

▶ 2024년 하반기 기출복원문제를 수록하여 최근 출제경향에 대비할 수 있도록 하였다.

2 이론점검, 대표기출유형, 기출응용문제로 영역별 단계적 학습

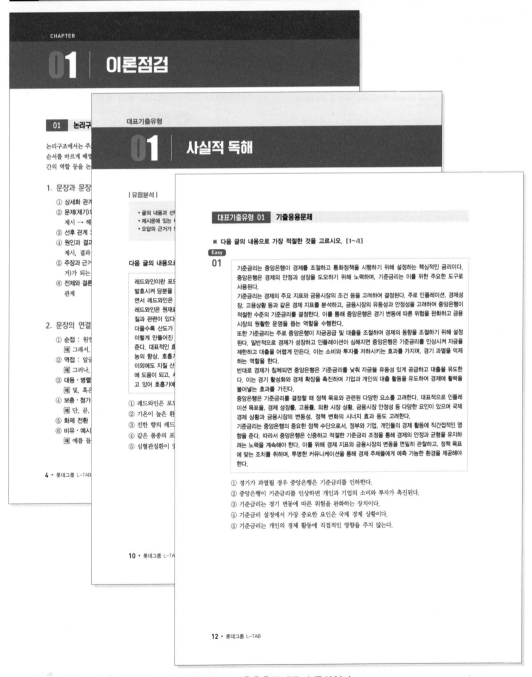

CHAPTER

01 | 이론점검

01 논리구

논리구조에서는 주요
순서를 바르게 배열
간의 역할 등을 논

1. 문장과 문장

① 상세화 관계 :
② 문제(제기)와
   제시 → 해
③ 선후 관계 :
④ 원인과 결과
   제시, 결과
⑤ 주장과 근거
   거가 되는
⑥ 전제와 결론
   관계

2. 문장의 연결

① 순접 : 원인
   예 그래서,
② 역접 : 앞의
   예 그러나,
③ 대등 · 병렬
   예 및, 혹은
④ 보충 · 첨가
   예 단, 곧,
⑤ 화제 전환
⑥ 비유 · 예시
   예 예를 들

4 · 롯데그룹 L-TAB

대표기출유형

01 | 사실적 독해

| 유형분석 |

• 글의 내용과 선
• 제시문에 있는
• 오답의 근거가

다음 글의 내용으

레드와인이란 포도
발효시켜 당분을
면서 레드와인은
레드와인은 원재료
질과 관련이 있다
더울수록 산도가
이렇게 만들어진
준다. 대표적인 효
능의 향상, 호흡기
이외에도 지질 산
에 도움이 되고,
고 있어 호흡기에

① 레드와인은 포도
② 기온이 높은 환
③ 진한 향의 레드
④ 같은 품종의 포
⑤ 심혈관질환이 있

10 · 롯데그룹 L-TAB

대표기출유형 01 기출응용문제

※ 다음 글의 내용으로 가장 적절한 것을 고르시오. [1~4]

Easy
01

기준금리는 중앙은행이 경제를 조절하고 통화정책을 시행하기 위해 설정하는 핵심적인 금리이다. 중앙은행은 경제의 안정과 성장을 도모하기 위해 노력하며, 기준금리는 이를 위한 주요한 도구로 사용된다.

기준금리는 경제의 주요 지표와 금융시장의 조건 등을 고려하여 결정된다. 주로 인플레이션, 경제성장, 고용상황 등과 같은 경제 지표를 분석하고, 금융시장의 유동성과 안정성을 고려하여 중앙은행이 적절한 수준의 기준금리를 결정한다. 이를 통해 중앙은행은 경기 변동에 따른 위험을 완화하고 금융시장의 원활한 운영을 돕는 역할을 수행한다.

또한 기준금리는 주로 중앙은행이 자금공급 및 대출을 조절하여 경제의 동향을 조절하기 위해 설정된다. 일반적으로 경제가 성장하고 인플레이션이 심해지면 중앙은행은 기준금리를 인상시켜 자금을 제한하고 대출을 어렵게 만든다. 이는 소비와 투자를 저하시키는 효과를 가지며, 경기 과열을 억제하는 역할을 한다.

반대로 경제가 침체되면 중앙은행은 기준금리를 낮춰 자금을 유동성 있게 공급하고 대출을 유도한다. 이는 경기 활성화와 경제 확장을 촉진하며 기업과 개인의 대출 활동을 유도하여 경제에 활력을 불어넣는 효과를 가진다.

중앙은행은 기준금리를 결정할 때 정책 목표와 관련된 다양한 요소를 고려한다. 대표적으로 인플레이션 목표율, 경제 성장률, 고용률, 외환 시장 상황, 금융시장 안정성 등 다양한 요인이 있으며 국제 경제 상황과 금융시장의 변동성, 정책 변화의 시너지 효과 등도 고려한다.

기준금리는 중앙은행의 중요한 정책 수단으로서, 정부와 기업, 개인들의 경제 활동에 직간접적인 영향을 준다. 따라서 중앙은행은 신중하고 적절한 기준금리 조정을 통해 경제의 안정과 균형을 유지하려는 노력을 계속해야 한다. 이를 위해 경제 지표와 금융시장의 변동을 면밀히 관찰하고, 정책 목표에 맞는 조치를 취하며, 투명한 커뮤니케이션을 통해 경제 주체들에게 예측 가능한 환경을 제공해야 한다.

① 경기가 과열될 경우 중앙은행은 기준금리를 인하한다.
② 중앙은행이 기준금리를 인상하면 개인과 기업의 소비와 투자가 촉진된다.
③ 기준금리는 경기 변동에 따른 위험을 완화하는 장치이다.
④ 기준금리 설정에서 가장 중요한 요인은 국제 경제 상황이다.
⑤ 기준금리는 개인의 경제 활동에 직접적인 영향을 주지 않는다.

12 · 롯데그룹 L-TAB

▶ 출제되는 영역에 대한 이론점검, 대표기출유형과 기출응용문제를 수록하였다.
▶ 최근 출제되는 유형을 체계적으로 학습하고 점검할 수 있도록 하였다.

도서 200% 활용하기 STRUCTURES

3 | 최종점검 모의고사 + 도서 동형 온라인 실전연습 서비스로 반복 학습

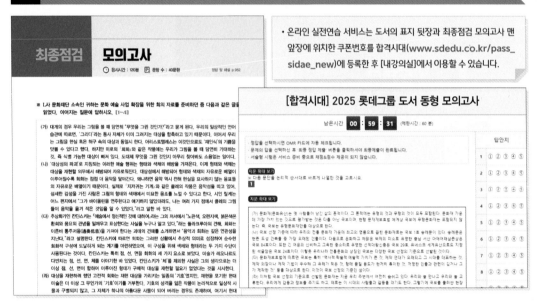

▶ 실제 시험과 유사하게 구성된 최종점검 모의고사를 통해 마무리하도록 하였다.

▶ 이와 동일하게 구성된 온라인 실전연습 서비스로 실제 시험처럼 연습하도록 하였다.

4 | 조직적합진단부터 면접까지 한 권으로 최종 마무리

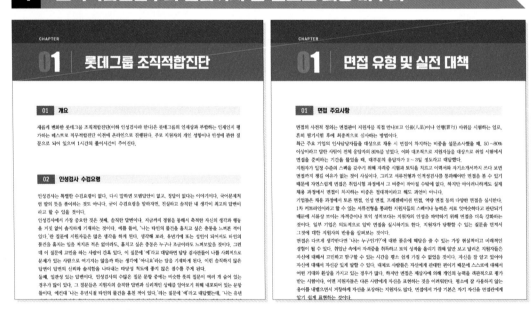

▶ 조직적합진단 모의연습을 통해 롯데그룹의 인재상에 부합하는지 판별할 수 있도록 하였다.

▶ 면접 기출 질문을 통해 실제 면접에서 나오는 질문에 미리 대비할 수 있도록 하였다.

5 Easy&Hard로 난이도별 시간 분배 연습

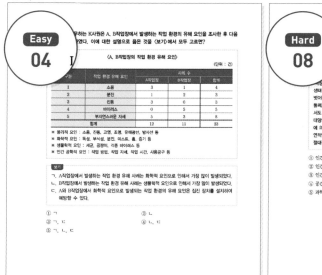

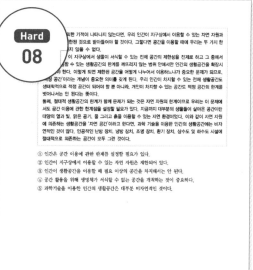

▶ Easy&Hard 표시로 문제별 난이도에 따라 시간을 적절하게 분배하여 풀이하는 연습이 가능하도록 하였다.

6 정답 및 오답분석으로 풀이까지 완벽 마무리

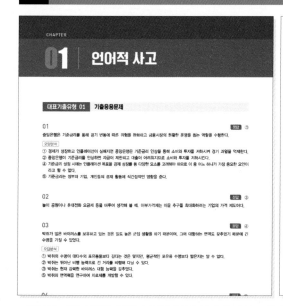

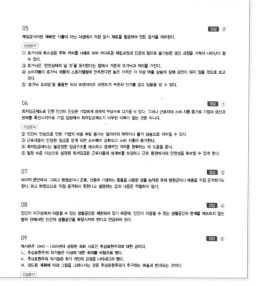

▶ 정답에 대한 상세한 해설과 오답분석을 통해 혼자서도 체계적인 학습이 가능하도록 하였다.

학습플랜 STUDY PLAN

1주 완성 학습플랜

본서에 수록된 전 영역을 단기간에 끝낼 수 있도록 구성한 학습플랜이다. 한 번에 전 영역을 공부하지 않고, 한 영역을 집중적으로 공부할 수 있도록 하였다. 인성검사 및 필기시험에 대한 기초 학습은 되어 있으나, 학습 계획 세우기에 자신이 없는 분들이나 미리 시험에 대비하지 못해 단시간에 많은 분량을 봐야 하는 수험생에게 추천한다.

ONE WEEK STUDY PLAN

	1일 차 ☐	2일 차 ☐	3일 차 ☐
	____월 ____일	____월 ____일	____월 ____일
Start!			

4일 차 ☐	5일 차 ☐	6일 차 ☐	7일 차 ☐
____월 ____일	____월 ____일	____월 ____일	____월 ____일

STUDY CHECK BOX							
구분	1일 차	2일 차	3일 차	4일 차	5일 차	6일 차	7일 차
기출복원문제							
PART 1							
최종점검 모의고사							
다회독 1회							
다회독 2회							
오답분석							

스터디 체크박스 활용법

1주 완성 학습플랜에서 계획한 학습량을 어느 정도 실천하였는지 표시하여 자신의 학습량을 효율적으로 관리한다.

구분	1일 차	2일 차	3일 차	4일 차	5일 차	6일 차	7일 차
PART 1	언어적 사고	X	X	완료			

이 책의 차례 CONTENTS

Add+

2024년 하반기
기출복원문제

※ 정답 및 해설은 기출복원문제 바로 뒤 p.011에 있습니다.

※ L사 마케팅 부서 소속인 귀하는 자사 요식업 매장의 매출 증대 방안을 모색하던 중 다음과 같은 글을 읽었다. 이어지는 질문에 답하시오. **[1~3]**

언택트란 접촉을 뜻하는 '콘택트(Contact)'에 부정을 뜻하는 '언(Un)'을 붙여 만든 신조어로, 고객과 대면하지 않고 서비스나 상품을 판매하는 기술이 생활 속에서 확산되는 현상을 가리킨다. 쉽게 말해 키오스크(Kiosk), 드론, VR(가상현실) 쇼핑, 챗봇 등으로 대표되는 첨단기술을 통해 사람 간의 대면 없이 상품이나 서비스를 주고받을 수 있게 된 것을 '언택트'라고 하는 것이다. 최근 많은 기업과 기관에서 언택트를 핵심으로 한 이른바 '언택트 마케팅'을 펼치고 있는데, 그 영역이 대면 접촉이 불가피했던 유통업계로까지 확장되면서 사람들의 관심을 모으고 있다.

어느새 우리 일상에 자리한 ㉠ 언택트 마케팅의 대표적인 예로 들 수 있는 것이 앞서 언급한 키오스크 무인 주문 시스템이다. 특히 패스트푸드 업계에서 키오스크가 대폭 확산 중인데, A업체는 2014년 처음 키오스크를 도입한 후 꾸준히 늘려가고 있고, B업체도 올해까지 전체 매장의 50% 이상인 250개 곳에 키오스크를 확대할 예정이다. 이러한 흐름은 패스푸드점에만 국한되는 것이 아니며, 더 진화한 형태로 다양한 업계에서 나타나고 있다. 최근 커피전문점에서는 스마트폰 앱을 통해 주문과 결제를 완료한 후 매장에서 제품을 수령하기만 하면 되는 시스템을 구축해 나가고 있고, 마트나 백화점은 무인시스템 도입을 가속화하는 것에서 한 발 더 나아가 일찌감치 '쇼핑 도우미 로봇' 경쟁을 펼치고 있다.

이처럼 언택트 마케팅의 봇물이 터지는 이유는 무엇일까? 소비자들이 더 간편하고 편리한 것을 추구하는 데 따른 결과이기도 하지만, 판매 직원의 과도한 관심에 불편을 느끼는 소비자들이 늘고 있는 것도 한 요인으로 볼 수 있다. 특히 젊은 층에서 대면 접촉에 부담을 느끼는 경향이 두드러지는데, 이를 반영하듯 '관계'와 '권태기'를 합성한 신조어인 '관태기' 그리고 모바일 기기에 길들여진 젊은 층이 메신저나 문자는 익숙한 반면 전화 통화를 두려워한다는 뜻의 '콜포비아'라는 신조어가 화제가 되기도 했다. 언택트 마케팅의 확산을 주도한 또 다른 요인으로는 인공지능(AI)과 빅데이터, 사물인터넷(IoT) 등 이른바 '4차 산업혁명'을 상징하는 기술의 진화를 꼽을 수 있다. 하지만 우리는 기술의 진화보다 소비자들이 언택트 기술에 익숙해지고, 나아가 편안하게 느끼기 시작했다는 것에 더 주목할 필요가 있다. 언택트 마케팅을 이해하고 전망하는 데 있어 절대 간과해선 안 될 것이 언택트 기술을 더 이상 낯설게 여기지 않는 인식이라는 이야기다.

언택트 기술의 보편화는 구매의 편의성을 높이고 소비자가 원하는 '조용한 소비'를 가능하게 한다는 점에서 긍정적으로 볼 수도 있으나, 일자리 감소와 같은 노동시장의 변화와 디지털 환경에 익숙하지 않은 고령층을 소외시키는 '언택트 디바이드(Untact Divide)'를 낳을 수 있다는 점도 무시할 수 없다. 이와 관련해서 한 소비트렌드 분석센터는 '비대면 접촉도 궁극적으로는 인간이 중심이 되어야 한다.'라며 굳이 인력이 필요하지 않은 곳은 기술로 대체하고, 보다 대면 접촉이 필요한 곳에는 인력을 재배치하는 기술과 방법이 병행되어야 하며, 그에 따라 그동안 무료로 인식됐던 인적 서비스가 프리미엄화되는 동시에 차별화의 핵심 요소로 등장할 것이라는 전망을 내놓고 있다.

01 윗글의 내용과 일치하지 않는 것은?

① 언택트 기술은 소비자가 원하는 '조용한 소비'를 가능하게 한다.
② 키오스크 무인주문 시스템은 다양한 업계에서 더 진화한 형태로 나타나고 있다.
③ 소비자들은 언택트 기술을 더 이상 낯설게 여기지 않는다.
④ 최대한 인력을 언택트 기술로 대체하여 인력 낭비를 줄여야 한다.
⑤ 언택트 마케팅은 대면 접촉이 불가피했던 유통업계로까지 확장되고 있다.

02 밑줄 친 ㉠의 확산 원인으로 적절하지 않은 것은?

① 더욱더 간편하고 편리한 것을 추구하는 소비자
② 판매 직원의 과도한 관심에 불편을 느끼는 소비자의 증가
③ 인공지능, 사물인터넷 등 기술의 진화
④ 대면 접촉에 부담을 느끼는 젊은 층의 경향
⑤ 디지털 환경에 익숙하지 않은 고령층의 증가

03 언택트 마케팅을 통해 L사 패스트푸드 매장 A지점의 매출액이 작년 대비 25%가 상승하여 a원만큼 세금이 부과되었다. 작년에 부과된 세금은?(단, 당해 매출액의 2%가 세금으로 부과된다)

① $0.5a$원
② $0.6a$원
③ $0.7a$원
④ $0.8a$원
⑤ $0.9a$원

방송의 발달은 가정에서 뉴스, 교양, 문화, 예술 등을 두루 즐길 수 있게 한다는 점에서 일상생활 양식에 큰 변화를 가져왔다. 영국 런던의 공연장에서 열창하는 파바로티의 모습이나, 미국의 야구장에서 경기하는 선수들의 멋진 모습을 한국의 안방에서 위성 중계 방송을 통해 실시간으로 볼 수 있게 되었다. 대중들은 고급문화와 대중문화를 막론하고 모든 종류의 문화 예술과 오락 프로그램을 저렴한 비용으로 편안하게 즐길 수 있게 되었다. 방송의 발달이 고급문화와 대중문화의 경계를 허물어 버린 셈이다.

20세기 말에 들어와 위성 텔레비전 방송과 인터넷 방송이 발달하면서, 고급문화와 대중문화의 융합 차원을 넘어 전 세계의 문화가 더욱 융합하고 혼재하는 현상을 보이기 시작했다. 위성 방송의 발전 및 방송 프로그램의 국제적 유통은 국가 간, 종족 간의 문화 차이를 좁히는 기능을 했다. 이렇게 방송이 세계의 지구촌화 현상을 더욱 가속화하면서, 각국의 다양한 민족이 즐기는 대중문화는 동질성을 띠게 되었다.

디지털 위성 방송, HDTV, VOD 등 방송 기술의 눈부신 발전은 방송이 다룰 수 있는 내용의 범위와 수준을 이전과 비교할 수 없을 만큼 높이 끌어올렸고, 우리의 일상생활 패턴까지 바꾸어 놓았다. 또한 이러한 기술의 발전으로 인해 방송은 오늘날 매우 중요한 광고 매체의 하나로 자리 잡게 되었다. 방송이 지닌 이와 같은 성격은 문화에 큰 영향을 주는 요인으로 작용했다. 커뮤니케이션 학자 마샬 맥루한은 방송의 이러한 성격과 관련하여 "미디어는 곧 메시지이다."라고 말한 바 있다. 이 말은 방송의 기술적·산업적 기반이 방송의 내용에 매우 큰 영향을 끼친다는 의미로 해석할 수 있다. 요즘의 대중문화는 거의 매스 미디어에 의해 형성된다고 해도 과언이 아닐 정도로 방송의 기술적 측면이 방송의 내용적 측면, 즉 문화에 미치는 영향력이 크다.

이러한 방송의 위상 변화는 방송에 의한 대중문화의 상업주의적, 이데올로기적 성격을 그대로 드러낸다. 이를 단적으로 보여 주는 한 가지 예가 '스타 현상'이다. 오늘날의 사회적 우상으로서 대중의 사랑을 한 몸에 받는 리오넬 메시, BTS 등은 방송이 만들어 낸 대중 스타들이다. 이러한 슈퍼스타들은 대중의 인기로 유지되는 문화 산업 시장을 독점하는 문화 상품이다. 현대 사회에서 방송이 만들어 낸 스타들은 로웬달이 말하는 '소비적 우상들'인 것이다. 이러한 대중문화 우상들의 상품화를 배경으로 하여 형성된 문화 산업 구조는 대중을 정치적 우중으로 만들기도 한다.

앞으로도 방송의 기술적·산업적 메커니즘은 대중문화에 절대적인 영향을 미칠 것으로 보인다. 방송 메커니즘은 다양하면서도 차별화된 우리의 문화적 갈증을 풀어 주기도 하지만, 대중문화의 상업주의, 소비주의, 향락주의를 더욱 심화시킬 우려 또한 크다. 21세기의 대중문화가 보다 생산적이고 유익한 것이 될 수 있을지는 우리가 방송에 의한 폐해를 경계하는 한편, 방송 내용에 예술적 가치, 진실성, 지적 성찰 등을 얼마나 담아낼 수 있는가에 달려 있다.

04 윗글에 대한 설명으로 적절하지 않은 것은?

① 방송이 문화에 미치는 영향력을 고찰하고 있다.
② 전문가의 견해를 인용하여 논지를 강화하고 있다.
③ 구체적 사례를 들어 방송의 특성을 부각하고 있다.
④ 방송의 속성을 친숙한 대상에 빗대어 유추하고 있다.
⑤ 기술 발전에 따른 방송의 위상 변화를 서술하고 있다.

05 윗글을 읽은 L사 직원들의 반응이다. 글의 중심 내용에 가장 가까운 것은?

① 고급문화와 대중문화의 정체성을 확보하는 일이 중요하다.
② 대중문화에 미치는 방송의 부정적 영향을 경계해야 한다.
③ 문화 산업 시장을 독점하기 위한 전략을 만드는 일이 중요하다.
④ 스타 시스템을 통해 문화 산업 발전의 수장을 만들어 내야 한다.
⑤ 매스 미디어의 기술적·산업적 메커니즘을 광고 매체에 활용해야 한다.

06 L사 문화재단의 갑부서, 을부서, 병부서에서 대표로 2명씩 미디어 사업 확장을 위한 회의에 참석하였다. 원탁에 같은 부서 사람끼리 옆자리에 앉는 방식으로 자리를 배치한다고 할 때, 6명이 앉을 수 있는 경우의 수는?

① 15가지   ② 16가지
③ 17가지   ④ 18가지
⑤ 19가지

07 L사 문화재단에서 근무하는 A ~ E사원 5명 중 1명은 이번 주 금요일에 열리는 미디어 세미나에 참석해야 한다. 다음 A ~ E사원의 대화에서 2명이 거짓말을 한다고 할 때, 이번 주 금요일 세미나에 참석하는 사람은?

- A사원 : 나는 금요일 세미나에 참석하지 않아.
- B사원 : 나는 금요일에 중요한 미팅이 있어. D사원이 세미나에 참석할 예정이야.
- C사원 : 나와 D사원은 금요일에 부서 회의에 참석해야 하므로 세미나는 참석할 수 없어.
- D사원 : C와 E사원 중 1명이 참석할 예정이야.
- E사원 : 나는 목요일부터 금요일까지 휴가라 참석할 수 없어. 그리고 C사원의 말은 모두 사실이야.

① A사원   ② B사원
③ C사원   ④ D사원
⑤ E사원

※ 다음은 어느 해 2월 L사 인사부 직원 및 임원들의 스케줄을 표시한 일정표이다. 신입사원 채용일정을 위해 이어지는 질문에 답하시오. [8~10]

〈2월 일정표〉

월	화	수	목	금	토	일
						1
2 B(연차)	3	4	5 병	6 갑	7	8
9	10	11 D	12 을, 병	13 B, C	14	15
16	17 A, C	18	19 E	20	21	22
23 갑	24	25 L사 문화 행사	26 L사 문화 행사	27 L사 문화 행사	28 L사 문화 행사	29

※ 출장인 직원 및 임원은 일정표에 직책을 제외하고 표시함

보기

- 채용일정은 '서류 접수 – 서류 합격자 발표 – 필기시험 – 필기합격자 발표 – 면접시험 – 최종합격자 발표' 순서로 진행하고, 가능한 빠른 기간 내에 마무리 한다.
- 최종합격자는 80명이고, 필기시험 응시자는 최종합격자의 2배이다.
- 채용일정 단계가 끝날 때마다 다음날부터 2일 이상의 결재 기간이 필요하다.
- 결재 기간은 월요일부터 토요일까지 가능하다.
- 인사부 직원은 A사원, B사원, C대리, D과장, E부장 5명이며, 임원은 갑, 을, 병 3명이다.
- 회사의 다른 행사가 있는 날에는 채용일정의 수행이 불가능하다.

08 다음 〈조건〉에 부합하는 면접시험 날짜로 가능한 날은?

조건

- 필기시험 날짜는 2일 월요일이다.
- 면접관은 임원 1명과 인사부 대리 이상의 직원 2명이 참석한다.
- 면접시험 날에 인사부 직원 중 진행요원 2명이 필요하다.
- 합격자 발표는 1일, 면접시험은 연속 2일 동안 진행한다.
- 면접시험은 주중에만 시행할 계획이다.

① 7일   ② 10일
③ 17일   ④ 25일
⑤ 28일

09 필기시험 응시자의 60%가 필기시험에 합격하여 면접시험을 준비한다. 응시자 4명을 팀으로 하여 15분씩 면접을 보며, 한 팀이 끝날 때마다 다음 팀의 면접 시작 전에 면접관은 5분의 휴식을 갖는다. 하루에 면접시험 진행시간을 4시간 이하로 정했을 경우, 2일 동안 실시되는 면접시험에서 면접관의 휴식시간은 총 얼마인가?(단, 면접시험 진행시간에는 휴식시간도 포함한다)

① 1시간 40분
② 1시간 45분
③ 1시간 50분
④ 1시간 55분
⑤ 2시간

10 L사의 인사부, 미디어홍보부, 기획재정부, 경영전략부에 지원한 5명은 선발 결과에 대해 다음과 같이 진술하였다. 이 중 1명의 진술만 거짓일 때, 항상 참인 것은?(단, 부서별로 1명이 합격한다)

- 지원자 1 : 지원자 2가 인사부에 선발되었다.
- 지원자 2 : 지원자 3은 인사부 또는 경영전략부에 선발되었다.
- 지원자 3 : 지원자 4는 기획재정부가 아닌 다른 부서에 선발되었다.
- 지원자 4 : 지원자 5는 경영전략부에 선발되었다.
- 지원자 5 : 나는 경영전략부에 선발되었는데, 지원자 1은 선발되지 않았다.

① 지원자 1은 미디어홍보부에 선발되었다.
② 지원자 2는 인사부에 선발되었다.
③ 지원자 3은 경영전략부에 선발되었다.
④ 지원자 4는 미디어홍보부에 선발되었다.
⑤ 지원자 5는 기획재정부에 선발되었다.

※ L사 인사팀 소속인 귀하는 워크숍에 참석하여 다음과 같은 내용의 발표를 진행하였다. 이어지는 질문에 답하시오. [11~14]

기업은 근로자에게 제공하는 보상에 비해 근로자가 더 많이 노력하기를 바라는 반면, 근로자는 자신이 노력한 것에 비해 기업으로부터 더 많은 보상을 받기를 바란다. 이처럼 기업과 근로자 간의 이해가 상충하는 문제를 완화하기 위해 근로자가 받는 보상에 근로자의 노력이 반영되도록 하는 약속이 인센티브 계약이다. 인센티브 계약에는 명시적 계약과 암묵적 계약을 이용하는 두 가지 방식이 존재한다.

명시적 계약은 법원과 같은 제삼자에 의해 강제되는 약속이므로 객관적으로 확인할 수 있는 조건에 기초해야 한다. 근로자의 노력은 객관적으로 확인할 수 없으므로, 노력 대신에 노력의 결과인 성과에 기초하여 근로자에게 보상하는 약속이 명시적인 인센티브 계약이다. 이 계약은 근로자로 하여금 자신의 노력을 증가시키도록 하는 매우 강력한 동기를 부여한다. 가령, 근로자에 대한 보상 체계가 '고정급+a×성과(0≤a≤1)'라고 할 때, 인센티브 강도를 나타내는 a가 커질수록 근로자는 고정급에 따른 기본 노력 외에도 성과급에 따른 추가적인 노력을 더 하게 될 것이다. 왜냐하면 기본 노력과 달리 추가적인 노력에 따른 성과는 a가 커질수록 더 많은 몫을 자신이 갖게 되기 때문이다. 따라서 a를 늘리면 근로자의 노력 수준이 증가함에 따라 추가적인 성과가 더욱 늘어나, 추가적인 성과 가운데 많은 몫을 근로자에게 주더라도 기업의 이윤은 늘어난다.

그러나 명시적인 인센티브 계약이 가진 두 가지 문제점으로 인해 a가 커짐에 따라 기업의 이윤이 감소하기도 한다. 첫째, 명시적인 인센티브 계약은 근로자의 소득을 불확실하게 만든다. 왜냐하면 근로자의 성과는 근로자의 노력뿐만 아니라 작업 상황, 여건, 운과 같은 우연의 요인에 의해서도 영향을 받기 때문이다. 그런데 소득이 불확실해지는 것을 근로자가 받아들이게 하기 위해 기업은 근로자에게 위험 프리미엄* 성격의 추가적인 보상을 지급해야 한다. 따라서 a가 커지면 기업이 근로자에게 지급해야 하는 보상이 늘어나 기업의 이윤이 줄기도 한다. 둘째, 명시적인 인센티브 계약은 근로자들이 보상을 잘 받기 위한 노력에 치중하도록 하는 인센티브 왜곡 문제를 발생시킨다. 성과 가운데에는 측정하기 쉬운 것도 있지만 그렇지 않은 것도 있기 때문이다. 중요하지만 성과 측정이 어려워 충분히 보상받지 못하는 업무를 근로자들이 등한시하게 되면 기업 전체의 성과에 해로운 결과를 초래하게 된다. 따라서 a가 커지면 인센티브를 왜곡하는 문제가 악화되어 기업의 이윤이 줄기도 하는 것이다.

합당한 성과 측정 지표를 찾기 힘들고 인센티브 왜곡의 문제가 중요한 경우에는 암묵적인 인센티브 계약이 더 효과적일 수 있다. 암묵적인 인센티브 계약은 성과와 상관없이 근로자의 노력에 대한 주관적인 평가에 기초하여 보너스, 복지 혜택, 승진 등의 형태로 근로자에게 보상하는 것이다. ㉠ 암묵적 계약은 법이 보호할 수 있는 계약을 실제로 맺는 것이 아니다. 이에 따르면 상대방과 협력 관계를 계속 유지하는 것이 장기적으로 이익일 경우에 자발적으로 상대방의 기대에 부응하도록 행동하는 것을 계약의 이행으로 본다. 물론 어느 한쪽이 상대방의 기대를 저버림으로써 얻게 되는 단기적 이익이 크다고 생각하여 협력 관계를 끊더라도 법적으로 이를 못하도록 강제할 방법은 없다. 하지만 상대방의 신뢰를 잃게 되면 그때부터 상대방의 자발적인 협력을 기대할 수 없게 된다. 따라서 암묵적인 인센티브 계약에 의존할 때에는 기업의 평가와 보상이 공정하다고 근로자가 신뢰하게 하는 것이 중요하다.

*위험 프리미엄 : 소득의 불확실성이 커질 때 근로자는 사실상 소득이 줄어든 것으로 느끼게 되는데, 이를 보전하기 위해 기업이 지급해야 하는 보상

11 윗글에 대한 이해로 적절하지 않은 것은?

① 기업과 근로자 사이의 이해 상충은 근로자의 노력을 반영하는 보상을 통해 완화할 수 있는 문제이다.

② 법이 보호할 수 있는 인센티브 계약으로 근로자의 노력을 늘리려는 것이 오히려 기업에 해가 되는 경우가 있다.

③ 명시적인 인센티브 계약에서 노력의 결과인 성과에 기초하는 것은 노력 자체를 객관적으로 확인할 수 없기 때문이다.

④ 합당한 성과 측정 지표를 찾기 힘들 경우에는 객관적 평가보다 주관적 평가에 기초한 보상이 더 효과적일 수 있다.

⑤ 성과를 측정하기 어려운 업무에 종사하는 근로자에 대한 보상에서는 명시적인 인센티브의 강도가 높은 것이 효과적이다.

12 ㉠에 대한 설명으로 적절하지 않은 것은?

① 법원과 같은 제삼자가 강제할 수 없는 약속이다.

② 객관적으로 확인할 수 있는 조건에 기초한 약속이다.

③ 자신에게 이익이 되기 때문에 자발적으로 이행하는 약속이다.

④ 상대방의 신뢰를 잃음으로써 초래되는 장기적 손실이 클수록 더 잘 지켜지는 약속이다.

⑤ 상대방의 기대를 저버림으로써 얻게 되는 단기적 이익이 작을수록 더 잘 지켜지는 약속이다.

13 L사의 인사 평가 공유 클라우드 안에 저장된 인센티브 관련 파일의 수가 다음과 같은 규칙을 보일 때, 10년 뒤 저장된 파일의 수는?

〈L사의 인사 평가 공유 클라우드 내 파일 수〉

(단위 : 천 개)

구분	1년	2년	3년	4년	5년
파일 개수	1	3	7	15	31

① 511천 개
② 765천 개
③ 1,023천 개
④ 1,685천 개
⑤ 2,047천 개

14 귀하는 워크숍을 다녀온 후 직원들의 근무평정 업무를 수행하려 한다. 가점평정 기준표를 참고할 때, 귀하가 K과장에게 부여해야 할 가점은?

〈가점평정 기준표〉

구분		내용	가점	인정범위	비고
근무경력		본부 근무 1개월 (본부, 연구원, 인재개발원 또는 정부부처 파견근무기간 포함)	0.03점 (최대 1.8점)	1.8점	동일 근무기간에 다른 근무경력 가점과 원거리, 장거리 및 특수지
		지역본부 근무 1개월 (지역본부 파견근무기간 포함)	0.015점 (최대 0.9점)	1.8점	가점이 중복될 경우 원거리, 장거리 및 특수지 근무가점은 $\frac{1}{2}$만 인정
		원거리 근무 1개월	0.035점 (최대 0.84점)		
		장거리 근무 1개월	0.025점 (최대 0.6점)		
		특수지 근무 1개월	0.02점 (최대 0.48점)		
내부평가		내부평가결과 최상위 10%	1회당 0.012점	0.5점	현 직급에 누적됨 (승진 후 소멸)
		내부평가결과 차상위 10%	1회당 0.01점		
제안	제안상 결정 시	금상	0.25점	0.5점	수상 당시 직급에 한정함
		은상	0.15점		
		동상	0.1점		
	시행 결과평가	탁월	0.25점	0.5점	제안상 수상 당시 직급에 한정함
		우수	0.15점		

〈K과장 가점평정 사항〉

- 입사 후 36개월 동안 본부에서 연구원으로 근무
- 지역본부에서 24개월 근무
  - 지역본부에서 24개월 근무 중 특수지에서 12개월 동안 파견근무
- 본부로 복귀 후 현재까지 총 23개월 근무
- 팀장(직급 : 과장)으로 승진 후 현재까지
  - 내부평가결과 최상위 10% 총 12회
  - 내부평가결과 차상위 10% 총 6회
  - 금상 2회, 은상 1회, 동상 1회 수상
  - 시행결과평가 탁월 2회, 우수 1회

① 3.284점   ② 3.454점

③ 3.604점   ④ 3.854점

⑤ 3.974점

01	02	03	04	05	06	07	08	09	10
④	⑤	④	④	②	②	②	②	③	④

11	12	13	14						
⑤	②	③	②						

01
정답 ④

언택트 기술이 낳을 수 있는 문제에 대응하기 위해서는 인간 중심의 비대면 접촉이 이루어져야 한다. 인력이 불필요한 곳은 기술로 대체할 수 있지만, 보다 대면 접촉이 필요한 곳에는 인력을 재배치해야 한다는 것이다. 따라서 최대한 인력을 언택트 기술로 대체해야 한다는 ④는 글의 내용과 일치하지 않는다.

02
정답 ⑤

언택트 마케팅에 사용되는 기술의 보편화는 디지털 환경에 익숙하지 않은 고령층을 소외시키는 '언택트 디바이드' 등의 문제를 낳을 수 있다. 따라서 ⑤는 언택트 마케팅의 확산 원인으로 적절하지 않다.

03
정답 ④

작년의 매출을 x원이라고 하면 올해의 매출은 $1.25x$원이다.
$1.25x \times 0.02 = a$
$\therefore \ x = 40a$
따라서 작년에 부과된 세금은 $0.02x$원이므로 $0.02 \times 40a = 0.8a$원이다.

04
정답 ④

제시문은 방송의 발달이 문화에 끼치는 영향과 방송의 위상 변화를 방송의 기술적·산업적 성격을 바탕으로 서술하고, 방송 매체에 대한 비판 정신을 가져야 함을 주장하고 있다. 논의 과정에서 구체적 사례를 들고, 전문가의 견해를 인용하고 있으나 친숙한 대상에 빗대어 유추하고 있는 것은 아니다.

05
정답 ②

글쓴이는 방송 메커니즘의 양면성에 대해 언급하고, 21세기 대중문화가 생산적이고 유익한 것이 될 수 있는지는 우리가 매스 미디어의 내용에 어떤 가치를 담아내느냐에 달려 있다고 강조하고 있다. 이는 결국 대중문화 및 대중문화에 큰 영향력을 미치는 매스 미디어에 대해 비판 정신을 갖추어야 함을 강조한 것으로 볼 수 있다.

06
정답 ②

2명씩 짝을 지어 한 그룹으로 보고 원탁에 앉는 방법을 구하기 위해서 원순열 공식 $(n-1)!$을 이용한다.
2명씩 3그룹이므로 $(3-1)! = 2 \times 1 = 2$가지이다. 또한 그룹 내에서 2명이 자리를 바꿔 앉을 수 있는 경우는 2가지씩이다. 따라서 6명이 원탁에 앉을 수 있는 방법은 $2 \times 2 \times 2 \times 2 = 16$가지이다.

07
정답 ②

E사원의 진술에 따라 C사원과 E사원의 진술은 동시에 참이 되거나 거짓이 된다.
ⅰ) C사원과 E사원이 모두 거짓말을 한 경우
참인 B사원의 진술에 따라 D사원이 금요일에 열리는 세미나에 참석한다. 그러나 이때 C와 E 중 1명이 참석한다는 D사원의 진술과 모순되므로 성립하지 않는다.
ⅱ) C사원과 E사원이 모두 진실을 말했을 경우
C사원과 E사원의 진술에 따라 C, D, E사원은 세미나에 참석할 수 없다. 따라서 D사원이 세미나에 참석한다는 B사원의 진술은 거짓이 되며, C와 E사원 중 1명이 참석한다는 D사원의 진술도 거짓이 된다. 또한 A사원은 세미나에 참석하지 않으므로 금요일 세미나에 참석하는 사람은 B사원이 된다.
따라서 B사원과 D사원이 거짓말을 하고 있으며, 이번 주 금요일 세미나에 참석하는 사람은 B사원이다.

08

결재 기간은 2일 이상이 필요하므로 기간을 2일 동안으로 가정하고 채용일정을 정리한다.

2일 월요일은 필기시험 날이며, 가능한 빠른 기간 내에 채용을 마무리 해야 하므로 5일 목요일에 필기합격자를 발표한다. 그러면 9일 월요일부터 면접시험을 진행할 수 있다.

또한 9일과 10일은 출장인 임직원이 없고, 11일은 D과장만 출장이 있어 면접시험에 참석해야 할 인원 조건을 충족한다. 따라서 면접시험 일정은 9일, 10일 또는 10일, 11일에 가능하다.

오답분석

① 7일은 주말인 토요일이므로 다섯 번째 조건에 따라 면접시험 날짜로 불가능하다. 또한 2일에 필기시험을 보고 3 ~ 4일에 결재를 받고 5일에 필기합격자 발표를 하면 9일부터 면접시험이 가능하다.

③ 17일에 A사원과 C대리가 출장이므로 인사부 직원은 B사원, D과장, E부장이 남는다. 이 중 D과장과 E부장은 면접관이 되고, B사원이 혼자 진행요원이 되어 세 번째 조건에 부합하지 않는다.

④·⑤ 25일부터 28일까지는 'L사 문화 행사'로 보기 중 마지막 조건에 따라 채용일정 수행이 불가능하다.

09

최종합격자는 80명이며, 필기시험 응시자는 최종합격자의 2배이므로 160명이 된다. 이 중 면접시험에 응시할 수 있는 인원은 필기시험 응시자의 60%로 $160 \times 0.6 = 96$명이고 면접시험은 4명씩 1팀이 되어 실시하므로 면접시험을 보는 팀은 $\frac{96}{4} = 24$팀이다. 또한 1팀당 15분간 진행되고 1팀이 끝날 때마다 5분의 휴식시간이 있어 1팀당 20분으로 계산하면 1시간 동안 3팀의 면접을 끝낼 수 있다.

문제에서 하루 면접시험 진행시간은 4시간 이하라 하여 $4 \times 3 = 12$팀이 면접을 볼 수 있고, 마지막 12번째 팀이 끝나면 휴식시간이 필요 없으므로 하루의 면접시험 진행시간 중 면접관의 휴식시간은 $5 \times 11 = 55$분임을 알 수 있다.

따라서 2일 동안 실시되는 면접시험에서 면접관의 휴식시간은 $55 \times 2 = 110$분=1시간 50분이다.

10

지원자 4의 진술이 거짓이면 지원자 5의 진술도 거짓이고, 지원자 4의 진술이 참이면 지원자 5의 진술도 참이다. 즉, 1명의 진술만 거짓이므로 지원자 4, 5의 진술은 참이다. 그러면 지원자 1과 지원자 2의 진술이 모순이다.

• 지원자 1의 진술이 거짓인 경우

지원자 3은 인사부에 선발이 되었고, 지원자 2는 미디어홍보부 또는 기획재정부에 선발되었다. 이때 지원자 3의 진술에 따라 지원자 4가 미디어홍보부, 지원자 2가 기획재정부에 선발되었다.

∴ 인사부 : 지원자 3, 미디어홍보부 : 지원자 4, 기획재정부 : 지원자 2, 경영전략부 : 지원자 5

• 지원자 2의 진술이 거짓인 경우

지원자 2는 인사부에 선발이 되었고, 지원자 3은 미디어홍보부 또는 기획재정부에 선발되었다. 이때 지원자 3의 진술에 따라 지원자 4가 미디어홍보부, 지원자 3이 기획재정부에 선발되었다.

∴ 인사부 : 지원자 2, 미디어홍보부 : 지원자 4, 기획재정부 : 지원자 3, 경영전략부 : 지원자 5

따라서 항상 참인 것은 ④이다.

11

명시적 인센티브 계약을 하면 성과에 기초하여 명시적인 인센티브가 지급된다. 따라서 성과를 측정하기 어려운 업무를 근로자들이 등한시하게 되는 결과를 초래할 수 있다. 그러므로 성과를 측정하기 어려운 업무에 종사하는 근로자에 대한 보상에서는 암묵적인 인센티브가 더 효과적이다.

오답분석

① 첫 번째 문단에서 확인할 수 있다.
② 세 번째 문단에서 확인할 수 있다.
③ 두 번째 문단에서 확인할 수 있다.
④ 마지막 문단에서 확인할 수 있다.

12

암묵적 계약은 객관적으로 확인할 수 있는 조건보다는 주관적인 평가에 기초한 약속이다.

13

n년 후 저장된 파일의 수가 a_n천 개일 때, $(n+1)$년 후 저장된 파일의 수는 $(2a_n + 1)$천 개이므로 n년 후 저장된 파일의 수는 다음과 같다.

• 6년 후 : $2 \times 31 + 1 = 63$천 개
• 7년 후 : $2 \times 63 + 1 = 127$천 개
• 8년 후 : $2 \times 127 + 1 = 255$천 개
• 9년 후 : $2 \times 255 + 1 = 511$천 개
• 10년 후 : $2 \times 511 + 1 = 1,023$천 개

따라서 10년 후 저장된 파일의 수는 1,023천 개다.

14

• 본부에서 36개월 동안 연구원으로 근무
→ $0.03 \times 36 = 1.08$점
• 지역본부에서 24개월 근무
→ $0.015 \times 24 = 0.36$점

- 특수지에서 12개월 동안 파견근무(지역본부 근무경력과 중복되어 절반만 인정)
    → $0.02×12÷2=0.12$점
- 본부로 복귀 후 현재까지 총 23개월 근무
    → $0.03×23=0.69$점
- 현재 팀장(과장) 업무 수행 중
    - 내부평가결과 최상위 10% 총 12회
        → $0.012×12=0.144$점
    - 내부평가결과 차상위 10% 총 6회
        → $0.01×6=0.06$점
    - 금상 2회, 은상 1회, 동상 1회 수상
        → $(0.25×2)+(0.15×1)+(0.1×1)=0.75$점
        → 0.5($∵$ 인정범위)
    - 시행결과평가 탁월 2회, 우수 1회
        → $(0.25×2)+(0.15×1)=0.65$점
        → 0.5($∵$ 인정범위)

따라서 K과장의 가점은 $1.08+0.36+0.12+0.69+0.144+0.06+0.5+0.5=3.454$점이다.

아이들이 답이 있는 질문을 하기 시작하면 그들이 성장하고 있음을 알 수 있다.

- 존 J. 플롬프 -

PART 1

대표기출유형

CHAPTER 01

언어적 사고

합격 Cheat Key

| 영역 소개 |

L-TAB의 언어적 사고 영역은 지원자의 독해력과 언어적 추론 능력은 물론 어휘어법, 논리적 사고력 등 다양한 방면의 언어적 사고능력을 평가하기 위한 영역이다.

언어적 사고 영역은 과거 각 지문당 1~3개의 문제를 푸는 장문독해의 형태로 출제되거나 짧은 지문의 난도가 높고 생소한 독해 문제가 출제되었으나, 2021년 상반기 시험부터는 실제 가상 업무 상황을 부여하고 이를 다양한 방법을 이용해 해결하는 방식으로 크게 바뀌었다.

따라서 상황과 지시 사항을 정확하게 파악하여 이에 대응할 수 있는 전반적인 사고 능력이 요구된다.

| 유형 소개 |

1 독해

제시문의 내용과 일치 여부를 묻는 사실적 독해, 주어진 글에 대한 반박으로 옳은 것을 고르는 비판적 독해, 지문을 읽고 추론 가능·불가능한 내용을 찾는 추론적 독해 등이 있다.

┌ 학습 포인트 ┐
- 경제·경영·철학·역사·예술·과학 등 다양한 분야와 관련된 글이 제시된다.
- 독해의 경우 단기간의 공부로 성적을 올릴 수 있는 부분이 아니므로 평소에 꾸준히 연습해야 한다.
- 추론하기와 비판하기의 경우 제시문을 바탕으로 정확한 근거를 판단하여 풀이하면 오답을 피할 수 있다.

2 ## 문장구조

글의 개요나 제시문에서 적절하지 못한 부분을 찾아 올바르게 수정할 수 있는지를 평가하기 위한 유형으로, 각 개요의 서론·본론·결론 및 각각의 하위 항목을 수정하거나 항목을 추가·제거하는 유형, 글의 어휘·문장호응을 수정하거나 특정 문장을 추가 및 제거하는 유형이 출제된다.

┤ 학습 포인트 ├

- 개요 수정 유형의 경우 각 항목이 주제 및 소주제의 하위 항목으로 적절한지, 또는 소주제가 전체 주제의 하위 항목과 하위 항목을 포괄하는 내용으로 적절한지 확인해야 한다.
- 글의 수정은 일정 수준의 언어 기본기가 요구되는 유형으로, 비슷해 보이더라도 실제 사용되는 의미가 같은지, 문장의 호응이 제대로 이루어졌는지, 글에 필요한 문장인지를 파악하는 능력이 필요하다.

3 ## 명제

주어진 명제 또는 조건을 통한 논리적 사고력을 평가하는 유형으로, 언어추리 유형의 문제를 풀기 위해서는 삼단논법 및 명제의 역·이·대우에 대한 이해가 필요하며, 주어진 조건을 통해 경우의 수를 따지는 연습이 충분히 이루어져야 한다.

┤ 학습 포인트 ├

- 세 개 이상의 비교대상이 등장하며, '~보다', '가장' 등의 표현에 유의해 풀어야 한다.
- '어떤'과 '모든'이 나오는 명제는 벤다이어그램을 활용한다.
- 주어진 규칙과 조건을 파악한 후 이를 도식화(표, 기호 등으로 정리)하여 문제에 접근해야 한다.
- 조건에 사용된 조사의 의미와 제한사항 등을 제대로 이해해야 정답을 찾을 수 있으므로 문제와 제시된 문장을 꼼꼼히 읽는 습관을 기른다.

01 │ 이론점검

01 논리구조

논리구조에서는 주로 단락과 문장 간의 관계나 글 전체의 논리적 구조를 정확히 파악했는지를 묻는다. 글의 순서를 바르게 배열하는 유형이 출제되고 있다. 제시문의 전체적인 흐름을 바탕으로 각 문단의 특징, 단락 간의 역할 등을 논리적으로 구조화할 수 있는 능력을 길러야 한다.

1. 문장과 문장 간의 관계

① **상세화 관계** : 주지 → 구체적 설명(비교, 대조, 유추, 분류, 분석, 인용, 예시, 비유, 부연, 상술 등)

② **문제(제기)와 해결 관계** : 한 문장이 문제를 제기하고, 다른 문장이 그 해결책을 제시하는 관계(과제 제시 → 해결 방안, 문제 제기 → 해답 제시)

③ **선후 관계** : 한 문장이 먼저 발생한 내용을 담고, 다음 문장이 나중에 발생한 내용을 담고 있는 관계

④ **원인과 결과 관계** : 한 문장이 원인이 되고, 다른 문장이 그 결과가 되는 관계(원인 제시 → 결과 제시, 결과 제시 → 원인 제시)

⑤ **주장과 근거 관계** : 한 문장이 필자가 말하고자 하는 바(주지)가 되고, 다른 문장이 그 문장의 증거(근거)가 되는 관계(주장 제시 → 근거 제시, 의견 제안 → 의견 설명)

⑥ **전제와 결론 관계** : 앞 문장에서 조건이나 가정을 제시하고, 뒤 문장에서 이에 따른 결론을 제시하는 관계

2. 문장의 연결 방식

① **순접** : 원인과 결과, 부연 설명 등의 문장 연결에 쓰임
　　예 그래서, 그리고, 그러므로 등

② **역접** : 앞글의 내용을 전면적 또는 부분적으로 부정
　　예 그러나, 그렇지만, 그래도, 하지만 등

③ **대등 · 병렬** : 앞뒤 문장의 대비와 반복에 의한 접속
　　예 및, 혹은, 또는, 이에 반하여 등

④ **보충 · 첨가** : 앞글의 내용을 보다 강조하거나 부족한 부분을 보충하기 위해 다른 말을 덧붙이는 문맥
　　예 단, 곧, 즉, 더욱이, 게다가, 왜냐하면 등

⑤ **화제 전환** : 앞글과는 다른 새로운 내용을 이야기하기 위한 문맥

⑥ **비유 · 예시** : 앞글에 대해 비유적으로 다시 말하거나 구체적인 예를 보임
　　예 예를 들면, 예컨대, 마치 등

3. 원리 접근법

앞뒤 문장의 중심 의미 파악		앞뒤 문장의 중심 내용이 어떤 관계인지 파악		문장 간의 접속어, 지시어의 의미와 기능		문장의 의미와 관계성 파악
각 문장의 의미를 어떤 관계로 연결해서 글을 전개하는지 파악해야 한다.	→	지문 안의 모든 문장은 서로 논리적 관계성이 있다.	→	접속어와 지시어를 음미하는 것은 독해의 길잡이 역할을 한다.	→	문단의 중심 내용을 알기 위한 기본 분석 과정이다.

02 논리적 이해

1. 전제의 추론

전제의 추론은 원칙적으로 주어진 내용의 이면에 내포되어 있는 이미 옳다고 인정된 사실을 유추하는 유형이다.
① 먼저 주장이 무엇인지 명확하게 파악해야 한다.
② 주장이 성립하기 위해서 논리적으로 필요한 요건이 무엇인지 생각해 본다.
③ 선택지 중 주장과 논리적으로 인과 관계를 형성할 수 있는 조건을 찾아낸다.

2. 결론의 추론

주어진 내용을 명확히 이해한 다음, 이를 근거로 이끌어 낼 수 있는 올바른 결론이나 관련 사항을 논리적인 관점에서 찾는 문제 유형이다. 이와 같은 문제는 평상시 비판적이고 논리적인 관점으로 글을 읽는 연습을 충분히 해두어야 유리하다고 볼 수 있다.

3. 주제의 추론

주제와 관련된 추론 문제는 적성검사에서 자주 출제되는 유형으로서, 글의 표제, 부제, 주제, 주장, 의도를 파악하는 형태의 문제와 같은 유형이다. 이러한 유형의 문제는 주제를 글의 첫 문단이나 마지막 문단을 통해서 찾을 수 있으며, 그렇지 않더라도 문단의 병렬·대등 관계를 파악하면 쉽게 찾을 수 있다. 여러 문단에서 공통된 주제를 추론할 때는, 각각의 제시문을 먼저 요약한 뒤, 핵심 키워드를 찾은 다음, 이를 토대로 주제문을 가려내어 하나의 주제를 유추하면 된다. 따라서 평소에 제시문을 읽고, 핵심 키워드를 찾아 문장을 구성하는 연습을 많이 해두어야 한다. 또한 겉으로 드러난 주제나 정보를 찾는 데 그치지 않고 글 속에 숨겨진 의도나 정보를 찾기 위해 꼼꼼히 관찰하는 태도가 필요하다.

1. 연역 추론

이미 알고 있는 판단(전제)을 근거로 새로운 판단(결론)을 유도하는 추론이다. 연역 추론은 진리일 가능성을 따지는 귀납 추론과는 달리, 명제 간의 관계와 논리적 타당성을 따진다. 즉, 연역 추론은 전제들로부터 절대적인 필연성을 가진 결론을 이끌어내는 추론이다.

(1) 직접 추론

한 개의 전제로부터 중간적 매개 없이 새로운 결론을 이끌어내는 추론이며, 대우 명제가 그 대표적인 예이다.

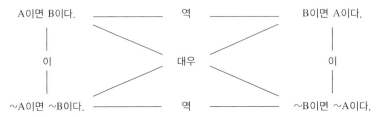

• 한국인은 모두 황인종이다.	(전제)
• 그러므로 황인종이 아닌 사람은 모두 한국인이 아니다.	(결론 1)
• 그러므로 황인종 중에는 한국인이 아닌 사람도 있다.	(결론 2)

(2) 간접 추론

둘 이상의 전제로부터 새로운 결론을 이끌어내는 추론이다. 삼단논법이 가장 대표적인 예이다.

① **정언 삼단논법** : 세 개의 정언명제로 구성된 간접추론 방식이다. 세 개의 명제 가운데 두 개의 명제는 전제이고, 나머지 한 개의 명제는 결론이다. 세 명제의 주어와 술어는 세 개의 서로 다른 개념을 표현한다.

② **가언 삼단논법** : 가언명제로 이루어진 삼단논법을 말한다. 가언명제란 두 개의 정언명제가 '만일 ~이라면'이라는 접속사에 의해 결합된 복합명제이다. 여기서 '만일'에 의해 이끌리는 명제를 전건이라고 하고, 그 뒤의 명제를 후건이라고 한다. 가언 삼단논법의 종류로는 혼합가언 삼단논법과 순수가언 삼단논법이 있다.

 ㉠ **혼합가언 삼단논법** : 대전제만 가언명제로 구성된 삼단논법이다. 긍정식과 부정식 두 가지가 있으며, 긍정식은 'A면 B이다. A이다. 그러므로 B이다.'이고, 부정식은 'A면 B이다. B가 아니다. 그러므로 A가 아니다.'이다.

> • 만약 A라면 B이다.
> • B가 아니다.
> • 그러므로 A가 아니다.

ⓛ 순수가언 삼단논법 : 대전제와 소전제 및 결론까지 모두 가언명제들로 구성된 삼단논법이다.

> • 만약 A라면 B이다.
> • 만약 B라면 C이다.
> • 그러므로 만약 A라면 C이다.

③ 선언 삼단논법 : '~이거나 ~이다.'의 형식으로 표현되며 전제 속에 선언 명제를 포함하고 있는 삼단
논법이다.

> • 내일은 비가 오거나 눈이 온다(A 또는 B이다).
> • 내일은 비가 오지 않는다(A가 아니다).
> • 그러므로 내일은 눈이 온다(그러므로 B이다).

④ 딜레마 논법 : 대전제는 두 개의 가언명제로, 소전제는 하나의 선언명제로 이루어진 삼단논법으로,
양도추론이라고도 한다.

> • 만일 네가 거짓말을 하면, 신이 미워할 것이다.   (대전제)
> • 만일 네가 거짓말을 하지 않으면, 사람들이 미워할 것이다.   (대전제)
> • 너는 거짓말을 하거나, 거짓말을 하지 않을 것이다.   (소전제)
> • 그러므로 너는 미움을 받게 될 것이다.   (결론)

2. 귀납 추론

특수한 또는 개별적인 사실로부터 일반적인 결론을 이끌어내는 추론을 말한다. 귀납 추론은 구체적 사실들
을 기반으로 하여 결론을 이끌어내기 때문에 필연성을 따지기보다는 개연성과 유관성, 표본성 등을 중시하
게 된다. 여기서 개연성이란, 관찰된 어떤 사실이 같은 조건 하에서 앞으로도 관찰될 수 있는가 하는 가능성
을 말하고, 유관성은 추론에 사용된 자료가 관찰하려는 사실과 관련되어야 하는 것을 일컬으며, 표본성은
추론을 위한 자료의 표본 추출이 공정하게 이루어져야 하는 것을 가리킨다. 이러한 귀납 추론은 일상생활
속에서 많이 사용하고, 우리가 알고 있는 과학적 사실도 이와 같은 방법으로 밝혀졌다.
그러나 전제들이 참이어도 결론이 항상 참인 것은 아니다. 단 하나의 예외로 인하여 결론이 거짓이 될 수
있다.

> • 성냥불은 뜨겁다.
> • 연탄불도 뜨겁다.
> • 그러므로 모든 불은 뜨겁다.

위 예문에서 '성냥불이나 연탄불이 뜨거우므로 모든 불은 뜨겁다.'라는 결론이 나왔는데, 반딧불은 뜨겁지
않으므로 '모든 불이 뜨겁다.'라는 결론은 거짓이 된다.

(1) 완전 귀납 추론

관찰하고자 하는 집합의 전체를 다 검증함으로써 대상의 공통 특질을 밝혀내는 방법이다. 이는 예외 없는 진실을 발견할 수 있다는 장점은 있으나, 집합의 규모가 크고 속성의 변화가 다양할 경우에는 적용하기 어려운 단점이 있다.

　예 1부터 10까지의 수를 다 더하여 그 합이 55임을 밝혀내는 방법

(2) 통계적 귀납 추론

통계적 귀납 추론은 관찰하고자 하는 집합의 일부에서 발견한 몇 가지 사실을 열거함으로써 그 공통점을 결론으로 이끌어내려는 방식을 가리킨다. 관찰하려는 집합의 규모가 클 때 그 일부를 표본으로 추출하여 조사하는 방식이 이에 해당하며, 표본 추출의 기준이 얼마나 적합하고 공정한가에 따라 그 결과에 대한 신뢰도가 달라진다는 단점이 있다.

　예 여론조사에서 일부의 국민에 대한 설문 내용을 바탕으로, 이를 전체 국민의 여론으로 제시하는 것

(3) 인과적 귀납 추론

관찰하고자 하는 집합의 일부 원소들이 지닌 인과 관계를 인식하여 그 원인이나 결과를 이끌어내려는 방식을 말한다.

① **일치법** : 공통적인 현상을 지닌 몇 가지 사실 중에서 각기 지닌 요소 중 어느 한 가지만 일치한다면 이 요소가 공통 현상의 원인이라고 판단

　　예 마을 잔칫집에서 돼지고기를 먹은 사람들이 집단 식중독을 일으켰다. 따라서 식중독의 원인은 상한 돼지고기가 아닌가 생각한다.

② **차이법** : 어떤 현상이 나타나는 경우와 나타나지 않은 경우를 놓고 보았을 때, 각 경우의 여러 조건 중 단 하나만이 차이를 보인다면 그 차이를 보이는 조건이 원인이 된다고 판단

　　예 현수와 승재는 둘 다 지능이나 학습 시간, 학습 환경 등이 비슷한데 공부하는 태도에는 약간의 차이가 있다. 따라서 두 사람이 성적이 차이를 보이는 것은 학습 태도의 차이 때문으로 생각된다.

③ **일치·차이 병용법** : 몇 개의 공통 현상이 나타나는 경우와 몇 개의 그렇지 않은 경우를 놓고 일치법과 차이법을 병용하여 적용함으로써 그 원인을 판단

　　예 학업 능력 정도가 비슷한 두 아동 집단에 대해 처음에는 같은 분량의 과제를 부여하고 나중에는 각기 다른 분량의 과제를 부여한 결과, 많이 부여한 집단의 성적이 훨씬 높게 나타났다. 이로 보아, 과제를 많이 부여하는 것이 적게 부여하는 것보다 학생의 학업 성적 향상에 도움이 된다고 판단할 수 있다.

④ **공변법** : 관찰하는 어떤 사실의 변화에 따라 현상의 변화가 일어날 때 그 변화의 원인이 무엇인지 판단

　　예 담배를 피우는 양이 각기 다른 사람들의 집단을 조사한 결과, 담배를 많이 피울수록 폐암에 걸릴 확률이 높다는 사실이 발견되었다.

⑤ **잉여법** : 앞의 몇 가지 현상이 뒤의 몇 가지 현상의 원인이며, 선행 현상의 일부분이 후행 현상의 일부분이라면, 선행 현상의 나머지 부분이 후행 현상의 나머지 부분의 원인임을 판단

　　예 어젯밤 일어난 사건의 혐의자는 정은이와 규민이 두 사람인데, 정은이는 알리바이가 성립되어 혐의 사실이 없는 것으로 밝혀졌다. 따라서 그 사건의 범인은 규민이일 가능성이 높다.

3. 유비 추론

두 개의 대상 사이에 일련의 속성이 동일하다는 사실에 근거하여 그것들의 나머지 속성도 동일하리라는 결론을 이끌어내는 추론, 즉 이미 알고 있는 것에서 다른 유사한 점을 찾아내는 추론을 말한다. 그렇기 때문에 유비 추론은 잣대(기준)가 되는 사물이나 현상이 있어야 한다. 유비 추론은 가설을 세우는 데 유용하다. 이미 알고 있는 사례로부터 아직 알지 못하는 것을 생각해 봄으로써 쉽게 가설을 세울 수 있다. 이때 유의할 점은 이미 알고 있는 사례와 이제 알고자 하는 사례가 매우 유사하다는 확신과 증거가 있어야 한다. 그렇지 않은 상태에서 유비 추론에 의해 결론을 이끌어내면, 그것은 개연성이 거의 없고 잘못된 결론이 될 수도 있다.

- 지구에는 공기, 물, 흙, 햇빛이 있다(A는 a, b, c, d의 속성을 가지고 있다).
- 화성에는 공기, 물, 흙, 햇빛이 있다(B는 a, b, c, d의 속성을 가지고 있다).
- 지구에 생물이 살고 있다(A는 e의 속성을 가지고 있다).
- 그러므로 화성에도 생물이 살고 있을 것이다(그러므로 B도 e의 속성을 가지고 있을 것이다).

01 | 사실적 독해

| 유형분석 |

- 글의 내용과 선택지가 일치·불일치하는지를 묻는 유형이다.
- 제시문에 있는 내용을 그대로 선택지에 제시하거나 다른 표현으로 돌려서 제시한다.
- 오답의 근거가 명확한 선택지를 답으로 고른다.

다음 글의 내용으로 가장 적절한 것은?

> 레드와인이란 포도 과육을 압착하여 과즙을 만든 뒤, 여기에 포도 껍질과 씨를 넣고 양조통에서 일정시간 발효시켜 당분을 제거한 주류를 말한다. 이 과정에서 포도 껍질과 씨앗 등에 있던 탄닌 성분이 우러나게 되면서 레드와인은 특유의 떫고 신맛이 생긴다.
> 레드와인은 원재료인 포도의 품종에 따라 붉은색에서 보라색까지 색상에 차이가 생기며, 이는 특히 포도껍질과 관련이 있다. 또한 포도의 재배 환경에 따라서도 산도와 향, 와인 색상에도 차이가 생기는데, 날씨가 더울수록 산도가 약해지고 향은 진해진다.
> 이렇게 만들어진 레드와인은 적정량을 섭취하게 되면 항산화 성분을 얻을 수 있어 인체에 유익한 영향을 준다. 대표적인 효능으로는 레드와인의 섭취를 통해 얻은 항산화 성분의 영향으로 혈관질환의 개선, 인지기능의 향상, 호흡기관의 보호, 암 예방이 있다.
> 이외에도 지질 산화를 감소시키고 혈관 내벽을 두껍게 만들어 주기 때문에 고혈압과 관련된 심혈관계 질환에 도움이 되고, 세포의 노화를 감소시켜 치매와 세포 파괴 위험을 낮출 수 있다. 또한 소염 살균효과도 가지고 있어 호흡기에 환경 오염물질이 침투하지 않도록 보호하고, 폐에 악성 종양이 생기는 것을 예방한다.

① 레드와인은 포도에서 과육만을 추출하여 만든다.

② 기온이 높은 환경에서 재배한 포도로 만든 와인일수록 레드와인 특유의 신맛이 강해진다.

③ 진한 향의 레드와인을 선호할 경우 더운 지역의 포도로 제조한 것을 구매해야 한다.

④ 같은 품종의 포도로 만든 레드와인의 색상은 동일하다.

⑤ 심혈관질환이 있는 모든 환자에게 일정량의 레드와인 섭취는 유익한 영향을 준다.

정답 ③

포도 재배 환경의 날씨가 더울수록 향은 진해진다고 하였으므로, 진한 향의 레드와인을 원한다면 기온이 높은 지역의 포도를 사용한 와인을 구매해야 한다.

오답분석

① 레드와인은 포도에서 과육뿐만 아니라 껍질과 씨를 모두 사용하여 제조한다.
② 기온이 높은 환경에서 재배한 포도로 만든 와인이 산도가 약해진다고 하였으므로, 레드와인 특유의 신맛이 강해지려면 기온이 낮은 환경에서 재배한 포도로 만들어야 한다.
④ 레드와인의 색상은 포도의 품종뿐만 아니라 포도의 재배 환경에 따라서도 영향을 받으므로, 같은 품종의 포도로 제조한 와인이라도 그 색상은 다를 수 있다.
⑤ 제시문에서 심혈관질환 중 고혈압 이외의 내용은 없으므로 모든 심혈관환자들에게 유익한 영향을 준다고 보기는 어렵다.

30초 컷 풀이 Tip

주어진 글의 내용과 일치하는 것 또는 일치하지 않는 것을 고르는 문제의 경우, 제시문을 읽기 전에 문제와 선택지를 먼저 읽어보는 것이 좋다. 이를 통해 제시문 속에서 찾아내야 할 정보가 무엇인지를 먼저 인지한 후 글을 읽어야 문제 푸는 시간을 단축할 수 있다.

온라인 풀이 Tip

선택지를 읽고 전체적인 내용을 대략적으로 이해한 후 제시문을 읽는다. 롯데그룹의 L-TAB은 주어진 하나의 상황마다 3 ~ 4개의 문항이 출제되므로, 2, 3번을 읽으면 그만큼 다른 문제의 풀이시간이 부족하게 된다. 때문에 시험 시작 전에 화면으로 텍스트를 읽으면서 워밍업을 하는 것도 좋은 방법이다.

※ 다음 글의 내용으로 가장 적절한 것을 고르시오. [1~4]

Easy

01

> 기준금리는 중앙은행이 경제를 조절하고 통화정책을 시행하기 위해 설정하는 핵심적인 금리이다. 중앙은행은 경제의 안정과 성장을 도모하기 위해 노력하며, 기준금리는 이를 위한 주요한 도구로 사용된다.
>
> 기준금리는 경제의 주요 지표와 금융시장의 조건 등을 고려하여 결정된다. 주로 인플레이션, 경제성장, 고용상황 등과 같은 경제 지표를 분석하고, 금융시장의 유동성과 안정성을 고려하여 중앙은행이 적절한 수준의 기준금리를 결정한다. 이를 통해 중앙은행은 경기 변동에 따른 위험을 완화하고 금융시장의 원활한 운영을 돕는 역할을 수행한다.
>
> 또한 기준금리는 주로 중앙은행이 자금공급 및 대출을 조절하여 경제의 동향을 조절하기 위해 설정된다. 일반적으로 경제가 성장하고 인플레이션이 심해지면 중앙은행은 기준금리를 인상시켜 자금을 제한하고 대출을 어렵게 만든다. 이는 소비와 투자를 저하시키는 효과를 가지며, 경기 과열을 억제하는 역할을 한다.
>
> 반대로 경제가 침체되면 중앙은행은 기준금리를 낮춰 자금을 유동성 있게 공급하고 대출을 유도한다. 이는 경기 활성화와 경제 확장을 촉진하며 기업과 개인의 대출 활동을 유도하여 경제에 활력을 불어넣는 효과를 가진다.
>
> 중앙은행은 기준금리를 결정할 때 정책 목표와 관련된 다양한 요소를 고려한다. 대표적으로 인플레이션 목표율, 경제 성장률, 고용률, 외환 시장 상황, 금융시장 안정성 등 다양한 요인이 있으며 국제 경제 상황과 금융시장의 변동성, 정책 변화의 시너지 효과 등도 고려한다.
>
> 기준금리는 중앙은행의 중요한 정책 수단으로서, 정부와 기업, 개인들의 경제 활동에 직간접적인 영향을 준다. 따라서 중앙은행은 신중하고 적절한 기준금리 조정을 통해 경제의 안정과 균형을 유지하려는 노력을 계속해야 한다. 이를 위해 경제 지표와 금융시장의 변동을 면밀히 관찰하고, 정책 목표에 맞는 조치를 취하며, 투명한 커뮤니케이션을 통해 경제 주체들에게 예측 가능한 환경을 제공해야 한다.

① 경기가 과열될 경우 중앙은행은 기준금리를 인하한다.
② 중앙은행이 기준금리를 인상하면 개인과 기업의 소비와 투자가 촉진된다.
③ 기준금리는 경기 변동에 따른 위험을 완화하는 장치이다.
④ 기준금리 설정에서 가장 중요한 요인은 국제 경제 상황이다.
⑤ 기준금리는 개인의 경제 활동에 직접적인 영향을 주지 않는다.

02

휴대전화를 새 것으로 바꾸기 위해 대리점에 간 소비자가 있다. 대리점에 가면서 휴대전화 가격으로 30만 원을 예상했다. 그런데 마음에 드는 것을 선택하니 가격이 25만 원이라고 하였다. 소비자는 흔쾌히 구입을 결정했다. 그러면서 뜻밖의 이익이 생겼음에 좋아할지도 모른다. 처음 예상했던 휴대전화의 가격과 실제 지불한 금액의 차이, 즉 5만 원의 이익을 얻었다고 보는 것이다. 경제학에서는 이것을 '소비자잉여'라고 부른다. 어떤 상품에 대해 소비자가 최대한 지불해도 좋다고 생각하는 가격에서 실제로 지불한 가격을 뺀 차액이 소비자잉여인 셈이다. 결국 낮은 가격으로 상품을 구입하면 할수록 소비자잉여는 커질 수밖에 없다.

휴대전화를 구입하고 나니, 대리점 직원은 휴대전화의 요금제를 바꾸라고 권유했다. 현재 이용하고 있는 휴대전화 서비스보다 기본요금이 조금 더 비싼 대신 분당 이용료가 싼 요금제로 바꾸는 것이 더 이익이라는 설명도 덧붙였다. 소비자는 지금까지 휴대전화의 요금이 기본요금과 분당 이용료로 나누어져 있는 것을 당연하게 생각해 왔다. 그런데 곰곰이 생각해 보니, 이건 정말 특이한 가격 체계였다. 다른 제품이나 서비스는 보통 한 번만 값을 지불하면 되는데, 왜 휴대전화 요금은 기본요금과 분당이용료의 이원 체제로 이루어져 있는 것일까?

휴대전화 회사는 기본요금과 분당 이용료의 이원 체제 전략, 즉 '이부가격제'를 채택하고 있다. 이부가격제는 소비자가 어떤 상품을 사려고 할 때, 우선적으로 그 권리에 상응하는 가치를 값으로 지불하고, 실제 상품을 구입할 때 그 사용량에 비례하여 또 값을 지불해야 하는 체제를 말한다. 이부가격제를 적용하면 휴대전화 회사는 소비자의 통화량과 관계없이 기본 이윤을 확보할 수 있다.

이부가격제를 적용하는 또 다른 예로 놀이 공원을 들 수 있다. 이전에는 놀이 공원에 갈 때 저렴한 입장료를 지불했고, 놀이 기구를 이용할 때마다 표를 구입했다. 그렇기 때문에 놀이 기구를 골라서 이용하여 사용료를 절약할 수 있었고, 구경만 하고 사용료를 지불하지 않는 것도 가능했다. 그러나 요즘의 놀이 공원은 입장료를 이전보다 비싸게 올리고 놀이기구의 사용료를 상대적으로 낮췄다. 게다가 '빅3'니 '빅5'니 하는 묶음표를 만들어 놀이 기구 이용자로 하여금 가격의 부담이 적은 것처럼 느끼게 만들었다. 결국 놀이 공원의 가격 전략은 사용료를 낮추고 입장료를 높게 받는 이부가격제로 굳어지고 있는 것이다. 여기서 놀이 공원의 입장료는 상품을 살 수 있는 권리를 얻기 위해 지불해야 하는 금액에 해당한다. 그리고 입장료를 내고 들어간 사람들이 놀이 기구를 이용할 때마다 내는 요금은 상품의 가격에 해당하는 부분이다. 우리가 모르는 가운데 기업의 이윤 극대화를 위한 모색은 계속되고 있다.

① 놀이 공원의 '빅3'나 '빅5' 등의 묶음표는 이용자를 위한 가격제이다.
② 소비자 잉여의 크기는 구입한 상품에 대한 소비자의 만족감과 반비례한다.
③ 이부가격제는 이윤 극대화를 위해 기업이 채택할 수 있는 가격 제도이다.
④ 휴대전화 요금제는 기본요금과 분당 이용료가 비쌀수록 소비자에게 유리하다.
⑤ 가정으로 배달되는 우유를 한 달 동안 먹고 지불하는 값에는 이부가격제가 적용됐다.

03

미국 로체스터대 교수 겸 노화연구센터 공동책임자인 베라 고부노바는 KAIST 글로벌전략연구소가 '포스트 코로나, 포스트 휴먼 – 의료·바이오 혁명'을 주제로 개최한 제3차 온라인 국제포럼에서 "대다수 포유동물보다 긴 수명을 가진 박쥐는 바이러스를 체내에 보유하고 있으면서도 염증 반응이 일어나지 않는다."며 "박쥐의 염증 억제 전략을 생물학적으로 이해하면 코로나19는 물론 자가면역 질환 등 다양한 염증 질환 치료제에 활용할 수 있을 것"이라고 말했다.

박쥐는 밀도가 높은 군집 생활을 한다. 또한, 포유류 중 유일하게 날개를 지닌 생물로서 뛰어난 비행 능력과 비행 중에도 고온의 체온을 유지하는 것 등의 능력으로 먼 거리까지 무리를 지어 날아다니기 때문에 쉽게 질병에 노출되기도 한다. 그럼에도 오랜 기간 지구상에 존재하며 바이러스에 대항하는 면역 기능이 발달된 것으로 추정된다. 박쥐는 에볼라나 코로나바이러스에 감염돼도 염증 반응이 일어나지 않기 때문에 대표적인 바이러스 숙주로 지목되고 있다.

고부노바 교수는 "인간이 도시에 모여 산 것도, 비행기를 타고 돌아다닌 것도 사실상 약 100년 정도로 오래되지 않아 박쥐만큼 바이러스 대항 능력이 강하지 않다."며 "박쥐처럼 약 6,000 ~ 7,000만 년에 걸쳐 진화할 수도 없다."고 설명했다. 그러면서 "박쥐 연구를 통해 박쥐의 면역체계를 이해하고 바이러스에 따른 다양한 염증 반응 치료제를 개발하는 전략이 필요하다."고 강조했다.

고부노바 교수는 "이 같은 비교생물학을 통해 노화를 억제하고 퇴행성 질환에 대응하기 위한 방법을 찾을 수 있다."며 "안전성이 확인된 연구 결과물들을 임상에 적용해 더욱 발전해 나가는 것이 필요하다."라고 밝혔다.

① 박쥐의 수명은 긴 편이지만 평균적인 포유류 생물의 수명보다는 짧다.

② 박쥐는 날개가 있는 유일한 포유류지만 짧은 거리만 날아서 이동이 가능하다.

③ 박쥐는 현재까지도 바이러스에 취약한 생물이지만 긴 기간 지구상에 존재할 수 있었다.

④ 박쥐가 많은 바이러스를 보유하고 있는 것은 무리생활과 더불어 수명과도 관련이 있다.

⑤ 박쥐의 면역은 인간에 직접 적용할 수 없기에 연구가 무의미하다.

04

인공 지능을 면접에 활용하는 것은 바람직하지 않다. 인공 지능 앞에서 면접을 보느라 진땀을 흘리는 인간의 모습을 생각하면 너무 안타깝다. 미래에 인공 지능이 인간의 고유한 영역까지 대신할 것이라고 사람들은 말하는데, 인공 지능이 인간을 대신할 수 있을까? 인간과 인공 지능의 관계는 어떠해야 할까?

인공 지능은 인간의 삶을 편리하게 돕는 도구일 뿐이다. 인간이 만든 도구인 인공 지능이 인간을 평가할 수 있는지에 대해 생각해 볼 필요가 있다. 도구일 뿐인 기계가 인간을 평가하는 것은 정당하지 않다. 인간이 개발한 인공 지능이 인간을 판단한다면 주체와 객체가 뒤바뀌는 상황이 발생할 것이다.

인공 지능이 발전하더라도 인간과 같은 사고는 불가능하다. 인공 지능은 겉으로 드러난 인간의 말과 행동을 분석하지만 인간은 말과 행동 이면의 의미까지 고려하여 사고한다. 인공 지능은 빅데이터를 바탕으로 결과를 도출해 내는 기계에 불과하므로, 통계적 분석을 할 뿐 타당한 판단을 할 수 없다. 기계가 타당한 판단을 할 것이라는 막연한 기대를 한다면 머지않아 인간이 기계에 예속되는 상황이 벌어질지도 모른다.

인공 지능은 사회적 관계를 맺을 수 없다. 반면, 인간은 사회에서 의사소통을 통해 관계를 형성한다. 이 과정에서 축적된 인간의 경험이 바탕이 되어야 타인의 잠재력을 발견할 수 있다.

① 인공 지능과 인간의 공통점을 통해 논지를 주장하고 있다.
② 인공 지능은 빅데이터를 바탕으로 타당한 판단을 할 수 있다.
③ 인공 지능은 의사소통을 통해 사회적 관계를 형성한다.
④ 미래에 인공 지능이 인간을 대체할 것이다.
⑤ 인공 지능이 인간을 평가하는 것은 정당하지 않다.

Hard

05

오늘날 한국 사회는 건강에 대한 관심과 열풍이 그 어느 때보다 증가하고 있다. 이미 우리 사회에서 유기농, 친환경, 웰빙과 같은 단어는 친숙해진 지 오래다. 제품마다 웰빙이라는 단어를 부여해야만 매출이 상승했던 웰빙 시대를 지나서 사람들은 천연 재료를 추구하는 오가닉(Organic) 시대를 접하였으며, 나아가 오늘날에는 오가닉을 넘어 로가닉(Rawganic)을 추구하기 시작한 것이다.

로가닉이란 '천연상태의 날 것'을 의미하는 Raw와 '천연 그대로의 유기농'을 의미하는 Organic의 합성어이다. 즉 자연에서 재배한 식자재를 가공하지 않고 천연 그대로 사용하는 것을 말한다. 로가닉은 '천연상태의 날것'을 유지한다는 점에서 기존의 오가닉과 차이를 가진다. 재료 본연의 맛과 향을 잃지 않는 방식으로 제조되는 것이다. 이러한 로가닉은 오늘날 우리의 식품업계에 직접적으로 영향을 주고 있다. 화학조미료 사용을 줄이고 식재료 본연의 맛과 풍미를 살린 '로가닉 조리법'을 활용한 외식 프랜차이즈 브랜드가 꾸준히 인기를 끌고 있음을 확인할 수 있다.

로가닉은 세 가지의 핵심적인 가치요소가 포함되어야 한다. 첫째는 날 것 상태인 천연 그대로의 성분을 사용하는 것이고, 둘째는 희소성이며, 셋째는 매력적이고 재미있는 스토리를 가지고 있어야 한다는 것이다.

예를 들면 ○○한우 브랜드는 당일 직송된 암소만을 엄선하여 사용함으로써 로가닉의 사고를 지닌 소비자들의 입맛을 사로잡고 있다. 품질이 우수한 식재료의 본연의 맛에서 가장 좋은 요리가 탄생한다는 로가닉 조리법을 통해 화제가 된 것이다. 또한 코펜하겐에 위치한 △△레스토랑은 '채집음식'을 추구함으로써 세계 최고의 레스토랑으로 선정되었다. 채집음식이란 재배한 식물이 아닌 야생에서 자란 음식 재료를 활용하여 만든 음식을 의미한다.

다음으로 로가닉의 가치요소인 희소성은 루왁 커피를 예로 들 수 있다. 루왁 커피는 샤향 고양이인 루왁이 커피 열매를 먹고 배설한 배설물을 채집하여 만들어진 커피로, 까다로운 채집 과정과 인공의 힘으로 불가능한 생산과정을 거침으로써 높은 희소가치를 지닌 상품으로 각광받고 있다.

마지막으로 로가닉은 매력적이고 재미있는 스토리텔링이 되어야 한다. 로가닉 제품의 채집 과정과 효능, 상품 탄생 배경 등과 같은 구체적이고 흥미 있는 스토리로 소비자들의 공감을 불러일으켜야 한다. 소비자들이 이러한 스토리텔링에 만족한다면 로가닉 제품의 높은 가격은 더 이상 매출 상승의 장애 요인이 되지 않을 것이다.

로가닉은 이처럼 세 가지 핵심적인 가치요소들을 충족함으로써 한층 더 고급스러워진 소비자들의 욕구를 채워주고 있다.

① 로가닉의 희소성은 어려운 채집 과정과 생산 과정을 통해 나타난다.
② 직접 재배한 식물로 만들어진 채집음식은 로가닉으로 볼 수 있다.
③ 로가닉은 천연상태의 날것을 그대로 사용한다는 점에서 오가닉과 다르다.
④ 로가닉 제품의 높은 가격은 스토리텔링을 통해 보완할 수 있다.
⑤ 로가닉 조리법을 활용한 외식업체의 인기가 높음을 알 수 있다.

06

최저임금제도는 정부가 근로자들을 보호하고 일자리의 질을 향상시키기 위해 근로자들이 임금을 일정 수준 이하로 받지 않도록 보장하여 경제적인 안정성을 제공하는 제도이다.

최저임금제도는 일자리의 안정성과 경제의 포용성을 촉진한다. 일정 수준 이상으로 설정된 최저임금은 근로자들에게 최소한의 생계비를 보장하고 근로 환경에서의 안정성을 확보할 수 있게 한다. 이는 근로자들의 생활의 질과 근로 만족도를 향상시키는데 기여한다.

최저임금제도는 불공정한 임금구조를 해소하고 경제적인 격차를 완화하는 데 도움을 준다. 일부 기업에서는 경쟁력 확보나 이윤 극대화를 위해 근로자들에게 낮은 임금을 지불하는 경우가 있다. 최저임금제도는 이런 부당한 임금 지급을 방지하고 사회적인 형평성을 증진시킨다.

또한 최저임금제도는 소비 활성화와 경기 부양에도 기여한다. 근로자들이 안정된 임금을 받게 되면 소비력이 강화되고, 소비 지출이 증가한다. 이는 장기적으로 기업의 생산과 판매를 촉진시켜 경기를 활성화한다.

그러나 최저임금제도는 일부 기업들에게 추가적인 경제적 부담으로 다가올 수 있다. 인건비 인상으로 인한 비용 부담 증가는 일자리의 제약이나 물가 상승으로 이어질 수 있다. 그러므로 정부는 적절한 최저임금 수준을 설정하고 기업의 경쟁력을 고려하여 적절한 대응 방안을 모색해야 한다.

이와 같이 최저임금제도는 노동자 보호와 경제적 포용성을 위한 중요한 정책 수단이다. 그러나 최저임금제도만으로는 모든 경제적 문제를 해결할 수 없으며 근로시간, 근로조건 등 다른 노동법과의 조화가 필요하다.

① 최저임금제도는 기업 입장에서 아무런 이득이 없다.
② 최저임금제도는 기업의 경제적 부담을 증가시킬 수 있다.
③ 최저임금제도는 근로자의 소비를 증가시킨다.
④ 최저임금제도는 경제적 양극화를 완화하는 데 도움을 준다.
⑤ 최저임금제도를 통해 근로자들은 최소한의 생계비를 보장받을 수 있다.

07

생물 농약이란 농작물에 피해를 주는 병이나 해충, 잡초를 제거하기 위해 자연에 있는 생물로 만든 천연 농약을 뜻한다. 생물 농약의 개발은 흙 속에 사는 병원균으로부터 식물을 보호할 목적에서였다. 뿌리를 공격하는 병원균은 땅속에 살고 있으므로 병원균을 제거하기에 어려움이 있었다. 게다가 화학 농약의 경우 그 성분이 토양에 달라붙어 제 기능을 발휘하지 못했기 때문에 식물 성장을 돕고 항균 작용을 할 수 있는 미생물에 주목하기 시작한 것이다.

식물 성장을 돕고 항균 작용을 하는 미생물 집단을 '근권미생물'이라 하는데, 여러 종류의 근권미생물 중 농약으로 쓰기에 가장 좋은 것은 뿌리에 잘 달라붙는 것들이다. 근권미생물의 입장에서 뿌리 주변은 사막의 오아시스와 비슷한 조건이다. 뿌리 주변은 뿌리에서 공급되는 양분과 안락한 서식 환경을 제공받지만, 뿌리 주변에서 멀리 떨어진 곳은 황량한 지역이어서 먹을 것을 찾기가 어렵기 때문이다. 따라서 뿌리 주변에서는 좋은 위치를 선점하기 위해 미생물 간에 치열한 싸움이 벌어진다. 얼마나 뿌리에 잘 정착하느냐가 생물 농약으로 사용되는 미생물을 결정하는 데 중요한 기준이 되는 셈이다.

생물 농약으로 쓰이는 미생물은 식물 성장을 돕는 성질을 포함한다. 미생물이 만든 항균 물질은 농작물의 뿌리에 침입하려는 곰팡이나 병원균의 성장을 억제하거나 죽게 한다. 그리고 병원균이나 곤충, 선충에 기생하는 종들을 사용한 생물 농약은 유해 병원균이나 해충을 직접 공격하기도 한다. 예를 들자면, 흰가루병은 채소 대부분에 생겨나는 곰팡이 때문에 발생하는데, 흰가루병을 일으키는 곰팡이의 영양분을 흡수해 죽이는 천적 곰팡이(Ampelomyces Quisqualis)를 이용한 생물 농약이 만들어졌다.

① 화학 농약은 화학 성분이 토양에 달라붙어 제 기능을 발휘하지 못한다.
② 생물 농약으로 쓰이는 미생물들은 유해 병원균이나 해충을 직접 공격하지는 못한다.
③ '근권미생물'이란 식물의 성장에 도움을 주는 미생물이다.
④ 뿌리에 얼마만큼 정착하는지의 여부가 미생물의 생물 농약 사용 기준이 된다.
⑤ 다른 곰팡이를 죽이는 곰팡이가 존재한다.

과학 기술에 의한 기적이 나타나지 않는다면, 우리 인간이 지구상에서 이용할 수 있는 자연 자원과 생활공간은 제한된 것으로 받아들여야 할 것이다. 그렇다면 공간을 이용할 때에 우리는 두 가지 한계점을 설정하지 않을 수 없다.

첫째, 우리는 이 지구상에서 생물이 서식할 수 있는 전체 공간의 제한성을 전제로 하고 그 중에서 인간이 이용할 수 있는 생활공간의 한계를 깨뜨리지 않는 범위 안에서만 인간의 생활공간을 확장시켜 나가야 한다. 이렇게 되면 제한된 공간을 어떻게 나누어서 이용하느냐가 중요한 문제가 되므로, '적정 공간'이라는 개념이 중요한 의미를 갖게 된다. 우리 인간이 차지할 수 있는 전체 생활공간도 생태학적으로 적정 공간이 되어야 할 뿐 아니라, 개인이 차지할 수 있는 공간도 적정 공간의 한계를 벗어나서는 안 된다는 뜻이다.

둘째, 절대적 생활공간의 한계가 함께 문제가 되는 것은 자연 자원의 한계이므로 우리는 이 문제에서도 공간 이용에 관한 한계점을 설정할 필요가 있다. 지금까지 대부분의 생물들이 살아온 공간이란 태양의 열과 빛, 맑은 공기, 물 그리고 흙을 이용할 수 있는 자연 환경이었다. 이와 같이 자연 자원에 의존하는 생활공간을 '자연 공간'이라고 한다면, 과학 기술을 이용한 인간의 생활공간에는 비자연적인 것이 많다. 인공적인 난방 장치, 냉방 장치, 조명 장치, 환기 장치, 상수도 및 하수도 시설에 절대적으로 의존하는 공간이 모두 그런 것이다.

① 인간은 공간 이용에 관한 한계를 설정할 필요가 있다.
② 인간이 지구상에서 이용할 수 있는 자연 자원은 제한되어 있다.
③ 인간이 생활공간을 이용할 때 필요 이상의 공간을 차지해서는 안 된다.
④ 공간 활용을 위해 생명체가 서식할 수 없는 공간을 개척하는 것이 중요하다.
⑤ 과학기술을 이용한 인간의 생활공간은 대부분 비자연적인 것이다.

09 다음 글에 대한 내용으로 적절하지 않은 것을 〈보기〉에서 모두 고르면?

> 추상표현주의는 1940 ~ 1950년대 나치를 피해 유럽에서 미국으로 건너온 화가들의 영향을 받아 성립된 회화 사조이다. 추상표현주의 작가들은 세계 대전의 참혹한 전쟁을 일으키게 한 이성에 대한 회의를 바탕으로 화가의 감정과 본능을 추상의 방법으로 표현했다. 그들은 자유로운 기법과 행위 자체에 중점을 둔 제작 방법을 통해 화가 개인의 감정을 나타내고자 했다. 이러한 추상표현주의를 대표하는 화가로 잭슨 폴록을 들 수 있다. 폴록은 새로운 재료를 통한 실험적 기법 창조 행위의 중요성 등을 강조하여 화가가 의도된 계획에 따라 그림을 그려나가는 회화 방식을 벗어나려고 했다. 폴록으로 대표되는 추상표현주의는 과거 회화의 틀을 벗어나게 하는 계기를 마련하면서 회화적 다양성을 추구하는 현대 회화의 특성을 정립하는 데 중요한 역할을 했다.

보기

ㄱ. 추상표현주의는 유럽 화가들의 영향을 받아 성립됐다.
ㄴ. 추상표현주의 작가들은 이성에 대한 신뢰가 있다.
ㄷ. 추상표현주의 작가들은 개인의 감정을 표현하는 것을 극도로 자제했다.
ㄹ. 추상표현주의는 의도된 계획에 따라 그림을 그려나가는 회화 방식이다.

① ㄷ
② ㄱ, ㄴ
③ ㄷ, ㄹ
④ ㄱ, ㄴ, ㄹ
⑤ ㄴ, ㄷ, ㄹ

10 L사 연구소의 A과장은 산림청이 주관하는 학술발표회에 참석하였다. A과장이 잘못 이해하고 있는 내용은?

우리나라에만 자생하는 희귀·멸종 위기수종인 미선나무에 발광다이오드(LED)광을 처리해 대량증식을 할 수 있는 기술을 개발했다. 이번에 개발된 기술은 줄기증식이 어려운 미선나무의 조직배양 단계에서 LED를 이용해 줄기의 생장을 유도하는 특정 파장의 빛을 쬐어주어 대량생산이 가능하게 하는 기술이다.

미선나무의 눈에서 조직배양한 기내식물체*에 청색과 적색(1 : 1) 혼합광을 쬐어준 결과, 일반광(백색광)에서 자란 것보다 줄기 길이가 1.5배 이상 증가하였고, 한 줄기에서 3개 이상의 새로운 줄기가 유도되었다. LED광은 광파장의 종류에 따라 식물의 광합성효율, 줄기의 생장, 잎의 발달, 뿌리 형성 등 식물이 자라는 것을 조절할 수 있다. 이러한 방법은 미선나무 외에 다른 희귀·멸종위기수종에도 적용하여 고유한 특성을 가진 식물자원의 보존과 증식에 효과적인 기술이다.

또한, 어미나무의 작은 부분을 재료로 사용해서 나무를 훼손하지 않고도 어미나무와 같은 형질을 가진 복제묘를 대량으로 생산할 수 있다는 점에서 희귀멸종위기수종의 보존을 위한 기술로 의미가 있다.

새로 개발된 기술로 생산된 미선나무는 경기도 오산의 물향기수목원에 기증되어 시민들과 만나게 된다. 한반도에만 서식하는 1속 1종인 미선나무는 우리나라와 북한 모두 천연기념물로 지정해 보호하고 있는 귀한 나무이다. 미선나무 꽃의 모양은 아름답고 향기가 있으며, 추출물은 미백과 주름개선에 효과가 있는 것으로 알려져 있다.

앞으로 미선나무와 같은 희귀·멸종 위기 식물의 복제 및 증식을 위한 조직배양 기술을 지속적으로 개발하고, 우리나라 자생식물의 유전자원 보전과 활용을 위한 기반을 마련해 '나고야 의정서**' 발효에 대응해나갈 계획이다.

*기내식물체 : 조직배양 방법으로 무균상태의 특수한 배양용기에 식물이 자라는 데 필요한 영양분이 들어 있고 외부자연 환경과 유사한 인공적인 환경에서 자라는 식물체
**나고야 의정서 : 생물자원을 활용하며 생기는 이익을 공유하기 위한 지침을 담은 국제협약

---

① 미선나무의 조직배양 단계에서 LED 파장을 쬐어주어야 줄기의 생장을 유도할 수 있어.
② 청색과 적색의 혼합광은 줄기의 생장을 조절할 수 있어.
③ 복제묘 생산 시 어미나무의 작은 부분을 재료로 사용해 나무를 훼손하지 않을 수 있어.
④ LED 파장으로 미선나무의 줄기의 길이는 증가하고, 줄기의 개수는 줄어들었어.
⑤ 미선나무는 한반도에서만 서식하고, 우리나라와 북한 모두에서 천연기념물로 지정되어 있으니까 보존에 많은 노력을 해야겠어.

02 | 추론적 독해

| 유형분석 |

- 글의 내용을 바탕으로 논리적으로 추론할 수 있는지를 묻는 유형이다.
- 글의 전체적인 내용과 세부적인 내용을 정확하게 알고 있어야 풀 수 있는 유형이다.
- 독해 유형 중 난이도가 높은 편에 속한다.
- 오답의 근거가 명확한 선택지부터 소거한다.

다음 글을 읽고 추론할 수 있는 내용으로 가장 적절한 것은?

사람들은 단순히 공복을 채우기 위해서가 아니라 다른 많은 이유로 '먹는다.'는 행위를 행한다. 먹는다는 것에 대한 비 생리학적인 동기에 관해서 연구하고 있는 과학자들에 따르면 비만인 사람들과 표준체중인 사람들은 식사 패턴에서 꽤나 차이를 보이는 것을 알 수 있다고 한다. 한 연구에서는 비만인 사람들에 대해 식사 전에 그 식사에 대한 상세한 설명을 하면 설명을 하지 않은 경우에 비해서 식사량이 늘었지만, 표준체중인 사람들에게서는 그런 현상이 보이지 않음을 발견했다. 또한 표준체중인 사람들은 밝은 색 접시에 담긴 견과류와 어두운 색 접시에 담긴 견과류를 먹은 개수의 차가 거의 없는 것에 비해, 비만인 사람들은 밝은 색 접시에 담긴 견과류를 어두운 색 접시에 담긴 견과류보다 2배 더 많이 먹었다는 연구도 있다.

① 비만인 사람들은 표준체중인 사람들에 비해 외부 자극에 의해 식습관에 영향을 받기 쉽다.
② 표준체중인 사람들은 비만체중인 사람들에 비해 식사량이 적다.
③ 비만인 사람들은 생리학적인 필요성이라기보다 감정적 또는 심리적인 필요성에 쫓겨서 식사를 하고 있다.
④ 비만인 사람들은 표준체중인 사람들보다 감각이 예민하다.
⑤ 표준체중인 사람들은 음식에 대한 욕구를 절제할 수 있다.

정답 ①
식사에 관한 상세한 설명이 주어지거나, 요리가 담긴 접시 색이 밝을 때 비만인 사람들의 식사량이 증가했다는 내용을 통해 비만인 사람들이 외부로부터의 자극에 의해 식습관에 영향을 받기 쉽다는 것을 추론할 수 있다.

30초 컷 풀이 Tip

문제에서 제시하는 추론 유형이 어떤 형태인지 파악한다.
- 글쓴이의 주장 / 의도를 추론하는 유형 : 글에 나타난 주장, 근거, 논증 방식을 파악하는 유형으로, 주장의 타당성을 평가하여 글쓴이의 관점을 이해하며 읽는다.
- 세부적인 내용을 추론하는 유형 : 주어진 선택지를 먼저 읽고 지문을 읽으면서 답이 아닌 선택지를 지워나가는 방법이 효율적이다.

※ 다음 글을 읽고 추론할 수 있는 내용으로 적절하지 않은 것을 고르시오. [1~3]

01

> 최근 온라인에서 '동서양 만화의 차이'라는 제목의 글이 화제가 되었다. 공개된 글에 따르면 동양만화의 대표 격인 일본 만화는 대사보다는 등장인물의 표정, 대인관계 등에 초점을 맞춰 이미지나 분위기 맥락에 의존한다. 또 다채로운 성격의 캐릭터들이 등장하고 사건 사이의 무수한 복선을 통해 스토리가 진행된다.
> 반면 서양만화를 대표하는 미국 만화는 정교한 그림체와 선악의 확실한 구분, 수많은 말풍선을 사용한 스토리 전개 등이 특징이다. 서양 사람들은 동양 특유의 느긋한 스토리와 말없는 칸을 어색하게 느낀다. 이처럼 동서양 만화의 차이가 발생하는 이유는 동서양이 고맥락 문화와 저맥락 문화로 구분되기 때문이다. 고맥락 문화는 민족적 동질을 이루며 역사, 습관, 언어 등에서 공유하고 있는 맥락의 비율이 높다. 또한 집단주의와 획일성이 발달했다. 일본, 한국, 중국과 같은 한자문화권에 속한 동아시아 국가가 이러한 고맥락 문화에 속한다.
> 반면 저맥락 문화는 다인종·다민족으로 구성된 미국, 캐나다 등이 대표적이다. 저맥락 문화의 국가는 멤버 간에 공유하고 있는 맥락의 비율이 낮아 개인주의와 다양성이 발달한 문화를 가진다. 이렇듯 고맥락 문화와 저맥락 문화의 만화는 말풍선 안에 대사의 양으로 큰 차이를 느낄 수 있다.

① 고맥락 문화의 만화는 등장인물의 표정, 대인관계 등 이미지나 분위기 맥락에 의존하는 경향이 있다.

② 저맥락 문화는 멤버간의 공유하고 있는 맥락의 비율이 낮아서 다양성이 발달했다.

③ 동서양 만화를 접했을 때 표면적으로 느낄 수 있는 차이점은 대사의 양이다.

④ 일본 만화는 무수한 복선을 통한 스토리 진행이 특징이다.

⑤ 미국은 고맥락 문화의 대표국으로 다양성이 발달하는 문화를 갖기 때문에 다채로운 성격의 캐릭터가 등장한다.

세계적으로 기후 위기의 심각성이 커지면서 '탄소 중립'은 거스를 수 없는 흐름이 되고 있다. 이에 맞춰 정부의 에너지정책도 기존 화석연료 발전 중심의 전력공급체계를 태양광과 풍력 등 재생 에너지 중심으로 빠르게 재편하는 작업이 추진되고 있다. 이러한 재생 에너지 보급 확대는 기존 전력 설비 부하의 가중으로 이어질 수밖에 없다. 재생 에너지 사용 확대에 앞서 송배전 시스템의 확충이 필수적인 이유다.

한국전력은 재생 에너지 발전사업자의 접속지연 문제를 해소하기 위해 기존 송배전 전력 설비의 재생 에너지 접속용량을 확대하는 특별대책을 시행하고 나섰다. 한전은 그동안 재생 에너지 발전설비 밀집 지역을 중심으로 송배전설비의 접속 가능용량이 부족할 경우 설비보강을 통해 문제를 해결해 왔다. 2016년 10월부터 1MW 이하 소규모 신재생 에너지 발전사업자가 전력계통 접속을 요청하면 한전이 비용을 부담해 공용전력망을 보강하고 접속을 보장해주는 방식이었다. 덕분에 신재생 에너지 발전 사업자들의 참여가 늘어났지만 재생 에너지 사용량이 기하급수적으로 늘면서 전력계통설비의 연계용량 부족 문제가 뒤따랐다.

이에 한전은 산업통상자원부가 운영하는 '재생 에너지 계통접속 특별점검단'에 참여해 대책을 마련했다. 배전선로에 상시 존재하는 최소부하를 고려한 설비 운영 개념을 도입해 변전소나 배전선로 증설 없이 재생 에너지 접속용량을 확대하는 방안이다. 재생 에너지 발전 시 선로에 상시 존재하는 최소부하 용량만큼 재생 에너지 발전량이 상쇄되고, 잔여 발전량이 전력계통으로 유입되기 때문에 상쇄된 발전량만큼 재생 에너지의 추가접속을 가능케 하는 방식이다. 한전은 현장 실증을 통해 최소부하가 1MW를 초과하는 경우 배전선로별 재생 에너지 접속허용용량을 기존 12MW에서 13MW로 확대했다. 또 재생 에너지 장기 접속지연이 발생한 변전소에 대해서는 최소부하를 고려해 재생 에너지 접속허용용량을 200MW에서 평균 215MW로 상향했다. 이 같은 개정안이 전기위원회 심의를 통과하면서 변전소 및 배전선로 보강 없이도 재생 에너지 317MW의 추가 접속이 가능해졌다.

① 기존의 화석 연료 중심의 에너지 발전은 탄소 배출량이 많아 환경에 악영향을 주었다.
② 태양광 에너지는 고갈 염려가 없다고 볼 수 있기 때문에 주목받는 신재생 에너지이다.
③ 재생 에너지 사업 확충에 노후된 송전 설비는 걸림돌이 된다.
④ 현재까지 재생 에너지 사업 확충에 따른 문제들을 해결하는 것에 가장 좋은 해결법은 설비 보강이다.
⑤ 별도로 설비를 보강하지 않아도 재생 에너지 과부하 문제를 해결할 수 있는 방안이 제시되었다.

03

사회 구성원들이 경제적 이익을 추구하는 과정에서 불법 행위를 감행하기 쉬운 상황일수록 이를 억제하는 데에는 금전적 제재 수단이 효과적이다.

현행법상 불법 행위에 대한 금전적 제재 수단에는 민사적 수단인 손해 배상, 형사적 수단인 벌금, 행정적 수단인 과징금이 있으며, 이들은 각각 피해자의 구제, 가해자의 징벌, 법 위반 상태의 시정을 목적으로 한다. 예를 들어 기업들이 담합하여 제품 가격을 인상했다가 적발된 경우, 그 기업들은 피해자에게 손해 배상 소송을 제기당하거나 법원으로부터 벌금형을 선고받을 수 있고 행정 기관으로부터 과징금도 부과받을 수 있다. 이처럼 하나의 불법 행위에 대해 세 가지 금전적 제재가 내려질 수 있지만 제재의 목적이 서로 다르므로 중복 제재는 아니라는 것이 법원의 판단이다.

그런데 우리나라에서는 기업의 불법 행위에 대해 손해 배상 소송이 제기되거나 벌금이 부과되는 사례는 드물어서, 과징금 등 행정적 제재 수단이 억제 기능을 수행하는 경우가 많다. 이런 상황에서는 과징금 등 행정적 제재의 강도를 높임으로써 불법 행위의 억제력을 끌어올릴 수 있다. 그러나 적발 가능성이 매우 낮은 불법 행위의 경우에는 과징금을 올리는 방법만으로는 억제력을 유지하는 데 한계가 있다. 또한 피해자에게 귀속되는 손해 배상금과는 달리 벌금과 과징금은 국가에 귀속되므로 과징금을 올려도 피해자에게는 직접적인 도움이 되지 못한다.

① 금전적 제재수단은 불법 행위를 억제하기 위해서 사용된다.
② 과징금은 가해자를 징벌하기 위해 부과된다.
③ 기업의 불법 행위에 대해 벌금과 과징금 모두 부과 가능하다.
④ 우리나라에서 주로 사용하는 방법은 행정적 제재이다.
⑤ 행정적 제재는 피해자에게 직접적인 도움이 되지 못한다.

04

바다 속에 서식했던 척추동물의 조상형 동물들은 체와 같은 구조를 이용하여 물속의 미생물을 걸러 먹었다. 이들은 몸집이 아주 작아서 물속에 녹아 있는 산소가 몸 깊숙한 곳까지 자유로이 넘나들 수 있었기 때문에 별도의 호흡계가 필요하지 않았다. 그런데 몸집이 커지면서 먹이를 거르던 체와 같은 구조가 호흡 기능까지 갖게 되어 마침내 아가미의 형태로 변형되었다. 즉, 소화계의 일부가 호흡 기능을 담당하게 된 것이다. 그 후 호흡계의 일부가 변형되어 허파로 발달하고, 그 허파는 위장으로 이어지는 식도 아래쪽으로 뻗어 나갔다. 한편, 공기가 드나드는 통로는 콧구멍에서 입천장을 뚫고 들어가 입과 아가미 사이에 자리 잡게 되었다. 이러한 진화 과정을 보여 주는 것이 폐어(肺魚) 단계의 호흡계 구조이다.

이후 진화 과정이 거듭되면서 호흡계와 소화계가 접하는 지점이 콧구멍 바로 아래로부터 목 깊숙한 곳으로 이동하였다. 그 결과 머리와 목구멍의 구조가 변형되지 않는 범위 내에서 호흡계와 소화계가 점차 분리되었다. 즉, 처음에는 길게 이어져 있던 호흡계와 소화계의 겹친 부위가 점차 짧아졌고, 마침내 하나의 교차점으로만 남게 된 것이다. 이것이 인간을 포함한 고등 척추동물에서 볼 수 있는 호흡계의 기본 구조이다. 따라서 음식물로 인한 인간의 질식 현상은 척추동물 조상형 단계를 지나 자리 잡게 된 허파의 위치―당시에는 최선의 선택이었을― 때문에 생겨난 진화의 결과라 할 수 있다.

① 진화는 순간순간에 필요한 대응일 뿐 최상의 결과를 내는 과정이 아니다.
② 조상형 동물은 몸집이 커지면서 호흡기능의 중요성이 줄어드는 대신 소화기능이 중요해졌다.
③ 폐어 단계의 호흡계 구조에서 갖고 있던 아가미는 척추동물의 허파로 진화하였다.
④ 지금의 척추동물과는 달리 조상형 동물들은 산소를 필요로 하지 않았다.
⑤ 척추동물로 진화해오면서 호흡계와 소화계는 완전히 분리되었다.

모필은 붓을 말한다. 이 붓은 종이, 먹과 함께 문인들이 인격화해 불렀던 문방사우(文房四友)에 속하는데, 문인들은 이것을 품성과 진리를 탐구하는 데에 없어서는 안 되는 중요한 벗으로 여기고 이것들로 글씨를 쓰거나 그림을 그렸다. 이렇게 그려진 그림을 동양에서는 문인화(文人畵)라 불렀으며 이 방면에 뛰어난 면모를 보인 이들을 문인화가라고 지칭했다. 그리고 문인들은 화공(畵工)과는 달리 그림을, 심성을 기르고 심의(心意)와 감흥을 표현하는 교양적 매체로 보고, 전문적이고 정교한 기법이나 기교에 바탕을 둔 장식적인 채색풍을 의식적으로 멀리했다. 또한 시나 서예와의 관계를 중시하여 시서화일치(詩書畵一致)의 경지를 지향하고, 대상물의 정신, 그리고 고매한 인품을 지닌 작가의 내면을 구현하는 것이 그림이라고 보았다. 이런 의미에서 모필로 대표되는 지·필·묵(紙·筆·墨, 종이·붓·먹)은 문인들이 자신의 세계를 표현하는 데 알맞은 매체가 되면서 동양의 문화 현상으로 자리 잡게 되었던 것이다.

중국 명나라 말기의 대표적 문인인 동기창(董其昌)은 정통적인 화공들의 그림보다 문인사대부들이 그린 그림을 더 높이 평가했다. 동양에서 전문적인 화공의 그림과 문인사대부들의 그림이 대립되는 양상을 형성한 것은 이에서 비롯되는데, 이처럼 두 개의 회화적 전통이 성립된 곳은 오로지 극동 문화권뿐이다. 전문 화가들의 그림보다 아마추어격인 문인사대부들의 그림을 더 높이 사는 이러한 풍조야말로 동양 특유의 문화 현상에서만 나타나는 것이다.

동양에서 지·필·묵은 단순한 그림의 매체라는 좁은 영역에 머무는 것이 아니라 동양의 문화를 대표한다는 보다 포괄적인 의미를 지닌다. 지·필·묵이 단순한 도구나 재료의 의미를 벗어나 그것을 통해 파생되는 모든 문화적 현상 자체를 대표하는 것이다. 나아가 수학(修學)의 도구로 사용되었던 지·필·묵이 점차 자신의 생각과 예술을 담아내는 매체로 발전하면서 이미 그것은 단순한 도구가 아니라 하나의 사유 매체로서 기능을 하게 되었다. 말하자면 종이와 붓과 먹을 통해 사유하게 되었다는 것이다.

① 동기창(董其昌)은 정교한 기법이나 기교에 바탕을 둔 그림을 높이 평가했을 것이다.
② 동양 문화와 같이 서양 문화에도 두 개의 회화적 전통이 성립되어 있었을 것이다.
③ 정통적인 화공(畵工)들은 주로 문인화(文人畵)를 그렸을 것이다.
④ 서양 문화에서는 문인사대부들보다 전문 화가들의 그림을 더 높게 평가할 것이다.
⑤ 지·필·묵은 동서양의 문화적 차이를 극복하고 사유 매체로서의 기능을 담당하였을 것이다.

06 다음 글을 토대로 〈보기〉를 바르게 해석한 것을 고르면?

한국사 연구에서 임진왜란만큼 성과가 축적되어 있는 연구 주제는 많지 않다. 하지만 그 주제를 바라보는 시각은 지나치게 편향적이었다. 즉, 온 민족이 일치단결하여 '국난을 극복'한 대표적인 사례로만 제시되면서, 그 이면의 다양한 실상이 제대로 밝혀지지 않았다. 특히 의병의 봉기 원인은 새롭게 조명해 볼 필요가 있다.

종래 의병이 봉기한 이유를 주로 유교 이념에서 비롯된 '임금에 대한 충성'의 측면에서 해석해 왔다. 실제로 의병들을 모으기 위해 의병장이 띄운 격문(檄文)의 내용을 보면 이러한 해석이 일면 타당하다. 의병장은 거의가 전직 관료나 유생 등 유교 이념을 깊이 체득한 인물들이었다. 그러나 이러한 해석은 의병장이 의병을 일으킨 동기를 설명하는 데에는 적합할지 모르지만, 일반 백성들이 의병에 가담한 동기를 설명하는 데에는 충분치 못하다.

미리 대비하지 못하고 느닷없이 임진왜란을 당했던 데다가, 전쟁 중에 보였던 조정의 무책임한 행태로 인해 당시 조선 왕조에 대한 민심은 상당히 부정적이었다. 이러한 상황에서 백성들이 오로지 임금에 충성하기 위해서 의병에 가담했다고 보기는 어렵다. 임금에게 충성해야 한다는 논리로 가득한 한자투성이 격문의 내용을 백성들이 얼마나 읽고 이해할 수 있었는지도 의문이다. 따라서 의병의 주축을 이룬 백성들의 참여 동기는 다른 데서 찾아야 한다.

의병들은 서로가 혈연(血緣) 혹은 지연(地緣)에 의해 연결된 사이였다. 따라서 그들은 지켜야 할 공동의 대상을 가지고 있었으며 그래서 결속력도 높았다. 그 대상은 멀리 있는 임금이 아니라 가까이 있는 가족이었으며, 추상적인 이념이 아니라 그들이 살고 있던 마을이었다. 백성들이 관군에 들어가는 것을 기피하고 의병에 참여했던 까닭도, 조정의 명령에 따라 이리저리 이동해야 하는 관군과는 달리 의병은 비교적 지역 방위에만 충실하였던 사실에서 찾을 수 있다. 일부 의병을 제외하고는 의병의 활동 범위가 고을 단위를 넘어서지 않았으며, 의병들 사이의 연합 작전도 거의 이루어지지 않았다.

의병장의 참여 동기도 단순히 '임금에 대한 충성'이라는 명분적인 측면에서만 찾을 수는 없다. 의병장들은 대체로 각 지역에서 사회·경제적 기반을 확고히 갖춘 인물들이었다. 그러나 전쟁으로 그러한 기반을 송두리째 잃어버릴 위기에 처하게 되었다. 이런 상황에서 의병장들이 지역적 기반을 계속 유지하려는 현실적인 이해관계가 유교적 명분론과 결합하면서 의병을 일으키는 동기로 작용하게 된 것이다. 한편 관군의 잇단 패배로 의병의 힘을 빌리지 않을 수 없게 된 조정에서는 의병장에게 관직을 부여함으로써 의병의 적극적인 봉기를 유도하기도 했다. 기본적으로 관료가 되어야 양반으로서의 지위를 유지할 수 있었던 당시의 상황에서 관직 임명은 의병장들에게 큰 매력이 되었다.

보기

임진왜란 때 의병의 신분에 양반부터 천민까지 모두 있었다. 의병 활동을 벌이는 기간에는 계급이나 신분의 차이가 크지 않은 것으로 보이며, 의병장은 대개 전직 관원으로 문반 출신이 가장 많았고, 무인들은 수가 적었다. 그리고 덕망이 있어 고향에서 많은 사람들로부터 추앙을 받는 유생도 의병장이 있었다.

① 의병이 봉기에 참여한 데에는 나라에 대한 충성심이 컸겠어.
② 의병은 오직 임금을 지키기 위해 봉기에 참여했어.
③ 의병은 조정의 명령을 받으며 적군을 물리쳤어.
④ 의병장은 자신이 확립한 지역 기반을 지키기 위해 의병을 일으켰어.
⑤ 의병장은 관직에는 욕심이 없는 인물들이 대부분이었어.

07 다음 기사를 읽고 난 후의 감상으로 적절하지 않은 것은?

고등학교 환경 관련 교과서 대부분이 특정 주장을 검증 없이 게재하는 등 많은 오류가 존재한다는 보수 환경·시민단체의 지적이 제기됐다. 사단법인 환경정보평가원과 바른 사회시민행동은 지난 5월부터 6개월간 고등학교 환경 관련 교과서 23종을 분석한 결과 총 1,175개의 오류를 발견했다고 밝혔다. 이들 단체에 따르면 교과서 23종 모두 편향적 내용을 검증 없이 인용하거나 부실한 통계를 일반화하는 등의 문제점을 보였으며 환경과 녹색성장 교과서 5종에서만 오류 897건이 확인됐다. 우선 교과서 13종이 서울, 부산 등 6대 대도시의 온도 상승 평균값만을 보고 한반도의 기온 상승이 세계 평균보다 2배 높다고 과장해 기술한 것으로 나타났다. 도시화의 영향을 받지 않은 추풍령은 100년간 기온이 0.79℃ 상승했지만 이런 사실을 언급한 교과서는 1종에 불과했다. 방조제를 허물고 간척한 농경지를 갯벌로 만든 역간척 사례는 우리나라에서 찾을 수 없지만, 교과서 7종이 일부 환경단체의 주장만을 인용해 역간척을 사실인 것처럼 서술하고 있다고 이들 단체는 주장했다. 우리나라 전력 생산의 상당 부분을 차지하는 원자력 발전의 경우 단점만을 자세히 기술하고, 경제성과 효율성이 낮은 신재생에너지는 장점만 언급한 교과서도 있었다고 덧붙였다.
환경정보평가원의 사무처장은 "환경 관련 교과서 대부분이 표면적으로 드러나는 사실을 검증하지 않고 그대로 싣는 문제점을 보였다."라며 "고등학생들이 보는 교과서인 만큼 객관적 사실에 기반을 둬 균형 있는 내용을 실어야 한다."라고 주장했다.

① 교과서의 잘못된 내용을 바로잡는 일은 계속 이어져야 해.
② 교과서를 집필할 때 객관성 유지의 원칙을 지키지 못하면, 일부 자료를 확대하여 해석함으로써 사실을 왜곡할 수 있겠네.
③ 중·고교생들이 쓰는 교과서 전체를 검토해 사실이 아닌 것을 모두 솎아내는 일이 시급하군.
④ 일부 환경 관련 교과서에 실린 원전 폐쇄 찬반문제에 대해 대부분의 환경 보호 단체들은 찬성하지만, 원전 폐쇄는 또 다른 사회적 혼란을 일으킬 수 있겠어.
⑤ 대부분 표면적으로 드러나는 사실을 검증하지 않고, 그대로 사용해 잘못된 정보를 전달하는 경우가 있구나.

다음 글의 논지를 강화하기 위한 내용으로 옳지 않은 것은?

> 뉴턴은 이렇게 말했다. "플라톤은 내 친구이다. 아리스토텔레스는 내 친구이다. 하지만 진리야말로 누구보다 소중한 내 친구이다." 케임브리지에서 뉴턴에게 새로운 전환점을 준 사람이 있다. 수학자 이며 당대 최고의 교수였던 아이작 배로우(Isaac Barrow)였다. 배로우는 뉴턴에게 수학과 기하학을 가르치고 그의 탁월함을 발견하여 후원자가 됐다. 이처럼 뉴턴은 타고난 천재가 아니라, 자신의 피나는 노력과 위대한 스승들의 도움을 통해 후천적으로 키워진 것이다.
>
> 뉴턴이 시대를 관통하는 천재로 여겨진 것은 "사과는 왜 땅에 수직으로 떨어질까?"라는 질문에서 시작했다. 이 질문을 던진 지 20여 년이 지나고 마침내 모든 물체가 땅으로 떨어지는 것은 지구 중력에 의한 만유인력이라는 개념을 발견한 것이 계기가 되었다. 사과가 떨어지는 것을 관찰하여 온갖 질문을 던지고, 새로운 가설을 만든 후에 그것을 증명하기 위해 오랜 시간 연구하고 실험을 한 결과가 위대한 발견으로 이어진 것이다. 위대한 발명이나 발견은 어느 한 순간 섬광처럼 오는 것이 아니다. 시작 단계의 작은 아이디어가 질문과 논쟁을 통해 점차 다른 아이디어들과 충돌하고 합쳐지면서 숙성의 시간을 갖고, 그런 후에야 세상에 유익한 발명이나 발견이 나오는 것이다.
>
> 이전부터 천재가 선천적인 것인지, 후천적인 것인지에 관한 논란은 계속되어 왔다. 과거에는 천재가 신적인 영감을 받아 선천적으로 탄생한다는 주장이 힘을 얻었다. 플라톤의 저서 『이온』에도 음유 시인이 기술이나 지식이 아닌 신적인 힘과 영감을 받는 존재임이 언급된다. 그러나 아리스토텔레스의 『시학』은 『이온』과 조금 다른 관점을 취하고 있다. 기본적으로 시가 모방미학이라는 입장은 같지만, 아리스토텔레스는 이것이 신적인 힘을 모방한 것이 아닌 인간의 모방이라고 믿었다.
>
> 최근 연구에 의하면 천재라 불리는 모든 사람들이 선천적으로 타고난 것이 아니고 후천적인 학습을 통해 수준을 점차 더 높은 단계로 발전시켰다고 한다. 선천적 재능과 후천적 학습을 모두 거친 절충적 천재가 각광받는 것이다. 이것이 우리에게 주는 시사점은 비록 지금은 창의적이지 않더라도 꾸준히 포기하지 말고 창의성을 개발하고 실현하는 방법을 배워서 실천한다면 모두가 창의적인 사람이 될 수 있다는 교훈이다. 타고난 천재가 아니고 훈련과 노력으로 새롭게 태어나는 창재(창의적인 인재)로 거듭나야 한다.

① 칸트는 천재가 선천적인 것이라고 하였다.

② 세계적인 발레리나 강수진은 고된 연습으로 발이 기형적으로 변해버렸다.

③ 1만 시간의 법칙은 한 분야에서 전문가가 되기 위해서는 최소 1만 시간의 훈련이 필요하다는 것이다.

④ 뉴턴뿐만 아니라 아인슈타인 역시 끊임없는 연구와 노력을 통해 천재로 인정받았다.

⑤ 신적인 것보다 연습이 영감을 가져다주는 경우가 있다.

09 다음 중 밑줄 친 '이런 미학'이 의미하는 것은?

사진이 아주 강력한 힘을 발휘할 때가 있다. 사람의 눈으로 도저히 볼 수 없는 세계를 펼쳐 보일 때다. 영월에서 열리는 동강국제사진제에서도 이런 사진을 보았다. 독일 예술대학에 처음으로 사진 학과를 창설한 쿤스트 아카데미 뒤셀도르프(베어학파) 출신 작가들의 사진이 전시된 국제주제전에 걸린 클라우디아 페렌켐퍼의 사진에 나는 압도당했다. 소형 곤충 사진인데, 눈으로는 관측 불가능한 영역이 거대하게 확대되어 포착되었다. 이런 사진을 '포토 매크로그래피'라 부르는데 요즘 유행하는 예술적인 과학 사진의 가장 흔한 형태 중 하나다. 쉽게 현미경 사진이라 생각하면 된다. 요즘은 수백만 배를 확대해 원자도 관측이 가능하다.

인류는 수많은 사진을 찍었지만 세상을 바꾼 사진의 목록에는 과학 사진이 다수를 차지한다. 1915년 알베르트 아인슈타인은 '일반상대성이론'을 발표해 중력이 공간을 휘게 한다고 주장했다. 아인슈타인은 수성의 근일점에 매우 미세한 차이가 있고 이것이 바로 중력이 빛을 휘어지게 하기 때문이라고 했다. 아직은 가설이었다. 영국 왕립천문학회 소속 천문학자 아서 스탠리 에딩턴이 검증에 나섰다. 그는 1919년 대형 카메라와 탐사대를 이끌고 아프리카의 오지 섬 프린시페로 배를 타고 가 한 달간 촬영 준비를 한 끝에 6분간 일식 사진을 찍었다. 이 사진을 통해 별빛이 태양에 의해 휜다는 것을 포착했다. '과학 사진이 바로 이런 것이다.'라고 증명한 쾌거였다. 이 사진으로 아인슈타인의 주장은 가설에서 이론이 되었다.

그 후로도 인류에 큰 영향을 끼친 과학 사진은 많았다. 그중에서도 우주배경복사의 불균일성을 발견한 사진이 압권이었다. 우주 생성은 늘 과학자들의 연구 대상이었다. '빅뱅 이론'은 우주가 대폭발로 생겼다고 본다. 어떻게 증명할 것인가? 먼저 러시아 출신의 미국 물리학자 조지 가모는 대폭발 이후 광자의 형태로 방출된 복사(우주배경복사)의 일부가 우주에 남아 있다는 가설을 제시했다. 1964년 미국 벨연구소의 아노 펜지어스와 로버트 윌슨은 4,080MHz 대역에서 들려오는 초단파 잡음이 우주에서 온다는 것을 알면서 우주배경복사를 발견했다. 그런데 우리 우주에 항성과 행성이 있기에 우주배경복사는 균일하지 않아야 한다. 과학자들의 다음 목표는 우주배경복사의 미세한 온도 차이 확인이었다. 이를 위해 1989년 미국 물리학자 조지 스무트가 주도한 '코비 프로젝트'가 시작되었다. 미국 항공우주국(나사)이 쏘아 올린 우주망원경 코비가 사진을 전송했고, 그 사진에서 10만 분의 1 정도 온도 차를 발견했다. 이 사진은 우리가 보는 가시광선이 아니라 '태초의 빛'의 흔적인 마이크로파를 찍은 것이었다. 이런 과학 사진을 비가시광선 사진이라 부른다.

과학 사진은 생경하다. 인간이 전에 본 일이 없기 때문이다. 그래서 아름답다. 이 또한 전에 느껴보지 못한 아름다움이다. 이런 미학은 재빠르게 기존 예술의 틈으로 파고들어갈 것이다. 사진이 회화에 비해 압도적으로 유리한 자리를 차지할 수 있는 분야이기도 하다.

① 과학의 힘으로 세상이 변화하는 모습
② 한 장의 사진에서 느껴지는 사진사의 의도
③ 가시광선에 의한 색감의 조화
④ 인간의 눈으로 확인할 수 없는 세계가 지닌 아름다움
⑤ 인간의 눈에서 보이는 자연 그대로의 모습

03 | 비판적 독해

| 유형분석 |

- 어떠한 견해에 대하여 적절한 반응을 보이거나 타당한 비판을 하는 유형이다.
- 글의 전체적인 주제를 정확히 이해하는 것이 중요하다.
- 특정한 문장에 의해 한쪽으로 치우친 판단을 하지 않는 것이 중요하다.

다음 글의 주장에 대한 비판으로 가장 적절하지 않은 것은?

동물실험이란 교육, 시험, 연구 및 생물학적 제제의 생산 등 과학적 목적을 위해 동물을 대상으로 실시하는 실험 또는 그 과학적 절차를 말한다. 전 세계적으로 매년 약 6억 마리의 동물들이 실험에 쓰이고 있다고 추정되며, 대부분의 동물들은 실험이 끝난 뒤 안락사를 시킨다.

동물실험은 대개 인체실험의 전 단계로 이루어지는데, 검증되지 않은 물질을 바로 사람에게 주입하여 발생하는 위험을 줄일 수 있다는 점에서 필수적인 실험이라고 말할 수 있다. 물론 살아있는 생물을 대상으로 하는 실험이기 때문에 대체(Replacement), 감소(Reduction), 개선(Refinement)으로 요약되는 3R 원칙에 입각하여 실험하는 것이 당연하다. 그러나 다른 방법이 있다면 그 방법을 채택할 것이며, 희생이 되는 동물의 수를 최대한 줄이고, 필수적인 실험 조건 외에는 자극을 주지 않아야 한다.

하지만 그럼에도 보다 안전한 결과를 도출해내기 위한 동물실험은 필요악이며, 이러한 필수적인 의약실험조차 금지하려 한다는 것은 기술 발전 속도를 늦춰 약이 필요한 누군가의 고통을 감수하자는 이기적인 주장과 같다고 할 수 있다.

① 3R 원칙과 같은 윤리적 강령이 법적인 통제력을 지니지 않은 이상 실제로 얼마나 엄격하게 지켜질 것인지는 알 수 없다.

② 화장품 업체들의 동물실험과 같은 사례를 통해 생명과 큰 연관이 없는 실험은 필요악이라고 주장할 수 없다.

③ 아무리 엄격하게 통제된 실험이라고 해도 동물 입장에서 바라본 실험이 비윤리적이며 생명체의 존엄성을 훼손하는 행위라는 사실을 벗어날 수는 없다.

④ 과거와 달리 현대에서는 인공 조직을 배양하여 실험의 대상으로 삼을 수 있으므로 동물실험 자체를 대체하는 것이 가능하다.

⑤ 동물실험에서 안전성을 검증받은 이후 인체에 피해를 준 약물의 사례가 존재한다.

정답 ②

제시문에서 필자는 3R 원칙을 강조하며 최저한의 필수적인 동물실험이 필요악임을 주장하고 있다. 특히 '보다 안전한 결과를 도출해내기 위한 동물실험은 필요악이며, 이러한 필수적인 의약실험조차 금지하려 한다는 것은 기술 발전 속도를 늦춰 약이 필요한 누군가의 고통을 감수하자는 이기적인 주장'이라는 대목을 통해 약이 필요한 이들을 위한 의약실험에 초점을 맞추고 있음을 확인할 수 있다. 따라서 ②의 주장처럼 생명과 큰 관련이 없는 동물실험을 비판의 근거로 삼는 것은 적절하지 않다.

30초 컷 풀이 Tip

- 주장, 관점, 의도, 근거 등 문제를 풀기 위한 제시문의 핵심을 파악한다. 이후 제시문의 주장 및 근거의 어색한 부분을 찾아 반박할 주장과 근거를 생각해본다.
- 제시문이 지나치게 길 경우 선택지를 먼저 파악하여 홀로 제시문의 주장이 어색하거나 상반된 의견을 제시하고 있는 답은 없는지 확인하다.

온라인 풀이 Tip

비판적 독해는 결국 주제 찾기와 추론적 독해가 결합된 유형이다. 반박하는 내용으로 제시되는 선택지는 추론적 독해처럼 세세하게 제시문을 파악하지 않아도 풀이가 가능하다. 그러므로 너무 긴장하지 말고 문제에 접근하도록 한다.

※ 다음 글의 주장에 대한 반박으로 가장 적절한 것을 고르시오. [1~4]

01

스피노자의 윤리학을 이해하기 위해서는 코나투스(Conatus)라는 개념이 필요하다. 스피노자에 따르면 실존하는 모든 사물은 자신의 존재를 유지하기 위해 노력하는데, 이것이 바로 그 사물의 본질인 코나투스라는 것이다. 정신과 신체를 서로 다른 것이 아니라 하나로 보았던 그는 정신과 신체에 관계되는 코나투스를 충동이라 부르고, 다른 사물들과 같이 인간도 자신을 보존하고자 하는 충동을 갖고 있다고 보았다. 특히 인간은 자신의 충동을 의식할 수 있다는 점에서 동물과 차이가 있다며 인간의 충동을 욕망이라고 하였다. 즉, 인간에게 코나투스란 삶을 지속하고자 하는 욕망을 의미한다.

스피노자는 선악의 개념도 코나투스와 연결 짓는다. 그는 사물이 다른 사물과 어떤 관계를 맺느냐에 따라 선이 되기도 하고 악이 되기도 한다고 말한다. 코나투스의 관점에서 보면 선이란 자신의 신체적 활동 능력을 증가시키는 것이며, 악은 자신의 신체적 활동 능력을 감소시키는 것이다. 이를 정서의 차원에서 설명하면 선은 자신에게 기쁨을 주는 모든 것이며, 악은 자신에게 슬픔을 주는 모든 것이다. 한마디로 인간의 선악에 대한 판단은 자신의 감정에 따라 결정된다는 것을 의미한다.

이러한 생각을 토대로 스피노자는 코나투스인 욕망을 긍정하고 욕망에 따라 행동하라고 이야기한다. 슬픔은 거부하고 기쁨을 지향하라는 것, 그것이 곧 선의 추구라는 것이다. 그리고 코나투스는 타자와의 관계에 영향을 받으므로 인간에게는 타자와 함께 자신의 기쁨을 증가시킬 수 있는 공동체가 필요하다고 말한다. 그 안에서 자신과 타자 모두의 코나투스를 증가시킬 수 있는 기쁨의 관계를 형성하라는 것이 스피노자의 윤리학이 우리에게 전하는 당부이다.

① 자신의 힘을 능동적으로 발휘하여 욕망을 성취할 수 있을 때 비로소 진정한 자유의 기쁨을 누릴 수 있다.

② 인간의 모든 행동은 욕망에 의해 생겨나며, 욕망이 없다면 무기력한 존재가 될 수밖에 없다.

③ 인간을 포함한 모든 동물은 삶에 대한 본능적 의지인 코나투스를 가지고 있다.

④ 욕망은 채우고 채워도 완전히 충족될 수 없으므로 욕망의 결핍이 주는 고통으로부터 벗어나기 위해 욕망을 절제해야 한다.

⑤ 타자와의 관계 속에서 촉발되는 감정에 휘둘릴 수 있으므로 자신의 욕망에 대한 주체적 태도를 지녀야 한다.

02

상업 광고는 기업은 물론이고 소비자에게도 요긴하다. 기업은 마케팅 활동의 주요한 수단으로 광고를 적극적으로 이용하여 기업과 상품의 인지도를 높이려 한다. 소비자는 소비 생활에 필요한 상품의 성능, 가격, 판매 조건 등의 정보를 광고에서 얻으려 한다. 광고를 통해 기업과 소비자가 모두 이익을 얻는다면 이를 규제할 필요는 없을 것이다. 그러나 광고에서 기업과 소비자의 이익이 상충되는 경우도 있고 광고가 사회 전체에 폐해를 낳는 경우도 있어, 다양한 규제 방식이 모색되었다.

이때 문제가 된 것은 '과연 광고로 인한 피해를 책임질 당사자로서 누구를 상정할 것인가'였다. 초기에는 '소비자 책임 부담 원칙'에 따라 광고 정보를 활용한 소비자의 구매 행위에 대해 소비자가 책임을 져야 한다고 보았다. 여기에는 광고 정보가 정직한 것인지와는 상관없이 소비자는 이성적으로 이를 판단하여 구매할 수 있어야 한다는 전제가 있었다. 그래서 기업은 광고에 의존하여 물건을 구매한 소비자가 입은 피해에 대하여 책임을 지지 않았고, 광고의 기만성에 대한 입증 책임도 소비자에게 있었다.

① 상업 광고는 소비자에게 전혀 도움이 되지 않는다.

② 광고가 소비자에게 해를 끼칠 수 있기 때문에 광고를 규제해야 한다.

③ 시장의 독과점 상황이 광범위해지면서 소비자의 자유로운 선택이 어려워졌다.

④ 소비자 책임 부담 원칙에 따르면 소비자는 합리적인 선택을 할 수 있다.

⑤ 소비자 책임 부담 원칙에 따라 소비자는 광고로 입은 피해를 자신이 입증해야 한다.

어느 관현악단의 연주회장에서 연주가 한창 진행되는 도중에 휴대 전화의 벨소리가 울려 음악의 잔잔한 흐름과 고요한 긴장이 깨져버렸다. 청중들은 객석 여기저기를 둘러보았다. 그런데 황급히 호주머니에서 휴대 전화를 꺼내 전원을 끄는 이는 다름 아닌 관현악단의 바이올린 연주자였다. 연주는 계속되었지만 연주회의 분위기는 엉망이 되었고, 음악을 감상하던 많은 사람에게 찬물을 끼얹었다. 이와 같은 사고는 극단적인 사례이지만 공공장소의 소음이 심각한 사회 문제가 될 수 있다는 사실을 보여주고 있다.

소음 문제는 물질문명의 발달과 관련이 있다. 산업화가 진행됨에 따라 우리의 생활 속에는 '개인적 도구'가 증가하고 있다. 그러한 도구들 덕분에 우리의 생활은 점점 편리해지고 합리적이며 효율적으로 변해가고 있다. 그러나 그러한 이득은 개인과 그가 소유하고 있는 물건 사이의 관계에서 성립하는 것으로 그 관계를 넘어서면 전혀 다른 문제가 된다. 제한된 공간 속에서 개인적 도구가 넘쳐남에 따라, 개인과 개인, 도구와 도구, 그리고 자신의 도구와 타인과의 관계 등이 모순을 일으키는 것이다. 소음 문제도 마찬가지이다. 개인의 차원에서는 편리와 효율을 제공하는 도구들이, 전체의 차원에서는 불편과 비효율을 빚어내는 것이다. 그래서 많은 사회에서 개인적 도구가 타인의 권리를 침해하는 것을 방지하기 위하여 공공장소의 소음을 규제하고 있다.

① 사람들은 소음을 통해 자신의 권리를 침해받기도 한다.
② 문명이 발달함에 따라 소음 문제도 대두되고 있다.
③ 소음 문제는 보통 제한된 공간 속에서 개인적 도구가 과도함에 따라 발생한다.
④ 엿장수의 가위 소리와 같이 소리는 단순한 물리적 존재가 아닌 문화적 가치를 담은 존재가 될 수 있다.
⑤ 개인 차원에서 효율적인 도구들이 전체 차원에서는 문제가 될 수도 있다.

우리는 우리가 생각한 것을 말로 나타낸다. 또 다른 사람의 말을 듣고, 그 사람이 무슨 생각을 가지고 있는가를 짐작한다. 그러므로 생각과 말은 서로 떨어질 수 없는 깊은 관계를 가지고 있다.

그러면 말과 생각이 얼마만큼 깊은 관계를 가지고 있을까? 이 문제를 놓고 사람들은 오랫동안 여러 가지 생각을 하였다. 그 가운데 가장 두드러진 것이 두 가지 있다. 그 하나는 말과 생각이 서로 꼭 달라붙은 쌍둥이인데 한 놈은 생각이 되어 속에 감추어져 있고 다른 한 놈은 말이 되어 사람 귀에 들리는 것이라는 생각이다. 다른 하나는 생각이 큰 그릇이고 말은 생각 속에 들어가는 작은 그릇이어서 생각에는 말 이외에도 다른 것이 더 있다는 것이다.

이 두 가지 생각 가운데서 앞의 것은 조금만 깊이 생각해 보면 틀렸다는 것을 즉시 깨달을 수 있다. 우리가 생각한 것은 거의 대부분 말로 나타낼 수 있지만, 누구든지 가슴 속에 응어리진 어떤 생각이 분명히 있기는 한데 그것을 어떻게 말로 표현해야 할지 애태운 경험을 가지고 있을 것이다. 이것 한 가지만 보더라도 말과 생각이 서로 안팎을 이루는 쌍둥이가 아님은 쉽게 판명된다.

인간의 생각이라는 것은 매우 넓고 큰 것이며, 말이란 결국 생각의 일부분을 주워 담는 작은 그릇에 지나지 않는다. 그러나 아무리 인간의 생각이 말보다 범위가 넓고 큰 것이라고 하여도 그것을 말로 바꾸어 놓지 않으면 그 생각의 위대함이나 오묘함이 다른 사람에게 전달되지 않기 때문에, 생각이 형님이요, 말이 동생이라고 할지라도 생각은 동생의 신세를 지지 않을 수 없다.

① 말이 통하지 않아도 생각은 얼마든지 전달될 수 있다.
② 생각을 드러내는 가장 직접적인 수단은 말이다.
③ 말은 생각이 바탕이 되어야 생산될 수 있다.
④ 말과 생각은 서로 영향을 주고받는 긴밀한 관계를 유지한다.
⑤ 사회적·문화적 배경이 우리의 생각에 영향을 끼친다.

생물 다양성(Biodiversity)이란 원래 한 지역에 살고 있는 생물의 종(種)이 얼마나 다양한가를 표현하는 말이었다. 그런데 오늘날에는 종의 다양성은 물론이고, 각 종이 가지고 있는 유전적 다양성과 생물이 살아가는 생태계의 다양성까지를 포함하는 개념으로 확장해서 사용한다. 특히 최근에는 생태계를 유지시키고 인류에게 많은 이익을 가져다준다는 점이 부각되면서 생물 다양성의 가치가 크게 주목받고 있다.

생물 다양성의 가장 기본적인 가치로 생태적 봉사 기능을 들 수 있다. 생물은 생태계의 엔지니어라 불릴 정도로 환경을 조절하고 유지하는 커다란 힘을 가지고 있다. 숲의 경우를 예로 들어 보자. 나무들은 서늘한 그늘을 만들어 주고 땅 속에 있는 물을 끌어 올려 다양한 생물종이 서식할 수 있는 적절한 환경을 제공해 준다. 숲이 사라지면 수분 배분 능력이 떨어져 우기에는 홍수가 나고 건기에는 토양이 완전히 말라 버린다. 이로 인해 생물 서식지의 환경이 급격하게 변화되고 마침내 상당수의 종이 사라지게 된다. 이처럼 숲을 이루고 있는 나무, 물, 흙과 그곳에서 살아가는 다양한 생명체는 서로 유기적인 관계를 형성하면서 생태계의 환경을 조절하고 유지하는 역할을 담당하는 것이다.

또한 생물 다양성은 경제적으로도 커다란 가치가 있다. 대표적인 사례로 의약품 개발을 꼽을 수 있다. 자연계에 존재하는 수많은 식물 중에서 인류는 약 20,000여 종의 식물을 약재로 사용해 왔다. 그 가운데 특정 약효 성분을 추출하여 상용화한 것이 이제 겨우 100여 종에 불과하다는 사실을 고려하면, 전체 식물이 가지고 있는 잠재적 가치는 상상을 뛰어넘는다. 그리고 부전나비의 날개와 사슴벌레의 다리 등에서 항암 물질을 추출한 경우나 야생의 미생물에서 페니실린, 마이신 등 약 3,000여 가지의 항생제를 추출한 경우에서도 알 수 있듯이, 동물과 미생물 역시 막대한 경제적 이익을 가져다준다. 의약품 개발 외에도 다양한 생물이 화장품과 같은 상품 개발에 이용되고 있으며, 생태 관광을 통한 부가가치 창출에도 기여한다.

생물 다양성은 학술적으로도 매우 중요하다. 예를 들어 다윈(C. Darwin)은 현존하는 여러 동물들의 상이한 눈을 비교하여, 정교하고 복잡한 인간의 눈이 진화해 온 과정을 추적하였다. 그에 따르면 인간의 눈은 해파리에서 나타나는 원시적 빛 감지 세포로부터, 불가사리처럼 빛의 방향을 감지할 수 있는 오목한 원시 형태의 눈을 거친 다음, 빛에 대한 수용력과 민감도를 높인 초기 수정체 형태의 눈을 지나, 선명한 상을 제공하는 현재의 눈으로 진화하였다는 것이다. 이 사례에서 보듯이 모든 생물종은 고유한 형태적 특성을 가지고 있어서 생물 진화의 과정을 추적하는 데 중요한 정보를 제공해 준다. 형태적 특성 외에도 각각의 생물종이 지닌 독특한 생리적·유전적 특성 등에 대한 비교 연구를 통해 생물을 더 깊이 있게 이해할 수 있다. 그리고 이렇게 축적된 정보는 오늘날 눈부시게 성장하고 있는 생명과학의 기초가 된다.

이와 같이 인간은 생물 다양성에 기초하여 무한한 생태적·경제적 이익을 얻고 과학 발전의 토대를 구축한다. 그런데 최근 급격한 기후 변화와 산업화 및 도시화에 따른 자연 파괴로 생물 다양성이 크게 감소하고 있다. 따라서 이를 억제하기 위한 생태계 보존 대책을 시급히 마련해야 한다. 동시에 생물 다양성 보존을 위한 연구 기관을 건립하고 전문 인력의 양성 체계를 갖추어야 할 것이다.

① 문제 해결을 위한 실천 의지가 전혀 없다.
② 생물 다양성의 경제적 가치를 지나치게 강조하고 있다.
③ 생물 다양성 문제를 주로 인간 중심적 시각으로 해석하고 있다.
④ 자연을 우선시하여 자연과 인간의 공존 가능성을 모색하고 있다.
⑤ 인간과 자연을 대립 관계로 보면서 문제를 단편적으로 해석하고 있다.

06 다음 글을 〈보기〉의 입장에서 비판하는 내용으로 가장 적절한 것은?

> 로봇의 발달로 일자리가 줄어들 것이라는 사람들의 불안이 커지면서 최근 로봇세(Robot稅) 도입에 대한 논의가 활발하다. 로봇세는 로봇을 사용해 이익을 얻는 기업이나 개인에 부과하는 세금이다. 로봇으로 인해 일자리를 잃은 사람들을 지원하거나 사회 안전망을 구축하기 위한 예산을 마련하자는 것이 로봇세 도입의 목적이다. 이처럼 로봇의 사용으로 일자리가 감소할 것이라는 이유로 로봇세의 필요성이 제기되었지만, 역사적으로 볼 때 새로운 기술로 인해 전체 일자리는 줄지 않았다. 산업 혁명을 거치면서 새로운 기술에 대한 걱정은 늘 존재했지만, 산업 전반에서 일자리는 오히려 증가해 왔다는 점이 이를 뒷받침한다. 따라서 로봇의 사용으로 일자리가 줄어들 가능성은 낮다.
> 우리는 로봇 덕분에 어렵고 위험한 일이나 반복적인 일로부터 벗어나고 있다. 로봇 사용의 증가 추세에서 알 수 있듯이 로봇 기술이 인간의 삶을 편하게 만들어 주는 것은 틀림없다. 로봇세의 도입으로 이러한 편안한 삶이 지연되지 않기를 바란다.

> **보기**
>
> 로봇 기술의 발전에 따라 로봇의 생산 능력이 비약적으로 향상되고 있다. 이는 로봇 하나당 대체할 수 있는 인간 노동자의 수도 지속적으로 증가함을 의미한다. 로봇 사용이 사회 전반에 빠르게 확산되는 현실을 고려할 때, 로봇 사용으로 인한 일자리 대체 규모가 기하급수적으로 커질 것이다.

① 산업 혁명의 경우와 같이 로봇의 생산성 증가는 인간의 새로운 일자리를 만드는 데 기여할 것이다.
② 로봇세를 도입해 기업이 로봇의 생산성 향상에 기여하도록 해야 인간의 일자리 감소를 막을 수 있다.
③ 로봇 사용으로 밀려날 수 있는 인간 노동자의 생산 능력을 향상시킬 수 있는 제도적 지원 방안을 마련해야 한다.
④ 로봇의 생산 능력에 대한 고려 없이 과거 사례만으로 일자리가 감소하지 않을 것이라고 보는 것은 성급한 판단이다.
⑤ 로봇 기술의 발달을 통해 일자리를 늘리려면 지속적으로 일자리가 늘었던 산업 혁명의 경험에서 대안을 찾아야 한다.

07 다음 글이 비판의 대상으로 삼는 주장으로 가장 적절한 것은?

> 경제 문제는 대개 해결이 가능하다. 대부분의 경제 문제에는 몇 개의 해결책이 있기 때문이다. 그러나 모든 해결책은 누군가가 상당한 손실을 반드시 감수해야 한다는 특징을 갖고 있다. 하지만 누구도 이 손실을 자발적으로 감수하고자 하지 않으며, 우리의 정치제도는 누구에게도 이 짐을 짊어지라고 강요할 수 없다. 우리의 정치적·경제적 구조로는 실질적으로 제로섬(Zero-sum)적인 요소를 지니는 경제 문제에 전혀 대처할 수 없기 때문이다.
>
> 대개의 경제적 해결책은 대규모의 제로섬적인 요소를 갖기 때문에 큰 손실을 수반한다. 모든 제로섬 게임에는 승자가 있다면 반드시 패자가 있으며, 패자가 존재해야만 승자가 존재할 수 있다. 경제적 이득이 경제적 손실을 초과할 수도 있지만, 손실의 주체에게 손실의 의미란 상당한 크기의 경제적 이득을 부정할 수 있을 만큼 매우 중요하다. 어떤 해결책으로 인해 평균적으로 사회는 더 잘살게 될 수도 있지만, 이 평균이 훨씬 더 잘살게 된 수많은 사람과 훨씬 더 못살게 된 수많은 사람을 감춘다. 만약 당신이 더 못살게 된 사람 중 하나라면 내 수입이 줄어든 것보다 다른 누군가의 수입이 더 많이 늘었다고 해서 위안을 얻지는 않을 것이다. 결국 우리는 우리 자신의 수입을 보호하기 위해 경제적 변화가 일어나는 것을 막거나 혹은 사회가 우리에게 손해를 입히는 공공정책이 강제로 시행되는 것을 막기 위해 싸울 것이다.

① 빈부격차를 해소하는 것만큼 중요한 정책은 없다.
② 사회의 총생산량이 많아지게 하는 정책이 좋은 정책이다.
③ 경제문제에서 모두가 만족하는 해결책은 존재하지 않는다.
④ 경제적 변화에 대응하는 정치제도의 기능에는 한계가 존재한다.
⑤ 경제정책의 효율성을 높이는 방법은 일관성을 유지하는 것이다.

08 다음 글의 글쓴이의 주장을 비판하기 위한 탐구 활동으로 가장 적절한 것은?

기술은 그 내부적인 발전 경로를 이미 가지고 있으며, 따라서 어떤 특정한 기술(혹은 인공물)이 출현하는 것은 '필연적'인 결과라고 생각하는 사람들이 많다. 이러한 통념을 약간 다르게 표현하자면, 기술의 발전 경로는 이전의 인공물보다 '기술적으로 보다 우수한' 인공물들이 차례차례 등장하는, 인공물들의 연쇄로 파악할 수 있다는 것이다. 그리고 기술의 발전 경로가 '단일한' 것으로 보고, 따라서 어떤 특정한 기능을 갖는 인공물을 만들어 내는 데 있어서 '유일하게 가장 좋은' 설계 방식이나 생산 방식이 있을 수 있다고 가정한다. 이와 같은 생각을 종합하면 기술의 발전은 결코 사회적인 힘이 가로막을 수 없는 것일 뿐 아니라 단일한 경로를 따르는 것이므로, 사람들이 할 수 있는 일은 이미 정해져 있는 기술의 발전 경로를 열심히 추적해 가는 것밖에 남지 않게 된다는 결론이 나온다. 그러나 다양한 사례 연구에 의하면 어떤 특정 기술이나 인공물을 만들어 낼 때, 그것이 특정한 형태가 되도록 하는 데 중요한 역할을 하는 것은 그 과정에 참여하고 있는 엔지니어, 자본가, 소비자, 은행, 정부 등의 이해관계나 가치체계임이 밝혀졌다. 이렇게 보면 기술은 사회적으로 형성된 것이며, 이미 그 속에 사회적 가치를 반영하고 있는 셈이 된다. 뿐만 아니라 복수의 기술이 서로 경쟁하여 그중 하나가 사회에서 주도권을 잡는 과정을 분석해 본 결과, 이 과정에서 중요한 역할을 하는 것은 기술적 우수성이나 사회적 유용성이 아닌, 관련된 사회집단들의 정치적·경제적 영향력인 것으로 드러났다고 한다. 결국 현재에 이르는 기술 발전의 궤적은 결코 필연적이고 단일한 것이 아니었으며, '다르게' 될 수도 있었음을 암시하고 있는 것이다.

① 논거가 되는 연구 결과를 반박할 수 있는 다른 연구 자료를 조사한다.
② 사회 변화에 따라 가치 체계의 변동이 일어나게 되는 원인을 분석한다.
③ 기술 개발에 관계자들의 이해관계나 가치가 작용한 실제 사례를 조사한다.
④ 글쓴이가 문제 삼고 있는 통념에 변화가 생기게 된 계기를 분석한다.
⑤ 글쓴이가 통념을 종합하여 이끌어낸 결론의 타당성을 검토한다.

09 다음은 사이클 대회 유치를 위한 연설문이다. A시의 경쟁 도시를 지지하는 청중이 이 연설을 반박한 내용으로 가장 적절한 것은?

여러분도 아시다시피 세계 ○○ 사이클 대회의 취지는 전 세계적으로 사이클을 활성화하는 데 있습니다. 하지만 그동안 개최된 42번의 대회 중 사이클 강국인 유럽과 북미가 아닌 곳에서 개최된 적은 단 두 번뿐이었습니다. 우리 A시는 사이클 비인기 지역인 아시아의 도시이고 경쟁 도시는 유럽의 도시입니다. 흔히 사이클 비인기 지역의 도시가 대회를 개최하는 것이 대회의 취지를 실현하는 데 부적합하다고 합니다. 하지만 달리 생각해 보면 대회를 통해 사이클에 대한 A시의 시민들, 나아가 아시아 각국 시민들의 관심을 증폭할 수 있으므로 사이클 활성화에 기여할 수 있습니다.

우리는 개최지로서 좋은 여건을 갖췄습니다. 사이클에 대한 시민들의 관심이 높아지고 있고 사이클 인구도 빠르게 늘어나고 있습니다. 경쟁 도시는 시민의 지지가 낮지만 우리는 90%가 넘는 시민의 합의를 이끌어 냈고 정부도 재정 지원을 약속했습니다. 사이클 전용 경기장에 비해 도로 경기장이 노후화됐다는 우려도 있지만, 선수로 출전해 본 제 경험에 비추어 볼 때 A시의 도로 경기장은 천혜의 자연조건을 갖추고 있어 정비만 하면 최적의 경기장이 될 것이라 자신합니다.

이미 많은 분들이 인정하신 것처럼 우리는 각종 국제 대회를 성공리에 개최하여 전 세계인의 찬사를 받은 바 있습니다. 이러한 경험은 이번 대회도 충분히 잘 치를 수 있는 능력이 있다는 사실을 뒷받침하는 것입니다.

우리는 그동안 사이클 회원국과의 친선을 도모하고 사이클 활성화에 앞장서면서 세계 사이클 협회와의 약속을 지켜 왔습니다. 이전 대회의 유치에는 성공하지 못했지만, 세계 우호 증진에 힘쓰겠다는 당시의 공약대로 사이클 전용 경기장이 없는 해외 도시들의 청소년을 초청하여 지도하는 프로그램을 운영해 왔습니다. 개최지로 확정되면 이러한 신뢰를 바탕으로 대회 준비에 매진하겠습니다.

여러분처럼 저도 사이클을 사랑합니다. 여러분과 마찬가지로 사이클 없는 제 삶은 상상할 수 없습니다. 이제 제 꿈은 A시에서 열리는 대회에 전 세계 젊은이들이 참가하는 모습을 보는 것입니다. 이것은 A시 모든 시민의 꿈이기도 합니다. 이 꿈이 꼭 실현될 수 있도록 지지를 부탁드립니다.

① A시의 경쟁 도시 시민의 지지가 낮다고 한 것은 근거를 제시하지 않았으므로 타당하지 않습니다.

② A시가 국제 대회 개최 경험이 많다고 한 것은 성공 여부를 밝히지 않았으므로 높은 점수를 줄 수 없습니다.

③ 정부의 지원 여부를 밝히지 않고 지지를 호소한 것은 재원 마련에 대한 확신을 주지 못하므로 신뢰할 수 없습니다.

④ 해외 청소년 대상 사이클 프로그램 운영에 대해 언급한 것은 사이클 활성화의 사례가 되므로 A시의 지지자를 늘리는 결과를 가져올 것입니다.

⑤ A시에서 사이클이 비인기 종목이라고 언급한 것은 대회 개최에 대한 주민들의 무관심을 보여 주므로 A시가 자격이 없음을 증명하는 것입니다.

10 다음 글에 나타난 '와이츠 예술론'의 의의와 한계를 이해·비판한 것으로 적절하지 않은 것은?

예술이 무엇이냐는 질문에 우리는 레오나르도 다빈치의 '모나리자'나 베토벤의 교향곡이나 발레 '백조의 호수' 같은 것이라고 대답할지 모른다. 물론 이 대답은 틀리지 않았다. 하지만 질문이 이것들 모두를 예술 작품으로 특징짓는 속성, 곧 예술의 본질이 과연 무엇인지를 묻는 것이라면 그 대답은 무엇이 될까?

비트겐슈타인에 따르면, 게임은 본질이 있어서가 아니라 게임이라 불리는 것들 사이의 유사성에 의해 성립되는 개념이다. 이러한 경우 발견되는 유사성을 '가족 유사성'이라 부르기로 해 보자. 가족의 구성원으로서 어머니와 나와 동생의 외양은 이런저런 면에서 서로 닮았다. 하지만 그렇다고 해서 셋이 공통적으로 닮은 한 가지 특징이 있다는 말은 아니다. 비슷한 예로 실을 꼬아 만든 밧줄은 그 밧줄의 처음부터 끝까지를 관통하는 하나의 실이 있어서 만들어지는 것이 아니라 짧은 실들의 연속된 연계를 통해 구성된다. 그렇게 되면 심지어 전혀 만나지 않는 실들도 같은 밧줄 속의 실일 수 있다.

미학자 와이츠는 예술이라는 개념도 이와 마찬가지라고 주장한다. 그에게 예술은 가족 유사성만을 갖는 '열린 개념'이다. 열린 개념이란 주어진 대상이 이미 그 개념을 이루고 있는 구성원 일부와 닮았다면, 그 점을 근거로 하여 얼마든지 그 개념의 새로운 구성원이 될 수 있을 만큼 테두리가 열려 있는 개념을 말한다. 따라서 전통적인 예술론인 표현론이나 형식론은 있지도 않은 본질을 찾고 있는 오류를 범하고 있는 것이 된다. 와이츠는 표현이니 형식이니 하는 것은 예술의 본질이 아니라 차라리 좋은 예술의 기준으로 이해되어야 한다고 한다. 그는 열린 개념으로 예술을 보는 것이야말로 무한한 창조성이 보장되어야 하는 예술에 대한 가장 적절한 대접이라고 주장한다.

① 와이츠의 이론에 따르면 예술 개념은 아무런 근거 없이 확장되는 것이다. 결과적으로 예술이라는 개념 자체가 없어진다는 것을 주장하는 셈이다.

② 와이츠는 예술의 본질은 없다고 본다. 예술이 가족 유사성만 있는 열린 개념이라면 어떤 두 대상이 둘 다 예술일 때 서로 닮지 않을 수도 있다는 뜻이다.

③ 와이츠는 '무엇이 예술인가'와 '무엇이 좋은 예술인가'는 분리해서 생각해야 한다고 본다. 열린 개념이라고 해서 예술의 가치를 평가하는 기준까지도 포기한 것은 아니다.

④ 현대 예술은 독창성을 중시하고 예술의 한계에 도전함으로써 과거와는 달리 예술의 영역을 크게 넓힐 수 있게 되었다. 와이츠 이론은 이러한 상황에 잘 부합하는 예술론이다.

⑤ 영화나 컴퓨터가 그랬던 것처럼, 새로운 매체가 등장하면 새로운 창작 활동이 가능해진다. 미래의 예술이 그런 것들도 포괄하게 될 때 와이츠 이론은 유용한 설명이 될 수 있다.

04 | 주제 · 제목 찾기

| 유형분석 |

- 글을 읽고 말하고자 하는 주제를 파악할 수 있는지를 평가하는 유형이다.
- 단순한 설명문부터 주장, 반박문까지 다양한 성격의 지문이 제시되므로 글의 성격별 특징을 알아두는 것이 좋다.

다음 글의 제목으로 가장 적절한 것은?

반대는 필수불가결한 것이다. 지각 있는 대부분의 사람이 그러하듯 훌륭한 정치가는 항상 열렬한 지지자보다는 반대자로부터 더 많은 것을 배운다. 만약 반대자들이 위험이 있는 곳을 지적해 주지 않는다면, 그는 지지자들에 떠밀려 파멸의 길을 걷게 될 수 있기 때문이다. 따라서 현명한 정치가라면 그는 종종 친구들로부터 벗어나기를 기도할 것이다. 친구들이 자신을 파멸시킬 수도 있다는 것을 알기 때문이다. 그리고 비록 고통스럽다 할지라도 반대자 없이 홀로 남겨지는 일이 일어나지 않기를 기도할 것이다. 반대자들이 자신을 이성과 양식의 길에서 멀리 벗어나지 않도록 해준다는 사실을 알기 때문이다. 자유의지를 가진 국민의 범국가적 화합은 정부의 독단과 반대당의 혁명적 비타협성을 무력화시키는 정치권력의 충분한 균형에 의존하고 있다. 그 균형이 어떤 상황 때문에 강제로 타협하게 되지 않는 한, 그리고 모든 시민이 어떤 정책에 영향을 미칠 수는 있으나 누구도 혼자 정책을 지배할 수 없다는 것을 느끼게 되지 않는 한, 그리고 습관과 필요에 의해서 서로 조금씩 양보하지 않는 한, 자유는 유지될 수 없기 때문이다.

① 민주주의와 사회주의

② 반대의 필요성과 민주주의

③ 민주주의와 일방적인 의사소통

④ 권력을 가진 자와 혁명을 꿈꾸는 집단

⑤ 혁명의 정의

정답 ②

제시문의 중심 내용을 보면 '반대는 필수불가결한 것이다.', '자유의지를 가진 국민의 범국가적 화합은 정부의 독단과 반대당의 혁명적 비타협성을 무력화시키는 정치권력의 충분한 균형에 의존하고 있다.', '그 균형이 더 이상 존재하지 않는다면 민주주의는 사라지고 만다.'로 요약할 수 있다. 이 내용을 토대로 주제를 찾는다면 ②와 같은 의미가 전체 내용의 핵심이라는 것을 알 수 있다.

30초 컷 풀이 Tip

- 주제가 되는 글 또는 문단의 앞과 뒤에 핵심어가 오는 경우가 있으므로 먼저 글을 읽어 핵심어를 잡아낸 뒤 중심 내용을 파악할 수 있도록 한다. 또한 선택지 중 세부적인 내용을 다루고 있는 것은 정답에서 제외시킨다.
- 글의 전체적인 진행 중에 반전이 되는 내용이나 접속어가 나온다면 그 다음 내용이 중심 내용인 경우가 많다. 따라서 글의 분위기가 반전되는 경우 이에 집중하여 독해한다.

※ 다음 글의 제목으로 가장 적절한 것을 고르시오. [1~4]

Hard

01

> 오늘날 사회계층 간 의료수혜의 불평등이 심화되어 의료이용도의 소득계층별, 지역별, 성별, 직업별, 연령별 차이가 사회적 불만의 한 원인으로 대두되고, 보건의료서비스가 의·식·주에 이어 제4의 기본적 수요로 인식됨에 따라 의료보장제도의 필요성이 나날이 높아지고 있다.
>
> 의료보장제도란 국민의 건강권을 보호하기 위하여 요구되는 보건의료서비스를 국가나 사회가 제도적으로 제공하는 것을 말하며, 건강보험, 의료급여, 산재보험을 포괄한다. 이를 통해 상대적으로 과다한 재정의 부담을 경감시킬 수 있으며, 국민의 주인의식과 참여 의식을 조장할 수 있다.
>
> 의료보장제도는 의료수혜의 불평등을 해소하기 위한 사회적·국가적 노력이며, 예측할 수 없는 질병의 발생 등에 대한 개인의 부담능력의 한계를 극복하기 위한 제도이다. 또한 개인의 위험을 사회적·국가적 위험으로 인식하여 위험의 분산 및 상호부조 인식을 제고하기 위한 제도이기도 하다.
>
> 의료보장제도의 의료보험(National Health Insurance) 방식은 일명 비스마르크(Bismarck)형 의료제도라고 하는데, 개인의 기여를 기반으로 한 보험료를 주재원으로 하는 제도이다. 사회보험의 낭비를 줄이기 위하여 진찰 시에 본인이 일부 부담금을 부과하는 것이 특징이라고 할 수 있다. 반면, 국가보건서비스(National Health Service) 방식은 일명 조세 방식, 비버리지(Beveridge)형 의료제도라고 하며, 국민의 의료문제는 국가가 책임져야 한다는 관점에서 조세를 재원으로 모든 국민에게 국가가 직접 의료를 제공하는 의료보장방식이다.

① 의료보장제도의 장단점

② 의료보장제도의 개념과 유형

③ 의료보장제도의 종류

④ 의료급여제도의 필요성

⑤ 의료급여제도의 유형

02

우리 고유의 발효식품이자 한식 제1의 반찬인 김치는 천년이 넘는 역사를 함께해 온 우리 삶의 일부이다. 채소를 오래 보관하여 먹기 위한 절임 음식으로 시작된 김치는 양념을 버무리고 숙성시키는 우리만의 발효과학 식품으로 변신하였고, 김장은 우리 민족의 가장 중요한 행사 중 하나가 되었다. 다른 나라에도 소금 등에 채소를 절인 절임 음식이 존재하지만, 절임 후 양념으로 2차 발효시키는 음식으로는 우리 김치가 유일하다. 김치는 발효과정을 통해 원재료보다 영양이 한층 더 풍부해지며, 암과 노화, 비만 등의 예방과 억제에 효과적인 기능성을 보유한 슈퍼 발효 음식이 된다.

김치는 지역마다, 철마다, 또 특별한 의미를 담아 다양하게 변신하여 300가지가 넘는 종류로 탄생한다. 기후와 지역 등에 따라서 다채로운 맛을 담은 김치들이 있으며, 주재료로 채소뿐만 아니라 수산물이나 육류를 이용한 독특한 김치도 있고, 같은 김치라도 사람에 따라 특별한 김치로 재탄생된다. 지역과 집안마다 저마다의 비법으로 담그기 때문에 유서 깊은 종가의 비법으로 만든 특별한 김치가 전해오며, 김치를 담그고 먹는 일도 수행의 연속이라 여기는 사찰에서는 오신채를 사용하지 않은 김치가 존재한다.

우리 문화의 정수이자 자존심인 김치는 현대에 들어서는 문화와 전통이 결합한 복합 산업으로 펼쳐지고 있다. 김치에 들어가는 수많은 재료와 관련된 산업의 생산액은 3.3조 원이 넘으며, 주로 배추김치로 형성된 김치 생산은 약 2.3조 원의 시장을 형성하고 있고, 시판 김치의 경우 대기업의 시장 주도력이 증가하고 있다. 소비자 요구에 맞춘 다양한 포장 김치가 등장하고, 김치냉장고는 1.1조 원의 시장을 형성하고 있다. 또한 정성과 기다림을 상징하는 김치는 문화산업의 소재로 활용되며, 김치 문화는 관광 관련 산업으로 활성화되고 있다. 김치의 영양 기능성과 김치 유산균을 활용한 여러 기능성 제품이 개발되고, 부식뿐 아니라 새로운 요리의 식재료로써 김치는 39조 원의 외식산업 시장을 뒷받침하고 있다.

① 김치의 탄생
② 김치산업의 활성화 방안
③ 우리 민족의 축제, 김장
④ 지역마다 다양한 종류의 김치
⑤ 우리 민족의 전통이자 자존심, 김치

03

우리는 처음 만난 사람의 외모를 보고, 그를 어떤 방식으로 대우해야 할지를 결정할 때가 많다. 그가 여자인지 남자인지, 얼굴색이 흰지 검은지, 나이가 많은지 적은지 혹은 그의 스타일이 조금은 상류층의 모습을 띠고 있는지 아니면 너무나 흔해서 별 특징이 드러나 보이지 않는 외모를 하고 있는지 등을 통해 그들과 나의 차이를 재빨리 감지한다. 일단 감지가 되면 우리는 둘 사이의 지위 차이를 인식하고 우리가 알고 있는 방식으로 그를 대하게 된다. 한 개인이 특정 집단에 속한다는 것은 단순히 다른 집단의 사람과 다르다는 것뿐만 아니라, 그 집단이 다른 집단보다는 지위가 높거나 우월하다는 믿음을 갖게 한다. 모든 인간은 평등하다는 우리의 신념에도 불구하고 왜 인간들 사이의 이러한 위계화(位階化)를 당연한 것으로 받아들일까? 위계화란 특정 부류의 사람들은 자원과 권력을 소유하고 다른 부류의 사람들은 낮은 사회적 지위를 갖게 되는 사회적이며 문화적인 체계이다. 다음에서 우리는 이러한 불평등이 어떠한 방식으로 경험되고 조직화되는지를 살펴보기로 하자.

인간이 불평등을 경험하게 되는 방식은 여러 측면으로 나눌 수 있다. 산업 사회에서의 불평등은 계층과 계급의 차이를 통해서 정당화되는데, 이는 재산, 생산 수단의 소유 여부, 학력, 집안 배경 등등의 요소들의 결합에 의해 사람들 사이의 위계를 만들어 낸다. 또한 모든 사회에서 인간은 태어날 때부터 얻게 되는 인종, 성, 종족 등의 생득적 특성과 나이를 통해 불평등을 경험한다. 이러한 특성들은 단순히 생물학적인 차이를 지칭하는 것이 아니라, 개인의 열등성과 우등성을 가늠하게 만드는 사회적 개념이 되곤 한다.

한편 불평등이 재생산되는 다양한 사회적 기제들이 때로는 관습이나 전통이라는 이름 아래 특정 사회의 본질적인 문화적 특성으로 간주되고 당연시되는 경우가 많다. 불평등은 체계적으로 조직되고 개인에 의해 경험됨으로써 문화의 주요 부분이 되었고, 그 결과 같은 문화권 내의 구성원들 사이에 권력 차이와 그에 따른 폭력이나 비인간적인 행위들이 자연스럽게 수용될 때가 많다.

문화 인류학자들은 사회 집단의 차이와 불평등, 사회의 관습 또는 전통이라고 얘기되는 문화 현상에 대해 어떤 입장을 취해야 할지 고민을 한다. 문화 인류학자가 이러한 문화 현상은 고유한 역사적 산물이므로 나름대로 가치를 지닌다는 입장만을 반복하거나 단순히 관찰자로서의 입장에 안주한다면, 이러한 차별의 형태를 제거하는 데 도움을 줄 수 없다. 실제로 문화 인류학 연구는 기존의 권력 관계를 유지시켜주는 다양한 문화적 이데올로기를 분석하고, 인간 간의 차이가 우등성과 열등성을 구분하는 지표가 아니라 동등한 다름일 뿐이라는 것을 일깨우는 데 기여해 왔다.

① 차이와 불평등
② 차이의 감지 능력
③ 문화 인류학의 역사
④ 위계화의 개념과 구조
⑤ 관습과 전통의 계승과 창조

04

유전학자들의 최종 목표는 결함이 있는 유전자를 정상적인 유전자로 대체하는 것이다. 이렇게 가장 기본적인 세포 내 차원에서 유전병을 치료하는 것을 '유전자 치료'라 일컫는다. '유전자 치료'를 하기 위해서는 이상이 있는 유전자를 찾아야 한다. 이를 위해 과학자들은 DNA의 특성을 이용한다. DNA는 두 가닥이 나선형으로 꼬여 있는 이중 나선 구조로 이루어진 분자이다. 그런데 이 두 가닥에 늘어서 있는 염기들은 임의적으로 배열되어 있는 것이 아니다. 한쪽에 늘어선 염기에 따라, 다른 쪽 가닥에 늘어선 염기들의 배열이 결정되는 것이다. 즉 한쪽에 A염기가 존재하면 거기에 연결되는 반대 쪽에는 반드시 T염기가, 그리고 C염기에 대응해서는 반드시 G염기가 존재하게 된다. 염기들이 짝을 지을 때 나타나는 이러한 선택적 특성을 이용하여 유전병을 일으키는 유전자를 찾아낼 수 있다. 유전자를 찾기 위해 사용하는 첫 번째 도구는 DNA 한 가닥 중 극히 일부이다. '프로브(Probe)'라 불리는 이 DNA 조각은, 염색체상의 위치가 알려져 있는 이십여 개의 염기들로 이루어진다. 한 가닥으로 이루어져 있는 특성으로 인해, 프로브는 자신의 염기 배열에 대응하는 다른 쪽 가닥의 DNA 부분에 가서 결합할 것이다. 대응하는 두 가닥의 DNA가 이렇게 결합하는 것을 '교잡'이라고 일컫는다. 조사 대상인 염색체로부터 추출한 많은 한 가닥의 염색체 조각들과 프로브를 섞어 놓았을 때, 프로브는 신비스러울 정도로 자신의 짝을 정확하게 찾아 교잡한다. 두 번째 도구는 '겔 전기영동'이라는 방법이다. 생물을 구성하고 있는 단백질·핵산 등 많은 분자들은 전하를 띠고 있어서 전기장 속에서 각 분자마다 독특하게 이동을 한다. 이러한 성질을 이용해 생물을 구성하고 있는 물질의 분자량, 각 물질의 전하량이나 형태의 차이를 이용하여 물질을 분리하는 것이 전기영동법이다. 이를 활용하여 DNA를 분리하려면 우선 DNA 조각들을 전기장에서 이동시키고, 이것을 젤라틴 판을 통과하게 함으로써 분리하면 된다.

이러한 조사 도구들을 갖추고서, 유전학자들은 유전병을 일으키는 유전자를 추적하는 데 나섰다. 유전학자들은 먼저 겔 전기영동법으로 유전병을 일으키는 유전자로 의심되는 부분과 동일한 부분에 존재하는 프로브를 건강한 사람에게서 떼어내었다. 그리고 건강한 사람에게서 떼어낸 프로브에 방사성이나 형광성을 띠게 하였다. 그 후에 유전병 환자들에게서 채취한 DNA 조각들과 함께 교잡 실험을 반복하였다. 유전병과 관련된 유전 정보가 담긴 부분의 염기 서열이 정상인과 다르므로 이 부분은 프로브와 교잡하지 않는다는 점을 이용하는 것이다. 교잡이 일어난 후 프로브가 위치하는 곳은 X선 필름을 통해 쉽게 찾아낼 수 있고, 이로써 DNA의 특정 조각은 염색체상에서 프로브와 같은 위치에 존재한다는 것을 알 수 있다.

언뜻 보기에는 대단한 진보를 이룬 것 같지 않지만, 유전자 치료는 최근 들어 공상 과학을 방불케 하는 첨단 의료 기술의 대표적인 주자로 부각되고 있다. DNA 연구 결과로 인해, 우리는 지금까지 절망적이라고 여겨 온 질병들을 치료할 수 있다는 희망을 갖게 되었다.

① 유전자 추적의 도구와 방법
② 유전자의 종류와 기능
③ 유전자 치료의 의의와 한계
④ 유전자 치료의 상업적 가치
⑤ 유전 질환의 종류와 발병 원인

05

보건복지부에 따르면 현재 등록 장애인만 250만 명이 넘는다. 여기에 비등록 장애인까지 포함시킨다면 실제 장애인 수는 400만 명에 다다를 것으로 예상된다.

이들 가정은 경제적·사회적 어려움에 봉착하기 쉬울 뿐만 아니라, 많은 장애인 자녀들이 부모의 돌봄 없이는 일상생활 유지가 어려운 상황인데, 특히 법적인 부분에서 훨씬 더 문제가 된다. 부모 사망 이후, 장애인 자녀가 상속인으로서 제대로 된 권리를 행사하기 어려울 뿐만 아니라, 본인도 모르게 유산 상속 포기 절차가 진행되는 경우가 이에 해당한다.

따라서 장애인 자녀의 부모들은 상속과정에서 자녀들이 부딪힐 문제들에 대해 더 꼼꼼하게 대비해야 할 필요성이 있는데, 이에 해당하는 내용을 크게 두 가지로 살펴볼 수 있다. 자녀의 생활 안정 및 유지를 위한 '장애인 신탁'과 상속 시의 세금혜택인 '장애인 보험금 비과세'가 그것이다.

먼저 장애인 신탁은 직계존비속이나 일정 범위 내 친족으로부터 재산을 증여받은 장애인이 증여세 신고기한 이내에 신탁회사에 증여받은 재산을 신탁하고, 그 신탁의 이익 전부에 대해 장애인이 수익자가 되면 재산가액 5억 원까지 증여세를 면제해주는 제도이다. 이를 통해 장애인은 생계유지와 안정적인 자산 이전을 받을 수 있다.

다음으로 장애인 보험금 비과세는 수익자가 장애인 자녀인 보험에 가입한 경우 보험금의 4,000만 원까지는 상속세 및 증여세법에 의해 과세하지 않는 제도이다. 이는 후견인 등이 보험금을 가로챌 수 있는 여지를 차단하기 위해 중도 해지가 불가능하고 평생 동안 매월 연금으로 수령할 수 있는 종신형 연금보험을 선택하는 것이 장애인 자녀의 생활 안정에 유리할 것이다.

① 부모 사망 시 장애인 자녀의 유산 상속 과정
② 부모 사망 시 장애인 자녀가 받을 수 있는 혜택
③ 부모 사망 시 장애인 자녀가 직면한 사회적 문제
④ 부모 사망 시 장애인 자녀의 보험 및 증여세 혜택
⑤ 부모 사망 시 장애인 자녀의 생활안정 및 세금 혜택

06

영양분이 과도하게 많은 물에서는 오히려 물고기의 생존이 어렵다. 농업용 비료나 하수 등에서 배출되는 질소와 인 등으로 영양분이 많아진 하천의 수온이 상승하면 식물성 플랑크톤이 대량으로 증식하게 된다. 녹색을 띠는 플랑크톤이 수면을 뒤덮으면 물속으로 햇빛이 닿지 못하고 결국 물속의 산소가 고갈되어 물고기는 숨을 쉬기 어려워진다. 즉, 물속의 과도한 영양분이 오히려 물고기의 생존을 위협하는 것이다.

이처럼 부영양화된 물에서의 플랑크톤 증식으로 인한 녹조 현상은 경제발전과 각종 오염물질 배출량의 증가로 인해 심각한 사회문제가 되고 있다. 녹조는 냄새를 유발하는 물질과 함께 독소를 생성하여 수돗물의 수질을 저하시킨다. 특히 독성물질을 배출하는 녹조를 유해 녹조로 지정하여 관리하고 있는 현실을 고려하면 이제 녹조는 생태계뿐만 아니라 먹는 물의 안전까지도 위협한다.

하천의 생태계를 보호하고 우리가 먹는 물을 보호하기 위해서는 녹조의 발생 원인을 사전에 제거해야 한다. 이를 위해서는 무엇보다 생활 속에서의 작은 실천이 중요하다. 질소나 인이 첨가되지 않은 세제를 사용하고, 농가에서는 화학 비료 사용을 최소화하며 하천에 오염된 물이 흘러 들어가지 않도록 철저히 관리하는 노력을 기울여야 한다.

① 물고기의 생존을 위협하는 하천의 수질 오염
② 녹조를 가속화하는 이상 기온 현상
③ 물고기와 인간의 안전을 위협하는 하천의 부영양화
④ 녹조 예방을 위한 철저한 관리의 필요성
⑤ 수돗물 수질 향상을 위한 기술 개발의 필요성

정부는 '미세먼지 저감 및 관리에 관한 특별법(이하 미세먼지 특별법)' 제정·공포안이 의결돼 시행된다고 밝혔다. 미세먼지 특별법은 그동안 수도권 공공·행정기관을 대상으로 시범·시행한 '고농도 미세먼지 비상저감조치'의 법적 근거를 마련했다. 이로 인해 미세먼지 관련 정보와 통계의 신뢰도를 높이기 위해 국가미세먼지 정보센터를 설치하게 되고, 이에 따라 시·도지사는 미세먼지 농도가 비상저감조치 요건에 해당하면 자동차 운행을 제한하거나 대기오염물질 배출시설의 가동시간을 변경할 수 있다. 또한 비상저감조치를 시행할 때 관련 기관이나 사업자에 휴업, 탄력적 근무제도 등을 권고할 수 있게 되었다. 이와 함께 환경부 장관은 관계 중앙행정기관이나 지방자치단체의 장, 시설운영자에게 대기오염물질 배출시설의 가동률 조정을 요청할 수도 있다.

미세먼지 특별법으로 시·도지사, 시장, 군수, 구청장은 어린이나 노인 등이 이용하는 시설이 많은 지역을 '미세먼지 집중관리구역'으로 지정해 미세먼지 저감사업을 확대할 수 있게 되었다. 그리고 집중관리구역 내에서는 대기오염 상시측정망 설치, 어린이 통학차량의 친환경차 전환, 학교 공기정화시설 설치, 수목 식재, 공원 조성 등을 위한 지원이 우선적으로 이뤄지게 된다.

국무총리 소속의 '미세먼지 특별대책위원회'와 이를 지원하기 위한 '미세먼지 개선기획단'도 설치된다. 국무총리와 대통령이 지명한 민간위원장은 위원회의 공동위원장을 맡는다. 위원회와 기획단의 존속 기간은 5년으로 설정했으며 연장하려면 만료되기 1년 전에 그 실적을 평가해 국회에 보고하게 된다.

아울러 정부는 5년마다 미세먼지 저감 및 관리를 위한 종합계획을 수립하고 시·도지사는 이에 따른 시행계획을 수립하여 추진실적을 매년 보고하도록 했다. 또한 미세먼지 특별법은 입자의 지름이 $10\mu\mathrm{m}$ 이하인 먼지는 '미세먼지', $2.5\mu\mathrm{m}$ 이하인 먼지는 '초미세먼지'로 구분하기로 확정했다.

① 미세먼지와 초미세먼지 구분 방법
② 미세먼지 특별대책위원회의 역할
③ 미세먼지 집중관리구역 지정 방안
④ 미세먼지 저감을 위한 대기오염 상시측정망의 효과
⑤ 미세먼지 특별법의 제정과 시행

08 다음 글의 중심 내용으로 가장 적절한 것은?

> 1948년에 제정된 대한민국 헌법은 공동체의 정치적 문제는 기본적으로 국민의 의사에 의해 결정된다는 점을 구체적인 조문으로 명시하고 있다. 그러나 이러한 공화제적 원리는 1948년에 이르러 갑작스럽게 등장한 것이 아니다. 이미 19세기 후반부터 한반도에서는 이와 같은 원리가 공공 영역의 담론 및 정치적 실천 차원에서 표명되고 있었다.
>
> 공화제적 원리는 1885년부터 발행되기 시작한 근대적 신문인 『한성주보』에서도 어느 정도 언급된 바 있지만 특히 1898년에 출현한 만민 공동회에서 그 내용이 명확하게 드러난다. 독립협회를 중심으로 촉발되었던 만민 공동회는 민회를 통해 공론을 형성하고 이를 국정에 반영하고자 했던 완전히 새로운 형태의 정치운동이었다. 이것은 전통적인 집단상소나 민란과는 전혀 달랐다. 이 민회는 자치에 대한 국민의 자각을 기반으로 공동생활의 문제들을 협의하고 함께 행동해나가려 하였다. 이것은 자신들이 속한 정치공동체에 대한 소속감과 연대감을 갖지 않고서는 불가능한 현상이었다. 즉, 만민 공동회는 국민이 스스로 정치적 주체가 되고자 했던 시도였다. 전제적인 정부가 법을 통해 제한하려고 했던 정치참여를 국민이 스스로 쟁취하여 정치체제를 변화시키고자 하였던 것이다.
>
> 19세기 후반부터 한반도에 공화제적 원리가 표명되고 있었다는 사례는 이뿐만이 아니다. 당시 독립협회가 정부와 함께 개최한 관민 공동회에서 발표한 『헌의 6조』를 살펴보면 제3조에 "예산과 결산은 국민에게 공표할 일"이라고 명시하고 있는 것을 확인할 수 있다. 이것은 오늘날의 재정운용의 기본원칙으로 여겨지는 예산공개의 원칙과 정확하게 일치하는 것으로 국민과 함께 협의하여 정치를 하여야 한다는 공화주의 원리를 보여주고 있다.

① 만민 공동회는 전제 정부의 법적 제한에 맞서 국민의 정치 참여를 쟁취하고자 했다.
② 한반도에서 예산공개의 원칙은 19세기 후반 관민 공동회에서 처음으로 표명되었다.
③ 예산과 결산이라는 용어는 관민 공동회가 열렸던 19세기 후반에 이미 소개되어 있었다.
④ 만민 공동회를 통해 대한민국 헌법에 공화제적 원리를 포함시키는 것이 결정되었다.
⑤ 한반도에서 공화제적 원리는 이미 19세기 후반부터 담론 및 실천의 차원에서 표명되고 있었다.

09 다음 자료를 바탕으로 '한국인의 수면 시간과 수면의 질'에 대한 글을 쓸 때, 글의 주제로 적절하지 않은 것은?

현대인들이 부족한 잠으로 인해 만성 피로를 겪고 있다. 성인 평균 권장 수면 시간은 7 ~ 8시간이지만, 이를 지키는 이들은 우리나라 성인 기준 단 4%에 불과하다. 국가별 1일 평균 수면 시간 조사에 따르면 한국인의 하루 평균 수면 시간은 7시간 41분으로, OECD 18개 회원국 중 최하위를 기록했다. 또한 직장인의 수면 시간은 이보다도 짧은 6시간 6분으로, 권장 수면 시간에 2시간 가까이 부족한 수면 시간으로 현대인 대부분이 수면 부족에 시달린다 해도 과언이 아닐 정도이다.

수면 시간 총량이 적은 것도 문제지만 더 심각한 점은 '어떻게 잤는지', 즉 수면의 질 또한 높지 않다는 것이다. 수면 장애 환자는 '단순히 일이 많아서', 또는 '잠버릇 때문에' 발생한 일시적인 가벼운 증상 정도로 여기는 사회적 분위기를 감안하면 실제 더 많을 것으로 추정된다. 특히, 대표적인 수면 장애인 '수면무호흡증'은 피로감 불안감 우울감은 물론 고혈압 · 당뇨병과 심혈관질환 · 뇌졸중까지 다양한 합병증을 유발할 수 있다는 점에서 진단과 치료가 요구된다.

① 수면의 질을 높이는 방법
② 수면 마취제의 부작용
③ 숙면에 도움을 주는 식품
④ 수면 장애의 종류와 예방법
⑤ 수면 시간과 건강의 상관관계

05 | 개요 수정

| 유형분석 |

- 글의 개요의 흐름을 파악하여 부족한 부분을 추가하거나 잘못 수정한 부분을 잡아내는 유형이다.
- 글의 맥락을 이해하여 통일성에 위배되는 부분을 찾아낼 수 있도록 한다.

다음은 '우리나라 장애인 고용 정책'에 대한 글을 쓰기 위해 작성한 개요이다. 다음 빈칸에 들어갈 내용으로 가장 적절한 것은?

> Ⅰ. 서론 : 우리나라 장애인 고용 현황
>
> Ⅱ. 본론
>   1. 우리나라 장애인 고용 정책의 문제점과 원인
>   가. 장애인들의 삶을 사회가 책임져야 한다는 공감대 부족
>   나. 작업 환경 개선을 위한 정부의 재정적 지원 부족
>   2. 우리나라 장애인 고용 정책의 문제 해결 방안
>   가. _____
>   나. 장애인 고용 기업에 대한 재정적 지원 확대 정책
>
> Ⅲ. 결론
>   1. 사회적 의식 개선을 위한 홍보 활동 강화
>   2. 재정적 지원 확대를 위한 법률 마련

① 찾아가는 장애인 고충 상담 서비스
② 기업의 장애인 채용 제도 개선
③ 장애인 지원에 대한 사회적 인식 변화
④ 장애인에 대한 정서적 지원 확대 정책
⑤ 고용 안정을 위한 정규직 전환 실시

정답 ③

'Ⅱ-1'에서는 우리나라 장애인 고용 정책의 문제점과 그 원인을, 'Ⅱ-2'에서는 우리나라 장애인 고용 정책의 문제 해결 방향을 제시하고 있다. 따라서 빈칸에는 글의 논리적 흐름에 따라 'Ⅱ-1-가'와 'Ⅲ-1'을 연결하여 사회적 인식의 변화 방안을 제시하는 내용의 ③이 들어가는 것이 가장 적절하다.

30초 컷 풀이 Tip

가장 먼저 숙지해야 할 것은 서론·본론·결론의 주제의식으로, 이를 기반으로 하위 주제들과의 호환성이나 결론의 타당성을 확인할 수 있다.

Easy

01 다음은 '악성 댓글의 원인과 해소 방안'에 관한 글을 쓰기 위해 작성한 개요이다. 개요를 수정·보완할 내용으로 적절하지 않은 것은?

I. 문제 제기 : 개인 정보 유출의 심각성 ············· ㉠

II. 악성 댓글의 원인
　　가. 사이버 공간에서의 자유로운 의견 교환 ········· ㉡
　　나. 정보 통신 윤리 의식 미흡
　　다. 인터넷 검색 능력 부족 ················· ㉢
　　라. 악성 댓글에 대한 처벌의 어려움

III. 악성 댓글 해소 방안 ·················· ㉣
　　가. 인터넷 실명제 실시
　　나. 학교에서의 정보 통신 윤리 교육 강화 ········ ㉤

IV. 결론 : 올바른 댓글 문화 정립

---

① ㉠ : 글의 주제를 고려하여 '악성 댓글의 실태'로 고친다.

② ㉡ : 상위 항목을 고려하여 '사이버 공간에서의 익명성'으로 고친다.

③ ㉢ : 글의 주제를 고려하여 삭제한다.

④ ㉣ : 'II – 라'를 고려하여 '악성 댓글에 대한 처벌 체계 보완'을 하위 항목으로 추가한다.

⑤ ㉤ : 상위 항목과의 연관성을 고려하여 'II – 나'와 위치를 바꾼다.

02 다음은 '도시 광산의 활성화'에 관한 글을 쓰기 위해 작성한 개요이다. 개요의 수정·보완 및 자료 제시 방안으로 적절하지 않은 것은?

Ⅰ. 처음 ·· ㉠
   1. 도시 광산 운영의 어려움
   2. 도시 광산 운영 지침 ··················· ㉡
Ⅱ. 중간
   1. 도시 광산의 필요성
     가. 천연 광산보다 높은 효율성 ················· ㉢
     나. 희소금속의 확보 수단
     다. 폐전자제품에서의 금속 추출 기술 개발 ·········· ㉣
   2. 도시 광산의 활성화 방안
     가. 폐전자제품 수거에 적극 동참 ··················· ㉤
     나. 폐전자제품 수거 서비스 홍보
Ⅲ. 끝 : 폐전자제품 수거에 대한 관심 촉구

---

① ㉠ : '도시 광산'이 생소한 독자를 위해 '도시 광산의 개념 소개'를 하위 항목으로 추가한다.

② ㉡ : 글의 주제를 고려하여 삭제한다.

③ ㉢ : 천연 광산과의 비교를 통해 도시 광산의 높은 효율성을 강조한다.

④ ㉣ : 상위 항목과 어울리지 않으므로 'Ⅱ - 2.'의 하위 항목으로 옮긴다.

⑤ ㉤ : '폐전자제품 수거에 적극적 동참을 위한 캠페인 활동'으로 구체화한다.

03 다음은 '청소년 참여 활동의 활성화 방안'에 대한 글을 쓰기 위해 작성한 개요이다. 다음 빈칸에 들어갈 내용으로 가장 적절한 것은?

Ⅰ. 서론 : 청소년 참여 활동에 대한 관심은 증가하고 있으나, 청소년들의 실제 참여율은 떨어지고 있다.

Ⅱ. 본론
    1. 청소년 참여 활동의 참여율이 저조한 원인
        가. 청소년 참여 활동의 참여 방법에 대한 안내 미흡
        나. 청소년 참여 활동에 대한 학부모의 부정적 인식
        다. 청소년의 관심을 끌 수 있는 청소년 참여 활동 프로그램 부족
        라. 학업에 대한 부담으로 인한 참여 시간 부족
    2. 청소년 참여 활동의 참여율을 높이기 위한 방안
        가. 청소년 참여 활동에 대한 정보 제공 시스템 구축
        나. 학부모 인식 개선을 위한 청소년 참여 활동의 의의 홍보
        다. _____
        라. 진학 및 진로와의 연계를 통한 참여 시간 확보

Ⅲ. 결론 : 청소년 참여 활동에 대한 관심 촉구

---

① 프로그램 운영에 대한 정부의 경제적·제도적 지원
② 무분별한 프로그램 개설 방지를 위한 규제 도입
③ 누구나 프로그램에 참여할 수 있도록 제한 철폐
④ 청소년의 욕구를 반영한 프로그램 개발 및 보급
⑤ 학부모 평가를 통해 프로그램의 질 향상

04 다음은 '국내 외국인 노동자 문제 해결 방안'에 대한 글을 쓰기 위해 작성한 개요이다. 개요의 수정·보완 및 자료 제시 방안으로 적절하지 않은 것은?

Ⅰ. 서론 : 국내에서 일하고 있는 외국인 노동자의 현황 ·········· ㉠

Ⅱ. 본론
  1. 외국인 노동자의 국내 유입 원인
    (1) 국내 중소기업 생산직의 인력난 ····························· ㉡
    (2) 가난에서 벗어나기 위한 외국인 노동자의 선택
  2. 국내 외국인 노동자에 대한 문제 및 실태 ···················· ㉢
    (1) 국내 문화에 대한 부적응
    (2) 과중한 노동시간과 저임금
    (3) 내국인 직원에 의한 신체 및 정서적 폭력
  3. 국내 외국인 노동자 문제에 대한 해결 방안
    (1) 인간다운 생활을 보장하기 위한 사회제도 마련 ········ ㉣
    (2) 노동기본권을 보장하기 위한 법적 조치
    (3) _____ ···················· ㉤

Ⅲ. 결론 : 국내 외국인 노동자도 인간으로서의 권리를 갖고 있음을 강조

---

① ㉠ : 우리의 산업 현장에서 일하고 있는 외국인 노동자의 수를 통계 수치로 제시한다.

② ㉡ : 중소기업의 생산직을 기피하는 예비 직장인의 직업 선호도 조사 자료를 제시한다.

③ ㉢ : 외국인 노동자라는 이유로 법에서 정한 근로 조건을 보장받지 못하고 있는 사례를 제시한다.

④ ㉣ : 'Ⅱ-2-(1)'을 고려하여 '기술습득을 돕기 위한 정부 차원의 제도 마련'으로 수정한다.

⑤ ㉤ : 'Ⅱ-2-(3)'을 고려하여 '국내 외국인 노동자에 대한 내국인 직원의 의식 개선 교육 강화'라는 항목을 추가한다.

05 다음은 '국내여행 활성화를 위한 방안'이라는 주제로 보고서를 쓰기 위해 작성한 개요이다. 다음 중 적절하지 않은 것은?

Ⅰ. 목적
국내여행을 활성화하기 위한 방안을 마련한다.

Ⅱ. 조사 내용
• 국내여행의 현황과 현재 실시되고 있는 정책을 파악한다.
• 외국의 여행 정책과 국내의 여행 정책을 비교한다. ···················· ㉠

Ⅲ. 조사 방법
• 정부나 지자체에서 과거에 시행했던 관광 정책을 조사한다. ········· ㉡
• 국내 관광객 증감 현황을 보여주는 통계를 찾아본다. ··················· ㉢
• 국민들의 여행 목적(국내, 해외)을 조사한다. ······························· ㉣
• 국내여행에 대한 만족도를 조사한다.
• 관련 기관의 공청회에 참여한다. ·· ㉤

① ㉠ ② ㉡
③ ㉢ ④ ㉣
⑤ ㉤

06 다음은 '전통 시장 활성화 방안'에 관한 글을 쓰기 위해 작성한 개요이다. 다음 빈칸에 들어갈 내용으로 적절하지 않은 것은?

Ⅰ. 서론
    1. 전통 시장의 의의와 필요성
    2. 전통 시장이 침체되고 있는 실태

Ⅱ. 전통 시장 쇠퇴의 원인
    1. 고객 편의 시설 부족
    2. 소비자의 구매 형태 다양화
    3. 지역 특성을 고려한 소비자 유인 요소 부족

Ⅲ. 전통 시장 활성화 방안
    _____

Ⅳ. 결론 : 전통 시장의 활성화를 위한 대책 마련 촉구

---

① 소비자의 관심을 고려한 지역 특화 상권 개발
② 휴게실, 주차장 등 고객 편의 시설 확충
③ 1인 가구를 위한 전략적 제품 판매
④ 지역적 특성을 고려한 관광 명소 개발로 관광객 유치
⑤ 전통 시장 체험을 활용한 지역 관광 상품 개발

07 다음은 '우리말 사용'에 대한 글을 쓰기 위해 작성한 개요이다. 개요의 수정·보완 및 자료 제시 방안으로 적절하지 않은 것은?

---

1. 서론 ……………………………………………………………… ㉠

2. 우리말의 오용 원인
  (1) 개인적 측면 ………………………………………………… ㉡
    – 우리말에 대한 사랑과 긍지 부족
  (2) 사회적 측면
    가. 우리말의 소중함에 대한 교육 부족
    나. 바른 우리말 교육 자료의 부족
    다. 대중매체가 미치는 부정적 영향에 대한 인식 부족 …… ㉢

3. 우리말을 가꾸는 방법
  (1) 개인적 차원
    가. 우리말에 대한 이해와 적극적인 관심
    나. 외국어의 무분별한 사용 지양
  (2) 사회적 차원
    가. 우리말 사용 ……………………………………………… ㉣
    나. 우리말 연구 기관에 대한 정책적 지원
    다. 대중매체에 사용되는 우리말의 순화

4. 결론 : _____ ……………………… ㉤

---

① ㉠ : 우리말을 잘못 사용하고 있는 사례들을 제시하여 우리말 오용 실태를 나타낸다.

② ㉡ : '3 – (1) – 나'를 고려하여 '외국어의 무분별한 사용'을 하위 항목으로 추가한다.

③ ㉢ : 영화의 한 장면을 모방하여 범죄를 저지른 비행 청소년들의 사례를 활용한다.

④ ㉣ : 내용을 구체화하기 위해 '바른 우리말 사용 교육 프로그램 개발'로 수정한다.

⑤ ㉤ : 개요의 흐름을 고려하여 결론을 '우리말을 사랑하고 가꾸기 위한 개인적·사회적 노력 제고'로 작성한다.

08 다음은 '우리나라의 기부 문화'를 주제로 하는 글의 개요이다. 다음 빈칸에 들어갈 내용으로 가장 적절한 것은?

---

1. 서론 : 우리나라 기부 문화의 실태
   - 기부 금액, 기부 빈도의 저조

2. 본론
   (1) 기부 문화가 활성화되지 않는 원인
       가. 의식적 측면
           - 사회적 약자에 대한 배려 부족
           - 기부에 대한 인식 부족
       나. 제도적 측면
           - 기부금에 대한 세제 혜택 미비
           - 대중 매체 위주의 모금 방식
   (2) 기부 문화 활성화 대책
       가. 기부의 참된 가치 홍보
       나. 공동체 의식의 강화
       다. 다양한 모금 방법 강구

3. 결론 : _____

---

① 기부금에 대한 세금 공제 혜택 비율을 확대하자.
② 기부 문화를 활성화하여 더불어 사는 공동체를 만들자.
③ 기부를 통해 사회적 약자를 위해 부(富)를 환원할 수 있다.
④ 감소 추세인 기업의 기부금 총액을 늘릴 수 있는 방법을 마련하자.
⑤ 연말연시뿐만 아니라 1년 내내 기부금을 모집하는 방법을 마련하자.

09 A시 주거복지과에서 일하는 김대리는 '주거복지 지원 정책 방향'에 대한 보고서를 쓰기 위해 개요를 작성하다가 새로운 자료를 접하였다. 다음 개요를 수정하여 작성한 내용으로 적절하지 않은 것은?

Ⅰ. 서론
    1. 주거지원 정책의 필요성

Ⅱ. 본론
    1. 주거실태 현황 분석
        (1) 주거유형 및 점유 형태
        (2) 주거취약계층의 주거비 부담
        (3) 정책 수요
    2. 주거지원 정책 방안
        (1) 정책지원 방향 및 기본원칙
        (2) 정책지원 방식

Ⅲ. 결론
    1. 정책지원에 따른 기대효과
    2. 주거지원 정책의 향후과제

〈새로운 자료〉

통계청에 따르면 1인 가구는 혼자서 살림하는 가구로서 1인이 독립적으로 취사, 취침 등 생계를 유지하고 있는 가구를 의미한다.

1인 가구 규모는 2045년에 810만 가구로 증가할 것으로 예상되며, 총가구에서 차지하는 비중도 27.2%에서 36.3%로 증가할 것으로 예상된다. 또한 1인 가구의 연령대별 분포는 30대 이하가 191만으로 가장 많고, 2045년에는 177만 가구로 소폭 하락이 예상된다. 한국의 1인 가구는 주요 국가와 비교해도 이례적으로 빠른 속도로 증가하고 있다.

---

① 서론에서 주거지원 정책의 필요성에 1인 가구가 빠른 속도로 증가하고 있다는 내용을 추가한다.
② 본론에서 주거유형 및 점유형태에 1인 청년가구의 주거유형의 통계 자료를 추가한다.
③ Ⅱ-1-(2)의 내용을 '1인 가구의 급증과 정책적 대응 미흡'으로 수정한다.
④ Ⅱ-2-(2)의 내용을 '1인 가구 정책지원 방안 및 기본원칙'으로 수정한다.
⑤ 결론에서 1인 가구들이 주택을 계약하는 과정에서 어려움을 겪은 인터뷰 내용을 추가한다.

06 | 내용 수정

| 유형분석 |

- 주어진 글에서 적절하지 못한 부분을 찾아 올바르게 수정할 수 있는지 평가하는 유형이다.
- 어휘력, 문장의 호응, 첨삭여부를 판단해야 한다.

다음 글에서 밑줄 친 ㉠~㉤의 수정 방안으로 적절하지 않은 것은?

조직문화란 조직 구성원들이 공유하는 가치체계·신념체계·사고방식의 복합체를 말한다. ㉠ <u>그러나</u> 조직문화는 조직 구성원들에게 정체성과 집단적 몰입(Collective Commitment)을 가져오며, 조직체계의 안정성과 조직 구성원들의 행동을 형성하는 기능을 ㉡ <u>수행할 것이다.</u>

따라서 어느 조직사회에서나 조직 구성원들에게 소속감을 부여하고 화합을 도모하여 조직생활의 활성화를 ㉢ <u>기하므로</u> 여러 가지 행사를 마련하게 되는데, 예컨대 본 업무 외에 회식·야유회(MT)·체육대회·문화행사 등의 진행이 그것이다.

개인이 규범·가치·습관·태도 등에서 ㉣ <u>공통점이 느껴지고</u> 동지의식을 가지며 애착·충성의 태도로 임하는 집단을 내집단(In Group)이라고 한다. 가족·친구·국가·민족 등이 이에 해당한다. 반면에 타인·타국 등 다른 문화를 가진 집단을 외집단(Out Group)이라고 부른다. 조직 구성원 간의 단합을 ㉤ <u>도모함으로써</u> 조직의 정체성과 집단적 몰입을 꾀하는 조직문화는 곧 조직의 내집단 의식 고취를 목적으로 한다고 할 수 있다.

① ㉠ : 문맥을 고려하여 '그리하여'로 수정한다.
② ㉡ : 미래·추측의 의미가 아니므로 '수행한다'로 수정한다.
③ ㉢ : 문맥을 고려하여 '기하기 위해'로 수정한다.
④ ㉣ : 문장 중간에 동작 표현이 바뀌어 어색하므로 '공통점을 느끼고'로 수정한다.
⑤ ㉤ : 문장의 부사어로 사용되고 있으므로 '도모함으로서'로 수정한다.

정답 ⑤

조사 '-로써'는 '~을 가지고', '~으로 인하여'라는 의미이고, '-로서'는 '지위', '신분' 등의 의미이다. 따라서 '도모함으로써'가 올바른 표현이다.

30초 컷 풀이 Tip

시험에서 주로 나오는 문제는 주어와 피동·사동 형태, 역접 기능의 접속어 존재유무 등과 맞춤법 문제이다. 헷갈리는 문항에 매달리기보다는 확실한 답을 먼저 소거해 나가는 형태로 풀도록 한다.

※ 다음 글에서 밑줄 친 ㉠ ~ ㉤의 수정 방안으로 적절하지 않은 것을 고르시오. [1~9]

01

학부모들을 상대로 설문조사를 한 결과, 사교육비 절감에 가장 큰 도움을 준 제도는 바로 교과교실제(영어, 수학 교실 등 과목전용교실 운영)였다. 사교육비 중에서도 가장 ㉠ <u>많은 비용이 차지하는</u> 과목이 영어와 수학이라는 점을 고려해보면 공교육에서 영어, 수학을 집중적으로 가르쳐주는 것이 사교육비 절감에 큰 도움이 되었다는 점을 이해할 수 있다. 한때 사교육비 절감을 기대하며 도입했던 '방과후 학교'는 사교육비를 절감하지 못했는데, 이는 학생들을 학교에 묶어놓는 것만으로는 사교육을 막을 수 없다는 점을 시사한다. 학생과 학부모가 적지 않은 비용을 지불하면서도 사교육을 찾게 되는 이유는 ㉡ <u>입시에 도움이 된다.</u> 공교육에서는 정해진 교과 과정에 맞추어 수업을 해야 하고 실력 차이가 나는 학생들을 ㉢ <u>개별적으로</u> 가르쳐야 하기 때문에 입시에 초점을 맞추기가 쉽지 않다. 따라서 공교육만으로는 입시에 뒤처진다고 생각하는 사람들이 많은 것이다. ㉣ <u>그래서</u> 교과교실제에 이어 사교육비 절감에 도움이 되었다고 생각하는 요인이 '다양하고 좋은 학교의 확산'이라는 점을 보면 공교육에도 희망이 있다고 할 수 있다. 인문계, 예체능계, 실업계, 특목고 정도로만 학교가 나눠졌던 과거에 비해 지금은 학생의 특기와 적성에 맞는 다양하고 좋은 학교가 많이 생겨났다. 좋은 대학에 입학하려는 이유가 대학의 서열화와 그에 따른 취업경쟁 때문이라는 것을 생각해보면 고등학교 때부터 ㉤ <u>미래를 위해 공부할 수 있는 학교는</u> 사교육비 절감과 더불어 공교육의 강화, 과도한 입시 경쟁 완화에 도움이 될 것이다.

① ㉠ : 조사가 잘못 쓰였으므로 '많은 비용을 차지하는'으로 수정한다.
② ㉡ : 호응 관계를 고려하여 '입시에 도움이 되기 때문이다.'로 수정한다.
③ ㉢ : 문맥을 고려하여 '집중적으로'로 수정한다.
④ ㉣ : 앞 내용과 상반된 내용이 이어지므로 '하지만'으로 수정한다.
⑤ ㉤ : 앞 내용을 고려하여 '미래를 위해 공부할 수 있는 학교의 확산은'으로 수정한다.

02

⊙ 일반적인 사전적 의미의 '취미'는 '전문적으로 하는 것이 아니라 즐기기 위하여 하는 일'이지만 좀 더 철학적 관점에서 본다면 취미(Geschmack)는 주관적인 인간의 감정적 영역으로, 미적 대상을 감상하고 비판하는 능력이다. 발타사르 그라시안(Baltasar Gracian)에 따르면 취미는 충동과 자유, 동물성과 정신의 중간적인 것으로 각종 일에 대해 거리를 취하고, 구별하여 선택하는 일종의 인식방식이다.

취미에 대한 정의와 관점은 다양하다. 취미를 감각 판단으로 바라볼 것인가에 대해 서로 맞서고 있는 감각주의 전통과 합리주의 전통의 논쟁이 있어 왔으며, 현대사회에서는 취미 연구를 심리학적, 사회적 두 가지 관점에서 본다. 심리학적인 관점에서 취미는 개인의 생애를 통해서 변화하며 동시에 개인, 시대, 민족, 지역 등에 따라 ⓛ 틀리다. 개인의 취미는 넓고 깊은 교양에 의한 것이며, 통속적으로는 여가나 오락을 뜻하는 것으로 쓰이기도 한다. ⓒ 하지만 이와 동시에 일정한 시대, 민족에 있어서는 공통된 취미가 '객관적 정신'으로 전체를 지배하기도 한다. ⓔ 따라서 취미는 그 누구도 '취미란 이런 것이다.'라고 정의내려서는 안 된다.

이 과정에서 우리는 '한 사회 내에서 일정 기간 동안 유사한 문화양식과 행동양식이 일정 수의 사람들에게 공유되는 사회적 동조 현상'인 유행과의 차이에 대해 의문을 가지게 된다. 유행은 취미와 아주 밀접하게 결부된 현상이다. ⓜ 그러나 유행은 경험적 일반성에 의존하는 공동체적 감각이고, 취미는 경험보다는 규범적 일반성에 의존하는 감각이다. 다시 말해 유행은 공동체 속에서 활동하고 또 그것에 종속되지만, 취미는 그것에 종속되지 않는다. 취미는 자신의 판단력에 의존한다는 점에서 유행과 구별된다.

① ⊙ : 문장이 너무 길어 호흡이 길어지므로 '…하는 일'이다. 하지만…'으로 수정한다.

② ⓛ : 의미상 '비교가 되는 대상이 서로 같지 아니하다.'라는 뜻의 '다르다'로 바꾼다.

③ ⓒ : 자연스러운 연결을 위해 '또한'으로 바꾼다.

④ ⓔ : 글의 전개상 불필요한 내용이므로 삭제한다.

⑤ ⓜ : 앞뒤 내용의 자연스러운 흐름을 위해 '그래서'로 바꾼다.

심폐소생술은 심장과 폐의 활동이 갑자기 멈췄을 때 실시하는 응급조치를 말합니다. 심폐소생술은 크게 '의식 확인 및 119 신고 단계', '가슴 압박 단계', '인공호흡 단계'로 나눌 수 있습니다. 먼저 '의식 확인 및 119 신고 단계'에서는 환자를 바로 ㉠ 누운 후 어깨를 가볍게 치면서 상태를 확인합니다. 만약 의식이나 호흡이 없거나 자발적인 움직임이 없고 헐떡이는 등의 상태가 ㉡ 나타나지 않는다면, 즉시 주변 사람들 중 한 명을 지목해서 119에 신고하도록 하고 주변에 자동제세동기가 있다면 가져올 것을 요청합니다.

다음은 '가슴 압박 단계'입니다. 이 단계에서는 환자의 양쪽 젖꼭지 부위를 잇는 선의 정중앙 부분을 깍지 낀 손의 손바닥으로 힘껏 누릅니다. 이때, 팔꿈치는 ㉢ 펴고 팔은 환자의 가슴과 수직이 되어야 합니다. 가슴 압박 깊이는 적어도 5cm 이상으로 하고, 압박 속도는 분당 100회 이상 실시해야 합니다.

마지막으로 '인공호흡 단계'에서는 한 손으로는 환자의 이마를 뒤로 젖히고 다른 한 손으로는 턱을 들어 올려 ㉣ 열어줍니다. 그리고 이마를 젖힌 손의 엄지와 검지로 코를 막은 뒤 환자의 입에 숨을 2회 불어 넣습니다. 이때 곁눈질로 환자의 가슴이 상승하는지를 잘 살펴보아야 합니다. ㉤ 119 구급대나 자동제세동기가 도착할 때까지 가슴 압박과 인공호흡을 30 : 2의 비율로 반복합니다. 이후 환자가 스스로 숨을 쉬거나 움직임이 명확하게 나타난다면 심폐소생술을 중단할 수 있습니다.

① ㉠ : 목적어와 서술어의 호응 관계를 고려하여 '눕힌'으로 수정한다.

② ㉡ : 문맥의 흐름을 고려하여 '나타나면'으로 수정한다.

③ ㉢ : 맞춤법에 어긋나므로 '피고'로 수정한다.

④ ㉣ : 필요한 문장 성분이 생략되었으므로 목적어 '기도를'을 앞에 추가한다.

⑤ ㉤ : 문장을 자연스럽게 연결하기 위해 문장 앞에 '그리고'를 추가한다.

04

<빛 공해 사진전을 ㉠ 다녀 와서>

수업 시간에 선생님께서 소개해 주신 사진전에 다녀왔다. 그곳에서는 '빛 공해'의 실태를 보여 주고 적절한 조명을 권장하는 취지에 ㉡ 걸맞는 작품들을 전시하고 있었다.
'빛 공해'란 과도하고 불필요한 조명으로 사람과 동식물이 입는 여러 가지 피해를 말한다. ㉢ 어두워야 할 밤에 지나친 조명을 받으면 인체의 호르몬 분비에 이상이 생기고 생체 리듬이 깨지며, 식물의 생장에도 장애가 된다고 한다.
나는 여러 작품 중 특히 도시의 건물 사이에 넘쳐 나는 조명을 용암처럼 표현한 작품을 보고 큰 충격을 받았다. 우리가 무심코 켜 놓은 불빛들이 모여 도시를 끓게 하고 있었다니 ㉣ …….
관람을 마치고 나오니 '빛 공해'를 주제로 한 표어 대회가 진행되고 있었다. 사진전에서 받은 인상이 깊었기 때문에 나도 빛 공해를 줄이기 위한 실천이 필요하다는 내용의 표어를 ㉤ 제기하고 돌아왔다.

① 띄어쓰기 규범에 맞게 ㉠을 '다녀와서'로 붙여서 쓴다.
② 어문 규범에 맞지 않으므로 ㉡은 '걸맞은'으로 수정한다.
③ 문단 구성을 자연스럽게 하기 위해 ㉢은 앞 문장과 연결해 한 문단으로 만든다.
④ 글의 흐름을 자연스럽게 하기 위해 ㉣은 '사진작가의 능력이 대단하게 느껴졌다.'로 생략된 내용을 밝힌다.
⑤ 문맥에 적합하도록 ㉤은 '제출하고'로 수정한다.

최근 비만에 해당되는 인구가 증가하고 있다. 비만은 다른 질병들을 ㉠ <u>유발할</u> 수 있어 주의를 필요로 ㉡ <u>하는 데</u>, 특히 학생들의 비만이 증가하여 제일 큰 문제가 되고 있다. 학생들의 비만 원인으로 교내 매점에서 판매되는 제품에 설탕이 많이 ㉢ <u>함유되어</u> 있음이 거론되고 있다. 예를 들어 매점의 주요 판매 품목인 탄산음료, 빵 등은 다른 제품들에 비해 설탕 함유량이 높다. 학생들의 비만 문제를 해결하기 위한 방안으로 매점에서 판매되는 설탕 함유량이 높은 제품에 설탕세를 ㉣ <u>메겨서</u> 학생들의 구매를 억제하자는 주장이 있다.

영국의 한 과학자는 생쥐에게 일정 기간 동안 설탕을 주입한 후 변화를 관찰하여 설탕이 비만에 상당한 영향력을 미치고 있으며, 운동 능력도 저하시킬 수 있다는 실험 결과를 발표하였다. 권장량 이상의 설탕은 비만의 주요한 요인이 될 수 있고, 이로 인해 다른 질병에 노출될 가능성도 ㉤ <u>높이는</u> 것이다. 이렇게 비만을 일으키는 주요한 성분 중 하나인 설탕이 들어간 제품에 대해 그 함유량에 따라 부과하는 세금을 '설탕세'라고 한다. 즉, 설탕세는 설탕 함유량이 높은 제품의 가격을 올려 소비를 억제하기 위한 방법이라고 할 수 있다.

① ㉠ : 사동의 뜻을 가진 '유발시킬'로 수정한다.

② ㉡ : '-ㄴ데'는 연결 어미로 '하는데'와 같이 붙여 쓴다.

③ ㉢ : 문맥상 같은 의미인 '포함되어'로 바꾸어 쓸 수 있다.

④ ㉣ : 잘못된 표기이므로 '매겨서'로 수정한다.

⑤ ㉤ : 피동의 뜻을 가진 '높아지는'으로 수정한다.

사회복지와 근로 의욕과의 관계에 대한 조사를 보면 '사회복지와 근로 의욕이 관계가 있다.'는 응답과 '그렇지 않다.'는 응답의 비율이 비슷하게 나타난다. 하지만 기타 의견에 ㉠ 따라 과도한 사회복지는 근로 의욕을 떨어뜨릴 수 있다는 응답이 많았던 것으로 조사되었다. 예를 들어 정부 지원금을 받으나 아르바이트를 하나 비슷한 돈이 나온다면 ㉡ 더군다나 일하지 않고 정부 지원금으로만 먹고 사는 사람들이 많이 있다는 것이다. 여기서 주목해야 할 점은 과도한 복지 때문이 아닌 정책상의 문제라는 의견도 있다는 사실이다. 현실적으로 일을 할 수 있는 능력이 있는 사람에게는 ㉢ 최대한의 생계 비용 이외의 수입을 인정하고, 빈곤층에서 벗어날 수 있게 지원해주는 것이 개인에게도, 국가에도 바람직한 방식이라는 것이다.

이 설문 조사 결과에서 주목해야 할 또 다른 측면은 사회복지 체제가 잘 되어 있을수록 근로 의욕이 떨어진다고 응답한 사람의 ㉣ 과반수 이상이 중산층 이상의 경제력을 가지고 있었다는 점이다. 재산이 많은 사람에게는 약간의 세금 확대도 ㉤ 영향이 적을 수 있기 때문에 경제 발전을 위한 세금 확대는 찬성하더라도 복지 정책을 위한 세금 확대는 반대하는 것이다. 이러한 점을 고려해보면 소득 격차 축소를 원하는 국민보다 복지 정책을 위한 세금 확대에 반대하는 국민이 많은 다소 모순된 설문 결과에 대한 설명이 가능하다.

① ㉠ : 호응 관계를 고려하여 '따르면'으로 수정한다.
② ㉡ : 앞뒤 내용의 관계를 고려하여 '차라리'로 수정한다.
③ ㉢ : 전반적인 내용의 흐름을 고려하여 '최소한의'로 수정한다.
④ ㉣ : '과반수'의 뜻을 고려하여 '절반 이상이' 또는 '과반수가'로 수정한다.
⑤ ㉤ : 일반적인 사실을 말하는 것이므로 '영향이 적기 때문에'로 수정한다.

07

우리 사회에 사형 제도에 대한 ㉠ 해 묵은 논쟁이 다시 일고 있다. 그러나 지금까지 여론 조사 결과를 보면, 우리 국민의 70% 정도는 사형 제도가 범죄를 예방할 수 있다고 생각한다. 그러나 과연 그 믿음대로 사형 제도는 정의를 실현하는 제도일까? 세계에서 사형을 가장 많이 집행하는 미국에서는 연간 ㉡ 10만건 이상의 살인이 벌어지고 있으며 ㉢ 좀처럼 줄어들지 않고 있다. 또한 2006년 미국의 ㉣ 범죄율을 비교한 결과 사형 제도를 폐지한 주가 유지하고 있는 주보다 오히려 낮았다. 이는 사형 제도가 범죄 예방 효과가 있을 것이라는 생각이 근거 없는 ㉤ 기대일뿐임을 말해 준다. 또한 사형 제도는 인간에 대한 너무도 잔인한 제도이다. 사람들은 일부 국가에서 행해지는 돌팔매 처형의 잔인성에는 공감하면서도, 어째서 독극물 주입이나 전기의자 등은 괜찮다고 여기는 것인가? 사람을 죽이는 것에는 좋고 나쁜 방법이 있을 수 없으며 둘의 본질은 같다.

① ㉠ : 한 단어이므로 '해묵은'으로 수정한다.

② ㉡ : '건'은 의존 명사이므로 '10만 건'으로 띄어 쓴다.

③ ㉢ : 문맥상 같은 의미인 '좀체'로 바꾸어 쓸 수 있다.

④ ㉣ : 한글 맞춤법에 따라 '범죄률'로 수정한다.

⑤ ㉤ : '뿐'은 용언의 관형사형 뒤에 붙은 의존 명사이므로 '기대일 뿐임을'로 띄어 쓴다.

08

'오투오(O2O; Online to Off-line) 서비스'는 모바일 기기를 통해 소비자와 사업자를 유기적으로 이어주는 서비스를 말한다. 어디에서든 실시간으로 서비스가 가능하다는 편리함 때문에 최근 오투오 서비스의 이용자가 증가하고 있다. 스마트폰에 설치된 앱으로 택시를 부르거나 배달 음식을 주문하는 것 등이 대표적인 예이다.

오투오 서비스 운영 업체는 스마트폰에 설치된 앱을 매개로 소비자와 사업자에게 필요한 서비스를 ㉠ 제공받고 있다. 이를 통해 소비자는 시간이나 비용을 절약할 수 있게 되었고, 사업자는 홍보 및 유통 비용을 줄일 수 있게 되었다. 이처럼 소비자와 사업자 모두에게 경제적으로 유리한 환경이 조성되어 서비스 이용자가 ㉡ 증가함으로써, 오투오 서비스 운영 업체도 많은 수익을 낼 수 있게 되었다. ㉢ 게다가 오투오 서비스 시장이 성장하면서 여러 문제들이 발생하고 있다. ㉣ 또한 오투오 서비스 운영 업체의 경우에는 오프라인으로 유사한 서비스를 제공하는 기존 업체와의 갈등이 발생하고 있다. 소비자의 경우 신뢰성이 떨어지는 정보나 기대에 부응하지 못하는 서비스를 제공받는 사례가 늘어나고 있고, 사업자의 경우 관련 법규가 미비하여 수수료 문제로 오투오 서비스 운영 업체와 마찰이 생기는 사례도 증가하고 있다.

이를 해결하기 위해 소비자는 오투오 서비스에서 제공한 정보가 믿을 만한 것인지를 ㉤ 꼼꼼이 따져 합리적으로 소비하는 태도가 필요하고, 사업자는 수수료와 관련된 오투오 서비스 운영 업체와의 마찰을 해결하기 위한 다양한 방법을 강구해야 한다. 오투오 서비스 운영 업체 역시 기존 업체들과의 갈등을 조정하기 위한 구체적인 노력들이 필요하다.

스마트폰 사용자가 늘어나고 있는 추세를 고려할 때, 오투오 서비스 산업의 성장을 저해하는 문제점들을 해결해 나가면 앞으로 오투오 서비스 시장 규모는 더 커질 것으로 예상된다.

① ㉠ : 문맥을 고려하여 '제공하고'로 수정한다.
② ㉡ : 격조사의 쓰임이 적절하지 않으므로 '증가함으로서'로 수정한다.
③ ㉢ : 앞 문단과의 내용을 고려하여 '하지만'으로 수정한다.
④ ㉣ : 글의 흐름을 고려하여 뒤의 문장과 위치를 바꾼다.
⑤ ㉤ : 맞춤법에 어긋나므로 '꼼꼼히'로 수정한다.

선진국과 ⊙ 제3세계간의 빈부 양극화 문제를 해결하기 위해 등장했던 적정기술은 시대적 요구에 부응하면서 다양한 모습으로 발전하여 올해로 탄생 50주년을 맞았다. 이를 기념하기 위해 우리나라에서도 각종 행사가 열리고 있다. ⓒ 게다가 적정기술의 진정한 의미가 무엇인지, 왜 그것이 필요한지에 대한 인식은 아직 부족한 것이 현실이다.

그렇다면 적정기술이란 무엇인가? 적정기술은 '현지에서 구할 수 있는 재료를 이용해 도구를 직접 만들어 삶의 질을 향상시키는 기술'을 뜻한다. 기술의 독점과 집적으로 인해 개인의 접근이 어려운 첨단기술과 ⓒ 같이 적정기술은 누구나 쉽게 배우고 익혀 활용할 수 있다. 이런 이유로 소비 중심의 현대사회에서 적정기술은 자신의 삶에 필요한 것을 직접 생산하는 자립적인 삶의 방식을 유도한다는 점에서 시사하는 바가 크다.

적정기술이 우리나라에 도입된 것은 2000년대 중반부터이다. 당시 일어난 귀농 열풍과 환경문제에 대한 관심 등 다양한 사회·문화적 맥락 속에서 적정기술에 대한 고민이 싹트기 시작했다. 특히 귀농인들을 중심으로 농촌의 에너지 문제를 해결하기 위한 다양한 방법이 시도되면서 국내에서 활용되는 적정기술은 난방 에너지 문제에 ⓔ 초점이 모아져 있다. 에너지 자립형 주택, 태양열 온풍기·온수기, 생태 단열 등이 좋은 예이다.

우리나라의 적정기술이 에너지 문제에 집중된 이유는 시대적 상황 때문이다. 우리나라는 전력수요 1억kW 시대 진입을 눈앞에 두고 있는 세계 10위권의 에너지 소비 대국이다. 게다가 에너지 소비량이 늘어나면서 매년 대규모 정전 사태의 위험성을 경고하는 목소리가 커지고 있다. 이런 상황에서 에너지를 직접 생산하여 삶의 자립성을 추구하는 적정기술은 환경오염과 대형 재난의 위기를 극복하는 하나의 대안이 될 수 있다. 이뿐만 아니라 기술의 공유를 목적으로 하는 새로운 공동체 문화 형성에도 기여하기 때문에 ⓜ 그 어느 때만큼 적정기술의 발전 방향에 대한 진지한 논의가 필요하다.

① ⊙ : 띄어쓰기가 올바르지 않으므로 '제3세계 간의'로 수정한다.
② ⓒ : 앞 문장과의 내용을 고려하여 '하지만'으로 수정한다.
③ ⓒ : 문맥에 어울리지 않으므로 '달리'로 수정한다.
④ ⓔ : 맞춤법에 어긋나므로 '촛점'으로 수정한다.
⑤ ⓜ : 문맥의 흐름을 고려하여 '그 어느 때보다'로 수정한다.

07 | 맞춤법

| 유형분석 |

- 의미상의 오류나 어법상의 오류를 묻는 유형이 출제된다.
- 알고 있는 어문 규정에 대한 문제라면 선택지를 읽어보고 정답 및 오답을 파악하고, 잘 모르는 규정은 평소에 익숙한 선택지를 중심으로 오답을 체크한다.

다음 중 빈칸에 들어갈 단어를 바르게 나열한 것은?

- 이번 일은 <u>금새 / 금세</u> 끝날 것이다.
- 이 사건에 대해 <u>일절 / 일체</u> 말하지 않았다.
- 새 프로젝트가 최고의 결과를 <u>낳았다 / 나았다</u>.

① 금세, 일체, 낳았다
② 금새, 일체, 나았다
③ 금세, 일절, 나았다
④ 금세, 일절, 낳았다
⑤ 금새, 일절, 나았다

정답 ④

- 금세 : 지금 바로. '금시에'가 줄어든 말로 구어체에서 많이 사용된다.
- 금새 : 물건의 값. 또는 물건 값의 비싸고 싼 정도
- 일절 : 아주, 전혀, 절대로의 뜻으로, 흔히 행위를 그치게 하거나 어떤 일을 하지 않을 때에 사용된다.
- 일체 : 모든 것
- 낳았다 : 어떤 결과를 이루거나 가져오다.
- 나았다 : 감기 등의 병이 나았을 때 사용된다.

30초 컷 풀이 Tip

- 일상생활 속에서 자주 틀리는 맞춤법을 자연스럽게 터득할 수 있도록 노력해야 한다.
- 신문, 사설 등 독서 습관을 들여 맞춤법 및 올바른 표현에 대해 숙지해 두어야 한다.

Easy

01 다음 중 맞춤법이 옳지 않은 문장은?

① 과녁에 화살을 맞추다.
② 오랜만에 친구를 만났다.
③ 그는 저기에 움츠리고 있었다.
④ 단언컨대 내 말이 맞다.
⑤ 저건 정말 희한하다.

02 다음 중 어문 규범에 옳은 문장은?

① 문학은 다양한 삶의 체험을 보여 주는 예술의 장르로서 문학을 즐길 예술적 본능을 지닌다.
② 그는 부모님의 말씀을 거스른 적이 없고 그는 친구들과 어울리다가도 정해진 시간에 반드시 들어 오곤 했다.
③ 피로연은 성대하게 치러졌다. 신랑과 신부는 결혼식을 마치고 신혼여행을 떠났다. 하례객들이 식당 안으로 옮겨 앉으면서 시작되었다.
④ 신은 인간을 사랑하기도 하지만, 때로는 인간에게 시련의 고통을 주기도 한다.
⑤ 주가가 다음 주부터는 오를 전망입니다.

03 다음 글에서 맞춤법이 옳지 않은 단어의 개수는?

> A형 간염은 A형 간염 바이러스가 주로 간을 침범하는 감염증이다. 감염된 사람과의 직접접촉 또는 오염된 물이나 어패류, 익히지 안은 야채를 섭취하여 감염된다.
> A형 간염은 개발도상국에 토착화되어 있어 대부분 어렸을 때 무증상이나 경미한 감염증을 보인 후 며녁을 획득하게 되며 선진국에서는 드물게 발생한다. 우리나라의 경우 70 ~ 80년대까지는 10세 이후의 청소년과 성인은 대부분이 항채를 가지고 있다고 생각해 전혀 문제가 되지 않았지만 환경위생이 개선됨에 따라 항체의 보유률이 낮아져 90년대에 들어서면서 소아나 청소년들이 항체를 가지고 있지 않은 것으로 나타나 추후 성인이 되어 감염됨으로써 증상을 나타내는 경우가 있다. 점차 감염될 확률이 높아짐에 따라 예방접종을 하는 것이 좋다는 의견이 많다. A형 간염 백신은 2세 이상에서 접종할 수 있으며 연령에 따라 용량이 달라지고 초기 접종 후 4주가 지나면 항체가 형성되어 효과를 나타낸다. 2회 접종을 해야 하며 초회 접종 후 6 ~ 12개월 후에 1회 더 접종한다.

① 1개   ② 2개
③ 3개   ④ 4개
⑤ 5개

04 다음은 어느 박물관의 관람정보이다. 맞춤법이 옳지 않은 단어는 모두 몇 개인가?(단, 띄어쓰기는 무시한다)

〈관람정보〉

■ 안내
  1. 게관시간 : 월 ~ 토, 10:00 ~ 17:00
  2. 휴관일 : 매주 일요일, 공유일, 10월 1일(창사기념일), 5월 1일(근로자의 날)
  3. 관람료 : 무료
  4. 단체관람 : 20인 이상 단체관람은 혼선을 방지하기 위해 사전예약을 받습니다.

■ 박물관 예절
  1. 전시작품이나 전시케이스에 손대지 않습니다.
  2. 음식물을 바닙하지 않습니다.
  3. 안내견 이외 애완동물은 출입하지 못합니다.
  4. 휴대전화는 꺼두거나 진동으로 전환합니다.
  5. 전시실에서는 큰소리로 떠들지 않습니다.
  6. 전시실에서는 뛰어다니지 않습니다.
  7. 박물관 전시실은 금연입니다.
  8. 사진촬영 시 플래시와 삼각대를 사용하지 않습니다.
  9. 전시물은 소중한 문화유산이니 훼손하지 않습니다.
  10. 전시실에서는 전시물을 찬찬히 살펴보고 기록합니다.

① 1개
② 2개
③ 3개
④ 4개
⑤ 5개

05 다음 중 밑줄 친 단어의 쓰임이 적절하지 않은 것을 모두 고르면?

ㄱ. 일이 하도 많아 밤샘 작업이 예삿일로 되어 버렸다.
ㄴ. 아이는 등굣길에 문구점에 잠깐 들른다.
ㄷ. 지하 전셋방에서 살림을 시작한 지 10년 만에 집을 장만하였다.
ㄹ. 조갯살로 국물을 내어 칼국수를 끓이면 시원한 맛이 일품이다.
ㅁ. 우리는 저녁을 어디서 먹을까 망설이다가 만장일치로 피잣집에 갔다

① ㄱ, ㄴ
② ㄱ, ㄷ
③ ㄴ, ㄷ
④ ㄷ, ㅁ
⑤ ㄹ, ㅁ

06 다음 밑줄 친 단어를 어법에 맞게 수정할 때, 적절하지 않은 것은?

> 나는 내가 <u>시작된</u> 일은 반드시 내가 마무리 지어야 한다는 사명감을 가지고 있었다. 그래서 이번 문제 역시 다른 사람의 도움 없이 스스로 해결해야겠다고 다짐했었다. 그러나 일은 생각만큼 쉽게 풀리지 <u>못했다</u>. 이번에 새로 올린 기획안이 사장님의 <u>제가</u>를 받기 어려울 것이라는 이야기가 들렸다. 같은 팀의 박대리는 내게 사사로운 감정을 기획안에 <u>투영하지</u> 말라는 충고를 전하면서 커피를 건넸고, 화가 난 나는 뜨거운 커피를 그대로 마시다가 하얀 셔츠에 모두 쏟고 말았다. 오늘 회사 내에서 만나는 사람마다 모두 커피를 쏟은 내 셔츠의 사정에 관해 물었고, 그들에 의해 나는 오늘 온종일 <u>칠칠한</u> 사람이 되어야만 했다.

① 시작된 → 시작한
② 못했다 → 않았다
③ 제가 → 재가
④ 투영하지 → 투영시키지
⑤ 칠칠한 → 칠칠하지 못한

07 다음 중 띄어쓰기가 바르게 된 것은?

① 그녀가 사는 데는 회사에서 한참 멀다.
② KTX를 타면 서울과 목포간에 3시간이 걸린다.
③ 드실 수 있는만큼만 가져가 주십시오.
④ 비가 올 것 같은 데 우산을 챙겨가야지.
⑤ 철수가 떠난지가 한 달이 지났다.

Hard
08 다음 밑줄 친 단어의 표기가 적절한 것은?

① <u>신년도</u>에는 계획을 꼼꼼히 세워야겠다.
② 그가 공직에 있으면서 수년간 <u>은익한</u> 재산이 드러났다.
③ 현대사회에도 <u>남존녀비</u> 사상이 완전히 사라지지 않았다.
④ 허생원은 자신을 위해서는 엽전 한 잎 허투루 쓰지 않았다.
⑤ 그 후부터는 <u>년도</u> 표기를 생략하는 바람에 문서 정리가 더 힘들었다.

09 다음 빈칸에 들어갈 단어로 가장 적절한 것은?

> 인지부조화는 한 개인이 가지는 둘 이상의 사고, 태도, 신념, 의견 등이 서로 일치하지 않거나 상반될 때 생겨나는 심리적인 긴장상태를 의미한다. 인지부조화는 불편함을 유발하기 때문에 사람들은 이것을 감소시키려고 한다. 인지부조화를 감소시키는 방법은 서로 모순관계에 있어서 양립할 수 없는 인지들 가운데 하나 이상의 인지가 갖는 내용을 바꾸어 양립할 수 있게 만들거나, 서로 모순되는 인지들 간의 차이를 좁힐 수 있는 새로운 인지를 추가하여 부조화된 인지상태를 조화된 상태로 _____하는 것이다.
> 그런데 실제로 부조화를 감소시키는 행동은 비합리적인 면이 있다. 그 이유는 그러한 행동들이 사람들로 하여금 중요한 사실을 배우지 못하게 하고 자신들의 문제에 대해서 실제적인 해결책을 찾지 못하도록 할 수 있기 때문이다. 부조화를 감소시키려는 행동은 자기방어적인 행동이고, 부조화를 감소시킴으로써 우리는 자신의 긍정적인 이미지, 즉 자신이 선하고 현명하며 상당히 가치 있는 인물이라는 긍정적인 측면의 이미지를 유지하게 된다. 비록 자기방어적인 행동이 유용한 것으로 생각될 수 있지만, 이러한 행동은 부정적 결과를 초래할 수 있다.

① 전이
② 전환
③ 변환
④ 이양
⑤ 양여

10 다음 중 ㉠ ~ ㉢에 들어갈 '계회도'의 구성요소로 적절한 것은?

> 조선시대의 양반관료들이 참여한 여러 형태의 회합 가운데 유독 그림을 그려 기념물로 남긴 모임들이 있었다. 그 모임을 '계회'라 불렀고, 그 장면을 그린 그림을 '계회도'라고 했다.
> 이러한 계회도는 시대에 따라 형식이 달라지는데, 기본 구성은 다음과 같다. 계회의 주체를 알 수 있고, 계회도의 상단에 기록하는 계회도의 제목인 ㉠ 와/과 계회 참석자들 자리의 차례를 적은 목록으로, 참석자들의 인적사항 및 제작시기를 알 수 있는 단서가 되는 ㉡ 그리고 계회가 열린 장소를 알려주고, 개회 장면을 보여주는 그림과 하단에 계회가 어떤 방법으로 열렸는지를 알려주는 내용을 간략하게 적은 글인 ㉢ (으)로 구성된다.

	㉠	㉡	㉢
①	발문	좌목	표제
②	표제	발문	좌목
③	표제	좌목	발문
④	좌목	표제	발문
⑤	좌목	발문	표제

11 다음 밑줄 친 ㉠~㉤ 중 단어의 사용이 적절하지 않은 것은?

> 보건복지부는 포용적 사회보장의 기반 마련을 위해 복지 대상자를 중심에 두고 필요한 정보를 연계·통합한 '차세대 사회보장 정보시스템' ㉠ 창안(創案) 계획을 발표했다. 이에 포괄적 사회 보장 지원을 원하는 국민은 누구나 '복지 멤버십'의 회원으로 등록할 수 있다. 등록 시 조사에 동의한 가구·소득·재산 정보를 토대로 사회 보장 급여·서비스의 지원기준에 맞춰 정보시스템이 우선 대상자를 ㉡ 판정(判定)한다. 임신·출산·입학·실직·퇴직·중대 질병·장애 발생·입원 등 경제 상황 변동에 따른 사회보장 정보를 제공한다. 보건복지부 관계자는 "안내를 받은 국민이 사회보장급여와 서비스를 편리하게 신청할 수 있도록 하여 복지 ㉢ 사각(四角)지대를 해소하고, 정책개선 체감도를 높이고자 한다."라고 말했다.
>
> 빅데이터를 활용한 시스템도 도입한다. 기존에 단전·단수 정보나 건강 보험료 체납정보 등의 빅데이터 정보를 활용했지만, 앞으로는 단순 빈곤을 넘어 고립·관계단절·정신적·인지적 문제가 있는 경우까지 발굴할 수 있는 방안을 연구하고, 이에 대한 사회적 논의를 신중히 진행할 예정이다. 이를 위해 정부는 보건복지콜센터 상담사나 민간 복지기관 ㉣ 종사(從事)자 등 다양한 인적 안전망을 통해 들어오는 위기 정보를 체계적으로 관리하여 빅데이터 분석에 활용할 계획이다. 또 고용 위기 등 기초자치단체에서 지역 특성을 고려해 자체적으로 위기가구를 분석하고, 원룸·고시원·판자촌 등 주민 등록 정보 관리가 어려운 지역은 위기 징표가 ㉤ 밀집(密集)된 곳의 위치정보를 제공할 계획이다.

① ㉠

② ㉡

③ ㉢

④ ㉣

⑤ ㉤

08 | 명제

| 유형분석 |

- 명제 간의 관계를 정확히 알고 이를 활용할 수 있는지를 평가하는 유형이다.
- 역, 이, 대우의 개념을 정확하게 숙지하고 있어야 한다.
- 'AO → B×'와 같이 명제를 단순화하여 정리하면서 풀어야 한다.

제시된 명제가 모두 참일 때, 빈칸에 들어갈 명제로 가장 적절한 것은?

- 과학자들 가운데 미신을 따르는 사람은 아무도 없다.
- 돼지꿈을 꾼 다음 날 복권을 사는 사람들은 모두가 미신을 따르는 사람들이다.
- 그러므로 _____

① 미신을 따르는 사람들은 모두 돼지꿈을 꾼 다음 날 복권을 산다.
② 미신을 따르지 않는 사람 중 돼지꿈을 꾼 다음 날 복권을 사는 사람이 있다.
③ 과학자가 아닌 사람들은 모두 미신을 따른다.
④ 돼지꿈을 꾼 다음 날 복권을 사는 사람이라면 과학자가 아니다.
⑤ 돼지꿈을 꾼 다음날 복권을 사지 않는다면 미신을 따르는 사람이 아니다.

정답 ④

돼지꿈을 꾼 다음 날 복권을 사는 사람들은 모두가 미신을 따르는 사람들이고, 미신을 따르는 사람 중 과학자는 없다. 즉, 돼지꿈을 꾼 다음 날 복권을 사는 사람이라면 과학자가 아니다.

30초 컷 풀이 Tip

명제 문제를 풀 때는 각 명제들을 간단하게 기호화한 다음 관계에 맞게 순서대로 도식화하면 깔끔한 풀이를 할 수 있어 시간단축이 가능하다. 참인 명제의 대우 명제도 반드시 참이라는 점을 먼저 활용한다.

※ 제시된 명제가 모두 참일 때, 빈칸에 들어갈 명제로 가장 적절한 것을 고르시오. [1~3]

01

- 비가 오지 않으면 산책을 나간다.
- 공원에 들리지 않으면 산책을 나가지 않은 것이다.
- 따라서 _____

① 공원에 들리지 않으면 비가 온 것이다.
② 비가 오면 공원에 들리지 않은 것이다.
③ 공원에 들리면 산책을 나간 것이다.
④ 산책을 나가면 공원에 들리지 않은 것이다.
⑤ 비가 왔으면 산책을 나가지 않은 것이다.

Hard

02

- 저녁에 일찍 자면 상쾌하게 일어날 수 있다.
- _____
- 따라서 자기 전 휴대폰을 보면 저녁에 일찍 잘 수 없다.

① 저녁에 일찍 자면 자기 전 휴대폰을 본 것이다.
② 저녁에 일찍 잘 수 없으면 상쾌하게 일어나지 않은 것이다.
③ 자기 전 휴대폰을 보면 상쾌하게 일어날 수 없다.
④ 저녁에 일찍 자면 자기 전 휴대폰을 보지 않은 것이다.
⑤ 상쾌하게 일어나면 저녁에 일찍 잔 것이다.

03

> • 환율이 하락하면 국가 경쟁력이 떨어졌다는 것이다.
> • _____
> • 수출이 감소했다는 것은 GDP가 감소했다는 것이다.
> • 따라서 수출이 감소하면 국가 경쟁력이 떨어진다.

① 국가 경쟁력이 떨어지면 수출이 감소했다는 것이다.
② GDP가 감소해도 국가 경쟁력은 떨어지지 않는다.
③ 환율이 상승하면 GDP가 증가한다.
④ 환율이 하락해도 GDP는 감소하지 않는다.
⑤ 수출이 증가했다는 것은 GDP가 증가했다는 것이다.

※ 제시된 명제가 모두 참일 때, 반드시 참인 것을 고르시오. [4~6]

04

> • 등산을 하는 사람은 심폐지구력이 좋다.
> • 심폐지구력이 좋은 어떤 사람은 마라톤 대회에 출전한다.
> • 자전거를 타는 사람은 심폐지구력이 좋다.
> • 자전거를 타는 어떤 사람은 등산을 한다.

① 등산을 하는 어떤 사람은 마라톤 대회에 출전한다.
② 자전거를 타는 어떤 사람은 마라톤 대회에 출전한다.
③ 마라톤 대회에 출전하는 사람은 등산을 하지 않는다.
④ 심폐지구력이 좋은 어떤 사람은 등산을 하고 자전거도 탄다.
⑤ 심폐지구력이 좋은 사람 중 등산을 하고 자전거를 타고, 마라톤 대회에 출전하는 사람은 없다.

05

- 어떤 꽃은 향기롭다.
- 향기로운 꽃은 주위에 나비가 많다.
- 주위에 나비가 많은 모든 꽃은 아카시아이다.

① 주위에 나비가 없는 꽃은 아카시아이다.
② 어떤 꽃은 아카시아이다.
③ 주위에 나비가 많은 꽃은 향기롭다.
④ 어떤 꽃은 나비가 많지 않다.
⑤ 모든 아카시아는 향기롭다.

06

- 서울에 있는 어떤 공원은 사람이 많지 않다.
- 분위기가 있지 않으면 사람이 많지 않다.
- 모든 공원은 분위기가 있다.

① 분위기가 있지 않은 서울의 모든 공원은 사람이 많다.
② 분위기가 있는 서울의 어떤 공원은 사람이 많지 않다.
③ 분위기가 있는 서울의 모든 공원은 사람이 많지 않다.
④ 분위기가 있지 않은 서울의 어떤 공원은 사람이 많지 않다.
⑤ 분위기가 있지 않은 서울의 어떤 공원은 사람이 많다.

※ 제시된 명제가 모두 참일 때, 반드시 참이 아닌 것을 고르시오. [7~10]

07

- 비가 많이 내리면 습도가 높아진다.
- 겨울보다 여름에 비가 더 많이 내린다.
- 습도가 높으면 먼지가 잘 나지 않는다.
- 습도가 높으면 정전기가 잘 일어나지 않는다.

① 겨울은 여름보다 습도가 낮다.
② 먼지는 여름이 겨울보다 잘 난다.
③ 여름에는 겨울보다 정전기가 잘 일어나지 않는다.
④ 비가 많이 오면 정전기가 잘 일어나지 않는다.
⑤ 정전기가 잘 일어나면 비가 적게 온 것이다.

08

- 적극적인 사람은 활동량이 많다.
- 잘 다치지 않는 사람은 활동량이 많지 않다.
- 활동량이 많으면 면역력이 강화된다.
- 적극적이지 않은 사람은 영양제를 챙겨먹는다.

① 적극적인 사람은 잘 다친다.
② 적극적인 사람은 면역력이 강화된다.
③ 잘 다치지 않는 사람은 영양제를 챙겨먹는다.
④ 영양제를 챙겨먹으면 면역력이 강화된다.
⑤ 잘 다치지 않는 사람은 적극적이지 않은 사람이다.

09

> • 운동을 좋아하는 사람은 담배를 좋아하지 않는다.
> • 커피를 좋아하는 사람은 담배를 좋아한다.
> • 커피를 좋아하지 않는 사람은 주스를 좋아한다.
> • 과일을 좋아하는 사람은 커피를 좋아하지 않는다.

① 운동을 좋아하는 사람은 커피를 좋아하지 않는다.
② 주스를 좋아하지 않는 사람은 담배를 좋아한다.
③ 과일을 좋아하는 사람은 담배를 좋아한다.
④ 운동을 좋아하는 사람은 주스를 좋아한다.
⑤ 과일을 좋아하는 사람은 주스를 좋아한다.

10

> • 커피를 좋아하는 사람은 홍차를 좋아하지 않는다.
> • 탄산수를 좋아하지 않는 사람은 우유를 좋아한다.
> • 녹차를 좋아하는 사람은 홍차를 좋아한다.
> • 녹차를 좋아하지 않는 사람은 탄산수를 좋아한다.

① 커피를 좋아하는 사람은 녹차를 좋아하지 않는다.
② 탄산수를 좋아하지 않는 사람은 녹차를 좋아한다.
③ 커피를 좋아하는 사람은 탄산수를 좋아한다.
④ 탄산수를 좋아하는 사람은 홍차를 좋아한다.
⑤ 홍차를 좋아하는 사람은 커피를 싫어한다.

09 │ 배열하기 · 연결하기 · 묶기

| 유형분석 |

- 주어진 조건에 따라 한 줄로 세우거나 자리를 배치하는 유형이다.
- 평소 충분한 연습이 되어있지 않으면 풀기 어려운 유형이므로, 최대한 다양한 유형을 접해 보고 패턴을 익히는 것이 좋다.

L사의 A~D 4명은 각각 다른 팀에 근무하는데, 각 팀은 2층, 3층, 4층, 5층에 위치하고 있다. 다음 〈조건〉에 따를 때, 항상 참인 것은?

조건

- A, B, C, D 중 2명은 부장, 1명은 과장, 1명은 대리이다.
- 대리의 사무실은 B보다 높은 층에 있다.
- B는 과장이다.
- A는 대리가 아니다.
- A의 사무실이 가장 높다.

① A는 부장이다.
② B는 2층에 근무한다.
③ C는 대리이다.
④ 대리는 4층에 근무한다.
⑤ 부장 중 1명은 반드시 2층에 근무한다.

B가 과장이므로 대리가 아닌 A는 부장의 직책을 가진다.

오답분석

조건에 따라 A, B, C, D의 사무실 위치를 정리하면 다음과 같다.

구분	2층	3층	4층	5층
경우 1	부장	B과장	대리	A부장
경우 2	B과장	대리	부장	A부장
경우 3	B과장	부장	대리	A부장

② B는 2층 또는 3층에 근무한다.
③ C의 직책은 알 수 없다.
④ 대리는 3층 또는 4층에 근무한다.
⑤ A부장 외의 또 다른 부장은 2층, 3층 또는 4층에 근무한다.

30초 컷 풀이 Tip

고정적인 조건을 가장 먼저 파악하는 것이 중요하다. 보통 고정적인 조건은 마지막 부분에 제시되는 경우가 많은데, 앞에 나온 조건들을 아무리 잘 정리해 놔도 고정 조건 하나에 경우의 수가 많이 줄어든다. 때문에 이를 중심으로 조건을 정리한다.

온라인 풀이 Tip

• 명제와 마찬가지로 간소화시키는 것이 가장 중요하다. 때문에 메모장에 확정적인 조건과 그에 따라 같이 확정적이게 되는 나머지 조건을 정리하고, 문제를 풀이한다. 만약 순서 맞추기나 점수를 구하는 문제의 경우 1층, 2층, 3층 등의 표현을 다 연습장의 쓸 필요는 없다. 자신만 알아보면 되므로 띄어쓰기나 '−' 등의 표현을 활용한다. 핵심은 시간 단축이다.
• 만약 문제를 풀이하다가 헷갈리거나 어렵다고 느껴지면 과감하게 해당 문제를 포기하고 넘어간다. 한 문제에 집착해서 다른 문제까지 모두 망치는 일은 한 번뿐인 시험에 큰 손해이다.

01 A ~ F 6명이 일렬로 된 6개의 좌석에 앉아 있다. 좌석은 왼쪽부터 1번으로 시작하는 번호가 매겨져 있으며, 그들이 앉은 자리는 다음 〈조건〉과 같다. C가 4번에 앉았을 때 항상 참인 것은?

> **조건**
> • D와 E는 사이에 세 명을 두고 있다.
> • A와 F는 인접할 수 없다.
> • D는 F보다 왼쪽에 있다.
> • F는 C보다 왼쪽에 있다.

① A는 C보다 오른쪽에 앉아 있다.
② F는 3번에 앉아 있다.
③ E는 A보다 왼쪽에 앉아 있다.
④ D는 B보다 왼쪽에 앉아 있다.
⑤ E는 C보다 오른쪽에 앉아 있다.

Easy

02 월요일부터 금요일까지 진료를 하는 의사는 다음 〈조건〉에 따라 진료일을 정한다. 의사가 목요일에 진료를 하지 않았다면, 월요일부터 금요일 중 진료한 날은 총 며칠인가?

> **조건**
> • 월요일에 진료를 하면 수요일에는 진료를 하지 않는다.
> • 월요일에 진료를 하지 않으면 화요일이나 목요일에 진료를 한다.
> • 화요일에 진료를 하면 금요일에는 진료를 하지 않는다.
> • 수요일에 진료를 하지 않으면 목요일 또는 금요일에 진료를 한다.

① 0일   ② 1일
③ 2일   ④ 3일
⑤ 4일

03 정희, 철수, 순이, 영희는 다음 〈조건〉에 따라 영어, 불어, 독어, 일어를 배운다. 이때 반드시 참인 것은?

> **조건**
> • 네 사람은 각각 최소한 한 가지 언어에서 최대 세 가지 언어를 배운다.
> • 한 사람만 영어를 배운다.
> • 두 사람만 불어를 배운다.
> • 독어를 배우는 사람은 최소 두 명이다.
> • 일어를 배우는 사람은 모두 세 명이다.
> • 정희나 철수가 배우는 어떤 언어도 순이는 배우지 않는다.
> • 순이가 배우는 어떤 언어도 영희는 배우지 않는다.
> • 정희가 배우는 언어는 모두 영희도 배운다.
> • 영희가 배우는 언어 중에 정희가 배우지만 철수는 배우지 않는 언어가 있다.

① 순이는 일어를 배운다.
② 순이는 영어, 불어를 배운다.
③ 영희는 불어, 독어, 일어를 배운다.
④ 정희는 영어, 불어, 독어를 배운다.
⑤ 철수는 불어를 배운다.

04 K리그의 네 팀(서울, 울산, 전북, 제주)에 대한 〈조건〉을 참고할 때, 다음 중 항상 참이 아닌 것은?

> **조건**
> • 경기는 하루에 한 경기만 열린다.
> • 화요일에는 전북이 제주와 원정 경기를 하고, 토요일에는 서울이 전북과 홈경기를 한다.
> • 원정 경기를 치른 다음날은 반드시 쉰다.
> • 이틀 연속으로 홈경기를 하면 다음날은 반드시 쉰다.
> • 각 팀은 모두 일주일에 세 번 각각 다른 팀과 경기를 한다.
> • 각 팀은 적어도 한 번은 홈경기를 한다.

① 제주가 원정 경기를 할 수 있는 날은 모두 평일이다.
② 제주가 수요일에 경기를 한다면, 목요일에는 경기를 할 수 없다.
③ 서울이 주말에 모두 경기를 한다면, 월요일에는 경기를 할 수 없다.
④ 전북이 목요일에 경기를 한다면, 금요일의 경기는 서울과 제주의 경기이다.
⑤ 울산이 금요일에 홈경기를 한다면, 제주와의 시합이다.

05 9층 건물의 지하에서 출발한 엘리베이터에 타고 있던 9명 A ~ I는 1층부터 9층까지 각각 다른 층에 내렸다. 〈조건〉을 근거로 할 때, 다음 중 짝수 층에서 내리지 않은 사람은?

조건
- D는 F보다는 빨리 내렸고, A보다는 늦게 내렸다.
- H는 홀수층에 내렸다.
- C는 3층에 내렸다.
- G는 C보다 늦게 내렸고, B보다 빨리 내렸다.
- B는 C보다 3층 후에 내렸고, F보다는 1층 전에 내렸다.
- I는 D보다 늦게 내렸고, G보다는 일찍 내렸다.

① B   ② D
③ E   ④ G
⑤ I

06 경제학과, 물리학과, 통계학과, 지리학과 학생인 A ~ D 4명은 검은색, 빨간색, 흰색의 3가지 색 중 최소 1가지 이상의 색을 좋아한다. 다음 〈조건〉에 따라 항상 참인 것은?

조건
- 경제학과 학생은 검은색과 빨간색만 좋아한다.
- 경제학과 학생과 물리학과 학생은 좋아하는 색이 서로 다르다.
- 통계학과 학생은 빨간색만 좋아한다.
- 지리학과 학생은 물리학과 학생이 좋아하는 색과 통계학과 학생이 좋아하는 색만 좋아한다.
- C는 검은색을 좋아하고, B는 빨간색을 좋아하지 않는다.

① A는 통계학과이다.
② B는 물리학과이다.
③ C는 지리학과이다.
④ D는 경제학과이다.
⑤ B와 C는 빨간색을 좋아한다.

07 L사는 공개 채용을 통해 4명의 남자 사원과 2명의 여자 사원을 최종 선발하였고, 선발된 6명의 신입사원을 기획부, 인사부, 구매부 세 부서에 배치하려고 한다. 다음 〈조건〉에 따라 신입사원을 배치할 때, 적절하지 않은 것은?

> **조건**
>
> • 기획부, 인사부, 구매부 각 부서에 적어도 한 명의 신입사원을 배치한다.
> • 기획부, 인사부, 구매부에 배치되는 신입사원의 수는 서로 다르다.
> • 부서별로 배치되는 신입사원의 수는 구매부가 가장 적고, 기획부가 가장 많다.
> • 여자 신입사원만 배치되는 부서는 없다.

① 인사부에는 2명의 신입사원이 배치된다.
② 구매부에는 1명의 남자 신입사원이 배치된다.
③ 기획부에는 반드시 여자 신입사원이 배치된다.
④ 인사부에는 반드시 여자 신입사원이 배치된다.
⑤ 인사부에는 1명 이상의 남자 신입사원이 배치된다.

Easy

08 A ~ E는 아파트 101 ~ 105동 중 서로 다른 동에 각각 살고 있다. 다음 제시된 내용이 모두 참일 때, 반드시 참인 것은?(단, 101 ~ 105동은 일렬로 나란히 배치되어 있다)

> • A와 B는 서로 인접한 동에 산다.
> • C는 103동에 산다.
> • D는 C 바로 옆 동에 산다.

① A는 101동에 산다.
② B는 102동에 산다.
③ D는 104동에 산다.
④ A가 102동에 산다면 E는 105동에 산다.
⑤ B가 102동에 산다면 E는 101동에 산다.

10 | 진실게임

| 유형분석 |

- 일반적으로 4 ~ 5명의 진술이 제시되며, 각 진술의 진실 및 거짓 여부를 확인하여 범인을 찾는 유형이다.
- 추리영역 중에서도 체감난이도가 상대적으로 높은 유형으로 알려져 있으나, 문제풀이 패턴을 익히면 시간을 절약할 수 있는 문제이다.
- 각 진술 사이의 모순을 찾아 성립하지 않는 경우의 수를 제거하거나, 경우의 수를 나누어 모든 조건이 들어맞는지를 확인해야 한다.

어느 날 밤 11시경 회사 사무실에 도둑이 들었다. CCTV를 확인해 보니 도둑은 1명이며, 수사 결과 용의자는 갑 ~ 무 5명으로 좁혀졌다. 이 중 2명은 거짓말을 하고 있으며, 그 중 1명이 범인이다. 범인을 고르면?

- 갑 : 그날 밤 11시에 저는 을, 무하고 셋이서 함께 있었습니다.
- 을 : 갑은 그 시간에 무와 함께 타 지점에 출장을 가 있었어요.
- 병 : 갑의 진술은 참이고, 저도 회사에 있지 않았습니다.
- 정 : 을은 밤 11시에 저와 단둘이 있었습니다.
- 무 : 저는 사건이 일어났을 때 집에 있었습니다.

① 갑
② 을
③ 병
④ 정
⑤ 무

④

갑과 병은 둘 다 참을 말하거나 거짓을 말하고 있고, 을과 무의 진술이 모순이므로 둘 중 1명은 무조건 거짓말을 하고 있다. 만약 갑과 병이 거짓을 말하고 있다면 을과 무의 진술로 인해 거짓말을 하는 사람이 최소 3명이 되므로 조건에 맞지 않는다. 따라서 갑과 병은 모두 진실을 말하고 있으며, 정은 갑의 진술과 어긋나므로 거짓을 말하고 있다.

거짓을 말하고 있는 나머지 1명은 을 또는 무인데, 을이 거짓을 말하는 경우 무의 진술에 의해 갑·을·무는 함께 무의 집에 있었던 것이 되므로 정이 범인이고, 무가 거짓말을 하는 경우에도 갑·을·무는 함께 출장을 가 있었던 것이 되므로 역시 정이 범인이 된다.

30초 컷 풀이 Tip

진실게임 유형 중 90% 이상은 다음 두 가지 방법으로 풀 수 있다. 주어진 진술을 빠르게 훑으며 다음 두 가지 중 어떤 경우에 해당되는지 확인한 후 문제를 풀어나간다.

2명 이상의 발언 중 한쪽이 진실이면 다른 한쪽이 거짓인 경우
1) A가 진실이고 B가 거짓인 경우, B가 진실이고 A가 거짓인 경우 두 가지로 나눌 수 있다.
2) 두 가지 경우에서 각 발언의 진위 여부를 판단한다.
3) 주어진 조건과 비교한다(범인의 숫자가 맞는지, 진실 또는 거짓을 말한 인원수가 조건과 맞는지 등).

2명 이상의 발언 중 한쪽이 진실이면 다른 한쪽도 진실인 경우
1) A와 B가 모두 진실인 경우, A와 B가 모두 거짓인 경우 두 가지로 나눌 수 있다.
2) 두 가지 경우에서 각 발언의 진위 여부를 판단하여 범인을 찾는다.
3) 주어진 조건과 비교한다(범인의 숫자가 맞는지, 진실 또는 거짓을 말한 인원수가 조건과 맞는지 등).

01 L사에 입사한 A ~ E사원은 각각 2개 항목의 물품을 신청하였다. 5명의 사원 중 2명의 진술이 거짓일 때, 다음 중 신청 사원과 신청 물품이 바르게 연결된 것은?

※ A ~ E사원이 신청한 항목은 4개이며, 항목별 신청 사원의 수는 다음과 같다.
- 필기구 : 2명
- 복사용지 : 2명
- 의자 : 3명
- 사무용 전자제품 : 3명

- A : 나는 필기구를 신청하였고, E는 거짓말을 하고 있다.
- B : 나는 의자를 신청하지 않았고, D는 진실을 말하고 있다.
- C : 나는 의자를 신청하지 않았고, E는 진실을 말하고 있다.
- D : 나는 필기구와 사무용 전자제품을 신청하였다.
- E : 나는 복사용지를 신청하였고, B와 D는 거짓말을 하고 있다.

---

① A - 복사용지
② A - 의자
③ C - 필기구
④ C - 사무용 전자제품
⑤ E - 필기구

Hard

02 경찰은 용의자 5명을 대상으로 수사를 벌이고 있다. 범인을 검거하기 위해 경찰은 용의자 5명을 심문하였다. 이들 5명은 아래와 같이 진술하였는데 이 중 2명의 진술은 참이고, 3명의 진술은 거짓이라고 할 때, 범인을 고르면?(단, 범행 현장에는 범죄자 1명과 목격자가 있고, 범죄자는 목격자가 아니며, 모든 사람은 참이나 거짓만 말한다)

- A : 나는 범인이 아니고, 나와 E만 범행 현장에 있었다.
- B : C와 D는 범인이 아니고, 목격자는 2명이다.
- C : 나는 B와 함께 있었고, 범행 현장에 있지 않았다.
- D : C의 말은 모두 참이고, B가 범인이다.
- E : 나는 범행 현장에 있었고, A가 범인이다.

---

① A
② B
③ C
④ D
⑤ E

03 김대리, 박과장, 최부장 중 1명은 점심으로 짬뽕을 먹었다. 다음 여러 개의 진술 중 2개의 진술만 참이고 나머지는 모두 거짓일 때, 짬뽕을 먹은 사람과 참인 진술을 바르게 연결한 것은?(단, 중국집에서만 짬뽕을 먹을 수 있고, 중국 음식은 짬뽕뿐이다)

> • 김대리 : 박과장이 짬뽕을 먹었다. ·· ㉠
> 　　　　나는 최부장과 중국집에 갔다. ·································· ㉡
> 　　　　나는 중국 음식을 먹지 않았다. ······························· ㉢
> • 박과장 : 김대리와 최부장은 중국집에 가지 않았다. ············ ㉣
> 　　　　나는 점심으로 짬뽕을 먹었다. ································· ㉤
> 　　　　김대리가 중국 음식을 먹지 않았다는 것은 거짓말이다. ········ ㉥
> • 최부장 : 나와 김대리는 중국집에 가지 않았다. ·················· ㉦
> 　　　　김대리가 점심으로 짬뽕을 먹었다. ························· ㉧
> 　　　　박과장의 마지막 말은 사실이다. ····························· ㉨

① 김대리, ㉡·㉥
② 박과장, ㉠·㉤
③ 박과장, ㉤·㉨
④ 최부장, ㉡·㉦
⑤ 최부장, ㉡·㉢

04 L그룹의 A~D사원 네 명은 각각 홍보팀, 총무팀, 영업팀, 기획팀 소속으로 3~6층의 서로 다른 층에서 근무하고 있다. 이들 중 1명이 거짓말을 하고 있을 때, 다음 중 바르게 추론한 것은?(단, 각 팀은 서로 다른 층에 위치한다)

> • A사원 : 저는 홍보팀과 총무팀 소속이 아니며, 3층에서 근무하고 있지 않습니다.
> • B사원 : 저는 영업팀 소속이며, 4층에서 근무하고 있습니다.
> • C사원 : 저는 홍보팀 소속이며, 5층에서 근무하고 있습니다.
> • D사원 : 저는 기획팀 소속이며, 3층에서 근무하고 있습니다.

① A사원은 홍보팀 소속이다.
② B사원은 6층에서 근무하고 있다.
③ 홍보팀은 3층에 위치한다.
④ 기획팀은 4층에 위치한다.
⑤ D사원은 5층에서 근무하고 있다.

05 A ~ D국의 각 기상청은 최근 태평양에서 발생한 태풍의 이동 경로를 다음과 같이 예측하였고, 이들 중 단 두 국가의 예측만이 실제 태풍의 이동 경로와 일치했다. 다음 중 실제 태풍의 이동 경로를 바르게 예측한 나라는?(단, 예측이 틀린 국가는 모든 예측에 실패했다)

> • A국 : 8호 태풍 바비는 일본에 상륙하고, 9호 태풍 마이삭은 한국에 상륙할 것입니다.
> • B국 : 9호 태풍 마이삭이 한국에 상륙한다면, 10호 태풍 하이선은 중국에 상륙할 것입니다.
> • C국 : 8호 태풍 바비의 이동 경로와 관계없이 10호 태풍 하이선은 중국에 상륙하지 않을 것입니다.
> • D국 : 10호 태풍 하이선은 중국에 상륙하지 않고, 8호 태풍 바비는 일본에 상륙하지 않을 것입니다.

① A국, B국
② A국, C국
③ B국, C국
④ B국, D국
⑤ C국, D국

`Easy`

06 범죄 용의자로 3명이 불려왔다. 범인은 거짓말을 하며, 범인이 아닌 사람은 진실을 이야기한다. 다음 중 〈보기〉에 있는 3명의 진술을 토대로 추정한 범인으로 적절한 것은?(단, 범인은 1명이다)

> **보기**
> • 갑 : 을이 범인이다.
> • 을 : 병이 범인이다.
> • 병 : 나는 범인이 아니다.

① 갑
② 을
③ 병
④ 갑과 을
⑤ 을과 병

※ 다음은 물건을 훔친 용의자들의 발언이다. 이어지는 질문에 답하시오. [7~8]

- A : 난 거짓말하지 않는다. 난 범인이 아니다.
- B : 난 진실을 말한다. 범인은 A이다.
- C : B는 거짓말을 하고 있다. 범인은 B다.

07 용의자들 중 2명이 진실을 말한다면, 거짓말을 한 사람과 범인은?

	거짓말을 한 사람	범인
①	A	A
②	B	B
③	C	C
④	B	A
⑤	C	B

08 용의자들 중 1명만 진실을 말한다면, 거짓말을 한 사람과 범인은?

	거짓말을 한 사람	범인
①	B, C	B
②	A, C	A
③	A, B	B
④	B, A	A
⑤	C, A	C

CHAPTER 02

수리적 사고

합격 Cheat Key

| 영역 소개 |

L-TAB의 수리적 사고 영역은 지원자의 수리적 판단력과 자료분석 및 응용, 규칙 찾기 등 수리적 사고와 관련된 다양한 능력을 평가한다.

제시된 상황에서 중등교육 수준의 수학적 지식을 활용한 응용계산 능력은 물론, 실제 업무에서 자주 나타나는 도표·그래프 등의 여러 자료를 해석하고 추론하는 능력을 고루 평가한다. 과거 L-TAB에서도 자료해석 영역은 공통적으로 포함되어 있었지만, 실제 업무와 유사한 상황이 실시간으로 부여되기 때문에 그만큼 숫자나 도표, 규칙을 숙달하여 자연스럽게 활용할 필요가 있다.

| 유형 소개 |

|1| 응용수리

일반적인 응용수리처럼 정형화된 공식을 주로 활용하되, 실제 업무 및 상황에서 활용될 여지가 높은 확률, 경우의 수, 거리·속력·시간 등의 문제들이 복합적으로 출제되었다. 제시되는 상황에 따라 다양한 방면의 응용수리 문제들이 출제될 여지가 있으므로 방심은 금물이다.

┤ 학습 포인트 ├

- L-TAB의 특성상 일반적인 적성검사 문제의 형태가 아닌, 응용수리 개념의 원리를 활용한 문제들이 출제되고 있으므로 공식뿐만 아니라 과정도 이해하도록 해야 한다.
- 정형화된 유형들을 풀어보고 숙지하여 기본을 튼튼히 한다.
- 경우의 수나 확률과 같은 유형은 고등학교 수준의 문제를 풀어보는 것이 도움이 될 수 있다.

2 **자료해석**

표나 그래프 등 주어진 자료를 보고 필요한 정보를 빠르게 찾아 해석할 수 있는지를 평가하는 유형이다. 자료해석은 모든 기업 인적성검사에 출제되고 있는 영역이지만, L-TAB의 경우 프로그램 내에서 보고서 양식을 첨부파일로 내려 받아서 풀이하는 등 실제 문서와 더욱 유사하므로 좀 더 주의 깊게 제시된 자료를 파악할 수 있어야 한다.

┤ 학습 포인트 ├
- 표, 꺾은선그래프, 막대그래프, 원그래프 등 다양한 형태의 자료를 눈에 익힌다. 그래야 실제 시험에서 자료가 제시되었을 때 중점을 두고 파악해야 할 부분이 더욱 선명하게 보일 것이다.
- 자료해석 유형의 문제는 제시되는 정보의 양이 매우 많으므로 시간을 절약하기 위해서는 문제를 읽은 후 바로 자료 분석에 들어가는 것보다는, 제시된 상황을 먼저 파악하여 필요한 정보만 추출한 뒤 답을 찾는 것이 좋다.

3 **수추리**

나열된 수의 관계를 통해 일정한 규칙을 찾는 유형으로, 일반항을 구해야 하는 문제나 크기를 판단하는 문제 등으로 여타 대기업 인적성검사에서 흔히 보게 된다. L-TAB의 특성상 상대적으로 출제 가능성이 낮지만, 수추리는 연습이 되지 않은 상태에서 풀이가 가장 어려운 유형 중 하나이므로 기본적인 풀이법 정도는 익혀 만약의 상황에 대비할 수 있도록 한다.

┤ 학습 포인트 ├
- 수열의 다양한 형태를 접해보는 것이 좋다.
- 등차수열, 등비수열, 피보나치수열 등의 공식과 개념은 알아둔다.
- 사각형이나 삼각형과 같은 도형의 넓이와 함께 출제되는 경향이 있으므로 기본적인 공식을 알아둔다.

02 | 이론점검

01 응용수리

1. 수의 관계

(1) 약수와 배수

a가 b로 나누어떨어질 때, a는 b의 배수, b는 a의 약수

(2) 소수

1과 자기 자신만을 약수로 갖는 수. 즉, 약수의 개수가 2개인 수

(3) 합성수

1과 자신 이외의 수를 약수로 갖는 수. 즉, 소수가 아닌 수 또는 약수의 개수가 3개 이상인 수

(4) 최대공약수

2개 이상의 자연수의 공통된 약수 중에서 가장 큰 수

(5) 최소공배수

2개 이상의 자연수의 공통된 배수 중에서 가장 작은 수

(6) 서로소

1 이외에 공약수를 갖지 않는 두 자연수. 즉, 최대공약수가 1인 두 자연수

(7) 소인수분해

주어진 합성수를 소수의 거듭제곱의 형태로 나타내는 것

(8) 약수의 개수

자연수 $N = a^m \times b^n$에 대하여, N의 약수의 개수는 $(m+1) \times (n+1)$개

(9) 최대공약수와 최소공배수의 관계

두 자연수 A, B에 대하여, 최소공배수와 최대공약수를 각각 L, G라고 하면 $A \times B = L \times G$가 성립한다.

2. 방정식의 활용

(1) 날짜 · 요일 · 시계

① 날짜 · 요일
  ㉠ 1일＝24시간＝1,440분＝86,400초
  ㉡ 날짜 · 요일 관련 문제는 대부분 나머지를 이용해 계산한다.

② 시계
  ㉠ 시침이 1시간 동안 이동하는 각도 : 30°
  ㉡ 시침이 1분 동안 이동하는 각도 : 0.5°
  ㉢ 분침이 1분 동안 이동하는 각도 : 6°

(2) 거리 · 속력 · 시간

① (거리)＝(속력)×(시간)
  ㉠ 기차가 터널을 통과하거나 다리를 지나가는 경우
    • (기차가 움직인 거리)＝(기차의 길이)＋(터널 또는 다리의 길이)
  ㉡ 두 사람이 반대 방향 또는 같은 방향으로 움직이는 경우
    • (두 사람 사이의 거리)＝(두 사람이 움직인 거리의 합 또는 차)

② $(속력)=\dfrac{(거리)}{(시간)}$
  ㉠ 흐르는 물에서 배를 타는 경우
    • (하류로 내려갈 때의 속력)＝(배 자체의 속력)＋(물의 속력)
    • (상류로 올라갈 때의 속력)＝(배 자체의 속력)－(물의 속력)

③ $(시간)=\dfrac{(거리)}{(속력)}$

(3) 나이 · 인원 · 개수

구하고자 하는 것을 미지수로 놓고 식을 세운다. 동물의 경우 다리의 개수에 유의해야 한다.

(4) 원가 · 정가

① (정가)＝(원가)＋(이익), (이익)＝(정가)－(원가)

② $(a \,원에서\, b\% \,할인한\, 가격)=a\times\left(1-\dfrac{b}{100}\right)$

(5) 일률 · 톱니바퀴

① 일률
  전체 일의 양을 1로 놓고, 시간 동안 한 일의 양을 미지수로 놓고 식을 세운다.

  • $(일률)=\dfrac{(작업량)}{(작업기간)}$

  • $(작업기간)=\dfrac{(작업량)}{(일률)}$

  • (작업량)＝(일률)×(작업기간)

② 톱니바퀴

(톱니 수)×(회전수)=(총 맞물린 톱니 수)

즉, A, B 두 톱니에 대하여, (A의 톱니 수)×(A의 회전수)=(B의 톱니 수)×(B의 회전수)가 성립한다.

(6) 농도

① $(농도)=\dfrac{(용질의\ 양)}{(용액의\ 양)}\times100$

② $(용질의\ 양)=\dfrac{(농도)}{100}\times(용액의\ 양)$

(7) 수 Ⅰ

① 연속하는 세 자연수 : $x-1$, x, $x+1$

② 연속하는 세 짝수(홀수) : $x-2$, x, $x+2$

(8) 수 Ⅱ

① 십의 자릿수가 x, 일의 자릿수가 y인 두 자리 자연수 : $10x+y$

이 수에 대해, 십의 자리와 일의 자리를 바꾼 수 : $10y+x$

② 백의 자릿수가 x, 십의 자릿수가 y, 일의 자릿수가 z인 세 자리 자연수 : $100x+10y+z$

(9) 증가·감소

① x가 $a\%$ 증가 : $\left(1+\dfrac{a}{100}\right)x$

② y가 $b\%$ 감소 : $\left(1-\dfrac{b}{100}\right)y$

3. 경우의 수·확률

(1) 경우의 수

① 경우의 수 : 어떤 사건이 일어날 수 있는 모든 가짓수

② 합의 법칙

㉠ 두 사건 A, B가 동시에 일어나지 않을 때, A가 일어나는 경우의 수를 m, B가 일어나는 경우의 수를 n이라고 하면, 사건 A 또는 B가 일어나는 경우의 수는 $m+n$이다.

㉡ '또는', '~이거나'라는 말이 나오면 합의 법칙을 사용한다.

③ 곱의 법칙

㉠ A가 일어나는 경우의 수를 m, B가 일어나는 경우의 수를 n이라고 하면, 사건 A와 B가 동시에 일어나는 경우의 수는 $m\times n$이다.

㉡ '그리고', '동시에'라는 말이 나오면 곱의 법칙을 사용한다.

④ 여러 가지 경우의 수

    ㉠ 동전 n개를 던졌을 때, 경우의 수 : 2^n

    ㉡ 주사위 m개를 던졌을 때, 경우의 수 : 6^m

    ㉢ 동전 n개와 주사위 m개를 던졌을 때, 경우의 수 : $2^n \times 6^m$

    ㉣ n명을 한 줄로 세우는 경우의 수 : $n! = n \times (n-1) \times (n-2) \times \cdots \times 2 \times 1$

    ㉤ n명 중, m명을 뽑아 한 줄로 세우는 경우의 수 : $_n\mathrm{P}_m = n \times (n-1) \times \cdots \times (n-m+1)$

    ㉥ n명을 한 줄로 세울 때, m명을 이웃하여 세우는 경우의 수 : $(n-m+1)! \times m!$

    ㉦ 0이 아닌 서로 다른 한 자리 숫자가 적힌 n장의 카드에서, m장을 뽑아 만들 수 있는 m자리 정수의 개수 : $_n\mathrm{P}_m$

    ㉧ 0을 포함한 서로 다른 한 자리 숫자가 적힌 n장의 카드에서, m장을 뽑아 만들 수 있는 m자리 정수의 개수 : $(n-1) \times {}_{n-1}\mathrm{P}_{m-1}$

    ㉨ n명 중, 자격이 다른 m명을 뽑는 경우의 수 : $_n\mathrm{P}_m$

    ㉩ n명 중, 자격이 같은 m명을 뽑는 경우의 수 : $_n\mathrm{C}_m = \dfrac{_n\mathrm{P}_m}{m!}$

    ㉪ 원형 모양의 탁자에 n명을 앉히는 경우의 수 : $(n-1)!$

⑤ **최단거리 문제** : A에서 B 사이에 P가 주어져 있다면, A와 P의 최단거리, B와 P의 최단거리를 각각 구하여 곱한다.

(2) 확률

① (사건 A가 일어날 확률)$=\dfrac{\text{(사건 A가 일어나는 경우의 수)}}{\text{(모든 경우의 수)}}$

② 여사건의 확률

    ㉠ 사건 A가 일어날 확률이 p일 때, 사건 A가 일어나지 않을 확률은 $(1-p)$이다.

    ㉡ '적어도'라는 말이 나오면 주로 사용한다.

③ 확률의 계산

    ㉠ 확률의 덧셈

    두 사건 A, B가 동시에 일어나지 않을 때, A가 일어날 확률을 p, B가 일어날 확률을 q라고 하면, 사건 A 또는 B가 일어날 확률은 $p+q$이다.

    ㉡ 확률의 곱셈

    A가 일어날 확률을 p, B가 일어날 확률을 q라고 하면, 사건 A와 B가 동시에 일어날 확률은 $p \times q$이다.

④ 여러 가지 확률

    ㉠ 연속하여 뽑을 때, 꺼낸 것을 다시 넣고 뽑는 경우 : 처음과 나중의 모든 경우의 수는 같다.

    ㉡ 연속하여 뽑을 때, 꺼낸 것을 다시 넣지 않고 뽑는 경우 : 나중의 모든 경우의 수는 처음의 모든 경우의 수보다 1만큼 작다.

    ㉢ (도형에서의 확률)$=\dfrac{\text{(해당하는 부분의 넓이)}}{\text{(전체 넓이)}}$

(1) 꺾은선(절선)그래프

① 시간적 추이(시계열 변화)를 표시하는 데 적합하다.

  예 연도별 매출액 추이 변화 등

② 경과·비교·분포를 비롯하여 상관관계 등을 나타날 때 사용한다.

〈한국 자동차부품 수입 국가별 의존도〉

(단위 : %)

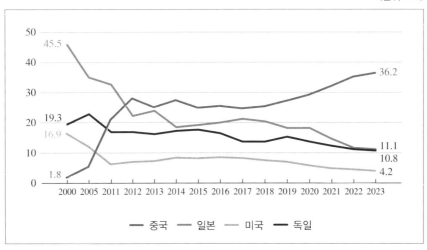

(2) 막대그래프

① 비교하고자 하는 수량을 막대 길이로 표시하고, 그 길이를 비교하여 각 수량 간의 대소 관계를 나타내는 데 적합하다.

  예 영업소별 매출액, 성적별 인원분포 등

② 가장 간단한 형태로 내역·비교·경과·도수 등을 표시하는 용도로 사용한다.

〈경상수지 추이〉

(잠정치, 단위 : 억 달러)

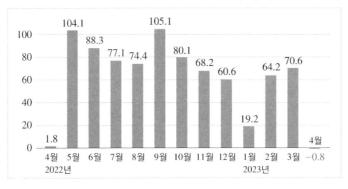

(3) 원그래프

① 내역이나 내용의 구성비를 분할하여 나타내는 데 적합하다.

  예 제품별 매출액 구성비 등

② 원그래프를 정교하게 작성할 때는 수치를 각도로 환산해야 한다.

〈C국의 가계 금융자산 구성비〉

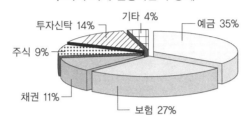

(4) 점그래프

① 지역분포를 비롯하여 도시, 지방, 기업, 상품 등의 평가나 위치, 성격을 표시하는 데 적합하다.

  예 광고비율과 이익률의 관계 등

② 종축과 횡축에 두 요소를 두고, 보고자 하는 것이 어떤 위치에 있는가를 알고자 할 때 사용한다.

〈OECD 국가의 대학졸업자 취업률 및 경제활동인구 비중〉

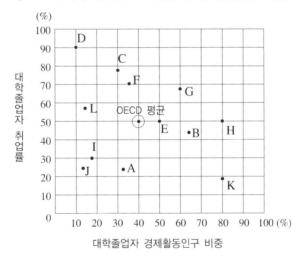

(5) 층별그래프

① 합계와 각 부분의 크기를 백분율로 나타내고 시간적 변화를 보는 데 적합하다.

② 합계와 각 부분의 크기를 실수로 나타내고 시간적 변화를 보는 데 적합하다.

　예 상품별 매출액 추이 등

③ 선의 움직임보다는 선과 선 사이의 크기로써 데이터 변화를 나타내는 그래프이다.

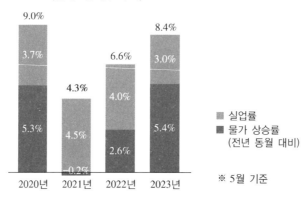

〈경제고통지수 추이〉

(6) 레이더 차트(거미줄그래프)

① 다양한 요소를 비교할 때, 경과를 나타내는 데 적합하다.

　예 매출액의 계절변동 등

② 비교하는 수량을 직경, 또는 반경으로 나누어 원의 중심에서의 거리에 따라 각 수량의 관계를 나타내는 그래프이다.

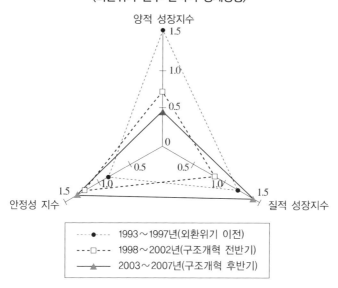

〈외환위기 전후 한국의 경제상황〉

(1) 등차수열 : 앞의 항에 일정한 수를 더해 이루어지는 수열

예

(2) 등비수열 : 앞의 항에 일정한 수를 곱해 이루어지는 수열

예

(3) 계차수열 : 수열의 인접하는 두 항의 차로 이루어진 수열

예

(4) 피보나치수열 : 앞의 두 항의 합이 그 다음 항의 수가 되는 수열

예 $\underset{}{1}\quad 1\quad \underset{1+1}{2}\quad \underset{1+2}{3}\quad \underset{2+3}{5}\quad \underset{3+5}{8}\quad \underset{5+8}{13}\quad \underset{8+13}{21}$

(5) 건너뛰기 수열

- 두 개 이상의 수열이 일정한 간격을 두고 번갈아가며 나타나는 수열

  예 1　1　3　7　5　13　7　19

    - 홀수 항 : $\underset{+2}{1}\quad\underset{+2}{3}\quad\underset{+2}{5}\quad 7$
    - 짝수 항 : $\underset{+6}{1}\quad\underset{+6}{7}\quad\underset{+6}{13}\quad 19$

- 두 개 이상의 규칙이 일정한 간격을 두고 번갈아가며 적용되는 수열

  예 $\underset{+1}{0}\;\underset{\times 3}{1}\;\underset{+1}{3}\;\underset{\times 3}{4}\;\underset{+1}{12}\;\underset{\times 3}{13}\;\underset{+1}{39}\;40$

(6) 군수열 : 일정한 규칙성으로 몇 항씩 묶어 나눈 수열

  예
  - 1　1　2　1　2　3　1　2　3　4
    ⇒ $\underline{1}\;\;\underline{1\;2}\;\;\underline{1\;2\;3}\;\;\underline{1\;2\;3\;4}$
  - 1　3　4　6　5　11　2　6　8　9　3　12
    ⇒ $\underset{1+3=4}{\underline{1\;\;3\;\;4}}\quad\underset{6+5=11}{\underline{6\;\;5\;\;11}}\quad\underset{2+6=8}{\underline{2\;\;6\;\;8}}\quad\underset{9+3=12}{\underline{9\;\;3\;\;12}}$
  - 1　3　3　2　4　8　5　6　30　7　2　14
    ⇒ $\underset{1\times3=3}{\underline{1\;\;3\;\;3}}\quad\underset{2\times4=8}{\underline{2\;\;4\;\;8}}\quad\underset{5\times6=30}{\underline{5\;\;6\;\;30}}\quad\underset{7\times2=14}{\underline{7\;\;2\;\;14}}$

01 | 거리 · 속력 · 시간

| 유형분석 |

- (거리)=(속력)×(시간) 공식을 활용한 문제이다.

  $(속력)=\dfrac{(거리)}{(시간)}$, $(시간)=\dfrac{(거리)}{(속력)}$

- 기차와 터널의 길이, 물과 같이 속력이 있는 장소 등 추가적인 거리나 속력 시간에 관한 조건과 결합하여 난도 높은 문제로 출제된다.

S사원은 회사 근처 카페에서 거래처와 미팅을 갖기로 했다. 처음에는 4km/h로 걸어가다가 약속 시간에 늦을 것 같아서 10km/h로 뛰어서 24분 만에 미팅 장소에 도착했다. 회사에서 카페까지의 거리가 2.5km일 때, S사원이 뛴 거리는?

① 0.6km   ② 0.9km

③ 1.2km   ④ 1.5km

⑤ 1.8km

정답 ④

S사원이 회사에서 카페까지 걸어간 거리를 $x$km, 뛴 거리를 $y$km라고 하자. 회사에서 카페까지의 거리는 2.5km이므로 걸어간 거리 $x$km와 뛴 거리 $y$km를 합하면 2.5km이다.

$x+y=2.5$ … ㉠

S사원이 회사에서 카페까지 24분이 걸렸으므로 걸어간 시간$\left(\dfrac{x}{4}\text{ 시간}\right)$과 뛰어간 시간$\left(\dfrac{y}{10}\text{ 시간}\right)$을 합치면 24분이다. 이때 속력은 시간 단위이므로 분으로 바꾸어 계산한다.

$\dfrac{x}{4}\times60+\dfrac{y}{10}\times60=24 \rightarrow 5x+2y=8$ … ㉡

㉡$-2\times$㉠을 하여 ㉠과 ㉡을 연립하면 $x=1$이고, 구한 x의 값을 ㉠에 대입하면 $y=1.5$이다.

따라서 S사원이 뛴 거리는 1.5km이다.

30초 컷 풀이 Tip

1. 미지수를 정할 때에는 문제에서 묻는 것을 정확하게 파악해야 한다.
2. 속력과 시간의 단위를 처음에 정리하여 계산하면 계산 실수 없이 풀이할 수 있다.
   - 1시간=60분=3,600초
   - 1km=1,000m=100,000cm

01 A, B 두 지점을 왕복하는 데 A에서 B로 갈 때에는 16km/h로 달리고, B에서 A로 되돌아올 때에는 8km/h로 걷는다. 왕복하는 시간이 1시간 30분 이내이려면 두 지점은 최대 몇 km 떨어져 있어야 하는가?

① 4km   ② 5km

③ 6km   ④ 7km

⑤ 8km

02 둘레가 600m인 연못을 A와 B가 서로 반대방향으로 걷는다. A는 15m/min의 속력으로 걷고, B는 A보다 더 빠른 속력으로 걷는다. 두 사람이 같은 위치에서 동시에 출발하여, 1시간 후 5번째로 만났다면 B의 속력은?

① 20m/min   ② 25m/min

③ 30m/min   ④ 35m/min

⑤ 40m/min

Hard

03 강물이 A지점에서 3km 떨어진 B지점으로 흐르고 있을 때, 물의 속력이 1m/s이다. 철수가 A지점에서 B지점까지 배를 타고 갔다가 다시 돌아오는 데 1시간 6분 40초가 걸렸다고 한다면, 철수가 탄 배의 속력은?

① 2m/s   ② 4m/s

③ 6m/s   ④ 12m/s

⑤ 15m/s

Hard

04 지하철 환승구간에서 0.6m/s로 움직이는 무빙워크가 반대방향으로 2대가 설치되어 있다. A씨는 0.8m/s로 걸으며 무빙워크를 타고 걸어가고, B씨는 반대방향인 무빙워크를 타고 걸어가고 있다. A씨와 B씨가 같은 지점에서 서로 반대방향으로 걸어갈 경우 B씨가 무빙워크를 타고 걸어갈 때와 타지 않고 걸어갈 때의 30초 후 A씨와 B씨 사이의 거리는?(단, 각자 무빙워크와 같은 방향으로 걸어가고 있다)

① 15m   ② 16m

③ 17m   ④ 18m

⑤ 19m

05 철수와 영희가 5 : 3 비율의 속력으로 A지점에서 출발하여 B지점으로 향했다. 영희가 30분 먼저 출발했을 때 철수가 영희를 따라잡은 데 걸리는 시간은?

① 30분   ② 35분
③ 40분   ④ 45분
⑤ 50분

06 일정한 속력으로 달리는 기차가 길이 480m인 터널을 완전히 통과하는 데 걸리는 시간이 36초이고 같은 속력으로 길이 600m인 철교를 완전히 통과하는 데 걸리는 시간이 44초일 때, 기차의 속력은?

① 15m/s   ② 18m/s
③ 20m/s   ④ 24m/s
⑤ 25m/s

`Hard`

07 정환이와 민주가 둘레의 길이가 12km인 원 모양의 트랙 위에서 인라인 스케이트를 타고 있다. 같은 지점에서 출발하여 서로 같은 방향으로 돌면 3시간 후에 만나고, 서로 반대 방향으로 돌면 45분 후에 만난다고 할 때, 정환이의 속력은?(단, 정환이의 속력이 민주의 속력보다 빠르다)

① 4km/h   ② 6km/h
③ 8km/h   ④ 10km/h
⑤ 12km/h

형수가 친척집으로 심부름을 가는데 자전거를 타고 12km/h로 가면 4km/h로 걸어가는 것보다 1시간 빠르게 도착한다고 한다. 8km/h로 달린다면 몇 분 후에 도착하는가?

① 40분
② 42분
③ 45분
④ 50분
⑤ 60분

세빈이는 이번 주말에 등산을 하였다. 올라갈 때에는 시속 4km로 걷고 내려올 때에는 올라갈 때보다 2km 더 먼 거리를 시속 6km의 속력으로 걸어 내려왔다. 올라갈 때와 내려올 때 걸린 시같이 같았다면 내려올 때 걸린 시간은?

① 1시간
② 1.5시간
③ 2시간
④ 2.5시간
⑤ 3시간

Easy

어떤 선수가 수영, 사이클, 마라톤으로 구성된 철인 3종 경기에 참여하였다. 전체 길이는 수영 구간 1.5km를 포함하여 총 51.5km이다. 이 선수가 사이클 구간에서는 시속 48km, 마라톤 구간에서는 시속 15km를 유지하며 수영 구간 18분을 포함하여 1시간 48분 만에 완주하였다. 이 경기에서 마라톤 구간의 길이는?

① 10km
② 12.5km
③ 15km
④ 17.5km
⑤ 20km

02 | 농도

| 유형분석 |

- (농도)$=\dfrac{(용질의\ 양)}{(용액의\ 양)}\times100$ 공식을 활용한 문제이다.
- (소금물의 양)=(물의 양)+(소금의 양)이라는 것에 유의하고, 더해지거나 없어진 것을 미지수로 두고 풀이한다.

소금물 500g이 있다. 이 소금물에 농도가 3%인 소금물 200g을 온전히 섞었더니 소금물의 농도는 7%가 되었다. 500g의 소금물에 녹아 있던 소금의 양은?

① 31g

② 37g

③ 43g

④ 49g

⑤ 55g

정답 ③

문제에서 구하고자 하는 500g의 소금물에 녹아 있던 소금의 양을 미지수로 놓는다.
500g의 소금물에 녹아 있던 소금의 양을 xg이라고 하자.
소금물 500g에 농도 3%인 소금물 200g을 섞었을 때 소금물의 농도가 주어졌으므로 농도를 기준으로 식을 세우면 다음과 같다.

$\dfrac{x+6}{500+200}\times100=7$

$\rightarrow (x+6)\times100=7\times(500+200)$

$\rightarrow (x+6)\times100=4,900$

$\rightarrow 100x+600=4,900$

$\rightarrow 100x=4,300$

$\therefore\ x=43$

따라서 500g의 소금물에 녹아 있던 소금의 양은 43g이다.

30초 컷 풀이 Tip

간소화
숫자의 크기를 최대한 간소화해야 한다. 특히, 농도의 경우 분수와 정수가 같이 제시되고, 최근에는 비율을 활용한 문제가 많이 출제되고 있으므로 통분이나 약분을 통해 수를 간소화시켜 계산 실수를 줄일 수 있도록 한다.

주의사항
항상 미지수를 구해서 그 값을 계산하여 풀이해야 하는 것은 아니다. 문제에서 원하는 값은 정확한 미지수를 구하지 않아도 풀이과정에서 답이 제시되는 경우가 있으므로 문제에서 묻는 것을 명확히 해야 한다.

Hard

01 농도가 10%인 설탕물 480g에 농도가 20%인 설탕물 120g을 섞었다. 이 설탕물에서 한 컵의 설탕물을 퍼내고, 퍼낸 설탕물의 양만큼 다시 물을 부었더니 농도 11%의 설탕물 600g이 되었다. 이때 컵으로 퍼낸 설탕물의 양은?

① 30g   ② 50g

③ 60g   ④ 90g

⑤ 100g

02 농도 8% 소금물 200g에서 소금물을 조금 퍼낸 후, 퍼낸 소금물만큼 물을 부었다. 그리고 소금 50g을 넣어 농도 24%의 소금물 250g을 만들었을 때, 처음 퍼낸 소금물의 양은?

① 75g   ② 80g

③ 90g   ④ 95g

⑤ 100g

03 농도 13%의 소금물 400g과 7%의 소금물 200g을 섞은 후, 농도를 알 수 없는 소금물 100g을 섞었더니 22%의 소금물이 되었다. 농도를 알 수 없는 소금물의 농도는?

① 66%   ② 78%

③ 88%   ④ 92%

⑤ 96%

04 소금물 160g에 물 40g을 넣었더니 농도가 8%인 소금물이 되었다. 물을 넣기 전 처음 소금물의 농도는?

① 30%   ② 25%

③ 20%   ④ 15%

⑤ 10%

05 농도가 4%인 소금물 ag과 7.75%의 소금물 bg을 섞어 농도 6%의 소금물 600g을 만들었을 때, 농도 4%의 소금물의 양은?

① 240g

② 280g

③ 320g

④ 360g

⑤ 400g

06 농도가 10%인 A소금물 200g과 농도가 20%인 B소금물 300g이 있다. A소금물에 ag의 물을 첨가하고, B소금물은 bg을 버렸다. 늘어난 A소금물과 줄어든 B소금물을 합친 결과, 농도가 10%인 500g의 소금물이 되었을 때, A소금물에 첨가한 물의 양은?

① 100g

② 120g

③ 150g

④ 180g

⑤ 200g

Easy

07 농도가 각각 14%인 A설탕물 300g, 18%인 B설탕물 200g, 12%인 C설탕물 150g이 있다. A설탕물과 B설탕물을 합친 후 100g의 물을 더 넣고, 여기에 C설탕물을 합친 후 200g만 남기고 버렸다. 이때, 마지막 200g 설탕물에 녹아 있는 설탕의 양은?

① 25.6g

② 28.7g

③ 30.8g

④ 32.6g

⑤ 34.8g

08 농도 8%의 설탕물 300g에서 설탕물을 조금 퍼내고 퍼낸 설탕물만큼의 물을 부은 후 4%의 설탕물을 섞어 6%의 설탕물 400g을 만들었다. 이때 처음 퍼낸 설탕물의 양은?

① 30g   ② 35g

③ 40g   ④ 45g

⑤ 50g

Hard

09 농도 7%의 소금물 300g에 농도 4%의 소금물 150g을 섞은 후, 농도를 반으로 줄이기 위해 물을 넣어 농도가 3%인 소금물을 만들었다. 이때 추가로 넣은 물의 양은?

① 100g   ② 150g

③ 250g   ④ 300g

⑤ 450g

10 설탕물 200g이 들어있는 비커에서 물 50g을 증발시킨 후 설탕 5g을 더 녹였더니 농도가 처음의 3배가 되었다. 이때 처음 설탕물의 농도는?(단, 소수점 둘째 자리에서 반올림한다)

① 약 0.5%   ② 약 1.2%

③ 약 1.9%   ④ 약 2.6%

⑤ 약 3.3%

03 | 일률

| 유형분석 |

- 전체 일의 양을 1로 두고 풀이하는 유형이다.
- 분이나 초 단위 계산이 가장 어려운 유형으로 출제되고 있다.
- $(일률)=\dfrac{(작업량)}{(작업기간)}$, $(작업기간)=\dfrac{(작업량)}{(일률)}$, $(작업량)=(일률)\times(작업기간)$

한 공장에서는 기계 2대를 운용하고 있다. 이 공장의 전체 작업을 수행할 때 A기계로는 12시간이 걸리며, B기계로는 18시간이 걸린다. 이미 절반의 작업이 수행된 상태에서, A기계로 4시간 동안 작업하다가 이후로는 A, B 두 기계를 모두 동원해 작업을 수행했다면 남은 작업을 완료하는 데 소요되는 총시간은?

① 1시간
② 1시간 12분
③ 1시간 20분
④ 1시간 30분
⑤ 1시간 40분

정답 ②

전체 일의 양을 1이라고 하자. A기계가 한 시간 동안 작업할 수 있는 일의 양은 $\dfrac{1}{12}$이고, B기계가 한 시간 동안 작업할 수 있는 일의 양은 $\dfrac{1}{18}$이다.

이미 절반의 작업이 진행되었으므로 남은 일의 양은 $1-\dfrac{1}{2}=\dfrac{1}{2}$이다. 이 중 A기계로 4시간 동안 작업을 진행했으므로 A기계와 B기계가 함께 작업해야 하는 일의 양은 $\dfrac{1}{2}-\left(\dfrac{1}{12}\times4\right)=\dfrac{1}{6}$이다.

따라서 남은 $\dfrac{1}{6}$을 수행하는 데 걸리는 시간은 $\dfrac{\dfrac{1}{6}}{\left(\dfrac{1}{12}+\dfrac{1}{18}\right)}=\dfrac{\dfrac{1}{6}}{\dfrac{5}{36}}=\dfrac{6}{5}$시간, 즉 1시간 12분이 걸린다.

30초 컷 풀이 Tip

1. 전체의 값을 모르는 상태에서 비율을 묻는 문제의 경우 전체를 1이라고 하면 쉽게 풀이할 수 있다.

   예 O가 1개의 빵을 만드는 데 3시간이 걸린다. 1개의 빵을 만드는 일의 양을 1이라고 하면 O는 한 시간에 $\dfrac{1}{3}$만큼의 빵을 만든다.

2. 난이도가 있는 일의 양 문제를 접근할 때 전체 일의 양을 막대 그림으로 표현하면서 풀이하면 한눈에 파악할 수 있다.

   예

$\dfrac{1}{2}$ 수행됨	A기계로 4시간 동안 작업	A, B 두 기계를 모두 동원해 작업

Easy

01 영수는 1분에 15L의 물을 퍼낼 수 있고, 철수는 1분에 12L의 물을 부을 수 있다. 물이 가득 차 있는 100L짜리 수조에 두 사람이 동시에 물을 퍼내고 붓기 시작했다면, 25분 후에 수조에 남아있 는 물의 양은?

① 25L

② 28L

③ 30L

④ 32L

⑤ 34L

02 어느 공장에서 완성품 1개를 만드는 데 걸리는 시간은 A기계가 20일, B기계가 30일이다. A와 B기계를 함께 사용하면 완성품 1개를 며칠 만에 만들 수 있겠는가?

① 5일

② 9일

③ 12일

④ 15일

⑤ 17일

03 책을 읽는데 첫날은 전체의 $\frac{1}{3}$, 둘째 날은 남은 양의 $\frac{1}{4}$, 셋째 날은 100쪽을 읽었더니 92쪽이 남았다. 책의 전체 쪽수는?

① 356쪽

② 372쪽

③ 384쪽

④ 394쪽

⑤ 402쪽

04 두 개의 톱니바퀴 A, B가 서로 맞물려 있다. A톱니바퀴의 톱니 수는 B의 톱니수보다 20개 더 많고, A톱니바퀴가 6번 회전할 때 B톱니바퀴는 10번 회전한다면, A톱니바퀴의 톱니 수는?

① 35개

② 40개

③ 45개

④ 50개

⑤ 55개

05 1L짜리 물통을 가득 채우는 데 수도 A는 15분, 수도 B는 20분이 걸린다고 한다. 수도 A, B를 동시에 사용해 30분 동안 물을 받는다면 가득 채울 수 있는 물통의 개수는?

① 1개   ② 2개
③ 3개   ④ 4개
⑤ 5개

Easy
06 사흘 안에 끝내야 할 일의 $\frac{1}{3}$ 을 첫째 날에 마치고, 남은 일의 $\frac{2}{5}$ 를 둘째 날에 마쳤다. 셋째 날 해야 할 일의 양은 전체의 몇 %인가?

① 50%   ② 40%
③ 30%   ④ 20%
⑤ 10%

07 지름이 15cm인 톱니바퀴와 지름이 27cm인 톱니바퀴가 서로 맞물려 돌아가고 있다. 큰 톱니바퀴가 분당 10바퀴를 돌았다면, 작은 톱니바퀴가 분당 돈 바퀴 수는?

① 16바퀴   ② 17바퀴
③ 18바퀴   ④ 19바퀴
⑤ 20바퀴

08 L빌딩 시설관리팀에서 건물 화단 보수를 위해 두 팀으로 나누었다. 한 팀은 작업 하나를 마치는데 15분이 걸리지만 작업을 마치면 도구 교체를 위해 5분이 걸리고 다른 한 팀은 작업 하나를 마치는 데 30분이 걸리지만 한 작업을 마치면 도구 교체 없이 바로 다른 작업을 시작한다고 한다. 오후 1시부터 두 팀이 쉬지 않고 작업한다고 할 때, 두 팀이 3번째로 동시에 작업을 시작하는 시각은?

① 오후 3시 30분   ② 오후 4시

③ 오후 4시 30분   ④ 오후 5시

⑤ 오후 5시 30분

09 14분과 22분을 잴 수 있는 두 모래시계가 있다. 두 모래시계를 이용하여 30분을 측정하는 데 걸리는 시간은?

① 30분   ② 36분

③ 44분   ④ 52분

⑤ 56분

10 A매장에서는 직원 6명이 마감 청소를 하는 데 5시간이 걸린다. 며칠 후 리모델링 작업을 진행하기 위해 3시간 만에 마감 청소를 끝낼 수 있도록 단기 직원을 추가로 고용하려고 한다. 이때 추가로 고용해야 하는 단기 직원의 수는?(단, 모든 직원의 능률은 동일하다)

① 2명   ② 3명

③ 4명   ④ 5명

⑤ 6명

04 | 개수

| 유형분석 |

- 미지수의 값이 계산에 의해 정확하게 구해지는 것이 아니라 가능한 경우의 수를 찾아서 조건에 맞는 적절한 값을 고르는 유형이다.
- 주로 인원수나 개수를 구하는 유형으로 출제된다.
- 사람이나 물건의 개수라면 0과 자연수만 가능한 것처럼 문제에 경우의 수를 구하는 조건이 주어지므로 유의한다.

B는 사과, 배, 참외의 가격을 정해 판매 예상액을 기록 중이다. 사과 500원, 배 300원, 참외 100원에 각각 1개 이상 판매하면 총 2,600원이고, 사과와 참외만 각각 100원, 200원에 각각 1개 이상 판매하면 총 1,300원이 나온다. 판매하는 최소 과일의 총개수는?(단, 가격을 바꿔도 각 과일의 판매 예상 개수는 동일하다)

① 9개
② 10개
③ 11개
④ 12개
⑤ 13개

정답 ②

사과, 배, 참외의 판매 개수를 각각 X, Y, Z개라고 가정하면, 조건에 따른 방정식은 다음과 같다.
$500X+300Y+100Z=2,600 \rightarrow 5X+3Y+Z=26 \cdots \bigcirc$
$100X+200Z=1,300 \rightarrow X+2Z=13 \cdots \bigcirc$
X와 Z는 자연수이므로 ⓛ에 부합하는 순서쌍은 $(X, Z)=(11, 1), (9, 2), (7, 3), (5, 4), (3, 5), (1, 6)$이다. 순서쌍을 ㉠에 대입할 때, X, Y, Z는 모두 자연수이므로 X의 범위는 $500X \leq 2,600-400 \rightarrow 500X \leq 2,200 \rightarrow X \leq 4.4$이다. 따라서 순서쌍은 $(3, 5), (1, 6)$이 가능하고 이때 Y는 각각 2, 5이다.
따라서 판매하는 최소 과일의 총개수는 사과 3개, 배 2개, 참외 5개로 총 10개이다.

30초 컷 풀이 Tip

미지수의 값을 추론하는 문제의 경우 구하는 해당하는 값이 지나치게 큰 문제를 출제하지 않으므로 지나치게 큰 값이 나온다면 가장 마지막에 계산하는 것이 좋다.

01 철호는 50만원으로 A가구점에서 식탁 1개와 의자 2개를 사고 남은 돈으로 장미꽃을 모두 구매하려 한다. 판매하는 가구의 가격이 다음과 같을 때, 구매할 수 있는 장미꽃의 수는?(단, 장미꽃은 한 송이에 6,500원이다)

〈A가구점 가격표〉

구분	책상	식탁	침대	의자	옷장
가격	25만 원	20만 원	30만 원	10만 원	40만 원

※ 30만 원 이상 구매 시 10% 할인

① 20송이   ② 21송이
③ 22송이   ④ 23송이
⑤ 24송이

Hard

02 가로가 54m이고 세로가 42m인 직사각형 모양의 밭 둘레에 일정한 간격으로 나무를 최대한 적게 심고자 한다. 필요한 나무의 수는?(단, 네 모퉁이에는 반드시 나무를 심는다)

① 27그루   ② 28그루
③ 29그루   ④ 30그루
⑤ 31그루

Easy

03 L사 상반기 마케팅부서의 직원은 20명이었다. 하반기 인사이동 결과 남자 직원은 20% 감소하였고, 여자 직원은 30% 증가해 총인원이 22명이 되었다. 상반기 남자 직원의 수는?

① 7명   ② 8명
③ 9명   ④ 10명
⑤ 11명

04 야구공과 야구공을 담을 수 있는 상자가 있다. 한 상자에 야구공을 6개씩 담으면 4개의 야구공이 남고, 한 상자에 야구공을 7개씩 담으면 야구공 1개가 담긴 상자 하나와 빈 상자 2개가 남는다. 상자의 개수와 야구공의 개수의 합은?

① 160개   ② 166개
③ 172개   ④ 178개
⑤ 184개

Easy
05 A대학교에 지원한 지원자의 남학생과 여학생의 비율은 3 : 2였다. 지원자 중 합격자의 남녀 비율은 5 : 2이고, 불합격자 남녀 비율은 4 : 3이라고 한다. 전체 합격자 수가 280명일 때, 지원자 중 여학생의 총인원은?

① 440명   ② 480명
③ 540명   ④ 560명
⑤ 640명

06 A연구소에는 20명의 직원이 근무하고 있으며, 협력업체 B공장에는 41명의 생산직 직원이 근무하고 있다. A연구소 직원의 60%는 남직원이고, A연구소와 B공장 전체 남직원의 40%는 B공장의 생산직 남직원일 때, A연구소의 여직원과 B공장의 생산직 여직원의 수는?

① 21명   ② 26명
③ 33명   ④ 37명
⑤ 41명

07 영화 티켓의 가격이 성인은 12,000원이고 청소년은 성인의 0.7배이다. 9명이 단체 관람을 하는데 90,000원을 지불하였다면 청소년의 인원수는?

① 3명   ② 4명
③ 5명   ④ 6명
⑤ 7명

08 A중학교의 올해 남학생과 여학생의 수는 작년에 비하여 남학생은 36명 증가하고, 여학생은 5% 감소하여 전체적으로 4% 증가하였다. 작년의 전체 학생 수를 600명이라고 할 때, 올해 여학생 수는?

① 228명
② 240명
③ 360명
④ 396명
⑤ 412명

09 둘레길이가 456m인 호수둘레를 따라 가로수가 4m 간격으로 일정하게 심어져 있다. 출입구에 심어져 있는 가로수를 기준으로 6m 간격으로 재배치하려고 할 때, 새롭게 옮겨 심어야 하는 가로수의 개수는?(단, 불필요한 가로수는 제거한다)

① 38그루
② 37그루
③ 36그루
④ 35그루
⑤ 34그루

10 어느 날 민수가 사탕 바구니에 있는 사탕의 $\frac{1}{3}$을 먹었다. 그다음 날 남은 사탕의 $\frac{1}{2}$을 먹고 또 그다음 날 남은 사탕의 $\frac{1}{4}$을 먹었다. 남은 사탕의 개수가 18개일 때 처음 사탕 바구니에 들어있던 사탕의 개수는?

① 48개
② 60개
③ 72개
④ 84개
⑤ 96개

05 | 금액

| 유형분석 |

- 원가, 정가, 할인가, 판매가 등의 개념을 명확히 한다.
  (정가)=(원가)+(이익)
  (이익)=(정가)-(원가)
  a원에서 $b\%$ 할인한 가격$=a\times\left(1-\dfrac{b}{100}\right)$원
- 난이도가 어려운 편은 아니지만 비율을 활용한 계산 문제이기 때문에 실수하기 쉽다.

세희네 가족의 올해의 여름휴가 비용은 작년 대비 교통비는 15%, 숙박비는 24% 증가하여 전체 휴가 비용이 20% 증가하였다. 작년 전체 휴가 비용이 36만 원일 때, 올해 숙박비는?(단, 전체 휴가 비용은 교통비와 숙박비의 합이다)

① 160,000원
② 184,000원
③ 200,000원
④ 248,000원
⑤ 268,000원

정답 ④

작년 교통비를 x원, 숙박비를 y원이라 하자.
$1.15x+1.24y=1.2(x+y)$ … ㉠
$x+y=36$ … ㉡
㉠과 ㉡을 연립하면 $x=16$, $y=20$이다.
따라서 올해 숙박비는 $20\times1.24=24.8$만 원이다.

30초 컷 풀이 Tip

1을 %로 나타내면 $1\times100=100\%$와 같으므로 100%를 1로 환산하면 쉽게 풀이할 수 있다.
[예] 15%, 24%, 20%가 증가된다는 것은 100%에 각각 15%, 24%, 20%가 더해진다는 것이므로, 합이 115%, 124%, 120%가 되어 각각 1.15, 1.24, 1.2로 환산되는 것이다.

01 경서와 민준이는 1 : 2의 비율로 용돈을 받았고, 4 : 7의 비율로 지출을 했다. 각각 남은 금액이 2,000원, 5,500원이라고 할 때, 민준이가 받은 용돈은?(단, 용돈 외에 추가수입은 없었다)

① 15,000원   ② 15,500원

③ 16,000원   ④ 16,500원

⑤ 17,000원

02 원가가 600원인 물품에 20%의 이익을 붙여서 정가를 정했지만, 물품이 팔리지 않아서 정가에서 20%를 할인하여 판매했다. 손실액은?(단, 손실액은 원가에서 판매가를 뺀 금액이다)

① 15원   ② 18원

③ 21원   ④ 24원

⑤ 26원

`Hard`

03 도매상인 A씨는 원가가 1,200원인 두리안 500개를 사서 원가에 30% 이익을 붙여서 정가를 매겨 팔았다. 70%는 정가에 판매하고, 나머지는 할인가격으로 판매한 결과, 133,200원의 순수익을 얻었다. 할인된 가격은 원가의 몇 배인가?

① 1.02배   ② 1.04배

③ 1.06배   ④ 1.08배

⑤ 2.00배

L자원센터는 봄을 맞이하여 동네 주민들에게 사과, 배, 딸기의 세 과일을 한 상자씩 선물하려고 한다. 사과 한 상자 가격은 1만 원이고, 배 한 상자는 딸기 한 상자의 가격의 2배이며 딸기 한 상자와 사과 한 상자의 가격의 합은 배 한 상자의 가격보다 2만 원 더 싸다. 10명의 동네 주민들에게 선물을 준다고 하였을 때 L자원센터가 내야 하는 총비용은?

① 400,000원
② 600,000원
③ 800,000원
④ 1,000,000원
⑤ 1,200,000원

05 L사의 구내식당에서는 지난달 한 포대당 12,500원의 쌀을 구매하는 데 3,750,000원을 사용하였다. 이번 달에도 같은 양의 쌀을 주문하였으나, 최근 쌀값이 올라 한 포대당 14,000원의 금액을 냈다. 이번 달의 쌀 구매비용은 지난달보다 얼마나 더 증가하였는가?

① 450,000원
② 480,000원
③ 520,000원
④ 536,000원
⑤ 555,000원

06 A사원은 평상시에 지하철을 이용하여 출퇴근을 하지만, 프로젝트를 맡는 기간에는 자동차를 탄다. 이번 달에는 프로젝트 없이 업무가 진행됐지만, 다음 달에는 5일간 프로젝트 업무를 진행할 예정이다. 지하철을 이용하여 출퇴근하면 3,000원이 들고, 자동차를 이용할 경우 기름값이 1일 5,000원, 톨게이트 이용료가 1회 2,000원이 든다. A사원이 이번 달에 사용한 교통비와 다음 달에 사용할 교통비의 차액은 얼마인가?(단, 한 달에 20일을 출근하며, 톨게이트는 출퇴근 시 각각 1번 지난다)

① 20,000원
② 30,000원
③ 50,000원
④ 60,000원
⑤ 90,000원

Hard

07 어느 빵집에서 케이크 1개에 재료비 5만 원을 들여 만든 케이크 50개를 10% 이윤을 남기고 팔려고 했는데, 재료 수급에 문제가 생겨 20개밖에 만들 수 없게 되었다. 원래의 계획대로 50개를 만들었을 때 남는 이윤과 같은 이윤을 남기기 위해서는 케이크의 가격을 얼마로 책정해야 하는가?

① 57,500원
② 59,000원
③ 60,000원
④ 62,500원
⑤ 65,000원

08 총무부에서 사무용품을 구매하려고 한다. 매번 구매해 온 문구점의 연필 한 자루는 1,000원인데, 거래처 특별할인으로 한 타를 사면 20%를 할인해준다. 한 타를 사는 것이 낱개로 살 때보다 얼마 더 저렴한가?(단, 한 타는 12자루이다)

① 2,000원   ② 2,200원
③ 2,400원   ④ 2,600원
⑤ 2,800원

09 L사는 이번 분기 실적에 따라 총 5천만 원의 성과급을 직원들에게 지급하려 한다. 〈조건〉에 따라 성과급을 지급할 때, 1급에 지급되는 성과급은?

> **조건**
> • 직원의 실적에 따라 1 ~ 4급으로 나누어 지급한다.
> • 성과급은 개인당 1급은 2급의 2배, 2급은 3급의 $\frac{3}{2}$ 배, 3급은 4급의 $\frac{4}{3}$ 배의 성과급을 지급받는다.
> • 1급은 3명, 2급은 12명, 3급은 18명, 4급은 20명이 성과급 지급 대상이다.

① 2,500,000원   ② 4,000,000원
③ 6,500,000원   ④ 7,500,000원
⑤ 8,000,000원

10 A는 마트에서 장을 보고 있다. 지금까지 고른 물건의 중간 계산을 해보니 버섯 1봉지, 두부 2모, 대파 1묶음, 우유 2팩, 계란 1판을 구입하여 총 12,500원이었다. 우유는 세일 제품으로 2팩에 4,200원, 계란은 1판에 3,400원이며, 버섯 1봉지와 두부 1모의 가격은 대파 3묶음의 가격보다 300원 저렴하다. 또한 버섯 1봉지는 두부 1모보다 300원 비싸다고 할 때, 두부 1모의 가격은?

① 1,500원   ② 1,400원
③ 1,350원   ④ 1,200원
⑤ 1,000원

06 | 경우의 수

| 유형분석 |

- 순열(P)과 조합(C)을 활용한 문제이다.

$$_n\mathrm{P}_m = n \times (n-1) \times \cdots \times (n-m+1)$$

$$_n\mathrm{C}_m = \frac{_n\mathrm{P}_m}{m!} = \frac{n \times (n-1) \times \cdots \times (n-m+1)}{m!}$$

- 벤다이어그램을 활용한 문제가 출제되기도 한다.

미술 전시를 위해 정육면체 모양의 석고 조각의 각 면에 빨강, 주황, 노랑, 초록, 파랑, 검정으로 색을 칠하려고 한다. 가지고 있는 색깔은 남김없이 모두 사용해야 하고, 이웃하는 면에는 같은 색깔을 칠하지 않는다. 회전해서 같아지는 조각끼리는 서로 같은 정육면체라고 할 때, 만들 수 있는 서로 다른 정육면체의 경우의 수는?

① 6가지
② 15가지
③ 30가지
④ 60가지
⑤ 120가지

정답 ③

정육면체는 면이 6개이고 회전이 가능하므로 윗면을 기준면으로 삼았을 때, 각 면에 색을 칠하는 경우의 수는 다음과 같다.

- 기준면에 색을 칠하는 경우의 수 : $6 \times \dfrac{1}{6} = 1$가지
- 아랫면에 색을 칠하는 경우의 수 : $6 - 1 = 5$가지
- 옆면에 색을 칠하는 경우의 수 : $(4-1)! = 3! = 6$가지

∴ $1 \times 5 \times 6 = 30$가지

따라서 30가지의 서로 다른 정육면체를 만들 수 있다.

30초 컷 풀이 Tip

경우의 수의 합의 법칙과 곱의 법칙 등에 관해 명확히 한다.

합의 법칙
㉠ 두 사건 A, B가 동시에 일어나지 않을 때, A가 일어나는 경우의 수를 m, B가 일어나는 경우의 수를 n이라고 하면, 사건 A 또는 B가 일어나는 경우의 수는 $(m+n)$가지이다.
㉡ '또는', '~이거나'라는 말이 나오면 합의 법칙을 사용한다.

곱의 법칙
㉠ A가 일어나는 경우의 수를 m, B가 일어나는 경우의 수를 n이라고 하면, 사건 A와 B가 동시에 일어나는 경우의 수는 $(m \times n)$가지이다.
㉡ '그리고', '동시에'라는 말이 나오면 곱의 법칙을 사용한다.

01   0 ~ 9까지의 숫자가 적힌 카드를 3장 뽑아서 홀수인 세 자리의 수를 만들려고 할 때, 가능한 경우의 수는?

① 280가지   ② 300가지

③ 320가지   ④ 340가지

⑤ 360가지

02   A, B 2명이 호텔에 묵으려고 한다. 선택할 수 있는 호텔 방이 301, 302, 303호 3개일 때, 호텔 방을 선택할 수 있는 경우의 수는?(단, 1명당 1개의 방만 선택할 수 있고, 2명 중 1명이 방을 선택을 하지 않거나 2명 모두 방을 선택하지 않을 수도 있다)

① 10가지   ② 11가지

③ 12가지   ④ 13가지

⑤ 14가지

03   영희는 과일을 주문하려 인터넷 쇼핑몰에 들어갔다. 쇼핑몰에서는 사과, 수박, 바나나, 자두, 포도, 딸기, 감, 귤, 총 8개의 과일 중에서 최대 4개의 과일을 주문할 수 있다. 영희가 감, 귤, 포도, 딸기 4개 과일에 대해서는 2개까지만 선택을 하고, 3종류의 과일을 주문한다고 할 때, 영희의 주문에 대한 모든 경우의 수는?

① 48가지   ② 52가지

③ 56가지   ④ 64가지

⑤ 68가지

04 다음 〈조건〉을 토대로 할 때, A가 오늘 추가로 마실 수 있는 커피의 경우의 수는?(단, 최소 1가지 종류의 커피만을 마시는 경우까지 포함한다)

> **조건**
> • A는 하루에 400mg의 카페인을 섭취할 수 있다.
> • A는 오늘 이미 200mg의 카페인을 섭취하였다.
> • 인스턴트 커피의 카페인 함유량은 50mg이다.
> • 핸드드립 커피의 카페인 함유량은 75mg이다.

① 6가지   ② 7가지
③ 8가지   ④ 9가지
⑤ 10가지

Hard

05 한국, 미국, 중국, 러시아에서 각각 2명의 테니스 선수들이 8강전에 진출하였다. 각 국가의 선수들이 결승전에서만 붙는 경우의 수는?

① 52가지   ② 56가지
③ 58가지   ④ 64가지
⑤ 72가지

06 6개의 축구팀의 경기 대진표가 아래의 그림과 같다면, 대진표에 축구팀을 배치하는 방법은 총 몇 가지인가?

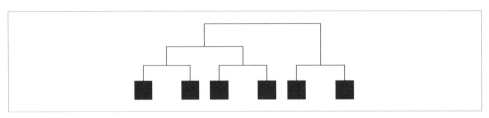

① 16가지   ② 36가지
③ 45가지   ④ 52가지
⑤ 56가지

07 은경이는 태국 여행에서 A ~ D 네 종류의 손수건을 총 9장 구매했으며, 그 중 B손수건은 3장, 나머지는 각각 같은 개수를 구매했다. 기념품으로 친구 3명에게 종류가 다른 손수건을 3장씩 나눠 줬을 때, 가능한 경우의 수는?

① 5가지　　　　　　　　　　　　　② 6가지
③ 7가지　　　　　　　　　　　　　④ 8가지
⑤ 9가지

08 L사의 해외사업부, 온라인영업부, 영업지원부에서 각각 2명, 2명, 3명이 대표로 회의에 참석하기로 하였다. 자리 배치는 원탁 테이블에 같은 부서 사람이 옆자리로 앉는다고 할 때, 7명이 앉을 수 있는 방법의 경우의 수는?

① 48가지　　　　　　　　　　　　② 36가지
③ 27가지　　　　　　　　　　　　④ 24가지
⑤ 16가지

`Easy`

09 주머니에 1부터 40까지의 자연수가 하나씩 적힌 40개의 공이 들어있다. 이 주머니에서 공을 1개 꺼냈을 때, 꺼낸 공에 적힌 수가 40의 약수 또는 3의 배수인 경우의 수는?

① 13가지　　　　　　　　　　　　② 15가지
③ 17가지　　　　　　　　　　　　④ 19가지
⑤ 21가지

10 예선 경기에서 우승한 8명의 선수들이 본선 경기를 진행하려고 한다. 경기 방식은 토너먼트이고 작년에 우승한 1 ~ 4위까지의 선수들이 첫 경기에서 만나지 않도록 대진표를 정한다. 가능한 대진표의 경우의 수는?

① 56가지　　　　　　　　　　　　② 60가지
③ 64가지　　　　　　　　　　　　④ 68가지
⑤ 72가지

07 | 확률

| 유형분석 |

- 순열(P)과 조합(C)을 활용하여 가능한 경우의 수를 구하는 유형이다.
- 합의 법칙과 곱의 법칙을 정확히 이해하고 있어야 한다.
- 벤다이어그램을 활용하는 문제가 자주 출제되고 있다.
- 원순열이나 중복순열의 경우 빈출유형이므로 이에 대한 개념과 공식을 알고 있어야 한다.

새로 입사한 사원의 현황이 다음과 같다. 신입사원 중 여자 1명을 뽑았을 때, 경력자가 뽑힐 확률은?

- 신입사원의 60%는 여성이다.
- 신입사원의 20%는 여성 경력직이다.
- 신입사원의 80%는 여성이거나 경력직이다.

① $\dfrac{1}{3}$ ② $\dfrac{2}{3}$

③ $\dfrac{1}{5}$ ④ $\dfrac{3}{5}$

⑤ $\dfrac{1}{2}$

정답 ①

임의로 전체 신입사원을 100명이라 가정하고 성별과 경력 유무로 구분하여 표를 나타내면 다음과 같다.

(단위 : 명)

구분	여성	남성	합계
경력 없음	$60-20=40$	20	60
경력 있음	$100 \times 0.2 = 20$	$100 \times 0.8 - 60 = 20$	$20+20=40$
합계	$100 \times 0.6 = 60$	40	100

따라서 신입사원 중 여자 1명을 뽑았을 때 경력자가 뽑힐 확률은 $\dfrac{20}{60} = \dfrac{1}{3}$ 이다.

30초 컷 풀이 Tip

- 직관적으로 문제에서 가장 최소한의 계산 과정을 사용하는 조건을 기준으로 삼고, 경우의 수를 구한다.
- 여사건을 이용할 때와 아닐 때의 경우의 수(확률)를 따져보고 좀 더 쉽게 계산할 수 있는 편을 선택한다.

01 1에서 10까지 적힌 숫자카드를 임의로 2장을 동시에 뽑을 때, 뽑은 카드 2장에 적힌 수의 곱이 홀수일 확률은?

① $\dfrac{5}{7}$ ② $\dfrac{7}{8}$

③ $\dfrac{5}{9}$ ④ $\dfrac{2}{9}$

⑤ $\dfrac{1}{9}$

02 10%의 불량품이 들어 있는 제품 중에서 임의로 4개의 제품을 택할 때, 2개의 제품이 불량품일 확률은?

① 0.0025   ② 0.0125

③ 0.0486   ④ 0.0492

⑤ 0.0824

`Easy`

03 5권의 책 A ~ E를 책장에 일렬로 놓을 때, A와 B 2권의 책이 붙어 있을 확률은?

① $\dfrac{2}{5}$ ② $\dfrac{2}{7}$

③ $\dfrac{1}{9}$ ④ $\dfrac{1}{10}$

⑤ $\dfrac{3}{13}$

04 A의 부서원은 총 7명이며 회사 차를 타고 미팅 장소로 이동하려고 한다. 운전석에는 운전면허증을 가진 사람이 앉고, 한 대의 차량으로 모두 이동한다. 다음 〈조건〉에 따라 회사 차에 앉을 때 A가 부장의 옆자리에 앉지 않을 확률은?

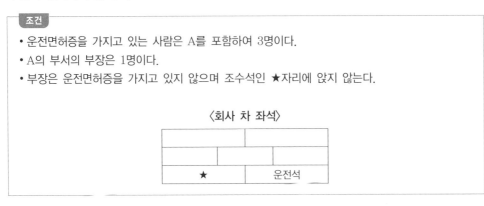

조건
• 운전면허증을 가지고 있는 사람은 A를 포함하여 3명이다.
• A의 부서의 부장은 1명이다.
• 부장은 운전면허증을 가지고 있지 않으며 조수석인 ★자리에 앉지 않는다.

〈회사 차 좌석〉

★	운전석	

① 0.3 ② 0.45
③ 0.5 ④ 0.7
⑤ 0.84

Hard

05 어느 한 사람이 5지선다형 문제 2개를 풀고자 한다. 첫 번째 문제의 정답은 선택지 중 1개이지만, 두 번째 문제의 정답은 선택지 중 2개이며, 모두 맞혀야 정답으로 인정된다. 두 문제 중 하나만 맞힐 확률은?

① 18% ② 20%
③ 26% ④ 30%
⑤ 44%

06 진수네 축구팀을 포함한 16개의 축구팀이 모여서 토너먼트 방식으로 우승을 가리려고 한다. 진수네 팀이 경기에서 이길 확률이 항상 0.6이라면, 진수네 팀이 우승할 확률은?(단, 소수점 첫째 자리에서 반올림한다)

① 11% ② 13%
③ 16% ④ 18%
⑤ 20%

07 같은 회사에 다니는 A사원과 B사원이 건물 맨 꼭대기 층인 10층에서 엘리베이터를 함께 타고 내려 갔다. 두 사원이 서로 다른 층에 내릴 확률은?(단, 두 사원 모두 지하에서는 내리지 않는다)

① $\dfrac{1}{3}$ ② $\dfrac{4}{9}$

③ $\dfrac{2}{3}$ ④ $\dfrac{7}{9}$

⑤ $\dfrac{8}{9}$

08 어느 학교의 학생은 A과목과 B과목 중 한 과목만을 선택하여 수업을 받는다고 한다. A과목과 B과 목을 선택한 학생의 비율이 각각 전체의 40%, 60%이고, A과목을 선택한 학생 중 여학생은 30%, B과목을 선택한 학생 중 여학생은 40%라고 한다. 이 학교의 학생 중에서 임의로 뽑은 학생이 여학 생일 때, 그 학생이 B과목을 선택한 학생일 확률은?

① $\dfrac{1}{3}$ ② $\dfrac{2}{3}$

③ $\dfrac{1}{4}$ ④ $\dfrac{3}{4}$

⑤ $\dfrac{2}{5}$

09 흰색 탁구공 7개와 노란색 탁구공 5개가 들어 있는 주머니에서 4개의 탁구공을 동시에 꺼낼 때, 흰색 탁구공이 노란색 탁구공보다 많을 확률은?

① $\dfrac{10}{33}$ ② $\dfrac{14}{33}$

③ $\dfrac{17}{33}$ ④ $\dfrac{20}{33}$

⑤ $\dfrac{23}{33}$

10 서진이, 민진이를 포함한 5명이 일렬로 놓인 영화관의 좌석에 앉으려고 한다. 서진이와 민진이 사이에 적어도 1명이 앉게 될 확률은?

① $\dfrac{1}{5}$ ② $\dfrac{3}{5}$

③ $\dfrac{7}{15}$ ④ $\dfrac{8}{15}$

⑤ $\dfrac{13}{17}$

08 | 자료분석

| 유형분석 |

- 자료를 보고 해석하거나 추론한 내용을 고르는 문제가 출제된다.
- 증감 추이, 증감률, 증감폭 등의 간단한 계산이 포함되어 있다.
- %, %p 등의 차이점을 알고 적용할 수 있어야 한다.
  %(퍼센트) : 어떤 양이 전체(100)에 대해서 얼마를 차지하는가를 나타내는 단위
  %p(퍼센트 포인트) : %로 나타낸 수치가 이전 수치와 비교했을 때 증가하거나 감소한 양

다음은 민간 분야 사이버 침해사고 발생현황에 대한 표이다. 이에 대한 설명으로 옳지 않은 것을 〈보기〉에서 모두 고르면?

〈민간 분야 사이버 침해사고 발생현황〉

(단위 : 건)

구분	2020년	2021년	2022년	2023년
홈페이지 변조	650	900	600	390
스팸릴레이	100	90	80	40
기타 해킹	300	150	170	165
단순 침입시도	250	300	290	175
피싱 경유지	200	430	360	130
합계	1,500	1,870	1,500	900

보기

ㄱ. 단순 침입시도 분야의 침해사고는 매년 스팸릴레이 분야의 침해사고 건수의 2배 이상이다.
ㄴ. 2020년 대비 2023년 침해사고 건수가 50% 이상 감소한 분야는 2개 분야이다.
ㄷ. 2022년 홈페이지 변조 분야의 침해사고 건수가 차지하는 비중은 35% 이상이다.
ㄹ. 2021년 대비 2023년은 모든 분야의 침해사고 건수가 감소하였다.

① ㄱ, ㄴ
② ㄱ, ㄹ
③ ㄴ, ㄷ
④ ㄴ, ㄹ
⑤ ㄷ, ㄹ

④

ㄴ. 2020년 대비 2023년 각 분야별 침해사고 건수 감소율은 다음과 같다.

- 홈페이지 변조 : $\dfrac{390-650}{650} \times 100 = -40\%$

- 스팸릴레이 : $\dfrac{40-100}{100} \times 100 = -60\%$

- 기타 해킹 : $\dfrac{165-300}{300} \times 100 = -45\%$

- 단순 침입시도 : $\dfrac{175-250}{250} \times 100 = -30\%$

- 피싱 경유지 : $\dfrac{130-200}{200} \times 100 = -35\%$

따라서 50% 이상 감소한 분야는 '스팸릴레이'한 분야이다.

ㄹ. 기타 해킹 분야의 2023년 침해사고 건수는 2021년 대비 증가했으므로 옳지 않은 설명이다.

오답분석

ㄱ. 단순 침입시도 분야의 침해사고는 매년 스팸릴레이 분야의 침해사고 건수의 2배 이상인 것을 확인할 수 있다.

ㄷ. 2022년 홈페이지 변조 분야의 침해사고 건수가 차지하는 비중은 $\dfrac{600}{1,500} \times 100 = 40\%$로, 35% 이상이다.

30초 컷 풀이 Tip

간단한 선택지부터 해결하기
계산이 필요 없거나 생각하지 않아도 되는 선택지를 먼저 해결한다.
예 ㄹ은 제시된 수치의 증감 추이를 판단하는 문제이므로 가장 먼저 풀이 가능하다.

적절한 것 / 적절하지 않은 것 헷갈리지 않게 표시하기
자료해석은 적절한 것 또는 적절하지 않은 것을 찾는 문제가 출제된다. 문제마다 매번 바뀌므로 이를 확인하는 것은 매우 중요하다. 따라서 선택지에 표시할 때에도 선택지가 적절하지 않은 내용이라서 '×'표시를 했는지, 적절한 내용이지만 문제가 적절하지 않은 것을 찾는 문제라 '×' 표시를 했는지 헷갈리지 않도록 표시 방법을 정해야 한다.

제시된 자료를 통해 계산할 수 있는 값인지 확인하기
제시된 자료만으로 계산할 수 없는 값을 묻는 선택지인지 먼저 판단해야 한다. 문제를 읽고 바로 계산부터 하면 함정에 빠지기 쉽다.

01 다음은 전국 풍수해 규모에 대한 자료이다. 이에 대한 설명으로 옳은 것은?

〈전국 풍수해 규모〉

(단위 : 억 원)

구분	2014년	2015년	2016년	2017년	2018년	2019년	2020년	2021년	2022년	2023년
태풍	118	1,609	8	–	1,725	2,183	8,037	17	53	134
호우	9,063	435	581	2,549	1,808	5,282	384	1,555	1,400	14
대설	60	74	36	128	663	477	204	119	324	130
강풍	140	69	11	70	2	5	267	9	1	39
풍랑	57	331	–	241	70	3	–	–	–	3
전체	9,438	2,518	636	2,988	4,268	7,950	8,892	1,700	1,778	320

① 2015년 ~ 2023년 동안 연도별로 발생한 전체 풍수해 규모의 전년 대비 증감 추이는 태풍으로 인한 풍수해 규모의 증감 추이와 같다.

② 풍랑으로 인한 풍수해 규모는 매년 가장 작았다.

③ 2023년 호우로 인한 풍수해 규모의 전년 대비 감소율은 97% 미만이다.

④ 전체 풍수해 규모에서 대설로 인한 풍수해 규모가 차지하는 비중은 2021년이 2019년보다 크다.

⑤ 2014년 ~ 2023년 동안 연도별로 발생한 전체 풍수해 규모에서 태풍으로 인한 풍수해 규모가 가장 큰 해는 2020년뿐이다.

다음은 기계 100대의 업그레이드 전·후 성능지수에 관한 자료이다. 이에 대한 설명으로 옳은 것은?

〈업그레이드 전·후 성능지수별 대수〉

(단위 : 대)

구분 \ 성능지수	65	79	85	100
업그레이드 전	80	5	0	15
업그레이드 후	0	60	5	35

※ 성능지수는 네 가지 값(65, 79, 85, 100)만 존재하고, 그 값이 클수록 성능지수가 향상됨을 의미함

〈성능지수 향상폭 분포〉

※ 업그레이드를 통한 성능 감소는 없음
※ (성능지수 향상폭)=(업그레이드 후 성능지수)−(업그레이드 전 성능지수)

① 업그레이드 후 1대당 성능지수는 20 이상 향상되었다.

② 업그레이드 전 성능지수가 65이었던 기계의 15%가 업그레이드 후 성능지수 100이 된다.

③ 업그레이드 전 성능지수가 79이었던 모든 기계가 업그레이드 후 성능지수 100이 된 것은 아니다.

④ 업그레이드 전 성능지수가 100이 아니었던 기계 중, 업그레이드를 통한 성능지수 향상폭이 0인 기계가 있다.

⑤ 업그레이드를 통한 성능지수 향상폭이 35인 기계 대수는 업그레이드 전 성능지수가 100이었던 기계 대수와 같다.

03 다음은 인터넷 공유활동 참여 현황에 대한 표이다. 이를 올바르게 이해하지 못한 사람은?

〈인터넷 공유활동 참여율(복수응답)〉

(단위 : %)

구분		커뮤니티 이용	퍼나르기	블로그 운영	댓글 달기	UCC 게시
성별	남성	79	64	49	52	46
	여성	76	59	55	38	40
연령	10대	75	63	54	44	51
	20대	88	74	76	47	54
	30대	77	58	46	44	37
	40대	66	48	27	48	29

※ 성별, 연령별 조사인원은 동일함

① A사원 : 자료에 의하면 20대가 다른 연령대에 비해 인터넷상에서 공유활동을 활발히 참여하고 있네요.

② B주임 : 대체로 남성이 여성에 비해 상대적으로 활발한 활동을 하고 있는 것 같아요. 그런데 블로그 운영 활동은 여성이 더 많네요.

③ C대리 : 남녀 간의 참여율 격차가 가장 큰 활동은 댓글 달기이네요. 반면에 커뮤니티 이용은 남녀 간의 참여율 격차가 가장 작네요.

④ D사원 : 10대와 30대의 공유활동 참여율을 큰 순서대로 나열하면 재미있게도 두 연령대의 활동 순위가 동일하네요.

⑤ E사원 : 40대는 대부분의 공유활동에서 모든 연령대의 참여율보다 낮지만, 댓글 달기에서는 가장 높은 참여율을 보이고 있네요.

04 L유통에서 근무하는 K사원은 A, B작업장에서 발생하는 작업 환경의 유해 요인을 조사한 후 다음과 같이 정리하였다. 이에 대한 설명으로 옳은 것을 〈보기〉에서 모두 고르면?

〈A, B작업장의 작업 환경 유해 요인〉

(단위 : 건)

구분	작업 환경 유해 요인	사례 수		
		A작업장	B작업장	합계
1	소음	3	1	4
2	분진	1	2	3
3	진동	3	0	3
4	바이러스	0	5	5
5	부자연스러운 자세	5	3	8
합계		12	11	23

※ 물리적 요인 : 소음, 진동, 고열, 조명, 유해광선, 방사선 등
※ 화학적 요인 : 독성, 부식성, 분진, 미스트, 흄, 증기 등
※ 생물학적 요인 : 세균, 곰팡이, 각종 바이러스 등
※ 인간 공학적 요인 : 작업 방법, 작업 자세, 작업 시간, 사용공구 등

보기

ㄱ. A작업장에서 발생하는 작업 환경 유해 사례는 화학적 요인으로 인해서 가장 많이 발생되었다.
ㄴ. B작업장에서 발생하는 작업 환경 유해 사례는 생물학적 요인으로 인해서 가장 많이 발생되었다.
ㄷ. A와 B작업장에서 화학적 요인으로 발생되는 작업 환경의 유해 요인은 집진 장치를 설치하여 예방할 수 있다.

① ㄱ
② ㄴ
③ ㄱ, ㄷ
④ ㄴ, ㄷ
⑤ ㄱ, ㄴ, ㄷ

05 다음은 화재관련 자료이다. 이에 대한 설명으로 옳지 않은 것은?

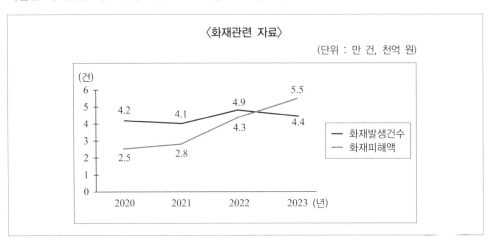

① 화재발생건수와 화재피해액은 비례한다.
② 화재피해액은 매년 증가한다.
③ 화재발생건수가 가장 높은 해는 2022년이다.
④ 화재피해액은 2022년 이후 처음으로 4천억 원을 넘어섰다.
⑤ 화재발생건수가 높다고 화재피해액도 높은 것은 아니다.

06 다음은 L편의점이 정리한 3 ~ 8월까지 6개월간 캔 음료 판매현황에 대한 표이다. 이에 대한 설명으로 적절하지 않은 것은?(단, 3 ~ 5월은 봄, 6 ~ 8월은 여름이다)

〈월별 캔 음료 판매현황〉

(단위 : 캔)

구분	맥주	커피	탄산음료	이온음료	과일음료
3월	601	264	448	547	315
4월	536	206	452	523	362
5월	612	184	418	519	387
6월	636	273	456	605	406
7월	703	287	476	634	410
8월	812	312	513	612	419

① 맥주는 매월 커피의 2배 이상 판매되었다.
② 모든 캔 음료는 봄보다 여름에 더 잘 팔렸다.
③ 이온음료는 탄산음료보다 봄에 더 잘 팔렸다.
④ 맥주는 매월 가장 큰 판매 비중을 보이고 있다.
⑤ 모든 캔 음료는 여름에 매월 꾸준히 판매량이 증가하였다.

07 다음은 2018년부터 2022년까지 자원봉사 참여현황에 대한 표이다. 이에 대한 설명으로 적절하지 않은 것을 〈보기〉에서 모두 고르면?

〈연도별 자원봉사 참여현황〉

(단위 : 명)

구분	2018년	2019년	2020년	2021년	2022년
총성인 인구수	41,649,010	42,038,921	43,011,143	43,362,250	43,624,033
자원봉사 참여 성인 인구수	2,667,575	2,874,958	2,252,287	2,124,110	1,383,916

보기

ㄱ. 자원봉사에 참여하는 성인 참여율은 2019년도가 가장 높다.
ㄴ. 2020년도의 성인 자원봉사 참여율은 2021년보다 높다.
ㄷ. 자원봉사 참여 증가율이 가장 높은 해는 2019년도이고 가장 낮은 해는 2021년이다.
ㄹ. 2018년부터 2021년까지의 총 자원봉사 참여 성인 인구수는 천만 명 이상이다.

① ㄱ, ㄴ
② ㄱ, ㄷ
③ ㄴ, ㄷ
④ ㄴ, ㄹ
⑤ ㄷ, ㄹ

Easy

08 토요일이 의미 없이 지나간다고 생각한 직장인 L씨는 자기계발을 위해 집 근처 문화센터에서 하는 프로그램에 수강신청 하려고 한다. 문화센터 프로그램 안내표를 보고 적절하지 않은 설명을 고르면?(단, 시간이 겹치는 프로그램은 수강할 수 없다)

〈문화센터 프로그램 안내표〉

구분	수강료(3달 기준)	강좌시간
중국어 회화	60,000원	11:00 ~ 12:30
영어 회화	60,000원	10:00 ~ 11:30
지르박	180,000원	13:00 ~ 16:00
차차차	150,000원	12:30 ~ 14:30
자이브	195,000원	14:30 ~ 18:00

① 시간상 L씨가 선택할 수 있는 과목은 최대 2개이다.
② 자이브의 수강 시간이 가장 길다.
③ 중국어 회화와 차차차를 수강할 때 한 달 수강료는 7만 원이다.
④ 차차차와 자이브를 둘 다 수강할 수 있다.
⑤ 회화 중 한 과목을 수강하면 최소 2과목을 들을 수 있다.

09 다음은 A국가의 자원별 발전량에 대한 그래프이다. 이에 대한 설명으로 옳지 않은 것은?

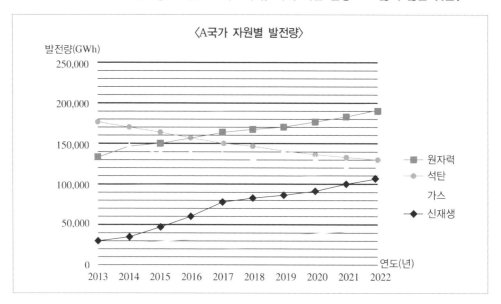

〈A국가 자원별 발전량〉

① 석탄 자원의 발전량은 매년 감소하고 있지만, 신재생 자원의 발전량은 매년 증가하고 있다.
② 2017년 이후로 원자력 자원의 발전량이 가장 많다.
③ 2013년 대비 2022년의 발전량의 증감폭이 가장 낮은 자원은 가스 자원이다.
④ 원자력 자원의 발전량과 석탄 자원 발전량의 차이가 가장 적은 해는 2016년이다.
⑤ 원자력 자원의 발전량 대비 신재생 자원의 발전량의 비는 매년 감소하고 있다.

10 국내의 유통업체 L사는 몽골 시장으로 진출하기 위해 현지에 진출해 있는 기업들이 경험한 진입 장벽에 대하여 다음과 같이 조사하였다. 다음 조사 결과에 대한 설명으로 가장 적절한 것은?

> L사는 몽골 시장의 진입 장벽에 해당하는 주요 요인 4가지를 선정하였고, 현지 진출 기업들은 경험을 바탕으로 요인별로 0 ~ 10점 사이의 점수를 부여하였다.
>
> **〈진출 기업 업종별 몽골 시장으로의 진입 장벽〉**
>
> (단위 : 점)
>
> | 구분 | 몽골 기업의 시장 점유율 | 초기 진입 비용 | 현지의 엄격한 규제 | 문화적 이질감 |
> |---|---|---|---|---|
> | 유통업 | 7 | 5 | 9 | 2 |
> | 제조업 | 5 | 3 | 8 | 4 |
> | 서비스업 | 4 | 2 | 6 | 8 |
> | 식·음료업 | 6 | 7 | 5 | 6 |
>
> ※ 점수가 높을수록 해당 요인이 강력한 진입 장벽으로 작용함

① 유통업의 경우, 타 업종에 비해 높은 초기 진입 비용이 강력한 진입 장벽으로 작용한다.

② L사의 경우, 현지의 엄격한 규제가 몽골 시장의 진입을 방해하는 요소로 작용할 가능성이 크다.

③ 제조업의 경우, 타 업종에 비해 높은 몽골 기업의 시장 점유율이 강력한 진입 장벽으로 작용한다.

④ 문화적 이질감이 가장 강력한 진입 장벽으로 작용하는 업종은 식·음료업이다.

⑤ 서비스업의 경우, 타 업종에 비해 시장으로의 초기 진입 비용이 가장 많이 든다.

09 | 자료계산

| 유형분석 |

- 주어진 자료를 통해 문제에서 주어진 특정한 값을 찾고, 자료의 변동량을 구할 수 있는지를 평가하는 유형이다.
- 각 그래프의 선이 어떤 항목을 의미하는지와 단위를 정확히 확인한다.
- 그림을 통해 계산하지 않고 눈으로 확인할 수 있는 내용(증감추이)이 있는지 확인한다.

귀하는 L사의 인사관리 부서에서 근무 중이다. 오늘 회의시간에 생산부서의 인사평가 자료를 취합하여 보고해야 하는데 자료 취합 중 파일에 오류가 생겨 일부 자료가 훼손되었다. 다음 중 (가) ~ (다)에 들어갈 점수를 바르게 짝지은 것은?(단, 각 평가는 100점 만점이고, 종합순위는 각 평가지표 점수의 총합으로 결정한다)

〈인사평가 점수 현황〉

(단위 : 점)

구분	역량	실적	자기계발	성실성	종합순위
A사원	70	(가)	80	70	4
B대리	80	85	(나)	70	1
C과장	(다)	85	70	75	2
D부장	80	80	60	70	3

※ 점수는 5점 단위로 부여함

	(가)	(나)	(다)
①	60	70	55
②	65	65	65
③	65	60	65
④	75	65	55
⑤	75	60	65

(가)~(다)에 들어갈 정확한 값을 찾으려 계산하기보다는 자료에서 해결할 수 있는 실마리를 찾아 적절하지 않은 선택지를 제거하는 방식으로 접근하는 것이 좋다.

먼저 종합순위가 3위인 D부장의 점수는 모두 공개되어 있으므로 총점을 계산해보면, 80+80+60+70=290점이다.

종합순위가 4위인 A사원의 총점은 70+(가)+80+70=220+(가)점이며, 3위 점수인 290점보다 낮아야 하므로 (가)에 들어갈 점수는 70점 미만이다.

종합순위가 2위인 C과장의 총점은 (다)+85+70+75=230+(다)점이며, 290점보다 높아야 하므로 (다)에 들어갈 점수는 60점을 초과해야 한다.

위의 조건에 해당하는 ②, ③에 따라 (가)=65점, (다)=65점을 대입하면, C과장의 총점은 230+65=295점이 된다.

종합순위가 1위인 B대리의 총점은 80+85+(나)+70=235+(나)점이며, 295점보다 높아야 하므로 (나)에 들어갈 점수는 60점을 초과해야 한다.

따라서 (나)의 점수가 60점인 ③은 제외되므로 가장 적절한 것은 ②이다.

30초 컷 풀이 Tip

• 자료계산 유형은 선택지를 소거하면서 풀이하면 시간을 단축시킬 수 있다.

01 다음 표는 매년 해외·국내여행 평균횟수에 대해 연령대별 50명씩 설문조사한 결과이다. 빈칸에 들어갈 수치로 가장 적절한 것은?(단, 각 수치는 매년 일정한 규칙으로 변화한다)

<연령대별 해외·국내여행 평균횟수>

(단위 : 회)

구분	2018	2019	2020	2021	2022	2023
20대	35.9	35.2	40.7	42.2	38.4	37.0
30대	22.3	21.6	24.8	22.6	20.9	24.1
40대	19.2	24.0	23.7	20.4	24.8	22.9
50대	27.6	28.8	30.0	31.2		33.6
60대 이상	30.4	30.8	28.2	27.3	24.3	29.4

① 32.4   ② 33.1

③ 34.2   ④ 34.5

⑤ 35.1

Easy

02 다음은 유아교육 규모에 대한 표이다. 다음 중 (A)에 들어갈 숫자로 가장 적절한 것은?(단, 소수점 첫째 자리에서 반올림한다)

<연도별 유아교육 규모>

구분	2015년	2016년	2017년	2018년	2019년	2020년	2021년
유치원 수(원)	8,494	8,275	8,290	8,294	8,344	8,373	8,388
학급 수(학급)	20,723	22,409	23,010	23,860	24,567	24,908	25,670
원아 수(명)	546,234	543,078	545,615	(A)	536,316	538,308	539,623
교원 수(명)	28,012	31,033	32,095	33,504	34,601	35,415	36,461
취원율(%)	26.2	31.4	35.3	36.0	38.4	39.7	39.9
교원 1인당 원아 수(명)	19.5	17.5	17.0	16.2	15.5	15.2	14.8

① 298,584   ② 386,532

③ 542,764   ④ 542,765

⑤ 858,960

03 다음은 2019년부터 2023년까지 교육수준으로, 최종학력별 인구분포 비율에 대한 그래프이다. 다음 중 최종학력이 대학교 이상인 인구 구성비의 2019년 대비 2023년 증가율과 중학교 이하인 인구 구성비의 2019년 대비 2022년 감소율을 순서대로 옳게 나열한 것은?(단, 증감률은 소수점 둘째 자리에서 반올림한다)

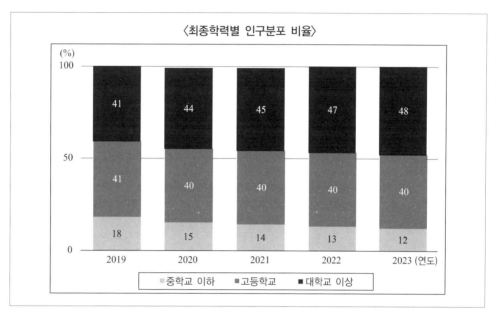

① 15.6%, −22.4%
② 15.6%, −27.8%
③ 17.1%, −22.4%
④ 17.1%, −27.8%
⑤ 17.1%, −32.1%

04 L사에서는 사원들의 업무효율을 위하여 오래된 책상을 교체하려고 한다. 다음은 각 부서별 책상 현황과 책상 교체 조건에 대한 표이다. 다음 중 〈조건〉에 따라 부서별로 교체할 책상의 개수를 알맞게 짝지은 것은?

〈부서별 책상 현황〉

(단위 : 개)

구입날짜	E부서	F부서	G부서	H부서
2017.02.17.	15	8	5	12
2018.08.01.	10	8	12	0
2021.07.30.	5	2	0	3

※ 부서별 책상의 개수와 인원수는 같음

조건
- 구입한 지 5년 이상인 책상을 대상으로 교체할 예정이다.
- 기존 책상과 교체할 책상의 개수 비율은 전체의 10 : 90 또는 20 : 80이다.
- 부서별 기존 책상의 수는 전체 책상 수의 10%를 넘지 않는다.
- 오늘은 2023년 8월 15일이다.
- 기존 책상은 교체하지 않은 책상을 말한다.

	E부서	F부서	G부서	H부서
①	25개	17개	12개	10개
②	23개	10개	8개	15개
③	22개	12개	16개	12개
④	22개	14개	16개	12개
⑤	24개	12개	8개	10개

다음은 인천국제공항의 연도별 세관물품 신고 수에 대한 표이다. 〈보기〉를 바탕으로 A ~ D에 들어갈 물품을 알맞게 짝지은 것을 고르면?

〈연도별 세관물품 신고 수〉

(단위 : 만 건)

구분	2018년	2019년	2020년	2021년	2022년
A	3,547	4,225	4,388	5,026	5,109
B	2,548	3,233	3,216	3,410	3,568
C	3,753	4,036	4,037	4,522	4,875
D	1,756	2,013	2,002	2,135	2,647

보기

ㄱ. 가전류와 주류의 2019 ~ 2021년까지 전년 대비 세관물품 신고 수는 증가와 감소가 반복되었다.

ㄴ. 2021년도 담배류 세관물품 신고 수의 전년 대비 증가량은 두 번째로 많다.

ㄷ. 2019 ~ 2022년 동안 매년 세관물품 신고 수가 가장 많은 것은 잡화류이다.

ㄹ. 2021년도 세관물품 신고 수의 전년 대비 증가율이 세 번째로 높은 것은 주류이다.

	A	B	C	D
①	잡화류	담배류	가전류	주류
②	담배류	주류	가전류	가전류
③	잡화류	가전류	담배류	주류
④	가전류	담배류	잡화류	주류
⑤	가전류	잡화류	담배류	주류

다음은 A ~ E과제에 대해 전문가 6명이 평가한 점수이다. 최종점수와 평균점수가 같은 과제로만 짝지어진 것은?

〈과제별 점수 현황〉

(단위 : 점)

구분	A	B	C	D	E
전문가 1	100	80	60	80	100
전문가 2	70	60	50	100	40
전문가 3	60	40	100	90	( )
전문가 4	50	60	90	70	70
전문가 5	80	60	60	40	80
평균점수	( )	( )	( )	( )	70

※ 최종점수는 가장 낮은 점수와 가장 높은 점수를 제외한 평균점수임

① A, B

② B, C

③ B, D

④ B, E

⑤ D, E

07 다음은 남녀 500명의 윗몸일으키기 측정 결과표이다. 41 ~ 50회를 기록한 남자 수와 11 ~ 20회를 기록한 여자 수의 차이는?

〈윗몸일으키기 측정 결과〉

(단위 : %)

구분	남	여
0 ~ 10회	2	15
11 ~ 20회	11	17
21 ~ 30회	12	33
31 ~ 40회	40	21
41 ~ 50회	35	14
전체	60	40

① 53명   ② 62명

③ 71명   ④ 80명

⑤ 93명

08 다음은 노인 취업률 추이에 대한 그래프이다. 조사한 직전 연도 대비 노인 취업률의 변화율이 가장 큰 연도는?

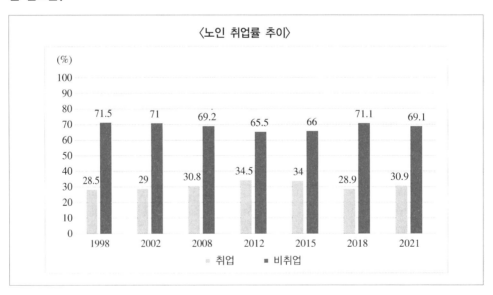

〈노인 취업률 추이〉

① 2002년   ② 2012년

③ 2015년   ④ 2018년

⑤ 2021년

09 다음은 B식당의 연도별 일평균 판매량을 나타낸 그래프이다. 다음 중 전년 대비 일평균 판매량 증가율이 가장 높은 해는?

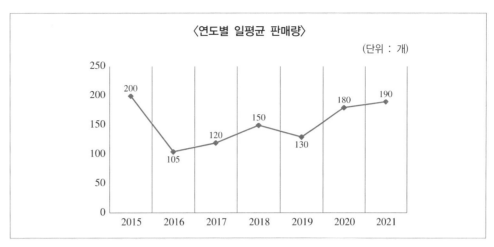

① 2016년   ② 2017년

③ 2018년   ④ 2020년

⑤ 2021년

10 다음 자료는 사내전화 평균 통화시간에 대한 표이다. 평균 통화시간이 6 ~ 9분인 여자의 수는 12분 이상인 남자의 수의 몇 배인가?

〈사내전화 평균 통화시간〉

구분	남자	여자
3분 이하	33%	26%
3 ~ 6분	25%	21%
6 ~ 9분	18%	18%
9 ~ 12분	14%	16%
12분 이상	10%	19%
대상 인원수	600명	400명

① 1.1배   ② 1.2배

③ 1.3배   ④ 1.4배

⑤ 1.5배

10 | 자료변환

| 유형분석 |

- 제시된 표나 그래프의 수치를 그래프로 올바르게 변환한 것을 묻는 유형이다.
- 복잡한 표가 제시되지 않으므로 수의 크기만을 판단하여 풀이할 수 있다.
- 정확한 수치가 제시되지 않을 수 있으므로 그래프의 높낮이나 넓이를 판단하여 풀이해야 한다.
- 제시된 표나 그래프의 수치를 계산하여 변환하는 유형도 출제될 수 있다.

다음은 연도별 치킨전문점 개·폐업점 수에 대한 표이다. 이를 참고하여 작성한 그래프로 적절한 것은?

〈연도별 치킨전문점 개·폐업점 수〉

(단위 : 개)

구분	개업점 수	폐업점 수	구분	개업점 수	폐업점 수
2012년	3,449	1,965	2018년	3,252	2,873
2013년	3,155	2,121	2019년	3,457	2,745
2014년	4,173	1,988	2020년	3,620	2,159
2015년	4,219	2,465	2021년	3,244	3,021
2016년	3,689	2,658	2022년	3,515	2,863
2017년	3,887	2,785	2023년	3,502	2,758

①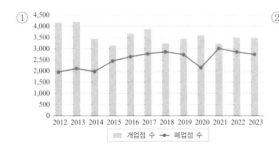

②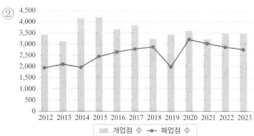

③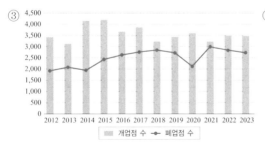

④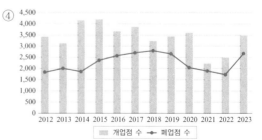

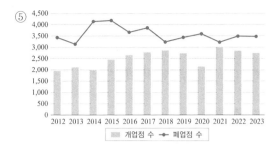

⑤ (그래프: 2012~2023년 개업점 수와 폐업점 수)
개업점 수 ■ 폐업점 수 ━●━

정답 ③

제시된 자료의 개업점 수와 폐업점 수의 증감 추이를 나타내면 다음과 같다.

구분	2012년	2013년	2014년	2015년	2016년	2017년	2018년	2019년	2020년	2021년	2022년	2023년
개업점 수	–	감소	증가	증가	감소	증가	감소	증가	증가	감소	증가	감소
폐업점 수	–	증가	감소	증가	증가	증가	증가	감소	감소	증가	감소	감소

이와 일치하는 추이를 보이고 있는 ③의 그래프가 적절하다.

오답분석

① 2012 ~ 2013년 개업점 수가 자료보다 높고, 2014 ~ 2015년 개업점 수는 낮다.
② 2019년 폐업점 수는 자료보다 낮고, 2020년의 폐업점 수는 높다.
④ 2021 ~ 2022년 개업점 수와 폐업점 수가 자료보다 낮다.
⑤ 2012 ~ 2023년 개업점 수와 폐업점 수가 바뀌었다.

30초 컷 풀이 Tip

1. 수치를 일일이 확인하는 것보다 해당 풀이처럼 증감 추이를 먼저 판단해서 선택지를 1차적으로 거르고 나머지 선택지 중 그래프 모양이 크게 차이 나는 곳의 수치를 확인하면 빠르게 풀이할 수 있다.
2. 막대그래프가 자료로 제시되는 경우 막대의 가운데 부분을 연결하면 꺾은선 그래프가 된다.

01 다음은 우리나라 강수량에 대한 자료이다. 이를 그래프로 바르게 변환한 것은?

〈우리나라 강수량〉

(단위 : mm, 위)

구분	1월	2월	3월	4월	5월	6월	7월	8월	9월	10월	11월	12월
강수량	15.3	29.8	24.1	65.0	29.5	60.7	308.0	241.0	92.1	67.6	12.7	21.9
역대순위	32	23	39	30	44	43	14	24	26	13	44	27

① (mm)

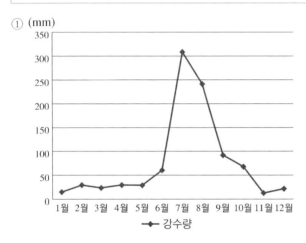

② (mm)

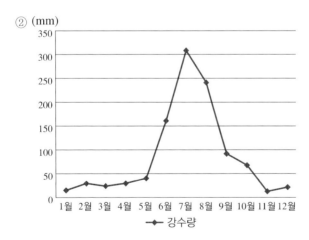

③ (mm)

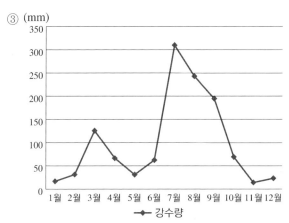

④ (mm)

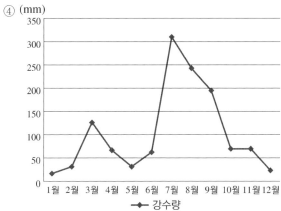

⑤ (mm)

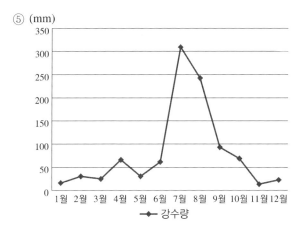

02 다음은 신재생에너지 산업통계 자료이다. 이를 그래프로 나타낸 자료로 옳지 않은 것은?

〈신재생에너지원별 산업 현황〉

(단위 : 억 원)

구분	기업체 수(개)	고용인원 (명)	매출액	내수	수출액	해외공장 매출	투자액
태양광	127	8,698	75,637	22,975	33,892	18,770	5,324
태양열	21	228	290	290	0	0	1
풍력	37	2,369	14,571	5,123	5,639	3,809	583
연료전지	15	802	2,837	2,143	693	0	47
지열	26	541	1,430	1,430	0	0	251
수열	3	46	29	29	0	0	0
수력	4	83	129	116	13	0	0
바이오	128	1,511	12,390	11,884	506	0	221
폐기물	132	1,899	5,763	5,763	0	0	1,539
합계	493	16,177	113,076	49,753	40,743	22,579	7,966

① 신재생에너지원별 기업체 수(단위 : 개)

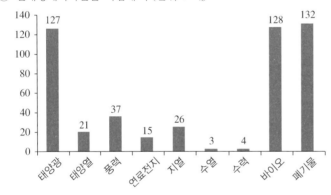

② 신재생에너지원별 고용인원(단위 : 명)

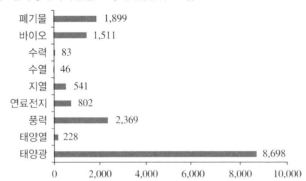

③ 신재생에너지원별 고용인원 비율

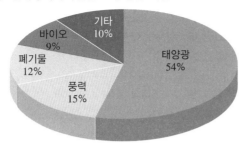

④ 신재생에너지원별 내수 현황(단위 : 억 원)

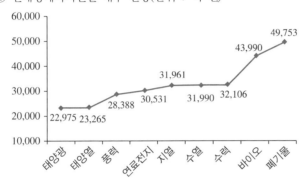

⑤ 신재생에너지원별 해외공장매출 비율

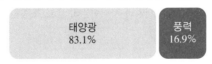

L기업은 1인 가구를 대상으로 한 서비스를 기획하고자 한다. 해당 업무를 맡게 된 귀하는 1인 가구의 생활 및 소비행태에 대해 분석하여 다음과 같은 보고서를 작성하였다. 보고서의 내용을 뒷받침할 근거자료를 추가하여 보완하려고 할 때, 활용하지 못하는 자료는?(단, 모든 그래프의 단위는 '%'이다)

〈1인 가구의 생활 및 소비행태의 분석〉

1인 가구로 생활한 기간은 10년 이상(25.3%), 5 ~ 10년 미만(25.3%), 2 ~ 5년 미만(25.1%), 2년 미만(24.3%) 순으로 단기, 중장기 기간에 걸쳐 고루 분포되어 1인 가구의 증가 추세가 최근 몇 년 사이에 일어난 단기현상이 아님을 보여주고 있다.

성별과 연령별로 생활 기간의 차이를 보면 남성이 여성보다 단기(2년 미만), 장기(10년 이상) 생활 기간이 많은 것으로 나타났다. 연령별로는 생활 기간에 따라 완만한 상승 또는 하강의 곡선을 보일 것이라는 예상과 달리 30대의 경우 5 ~ 10년 미만 생활 기간이 31.4%로 가장 많이 나타났으며 나머지 생활 기간들도 비슷한 비율을 보여 다양한 1인 가구 생활 기간을 가진 연령대를 대표한다고 볼 수 있다. 50대 이상 연령대의 경우 40대에 비해 2년 미만 생활 기간이 상내적으로 높게 나타나 결혼 상태나 생애주기의 변화에 따른 1인 가구화가 점차 시작되는 연령대임을 알 수 있다.

1인 가구로 생활하게 된 주된 이유에 대해서는 '본인의 직장·학업 때문에'라는 응답이 50.0%로 과반수를 차지하였으며, 그다음으로 '자유롭게 생활하고 싶어서' 26.9%, '같이 살 가족이 없어서' 11.6% 순으로 나타났다.

최근 1년간 소비생활에 있어 가계지출 항목별 지출 비중을 조사한 결과, 가장 많은 지출 비중을 차지하고 있는 항목은 식생활비로 전체의 25.7%를 차지하고 있으며, 그다음으로 주생활비 16.6%, 금융비 13.7%, 의생활비 10.6% 순으로 나타났다. 즉, 의식주 관련 총 생활비가 52.9%로 지출의 과반수 이상을 차지하고 있으며, 금융비까지 포함하면 66.6%로 가계지출의 2/3 정도를 차지하는 것으로 나타났다. 가장 낮은 지출 비중은 외국어 등 자기개발과 자녀학원비 등을 포함한 교육비로 1.7%로 나타났다.

---

① 성별 1인 가구 생활 기간

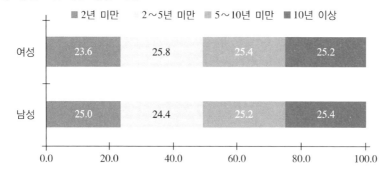

② 1인 가구 생활 기간

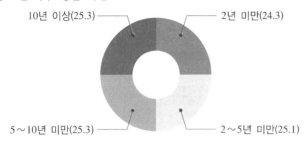

③ 연령별 1인 가구 생활 기간

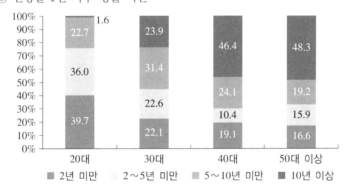

④ 전체 및 연령대별 가계지출 비중

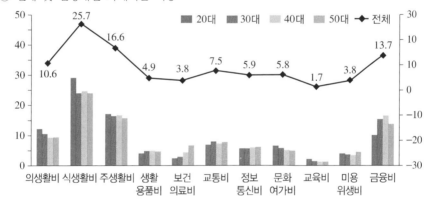

⑤ 1인 가구로 생활하게 된 주된 이유

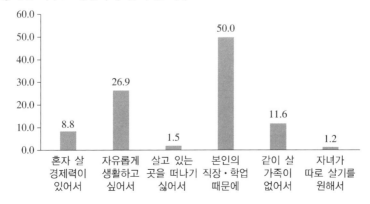

04 다음은 2018년부터 2022년까지, 5년간 서울시 냉장고 화재발생 현황에 대한 표이다. 이를 참고하여 작성한 그래프로 적절한 것은?(단, 소수점 둘째 자리에서 반올림한다)

〈냉장고 화재발생 현황〉

(단위 : 건)

구분	2018년	2019년	2020년	2021년	2022년
김치냉장고	21	35	44	60	64
일반냉장고	23	24	53	41	49

※ [김치냉장고 비율(%)]=(김치냉장고 건수)÷(김치냉장고 건수+일반냉장고 건수)×100
※ [일반냉장고 비율(%)]=(일반냉장고 건수)÷(김치냉장고 건수+일반냉장고 건수)×100

① 김치냉장고 비율

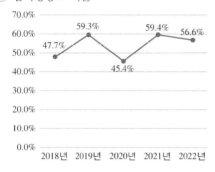

② 김치냉장고 비율

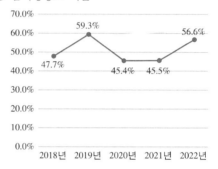

③ 김치냉장고 비율

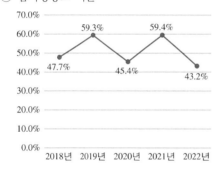

④ 일반냉장고 비율

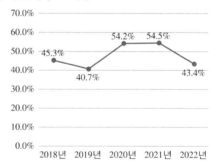

⑤ 일반냉장고 비율

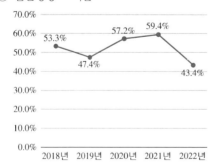

05 다음은 연도별 L사의 매출액과 원가 그리고 판관비에 대한 표이다. 이를 참고하여 작성한 그래프로 적절한 것은?(단, 소수점 둘째 자리에서 반올림한다)

〈연도별 매출액과 원가 및 판관비〉

(단위 : 억 원)

구분	2018년	2019년	2020년	2021년	2022년
매출액	1,485	1,630	1,410	1,860	2,055
매출원가	1,360	1,515	1,280	1,675	1,810
판관비	30	34	41	62	38

※ (영업이익)＝(매출액)－(매출원가＋판관비)
※ (영업이익률)＝(영업이익)÷(매출액)×100

① 2018 ~ 2022년 영업이익

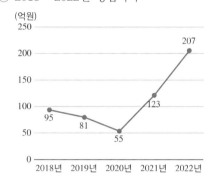

② 2018 ~ 2022년 영업이익

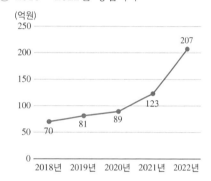

③ 2018 ~ 2022년 영업이익률

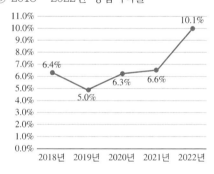

④ 2018 ~ 2022년 영업이익률

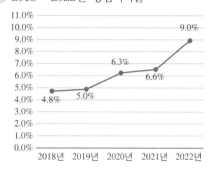

⑤ 2018 ~ 2022년 영업이익률

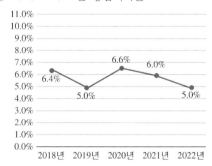

06 다음은 2012년부터 2022년까지 연도별 자동차 등록 추이에 대한 표이다. 이를 참고하여 작성한 그래프로 적절하지 않은 것은?(단, 소수점 둘째 자리에서 반올림한다)

〈연도별 자동차 등록 추이〉

(단위 : 만 대)

구분	2012년	2013년	2014년	2015년	2016년	2017년	2018년	2019년	2020년	2021년	2022년
대수	1,794	1,844	1,887	1,940	2,012	2,099	2,180	2,253	2,320	2,368	2,437

※ (당해 증가율)=(당해연도 수-전년도 수)÷(전년도 수)×100

① 2013 ~ 2017년 증가대수

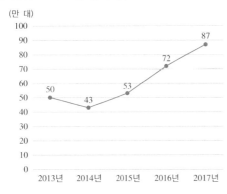

② 2018 ~ 2022 증가대수

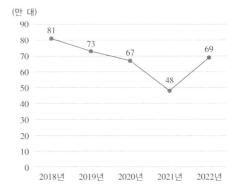

③ 2013 ~ 2017년 증가율

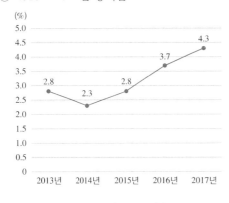

④ 2018 ~ 2022년 증가율

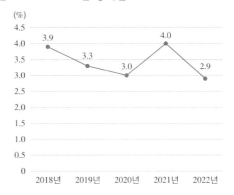

⑤ 2012 ~ 2020년 누적 등록 대수

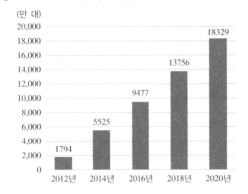

07 다음은 연도별 교원 1인당 학생 수에 대한 표이다. 이를 참고하여 연도별 변화율을 그래프로 작성한 것으로 적절하지 않은 것은?(단, 소수점 셋째 자리에서 반올림한다)

〈교원 1인당 학생 수〉

(단위 : 명)

구분	2017년	2018년	2019년	2020년	2021년	2022년
유치원	13.4	13.4	13.3	12.9	12.3	11.9
초등학교	14.9	14.9	14.6	14.5	14.5	14.6
중학교	15.2	14.3	13.3	12.7	12.1	11.7
고등학교	13.7	13.2	12.9	12.4	11.5	10.6
일반대학	25.2	24.6	24.2	23.6	23.6	23.7

※ (당해 증가율)＝(당해연도 수－전년도 수)÷(전년도 수)×100

① 유치원 증가율

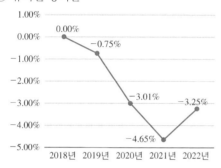

② 초등학교 증가율

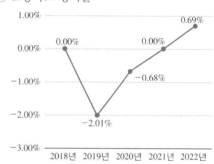

③ 일반대학 증가율

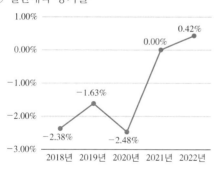

④ 중학교 증가율

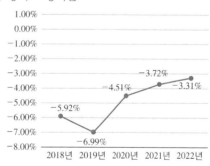

⑤ 고등학교 증가율

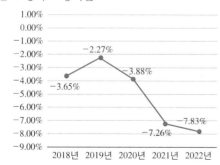

08 다음은 2018년부터 2022년까지 시행된 국가고시 현황에 대한 표이다. 이를 참고하여 작성한 그래프로 적절하지 않은 것은?(단, 응시자와 합격자 수는 일의 자리에서 반올림한다)

〈국가고시 현황〉

(단위 : 명)

구분	2018년	2019년	2020년	2021년	2022년
접수자	3,540	3,380	3,120	2,810	2,990
응시자	2,810	2,660	2,580	2,110	2,220
응시율	79.40%	78.70%	82.70%	75.10%	74.20%
합격자	1,310	1,190	1,210	1,010	1,180
합격률	46.60%	44.70%	46.90%	47.90%	53.20%

※ $[응시율(\%)] = \dfrac{(응시자\ 수)}{(접수자\ 수)} \times 100$

※ $[합격률(\%)] = \dfrac{(합격자\ 수)}{(응시자\ 수)} \times 100$

① 연도별 미응시자 수 추이

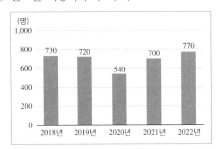

② 연도별 응시자 중 불합격자 수 추이

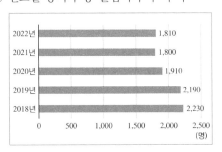

③ 2019 ~ 2022년 전년 대비 접수자 수 변화량

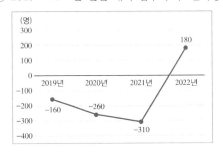

④ 2019 ~ 2022년 전년 대비 합격자 수 변화량

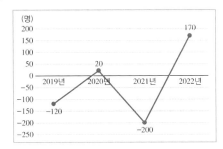

⑤ 2018 ~ 2022년 전년 대비 합격률 증감량

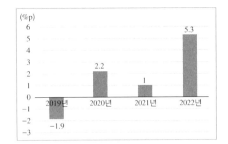

09 다음은 외상 후 스트레스 장애 진료인원에 대한 표이다. 이를 참고하여 작성한 그래프로 적절한 것은?(단, 성비는 소수점 첫째 자리에서 반올림한 값이다)

〈연도별 외상 후 스트레스 장애 진료인원〉

(단위 : 명)

구분	전체	남성	여성	성비
2018년	7,268	2,966	4,302	69
2019년	7,901	3,169	4,732	67
2020년	8,282	3,341	4,941	68
2021년	9,648	3,791	5,857	65
2022년	10,570	4,170	6,400	65

※ (성비)$=\dfrac{(남성 수)}{(여성 수)}\times100$

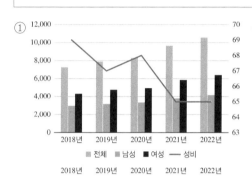

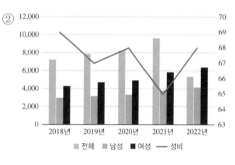

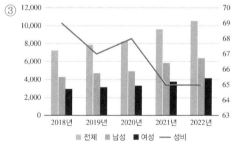

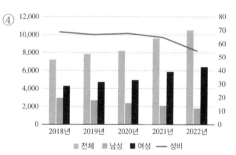

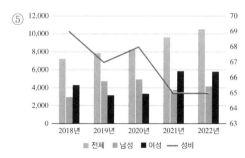

11 | 수추리

| 유형분석 |

- 제시된 자료의 규칙을 바탕으로 미래의 값을 추론하는 유형이다.
- 등차수열이나 등비수열, 지수 등의 수학적인 지식을 묻기도 한다.

다음과 같이 일정한 규칙으로 수를 나열할 때, 빈칸에 들어갈 알맞은 수는?

| | 4 6 2 11 12 15 3 5 ( ) |

① −5　　　　　　　　　　　② 0

③ 3　　　　　　　　　　　　④ 4

⑤ 5

정답 ②

나열된 수를 각각 A, B, C라고 하면 다음과 같은 관계가 성립한다.

A B C → $A+B-8=C$

따라서 빈칸 안의 수는 0이다.

30초 컷 풀이 Tip

수추리는 복잡한 규칙을 묻지 않고, 지나치게 큰 n(미래)의 값을 묻지 않는다. 등차수열이나 등비수열, 피보나치수열 등이 출제되었을 때, 공식이 생각나지 않는다면 직접 써서 나열하는 것이 문제 풀이 시간을 단축할 수 있는 방법이다.

Easy

01 어떤 어부가 양식장에서 잡은 물고기의 수가 다음과 같은 규칙을 보일 때, 7주차에 잡은 물고기의 수는?

〈양식장 물고기 포획량〉

(단위 : 마리)

구분	1번째 주	2번째 주	3번째 주	4번째 주	5번째 주
물고기의 수	3	6	9	15	24

① 63마리
② 70마리
③ 77마리
④ 84마리
⑤ 91마리

02 어떤 세균 배양지에 항균 성분의 용액을 떨어뜨린 후 시간에 따른 세균 수의 변화가 다음과 같을 때, 10시간 후 세균의 수는?

〈항균 용액 투하 후 세균의 수 변화〉

(단위 : 백만 마리)

구분	1시간 후	2시간 후	3시간 후	4시간 후
세균 수	19	$\frac{19}{3}$	$\frac{19}{5}$	$\frac{19}{7}$

① 0.2백만 마리
② 0.5백만 마리
③ 0.8백만 마리
④ 1백만 마리
⑤ 1.2백만 마리

03 다음은 A박테리아와 B박테리아를 배양하는 실험을 한 결과에 대한 표이다. 해당 실험에서는 적당한 영양분과 환경을 조성하여 9시간까지 일정하게 개체 수가 늘어나는 것을 확인하였다. 다음과 같이 일정하게 개체 수가 증가하였을 때, 9시간 경과 후 박테리아의 개체 수는?

〈박테리아 개체 수 변화〉

(단위 : 마리)

구분	1시간	2시간	3시간	4시간	5시간
A박테리아	5	7	11	17	25
B박테리아	5	10	20	40	80

	A박테리아	B박테리아
①	75마리	640마리
②	79마리	640마리
③	75마리	1,280마리
④	77마리	640마리
⑤	77마리	1,280마리

04 다음은 A지역과 B지역의 2016년부터 2022년까지 매년 지진 강도 3 이상 발생 건수에 대한 표이다. 이와 같은 일정한 변화가 지속될 때, 2027년 A지역과 B지역의 강도 3 이상인 지진이 발생한 건수는?

〈연도별 지진 발생 건수〉

(단위 : 건)

구분	2016년	2017년	2018년	20199	2020년	2021년	2022년
A지역	87	85	82	78	73	67	60
B지역	2	3	4	6	9	14	22

	A지역	B지역
①	9건	234건
②	10건	145건
③	9건	145건
④	10건	234건
⑤	10건	140건

※ 다음은 일정한 규칙으로 배열한 수열이다. 빈칸에 들어갈 적절한 수를 고르시오. [5~10]

05

-2	-3	-5	( )	-13	-21

① -6 ② -7

③ -8 ④ -9

⑤ -10

Easy

06

0	1	-2	-1	2	3	( )

① 4 ② -5

③ -6 ④ 7

⑤ -9

07

1	1	2	2	3	4	4	( )	5	11

① 4 ② 5

③ 6 ④ 7

⑤ 8

08

-1	0	4	13	29	54	(	)

① 84   ② 87
③ 90   ④ 93
⑤ 96

09

23	21	25	19	27	( )	29

① 13   ② 17
③ 24   ④ 31
⑤ 33

Hard

10

-1	2	-2	-4	8	-32	( )

① 64   ② -128
③ 128   ④ 256
⑤ -256

성공은 자신의 한계를 넘어서는 과정에서 찾아진다.

- 마이클 조던 -

03

문제해결

합격 Cheat Key

| 영역 소개 |

L−TAB 문제해결 영역은 직장생활에서 업무를 수행할 때 발생하는 여러 가지 상황에서의 문제해결 능력을 평가하는 영역이다. 해당 영역을 한 마디로 명확하게 규정하기는 어렵지만, 업무를 수행할 때 발생할 수 있는 상황이 주어지고, 이를 여러 가지 조건을 고려하여 문제에서 요구하는 답을 도출하는 유형이라고 정의할 수 있다.

이번에 바뀐 L−TAB 직무적합진단은 큰 틀에서는 '제시된 모든 문제가 문제해결 형식'이라고 할 수 있을 정도로 그 형태나 풀이방식에 많은 변화가 있었으며, 이는 실제 업무를 수행하기 위한 실용지능과 정서·사회지능을 종합적으로 평가하기 위함이라고 할 수 있다. 따라서 언어적 사고와 수리적 사고를 충실히 익힌 뒤 문제해결에서 적극적으로 활용할 수 있도록 충실하게 학습할 필요가 있다.

| 유형 소개 |

1 상황판단

회사 안에서 마주할 수 있는 업무적 마찰이나 동료나 상사, 부하직원과의 관계에서 어떻게 행동할 것인지를 묻는 문제가 출제된다. 회사생활에서는 개인의 업무수행능력뿐만 아니라 주변 구성원들과 관계를 맺는 능력도 중요한데, 이를 통해 바람직한 사내 문화 형성은 물론, 효과적인 팀워크를 창출할 수 있기 때문이다. L−TAB 직무적합진단의 경우 출제 빈도 및 출제 가능성은 낮지만, 인성검사에서 유사한 상황을 다루는 것은 물론 회사 생활에서 실제로 일어날 수 있는 문제를 다루기 때문에 소홀히 할 수 없는 영역이다.

- 본래 상황판단의 경우 정답이 없는 영역으로 알려져 있지만 롯데그룹의 인재상과 지원한 직무의 특성을 자신의 성격과 성향을 연결시켜서 생각해 보면 최선의 결과를 얻을 수 있다. 그러나 지나치게 인재상에 맞춘 대답만 한다면 신뢰도를 의심받을 수 있으므로 주의해야 한다.
- 솔직하고 일관성 있는 답변을 해야 한다.
- 업무를 피하거나 돌발행동을 하는 등의 지나치게 극단적인 답을 하지 않도록 한다. 개인의 입장에서, 팀의 입장에서, 회사의 입장에서 최선의 선택이 무엇인지 고민하고 답을 고른다.

2 문제해결

다양한 업무 상황에 맞춘 자료를 제시하며, 자료에 나타난 조건이나 수치 등을 고려하여 답을 도출하는 문제들이 출제되고 있다. 사실상 L-TAB 직무적합진단에서 가장 비중이 높은 영역으로, 가격 계산과 같은 수리 문제부터 스케줄 관리, 고객 응대, 시스템 관리 매뉴얼 등 다종다양한 유형의 문제들이 출제되고 있다.

- 여러 가지 조건에 따른 결과를 도출하는 문제의 경우, 기준이 되는 조건에 다른 조건을 조합해 소거법으로 문제를 풀어나가는 것이 좋다.
- 표, 그래프, 계기판 등 다양한 형태의 자료를 눈에 익힌다. 실제 시험에서 자료가 제시되었을 때 중점을 두고 파악해야 할 부분이 더욱 선명하게 보일 것이다.
- 기본적으로 제시되는 정보의 양이 많기 때문에 질문을 읽은 후 바로 자료 분석에 들어가는 것보다는, 선택지를 먼저 읽고 필요한 정보만 추출하여 답을 찾는 것이 좋다.
- 심화된 전공지식은 아니더라도 기초적인 수준의 지식은 학습한다.
- 이론적인 부분만 생각하는 것이 아닌 활용이나 적용된 형태를 생각하여 학습한다.

01 | 상황판단

| 유형분석 |

- 조직생활에서 발생하는 여러 가지 상황이 출제된다.
- 문제에서 제시하고 있는 입장에 따른 답을 요구한다.
- 정답이 없는 영역이므로 고민에 많은 시간을 소요하지 않도록 해야 한다.

A사원은 금요일에 예정된 팀 회식에 참석한다고 했다. 하지만 막상 회식 날인 금요일이 되니 이번 주 내내 한 야근으로 피로가 몰려와 회식을 다시 생각해보게 되었다. 주말인 내일도 부모님 가게 일을 도와드려야 한다는 사실이 생각나자 A사원은 팀장님에게 이번 회식에 참석하지 못할 것 같다고 말하려 한다. 그런데 팀장님은 이번 회식에 참여하지 않는 사원들 때문에 화가 많이 나 보인다. 이 상황에서 당신이 A사원이라면 어떻게 하겠는가?

① 팀장이 화가 많이 나 보이니 피곤해도 회식에 참석한다.
② 팀장에게 보고하지 않고 회식에 빠진다.
③ 아픈 척을 하며 회식에 못갈 것 같다고 말한다.
④ 팀장에게 자신의 상황을 솔직하게 말한다.
⑤ 친구에게 부탁하여 급한 일이 생긴 양 전화를 걸게 한 뒤 연기를 한다.

30초 컷 풀이 Tip

상황판단 영역의 문제에서 주어지는 상황들은 대체로 선택지를 하나만 고르기가 쉽지 않다. 이는 문제에서 주어지는 상황들이 주로 개인이 조직생활에서 중시하는 가치들 간의 충돌을 보여주고 있기 때문이다. 즉, 업무 성과, 개인의 체면, 평판, 인간관계와 같은 것들이 둘 이상 얽혀있다. 이에 대한 선택은 지원자 개개인의 가치관과 성향 등에 따라 달라질 수밖에 없을 것이다. 선택지를 하나만 고르기 어려운 경우에는 롯데그룹의 인재상을 떠올린다. 롯데그룹의 인재상은 '실패를 두려워하지 않는 인재, 실력을 키우기 위해 끊임없이 노력하는 인재, 협력과 상생을 아는 인재'이다.

※ 상황판단 문제는 정답과 해설을 따로 제공하지 않는 유형이니 참고하기 바랍니다.

01 A사원과 같은 팀인 C주임과 D팀장은 유독 업무 수행에 있어 마찰이 심한 편이다. 신입사원인 A사원은 C주임, D팀장 모두와 불편한 관계가 되고 싶지 않은데 업무를 할 때마다 괜히 양쪽의 눈치가 보이는 상황이다. 이 상황에서 당신이 A사원이라면 어떻게 행동하겠는가?

① 다른 부서의 선배에게 현재 팀의 상황을 말하고, 조언을 구한다.
② 인사과에 다른 부서로 옮겨달라고 요청한다.
③ 두 사람이 의견이 부딪힐 때는 모른 척한다.
④ 중간에서 두 사람의 이견을 조율하기 위해 자신이 할 수 있는 방법을 생각해본다.
⑤ 같은 팀의 팀원과 이 문제를 해결하기 위해 방안을 마련한다.

02 D대리는 평소 깔끔하기로 회사에서 유명하다. 하지만 자신의 물품이나 책상 정리는 누구보다 깔끔하게 하면서, 공동구역을 엉망으로 사용하는 모습에 E대리는 화가 난 상황이다. 이 상황에서 당신이 E대리라면 어떻게 행동하겠는가?

① D대리가 자리를 비운 사이 D대리의 자리를 어질러 놓는다.
② D대리에게 개인구역처럼 공동구역도 깔끔하게 사용하라고 딱 잘라 말한다.
③ D대리가 스스로 청소를 할 때까지 노골적으로 눈치를 준다.
④ 공개적인 자리에서 D대리에게 공동구역 청소를 제대로 할 것을 요구한다.
⑤ D대리의 행동에 화가 나더라도 참고 그냥 자신이 청소한다.

03 O사원은 P사원과 같은 해에 입사하여 친하게 지내고 있다. O사원과 P사원은 부서가 달라 서로 다른 건물에 근무하고 있는데, 어느 날 P사원이 O사원을 불러 얼마 전에 있었던 연봉 협상 결과에 대해 꼬치꼬치 묻는 것이었다. O사원은 사적인 내용이니 밝히지 않겠다고 했는데, 그 다음부터 P사원이 다른 사람들에게 O사원의 속이 좁다는 등 험담을 하고 다닌다는 것을 알게 되었다. 개인의 입장에서 당신이 O사원이라면 어떻게 행동하겠는가?

① P사원을 찾아가 왜 뒤에서 자신의 험담을 하고 다니느냐고 따진다.
② P사원과 마찬가지로 다른 사람들에게 P사원의 험담을 하고 다닌다.
③ P사원을 의도적으로 무시하고 연락을 끊는다.
④ 괜한 일 만들기 싫으니 그냥 무시하고 넘어간다.
⑤ P사원에게 증거와 증인을 제시하며 하지 말라고 경고한다.

04 A사원은 서울에서 태어나 평생을 서울에서 살아온 서울 토박이다. 그러던 어느 날 A사원은 갑작스럽게 서울에서 멀리 떨어진 지방으로 발령이 났다. A사원이 새롭게 발령을 받은 곳은 아무런 연고도 없는 시골이다. 게다가 지방으로 발령을 받은 이상 언제 서울로 올라올 수 있을지 모르는 상황이다. 개인의 입장에서 당신이 A사원이라면 어떻게 행동하겠는가?

① 서울에서 근무할 수 있는 다른 회사를 알아봐야겠다고 생각한다.
② 회사의 지시이니 그냥 따라야겠다고 생각한다.
③ 왜 나한테 지방 발령이 났을까를 생각한다.
④ 나의 능력을 보여줄 때라고 생각한다.
⑤ 일단 회사의 지시를 따른 후 다시 서울로 올 기회를 찾아야겠다고 생각한다.

05 A대리는 같은 부서의 B사원 때문에 스트레스를 받고 있다. 빠르게 처리해야 할 업무에 대해 B사원은 항상 꼼꼼하지만 너무 늦게까지 검토하고 A대리에게 늦게 보고하기 때문이다. A대리가 B사원의 업무방식에 불만을 표현하자 B사원은 자신의 소심한 성격 때문이라고 대답한다. 조직의 입장에서 A대리는 어떻게 행동해야 하는가?

① 업무규칙을 세워 B사원이 매 업무마다 보고하도록 한다.
② 꼼꼼하게 일처리를 하는 B사원에게 고마움을 느낀다.
③ B사원의 일처리 방식을 존중하도록 한다.
④ 일이 먼저인 만큼 자신이 직접 나서 B사원의 업무를 돕도록 한다.
⑤ 급한 업무는 자신이 떠맡고 B사원에게는 쉬운 업무를 주로 넘긴다.

06 A대리와 동기인 타 부서에서 근무하던 B대리가 A대리가 근무하는 C부서로 이동하게 되었다. A대리는 후임과 B대리가 함께 업무를 진행하는 중에 B대리가 업무를 덜 부담하려고 한다는 사실을 알았다. 조직의 입장에서 당신이 A대리라면 어떻게 행동하겠는가?

① 이번에는 조용히 넘어가고 B대리에게 다음부터는 그렇게 하지 말라고 말한다.
② 후임에게 참아야 한다고 말한다.
③ B대리와 후임을 모두 불러 이야기한다.
④ 상사에게 그대로 보고한다.
⑤ 후임에게 B대리 모르게 업무를 가져오면 도와주겠다고 말한다.

07 A대리는 업무를 처리하고 중요한 거래도 성사시킬 겸 지방으로 출장을 왔다. A대리의 출장 기간은 오늘이 마지막이며, 바이어와의 중요한 거래를 남겨두고 있는 상황이다. 그러나 기존에 만나기로 약속했던 바이어가 갑작스럽게 일이 생겨서 만나지 못할 것 같다며 약속을 다음으로 연기하려고 한다. 조직의 입장에서 A대리는 어떻게 행동해야 하는가?

① 일단 회사에 복귀한 후 업무를 진행시킬 다른 방법을 찾는다.
② 바이어를 찾아가서라도 무조건 오늘 거래를 성사시키도록 한다.
③ 상사에게 상황의 불합리성을 설명하고 이 바이어와 거래하지 않도록 한다.
④ 어쩔 수 없으니 기다렸다가 바이어를 만나서 일을 처리한다.
⑤ 내 잘못이 아니니 상사에게 보고 후 회사에 복귀한다.

08 A사원은 평소 밝고 긍정적인 성격의 소유자로 자신이 속한 부서에서 다른 사원들과 두루두루 친하게 지내며 즐겁게 회사 생활을 하고 있다. 그러나 요즘 들어 부쩍 B대리가 A사원에게 장난을 거는 일이 잦아졌다. 특히 B대리는 A사원의 신체적 약점을 꼬집어 반복적으로 놀린다는 점에서 A사원은 스트레스를 받고 있는 상황이다. 당신이 A사원이라면 이런 상황에서 어떻게 하겠는가?

① B대리에게 자신의 신체적 약점을 놀리지 말 것을 요구한다.
② 힘들지만 B대리가 상사이므로 인내한다.
③ B대리의 이러한 행동에 대해 직장 동료들에게 이야기한다.
④ B대리의 상사에게 부탁해서 조치해 달라고 한다.
⑤ 다른 부서로의 이동을 신청하여 B대리와의 접촉을 최소화한다.

09 퇴근 시간이 가까워져 오고 있지만, A사원이 오늘까지 처리해야 할 업무가 아직 많이 남아 있다. 주어진 업무를 모두 마치기 위해서 A사원은 오늘 밤 야근을 해야 한다. 그러나 A사원의 상사인 B대리가 퇴근을 앞두고 다 같이 회식을 가자고 제안했다. 이 상황에서 당신이 A사원이라면 어떻게 할 것인가?

① 상사의 제안이니 회식에 간다.
② 업무가 있다고 말하고 회식 자리에 참석하지 않는다.
③ 동료에게 업무를 처리해 달라고 부탁하고 회식에 참석한다.
④ 회식에 참석하되 회식 이후 밤을 새워 업무를 수행한다.
⑤ 업무 기일을 연기해달라고 상사에게 부탁한다.

02 | 문제해결

| 유형분석 |

- 업무 상황에서 주어진 상황과 조건을 고려하여 문제를 해결할 수 있는지 평가하는 유형이다.
- 주어진 자료를 모두 읽기보다는 필요한 정보만을 빠르게 찾아내는 것이 시간 관리에 도움이 된다.

L사는 사무실 리모델링을 하면서 기획조정 1 ~ 3팀과 미래전략 1 ~ 2팀, 홍보팀, 보안팀, 인사팀의 사무실 위치를 변경하였다. 다음 〈조건〉과 같이 적용되었을 때, 변경된 사무실 위치에 대한 설명으로 옳은 것은?

1실	2실	3실	4실
복도			
5실	6실	7실	8실

조건
- 기획조정 1팀과 미래전략 2팀은 홀수실이며, 복도를 사이에 두고 마주보고 있다.
- 홍보팀은 5실이다.
- 미래전략 2팀과 인사팀은 나란히 있다.
- 보안팀은 홀수실이며, 맞은편 대각선으로 가장 먼 곳에는 인사팀이 있다.
- 기획조정 3팀과 2팀은 한 실을 건너 나란히 있고 2팀이 3팀보다 실 번호가 높다.

① 인사팀은 6실에 위치한다.
② 미래전략 2팀과 기획조정 3팀은 같은 라인에 위치한다.
③ 기획조정 1팀은 기획조정 2팀과 3팀 사이에 위치한다.
④ 미래전략 1팀은 7실에 위치한다.
⑤ 보안팀은 3실에 위치한다.

정답 ③

다음의 논리 순서를 따라 주어진 조건을 정리하면 쉽게 접근할 수 있다.

• 두 번째 조건 : 홍보팀은 5실에 위치한다.
• 첫 번째 조건 : 홍보팀이 5실에 위치하므로, 마주보는 홀수실인 3실 또는 7실에 기획조정 1팀과 미래전략 2팀이 각각 위치한다.
• 네 번째 조건 : 보안팀은 남은 홀수실인 1실에 위치하고, 이에 따라 인사팀은 8실에 위치한다.
• 세 번째 조건 : 7실에 미래전략 2팀, 3실에 기획조정 1팀이 위치한다.
• 다섯 번째 조건 : 2실에 기획조정 3팀, 4실에 기획조정 2팀이 위치하고, 남은 6실에는 자연스럽게 미래전략 1팀이 위치함을 알 수 있다.

이 사실을 종합하여 주어진 조건에 따라 사무실을 배치하면 다음과 같다.

1실 – 보안팀	2실 – 기획조정 3팀	3실 – 기획조정 1팀	4실 – 기획조정 2팀
복도			
5실 – 홍보팀	6실 – 미래전략 1팀	7실 – 미래전략 2팀	8실 – 인사팀

따라서 기획조정 1팀(3실)은 기획조정 2팀(4실)과 3팀(2실) 사이에 위치한다.

오답분석
① 인사팀은 8실에 위치한다.
② 미래전략 2팀과 기획조정 3팀은 복도를 사이에 두고 위치한다.
④ 미래전략 1팀은 6실에 위치한다.
⑤ 보안팀은 1실에 위치한다.

30초 컷 풀이 Tip

실제 업무 상황과 유사해졌을 뿐, 본질은 언어이해 영역의 독해나 자료해석 영역의 자료계산과 크게 다르지 않다. 주어진 조건과 요구사항을 먼저 파악해 문제를 풀어나가야 한다.

Hard

01 L사는 역량평가를 통해 등급을 구분하여 성과급을 지급한다. L사의 성과급 등급 기준이 다음과 같을 때, 〈보기〉의 A ~ E직원 중 S등급에 해당하는 사람은?

〈성과급 점수별 등급〉

S등급	A등급	B등급	C등급
90점 이상	80점 이상	70점 이상	70점 미만

〈역량평가 반영 비율〉

구분	기본역량	리더역량	직무역량
차장	20%	30%	50%
과장	30%	10%	60%
대리	50%	–	50%
사원	60%	–	40%

※ 성과급 점수는 역량 점수(기본역량, 리더역량, 직무역량)를 직급별 해당 역량평가 반영 비율에 적용한 합산 점수이다.

보기

구분	직급	기본역량 점수	리더역량 점수	직무역량 점수
A	대리	85점	–	90점
B	과장	100점	85점	80점
C	사원	95점	–	85점
D	차장	80점	90점	85점
E	과장	100점	85점	80점

① A대리
② B과장
③ C사원
④ D차장
⑤ E과장

02 L사에서는 매월 초 인트라넷을 통해 윤리경영 자기진단을 실시한다. 아침 회의 시 전무이사는 오늘 내에 부서 구성원이 모두 참여할 수 있는 별도의 시간을 정하여 가능한 빨리 완료할 것을 지시하였다. 이에 부서장은 귀하에게 다음의 업무 스케줄을 고려하여 가장 적당한 시간을 확인해 보고할 것을 당부하였다. 자기진단 시간으로 1시간이 소요될 때, 이를 실시하기에 가장 적절한 시간은?

〈업무 스케줄〉

시간	직급별 스케줄				
	부장	차장	과장	대리	사원
09:00 ~ 10:00	부서장 회의				
10:00 ~ 11:00					
11:00 ~ 12:00			타부서 협조 회의		
12:00 ~ 13:00	점심식사				
13:00 ~ 14:00	부서 업무 회의				비품 신청
14:00 ~ 15:00					
15:00 ~ 16:00				일일 업무 결산	
16:00 ~ 17:00		업무보고			
17:00 ~ 18:00	업무보고				

① 15:00 ~ 16:00

② 14:00 ~ 15:00

③ 12:00 ~ 13:00

④ 10:00 ~ 11:00

⑤ 9:00 ~ 10:00

03 L사의 D과장은 우리나라 사람들의 해외취업을 돕기 위해 박람회를 열고자 한다. 제시된 〈조건〉이 다음과 같을 때, D과장이 박람회 장소로 선택할 나라는?

> **조건**
>
> 1. L사의 해외 EPS센터가 있는 나라여야 한다.
>   - 해외 EPS센터(15개국) : 필리핀, 태국, 인도네시아, 베트남, 스리랑카, 몽골, 우즈베키스탄, 파키스탄, 캄보디아, 중국, 방글라데시, 키르기스스탄, 네팔, 미얀마, 동티모르
> 2. 100개 이상의 한국 기업이 진출해 있어야 한다.

〈국가별 상황〉

구분	경쟁력	비고
인도네시아	한국 기업이 100개 이상 진출해 있으며, 안정적인 정치 및 경제 구조를 가지고 있다.	두 번의 박람회를 열었으나 실제 취업까지 연결되는 성과가 미미하였다.
아랍에미리트	UAE 자유무역지역에 다양한 다국적 기업이 진출해 있다.	석유가스산업, 금융산업에는 외국 기업의 진출이 불가하다.
중국	한국 기업이 170개 이상 진출해 있으며, 현지 기업의 80% 이상이 우리나라 사람의 고용을 원한다.	중국 청년의 실업률이 높아 사회문제가 되고 있다.
미얀마	2013년 기준 약 2,500명의 한인이 거주 중이며, 한류 열풍이 거세게 불고 있다.	내전으로 우리나라 사람들의 치안이 보장되지 않는다.
베트남	여성의 사회진출이 높고 정치, 경제, 사회 각 분야에서 많은 여성이 활약 중이다.	한국 기업 진출을 위한 인프라 구축이 잘 되어 있다.

① 인도네시아
② 아랍에미리트
③ 중국
④ 미얀마
⑤ 베트남

04 A주임이 2024년 1월 초일부터 6월 말일까지 L카드사의 카드인 M1카드와 K2카드를 이용한 내역은 다음과 같다. 카드사의 포인트 적립기준과 각 포인트에 따라 수령 가능한 사은품에 대한 정보가 아래와 같을 때, A주임이 2024년 2분기 적립 포인트로 받을 수 있는 사은품으로 적절한 것은?

〈A주임의 카드 승인금액〉

(단위 : 원)

구분	2024.1월	2024.2월	2024.3월	2024.4월	2024.5월	2024.6월
M1	114.4만	91.9만	91.2만	120.1만	117.5만	112.2만
K2	89.2만	90.5만	118.1만	83.5만	87.1만	80.9만

〈L카드사 분기별 포인트 적립기준〉

• 각 회원의 분기별 포인트는 직전분기 동안의 L카드사 카드별 승인금액 합계의 구간에 따라 아래의 기준과 같이 적립된다.

구분	300만 원 미만	300만 원 이상 500만 원 미만	500만 원 이상 1,000만 원 미만	1,000만 원 이상
승인금액 10만 원 당 적립 포인트	650p	800p	950p	1100p

• 분기별 적립 포인트는 해당 분기 말일 자정에 0p로 초기화된다.

〈L카드사 사은품 지급 정보〉

• 각 회원이 분기별 적립 포인트에 따라 받을 수 있는 사은품은 다음과 같다.

구분	3만p 이상	5만p 이상	8만p 이상	10만p 이상	15만p 이상
사은품	스피커	청소기	공기청정기	에어컨	냉장고

• 각 회원은 하나의 사은품만 수령할 수 있다.
• 각 회원은 해당되는 가장 높은 포인트 구간의 사은품만 수령할 수 있다.

① 스피커
② 청소기
③ 공기청정기
④ 에어컨
⑤ 냉장고

05 다음은 L사의 고객의 소리 운영 규정의 일부이다. 고객서비스 업무를 담당하고 있는 1년 차 사원인 K씨는 7월 18일 월요일에 어느 한 고객으로부터 질의 민원을 접수받았다. 그러나 부득이한 사유로 기간 내 처리가 불가능할 것으로 보여 본사 총괄부서장의 승인을 받고 지연하였다. 해당 민원은 늦어도 언제까지 처리가 완료되어야 하는가?

제1조(목적)
이 규정은 ○○공사에서 고객의 소리 운영에 필요한 사항에 대하여 규정함을 목적으로 한다.

제2조(정의)
"고객의 소리(Voice Of Customer)"라 함은 L사 직무와 관련된 행정 처리에 대한 이의신청, 진정 등 민원과 L사의 제도, 서비스 등에 대하여 불만이나 불편사항, 건의·단순 질의 등 모든 고객의 의견을 말한다.

제7조(처리기간)
① 고객의 소리는 다른 업무에 우선하여 처리하여야 하며 처리기간이 남아있음 등의 이유로 처리를 지연시켜서는 아니 된다.
② 고객의 소리 처리기간은 24시간으로 한다. 다만, 서식민원은 별도로 한다.

제8조(처리기간의 연장)
① 부득이한 사유로 기간 내에 처리하기 곤란한 경우 중간답변을 하여야 하며, 이 경우 처리기간은 48시간으로 한다.
② 중간답변을 하였음에도 기간 내에 처리하기 어려운 사항은 1회에 한하여 본사 총괄부서장의 승인을 받고 추가로 연장할 수 있다. 이 경우 추가되는 연장시간은 48시간으로 한다.
③ 업무의 성격이나 중요도, 본사 총괄부서의 처리시간에 임박한 재배정 등으로 제1항 내지 제2항의 기간 내에 처리할 수 없는 사항은 부서장 또는 소속장이 본사 총괄부서장에게 특별 기간연장을 요구할 수 있다.

---

① 7월 19일
② 7월 20일
③ 7월 21일
④ 7월 22일
⑤ 7월 23일

06 다음 내용과 〈보기〉에 근거할 때 적절한 것은?

제○○조 환경오염 및 예방 대책의 추진
환경부장관 및 시장·군수·구청장 등은 국가산업단지의 주변지역에 대한 환경기초조사를 정기적으로 실시하여야 하며 이를 기초로 하여 환경오염 및 예방 대책을 수립·시행하여야 한다.

제○○조 환경기초조사의 방법·시기 등
전조(前條)에 따른 환경기초조사의 방법과 시기 등은 다음 각 호와 같다.
1. 환경기초조사의 범위는 지하수 및 지표수의 수질, 대기, 토양 등에 대한 계획·조사 및 치유대책을 포함한다.
2. 환경기초조사는 당해 기초지방자치단체장이 1단계 조사를 하고 환경부장관이 2단계 조사를 한다. 다만 1단계 조사결과에 의하여 정상지역으로 판정된 때는 2단계 조사를 하지 아니한다.
3. 제2호에 따른 1단계 조사는 그 조사 시행일 기준으로 3년마다 실시하고, 2단계 조사는 1단계 조사 판정일 이후 1개월 이내에 실시하여야 한다.

보기

- A시에는 갑, 을, 병 세 곳의 국가산업단지가 있다.
- A시 시장은 다음과 같이 세 개 단지의 주변지역에 대한 1단계 환경기초조사를 하였다. 2024년 1월 1일 현재, 기록되어 있는 시행일, 판정일 및 판정 결과는 다음과 같다.

구분	1단계 조사 시행일	1단계 조사 판정일	결과
갑단지 주변지역	2023년 7월 1일	2023년 11월 30일	오염 지역
을단지 주변지역	2021년 3월 1일	2021년 9월 1일	오염 지역
병단지 주변지역	2022년 10월 1일	2023년 7월 1일	정상 지역

① 갑단지 주변지역에 대하여 2024년에 환경부장관은 2단계 조사를 해야 한다.
② 을단지 주변지역에 대하여 2024년에 A시 시장은 1단계 조사를 해야 한다.
③ 을단지 주변지역에 대하여 A시 시장은 2021년 9월 중에 2단계 조사를 하였다.
④ 병단지 주변지역에 대하여 환경부장관은 2023년 7월 중에 2단계 조사를 하였다.
⑤ 갑단지 주변지역에 대한 1단계 조사는 환경부장관이 실시해야 한다.

07 출장에 간 인사팀 직원 A ~ G 7명은 다음 조건에 따라 방을 배정받아 호텔에서 숙박을 한다. 호텔에는 아래 그림과 같이 층마다 세 개의 객실이 있다. 〈조건〉에 따라 객실 배정을 할 때, 다음 중 배정받은 객실에 대한 내용으로 적절하지 않은 것은?

조건

- A의 옆 객실은 아무도 배정받지 않는다.
- B는 1층 객실을 배정받는다.
- G는 E와 바로 아래에 인접한 객실을 배정받는다.
- D와 우측에 인접한 객실은 C가 배정받는다.

	좌	중앙	우
3층		D	
2층	A		
1층			

① D가 배정받은 객실과 B가 배정받을 객실은 2개 층이 차이난다.
② C는 G와 같은 방향의 객실에 배정받는다.
③ B와 G는 동일한 층의 객실을 배정받는다.
④ F는 3층의 객실을 배정받는다.
⑤ E와 C는 우측의 객실에 배정받는다.

08 다음 중 〈보기〉에 따라 주어진 시리얼 넘버에 대해 추론한 것으로 가장 적절한 것은?

〈시리얼 넘버〉

BIW − 201209 − m7 − 999

보기

- 시리얼 넘버 생성 방법 : (상품명) – (제조연도) – (라인) – (생산 번호)
  예 2021년 1월 11일에 생산 라인 k3에서 만들어진 1,002번째 A상품의 시리얼 넘버
   → HKE − 210111 − k3 − 1002

구분	상품명	구분	상품명
A	HKE	C	JND
B	BIW	D	KFQ

① 이 상품은 농업용 상품이다.
② 이 상품은 2012년에 만들어졌다.
③ B상품은 모두 999개이다.
④ 겨울에 만들어진 상품이다.
⑤ 이 회사의 라인은 모두 7개이다.

09 L사 전략기획본부 직원 A ~ G 7명은 신입사원 입사 기념으로 단체로 영화관에 갔다. 다음 〈조건〉에 따라 자리에 앉는다고 할 때, 항상 옳은 것은?(단, 가장 왼쪽부터 첫 번째 자리로 한다)

조건
- 7명은 한 열에 나란히 앉는다.
- 한 열에는 7개의 좌석이 있다.
- 양 끝자리 옆에는 비상구가 있다.
- D와 F는 나란히 앉지 않는다.
- A와 B 사이에는 한 명이 앉아 있다.
- G는 왼쪽에 사람이 있는 것을 싫어한다.
- C와 G 사이에는 한 명이 앉아 있다.
- G는 비상구와 붙어 있는 자리를 좋아한다.

① E는 D와 F 사이에 앉는다.
② G와 가장 멀리 떨어진 자리에 앉는 사람은 D이다.
③ C의 양옆에는 A와 B가 앉는다.
④ D는 비상구와 붙어 있는 자리에 앉는다.
⑤ 두 번째 자리에는 B가 앉는다.

10 세 상품 A ~ C에 대한 선호도 조사를 실시했다. 조사에 응한 사람이 가장 좋아하는 상품부터 1 ~ 3순위를 부여했다. 조사의 결과가 다음과 같을 때 C에 3순위를 부여한 사람의 수는?(단, 두 상품에 같은 순위를 표시할 수는 없다)

〈선호도 조사 결과〉
- 조사에 응한 사람은 20명이다.
- A를 B보다 선호한 사람은 11명이다.
- B를 C보다 선호한 사람은 14명이다.
- C를 A보다 선호한 사람은 6명이다.
- C에 1순위를 부여한 사람은 없다.

① 4명   ② 5명
③ 6명   ④ 7명
⑤ 8명

혁신을 일으키기 위한 시스템은 시스템을 가지지 않는 것이다.

– 스티브 잡스 –

PART 2

최종점검 모의고사

롯데그룹 온라인 L-TAB	
도서 동형 온라인 실전연습 서비스	ASYC-00000-5447A

롯데그룹 온라인 L-TAB	
개요	제한시간
• 실제 업무 상황처럼 구현된 Outlook 메일함 / 자료실 환경에서 이메일 및 메신저 등으로 전달된 다수의 과제 수행 • 문항에 따라 객관식, 주관식, 자료 첨부 등 다양한 형태의 답변이 가능 • 문항 수 구분은 없으나 대략적으로 30 ~ 40문제 수준의 문항 수가 주어짐	3시간 (사전준비 1시간 포함)

※ 본 모의고사는 실제 시험을 토대로 시대에듀에서 임의로 제작한 모의시험입니다. 실제 시험과는 차이가 있을 수 있으니 참고하기 바랍니다.

※ L사 문화재단 소속인 귀하는 문화 예술 사업 확장을 위한 회의 자료를 준비하던 중 다음과 같은 글을
읽었다. 이어지는 질문에 답하시오. **[1~4]**

(가) 대개의 경우 우리는 그림을 볼 때 당연히 "무엇을 그린 것인가?"라고 묻게 된다. 우리의 일상적인 언어
습관에 따르면, '그리다'라는 동사 자체가 이미 그려지는 대상을 함축하고 있기 때문이다. 이어서 우리
는 그림을 현실 혹은 허구 속의 대상과 동일시 한다. 아리스토텔레스는 이것만으로도 '재인식'의 기쁨을
맛볼 수 있다고 했다. 하지만 미로의 「회화」와 같은 작품에는 우리가 그림을 볼 때 당연히 기대하는
것, 즉 식별 가능한 대상이 빠져 있다. 도대체 무엇을 그린 것인지 아무리 찾아봐도 소용없는 일이다.

(나) '대상성의 파괴'로 지칭되는 이러한 예술 행위는 형태와 색채의 해방을 가져온다. 이제 형태와 색채는
대상을 재현할 의무에서 해방되어 자유로워진다. 대상성에서 해방되어 형태와 색채의 자유로운 배열이
이루어질수록 회화는 점점 더 음악을 닮아간다. 왜냐하면 음악 역시 전혀 현실을 묘사하지 않는 음표들
의 자유로운 배열이기 때문이다. 실제로 「지저귀는 기계」와 같은 클레의 작품은 음악성을 띠고 있어,
섬세한 감성을 가진 사람은 그림의 형태와 색채에서 미묘한 음조를 느낄 수 있다고 한다. 시인 릴케는
어느 편지에서 "그가 바이올린을 연주한다고 얘기하지 않았더라도, 나는 여러 가지 점에서 클레의 그림
들이 음악을 옮겨 적은 것임을 알 수 있었다."라고 말한 바 있다.

(다) 추상화가인 칸딘스키는 『예술에서 정신적인 것에 대하여』라는 그의 저서에서 "노란색, 오렌지색, 붉은색은
환희와 풍요의 관념을 일깨우고 표상한다는 사실을 누구나 알고 있다."라는 들라크루아의 견해, 회화는
이른바 통주저음(通奏低音)을 가져야 한다는 괴테의 견해를 소개하면서 "음악과 회화는 깊은 연관성을
지닌다."라고 설명한다. 칸딘스키에 따르면 회화는 그러한 상황에서 추상적 의미로 성장하여 순수한
회화적 구성에 도달하게 되는 계기를 마련하였으며, 이 구성을 위해 색채와 형태라는 두 가지 수단이
사용된다는 것이다. 칸딘스키는 특히 점, 선, 면을 회화의 세 가지 요소로 보았다. 미술가 레오나르도
다빈치는 점, 선, 면, 체를 이야기한 바 있었다. 칸딘스키가 '체'를 제외한 사실은 그의 생각으로는 더
이상 점, 선, 면이 합하여 이루어진 형태가 구체적 대상을 재현할 필요가 없었다는 것을 시사한다.

(라) 대상을 재현하려 했던 고전적 회화는 재현 대상을 가리키는 일종의 '기호'였지만, 재현을 포기한 현대
미술은 더 이상 그 무언가의 '기호'이기를 거부한다. 기호의 성격을 잃은 작품이 논리적으로 일상적 사
물과 구별되지 않고, 그 자체가 하나의 아름다운 사물이 되어 버리는 경우도 존재하며, 여기서 현대
예술의 오브제화가 시작된다. '오브제'란 예술에 일상적 사물을 그대로 끌어들이는 것을 말한다. 예술
자체가 하나의 사물이 되어, 작품과 일상적 사물의 구별은 이제 사라지게 된 것이다.

(마) 현대 미술은 그림 밖의 어떤 사물을 지시하지 않는다. 지시하는 게 있다면 오직 자기 자신뿐이다. 여기
서 의미 정보가 미적 정보로 전환되기 시작한다. 미술 작품의 정보 구조를 둘로 나눌 수 있는데, 미술
작품의 내용이나 주제에 관련된 것이 '의미 정보'에 해당한다면 색과 형태라는 형식 요소 자체가 가진
아름다움은 '미적 정보'에 해당한다. 고전 회화에서는 의미 정보를 중시하는 데 반해, 현대 회화에서는
미적 정보를 중시한다. 현대 미술 작품을 보고 "저게 뭘 그린 거야?"라고 물으면 실례가 되는 것은 이
때문이다.

01 윗글을 신문에 기고하고자 할 때, 그 제목으로 적절한 것은?

① 현대 회화가 지닌 특징 – 구체적 대상의 재현에서 벗어나

② 현대 미술의 동향 – 음악이 그림에 미친 영향, 헤아릴 수 없어

③ 현대 미술의 철학적 의미 – 가상현실에 몰입하는 경향을 보여

④ 현대 미술의 모든 것 – 새로운 실험 정신, 아직 더 검증받아야

⑤ 현대 미술의 현주소 – 추상 미술보다 오히려 진일보한 양상 보여

02 윗글의 글쓰기 전략을 단락별로 추리한 내용으로 적절하지 않은 것은?

① (가) : 일상적 경험과 화제를 결부지어 독자들의 흥미를 유발하고 있다.

② (나) : 설득력을 높이기 위해 예시와 인용의 방법을 활용하고 있다.

③ (다) : 특정 관점이 시사하는 바가 드러나도록 서술하고 있다.

④ (라) : 예상되는 반론을 비판함으로써 주장을 강화하고 있다.

⑤ (마) : 대조적인 개념을 활용하여 화제에 대한 논의를 마무리하고 있다.

03 L사 문화재단에서는 문화 예술 사업 확장과 동시에 신입사원을 채용하려 한다. 부서별 배정 인원이 다음과 같을 때, 전체 신입사원의 수는?(단, 부서는 인사, 총무, 문화연구, 마케팅의 4개 부서만 있다)

> 전체 신입사원 중 $\frac{1}{5}$은 인사부, $\frac{1}{4}$은 총무부, $\frac{1}{2}$은 문화연구부에 배정되며, 마케팅부에 배정할 인원은 100명이다.

① 1,000명

② 1,200명

③ 1,500명

④ 2,000명

⑤ 2,200명

04 회의가 끝난 후 A팀장은 귀하에게 6월부터 10월까지 매월 부산에서 열리는 〈현대 미술사 학술 포럼〉에 참석하여 사업의 확장 규모를 가늠할 것을 지시했다. 다음 조건에 따라 예약사이트 M투어, H트립, S닷컴, T호텔스 중 한 곳을 통해 숙소를 예약하고자 할 때, 다음 중 귀하가 이용할 예약사이트와 6월부터 10월까지의 총숙박비용을 바르게 나열한 것은?

〈예약사이트별 O호텔 예약 정보〉

구분	가격(원/1박)	할인행사
M투어	120,500	3박 이용 시(연박 아니어도 3박 기록 있으면 유효) 다음 달에 30% 할인 쿠폰 1매 제공
H트립	111,000	6월부터 8월 사이 1박 이상 숙박 이용내역이 있을 시 9 ~ 10월에 10% 할인 제공
S닷컴	105,500	2박 이상 연박 시 10,000원 할인
T호텔스	105,000	멤버십 가입 시 1박당 10% 할인 (멤버십 가입비 20,000원)

조건

• 포럼 참석을 위해 6월부터 10월까지 매월 1박 2일로 숙소를 예약한다.
• 숙소는 항상 O호텔을 이용한다.
• 귀하는 6월부터 10월까지 총 5번의 숙박비용의 합을 최소화 하고자 한다.

	예약사이트	총 숙박비용
①	M투어	566,350원
②	H트립	492,500원
③	H트립	532,800원
④	S닷컴	527,500원
⑤	T호텔스	492,500원

※ 다음은 L사 사보에 실린 글이다. 이어지는 질문에 답하시오. [5~8]

정부는 '일자리 정책 5년 로드맵'에서 주당 최대 근로시간을 52시간으로 확립해 국민의 삶의 질을 개선하고 생산성을 높이겠다는 계획을 밝혔다. 계획대로라면 연간 평균 근로시간이 2,052시간에서 1,890시간으로 줄어들게 되는 것이다. 이처럼 국민의 일과 생활의 균형을 찾아주겠다는 현 정부의 의지는 유통업계를 중심으로 '워라밸' 문화 열풍을 몰고 왔다.

워라밸은 영문표현 'Work and Life Balance'의 줄임말로 개인의 일과 생활이 조화롭게 균형을 유지하고 있는 상태를 의미한다. 워라밸을 통해 직원들의 업무 만족도가 높아지고, 이는 회사에 대한 애사심으로 이어져 결국 퇴사율을 낮춘다는 연구 결과를 통해 최근 여러 기업에서는 단축 근무 실시, 연가 사용 활성화 등 다양한 워라밸 제도를 실시하고 있다.

게임 서비스 회사 P엔터테인먼트는 작년 하반기부터 '퍼플타임제'를 시행해 출근 시간을 자유롭게 선택해서 일정 시간을 근무한 후 각자 다른 시간에 퇴근하는 탄력 근무제도를 시행해왔다. 즉 오전 8시 30분에서 10시 30분 사이에 직원들이 출근 시간을 자율적으로 결정해 육아, 자기계발 등 직원 본인과 가족의 라이프스타일에 맞춰 활용할 수 있도록 한 것이다. 그리고 Q그룹은 5년마다 최대 한 달간 자기 계발의 시간을 가질 수 있는 '창의 휴가 제도'를 운용 중이다. 창의 휴가 제도는 입사일을 기준으로 5년마다 4주간의 휴가를 낼 수 있으며, 근속 연수에 따라 50만 ~ 500만 원의 휴가비를 지급한다.

R그룹은 업무 시간 이후 직원들에게 메시지, 메일, 전화 등을 통한 업무 지시를 일절 금지한다. 또한 퇴근 시간이 임박했을 때는 새로운 업무 지시를 할 수 없도록 하고 있다. 직원들의 퇴근 후 휴식권을 보장하기 위함이다. S그룹은 대기업 최초 주 35시간 근무제를 도입했다. 오전 9시에 출근해 오후 5시에 퇴근하는 '9-to-5제'가 적용되어 임직원은 하루 7시간만 근무하면 된다. 오후 5시면 컴퓨터가 저절로 꺼져 직원들은 사무실에 남아 있어도 업무를 볼 수가 없다.

OECD의 고용 동향에 따르면 한국의 국내 취업자 1인당 평균 노동시간은 2,069시간으로 OECD 회원 35개국의 평균보다 무려 305시간 많았다. 이를 하루 법정 노동시간인 8시간으로 나누면 한국 취업자는 OECD 평균보다 38일 더 일한 셈이다. 하지만 OECD 발표에 따르면, 각국의 노동생산성 수준은 미국, 프랑스, 독일이 시간당 약 60달러에 이르는 데 비해, 한국은 33.1달러로 이들 국가의 절반 수준에 그쳤다. 오랜 근무시간이 노동 생산성과 비례하지 않음을 알 수 있는 것이다. 이러한 상황에서 과로 사회를 탈피하고 일과 생활의 균형을 유지하고자 하는 워라밸 열풍이 한국 노동생산성에 긍정적인 영향을 미칠지 귀추가 주목된다.

05 각 문단의 제목으로 적절하지 않은 것은?

① 첫 번째 문단 : 정부의 정책으로 나타난 워라밸 열풍

② 두 번째 문단 : 워라밸의 의미와 최근 실태

③ 세 번째 문단 : 퍼플타임제와 창의 휴가 제도에서 나타나는 워라밸

④ 네 번째 문단 : 퇴근 후 업무 지시와 야근의 심각성

⑤ 다섯 번째 문단 : 비효율적인 한국 노동의 실태와 워라밸 열풍에 대한 기대

06 사보를 읽은 후 L사 직원들이 이야기를 나누었다. 윗글을 이해한 내용으로 적절한 것은?

① A사원 : 5년마다 최대 한 달간 자기 계발의 시간을 가질 수 있는 제도는 주 35시간 근무제이다.
② B주임 : 한국의 노동생산성 수준이 프랑스보다 낮음을 알 수 있다.
③ C사원 : 주 35시간 근무제는 야근을 희망하는 사람들을 제외하고는 오후 5시 이후에 업무를 볼 수 없다.
④ D과장 : 워라밸은 기업의 매출 감소로 이어져 퇴사율이 높아질 수 있다.
⑤ E대리 : 출근 시간은 정해져 있지만, 각자 다른 시간에 퇴근하는 근무제도는 퍼플타임제이다.

07 탄력 근무제를 실시하는 P엔터테인먼트 T사원의 업무시간은 10:00부터 19:00까지이다. 점심시간 1시간을 제외한 하루 일과 중 8분의 1은 주간업무계획을 수립하였고, 5분의 2는 프로젝트 회의를 진행하였다. 그리고 3분의 1은 거래처에 방문하였다. 이 모든 업무를 마무리하고 남은 시간동안 시장 조사를 하려고 한다. T사원이 시장조사를 하는 데 쓸 수 있는 시간은?

① 1시간
② 1시간 8분
③ 1시간 15분
④ 1시간 26분
⑤ 1시간 32분

08 L사의 기획재정부는 35시간 근무 제도를 적용한 계약직 신입사원 2명을 채용하려 한다. 서류와 필기 전형을 통과한 갑, 을, 병, 정 4명의 최종 면접을 실시할 때, 아래 표와 같이 4개 부서의 팀장이 각각 4명을 모두 면접하여 채용 우선순위를 결정하였다. 면접 결과에 대한 〈보기〉의 설명 중 옳은 것을 모두 고르면?

〈면접 결과〉

순위 \ 면접관	인사팀장	경영관리팀장	영업팀장	회계팀장
1순위	을	갑	을	병
2순위	정	을	병	정
3순위	갑	정	정	갑
4순위	병	병	갑	을

※ 우선순위가 높은 사람순으로 2명을 채용한다.
※ 동점자는 인사, 경영관리, 영업, 회계팀 순서로 부여한 고순위자로 결정한다.
※ 각 팀장이 매긴 순위에 대한 가중치는 모두 동일하다.

보기

ㄱ. '을' 또는 '정' 중 한 명이 입사를 포기하면 '갑'이 채용된다.
ㄴ. 인사팀장이 '을'과 '정'의 순위를 바꿨다면 '갑'이 채용된다.
ㄷ. 경영관리팀장이 '갑'과 '병'의 순위를 바꿨다면 '정'은 채용되지 못한다.

① ㄱ
② ㄱ, ㄴ
③ ㄱ, ㄷ
④ ㄴ, ㄷ
⑤ ㄱ, ㄴ, ㄷ

※ 다음은 L사의 기술지원팀에 근무하는 귀하가 임직원의 능률을 높이기 위해 사보에 실을 글이다. 이어지는 질문에 답하시오. [9~12]

우리는 컴퓨터에서 음악을 들으면서 문서를 작성할 때 두 가지 프로그램이 동시에 실행되고 있다고 생각한다. 그러나 실제로는 아주 짧은 시간 ㉠ 기준으로 그 프로그램들이 번갈아 실행되고 있다. 이는 컴퓨터 운영 체제의 일부인 CPU(중앙 처리 장치) 스케줄링 때문이다. 어떤 프로그램이 실행될 때 컴퓨터 운영 체제는 실행할 프로그램을 주기억 장치에 저장하고 실행 대기 프로그램의 목록인 '작업큐'에 등록한다. 운영 체제는 실행할 하나의 프로그램을 작업큐에서 선택하여 CPU에서 실행하고 실행이 종료되면 작업큐에서 지운다. 한 개의 CPU는 한 번에 하나의 프로그램만을 실행할 수 있다. 그러면 A와 B 두 개의 프로그램이 동시에 실행되는 것처럼 보이게 하려면 어떻게 해야 할까? 프로그램은 실행을 요청한 순서대로 작업큐에 등록되고 이 순서에 따라 A와 B는 차례로 실행된다. 이때 A의 실행 시간이 길어지면 B가 기다려야 하는 '대기 시간'이 길어지므로 동시에 두 프로그램이 실행되고 있는 것처럼 보이지 않는다. 그러나 A와 B를 일정한 시간 간격을 두고 번갈아 실행하면 두 프로그램이 동시에 실행되는 것처럼 보인다.

이를 위해서 CPU의 실행 시간을 여러 개의 짧은 구간으로 나누어 놓고 각각의 구간마다 하나의 프로그램이 실행되도록 한다. 여기서 한 구간에서 프로그램이 실행되는 것을 '구간 실행'이라 하며, 각각의 구간에서 프로그램이 실행되는 시간을 '구간 시간'이라고 하는데 구간 시간의 길이는 ㉡ 일정하게 정한다. A와 B의 구간 실행은 원칙적으로 두 프로그램이 종료될 때까지 번갈아 반복되지만 하나의 프로그램이 먼저 종료되면 나머지 프로그램이 계속 실행된다.

한편, 어떤 프로그램의 구간 실행이 진행되는 동안 다른 프로그램은 작업큐에서 대기한다. A의 구간 실행이 끝나면 A의 실행이 정지되고 다음번 구간 시간 동안 실행할 프로그램을 선택한다. 이때 A가 정지한 후 B의 실행을 준비하는 데 필요한 시간을 '교체 시간'이라고 하는데 교체 시간은 구간 시간에 비해 매우 짧다. 교체 시간에는 그때까지 실행된 A의 상태를 ㉢ 축적하고 B를 실행하기 위해 B의 이전 상태를 가져온다. 그뿐만 아니라 같은 프로그램이 이어서 실행되더라도 운영 체제가 다음에 실행되어야 할 프로그램을 판단해야 하므로 구간 실행 사이에는 반드시 교체 시간이 필요하다.

하나의 프로그램이 작업큐에 등록될 때부터 종료될 때까지 걸리는 시간을 '총 처리 시간'이라고 하는데, 이 시간은 순수하게 프로그램의 실행에만 소요된 시간인 '총 실행 시간'에 '교체 시간'과 작업큐에서 실행을 기다리는 '대기 시간'을 모두 합한 것이다. ⓐ 총 실행 시간이 구간 시간보다 긴 프로그램이 실행될 때는 구간 실행 횟수가 많아져서 교체 시간의 총합은 늘어난다. 그러나 총 실행 시간이 구간 시간보다 짧거나 같은 프로그램은 한 번의 구간 시간 내에 종료되고 곧바로 다음 프로그램이 실행된다.

이제 프로그램 A, B, C가 실행되는 경우를 생각해 보자. A가 실행되고 있고 B가 작업큐에서 대기 중인 상태에서 새로운 프로그램 C를 실행할 경우, C는 B 다음에 등록되므로 A와 B의 구간 실행이 끝난 후 C가 실행된다. A와 B가 종료되지 않아 ⓓ 임의적인 구간 실행이 필요하면 작업큐에서 C의 뒤로 다시 등록되므로 C, A, B의 상태가 되고 결과적으로 세 프로그램은 등록되는 순서대로 반복해서 실행된다.

이처럼 작업큐에 등록된 프로그램의 수가 많아지면 각 프로그램의 대기 시간은 그에 비례하여 ⓔ 늘어진다. 따라서 작업큐에 등록할 수 있는 프로그램의 수를 제한해 대기 시간이 일정 수준 이상으로 길어지는 것을 막을 필요가 있다.

09 윗글을 사보 제작팀에게 인계한 귀하는 다음과 같은 보완 사항을 전달 받았다. 다음 중 귀하가 전달 받은 보완 사항으로 적절하지 않은 것은?

① ㉠ : '간격으로'로 수정하겠습니다.

② ㉡ : '균등하게'로 수정하겠습니다.

③ ㉢ : '저장하고'로 수정하겠습니다.

④ ㉣ : '추가적인'으로 수정하겠습니다.

⑤ ㉤ : '늘어난다'로 수정하겠습니다.

10 다음 중 윗글의 내용으로 적절하지 않은 것은?

① CPU 스케줄링은 컴퓨터 운영 체제의 일부이다.

② 구간 실행의 교체에 소요되는 시간은 구간 시간보다 짧다.

③ CPU 한 개는 한 번에 하나의 프로그램만 실행이 가능하다.

④ 프로그램 실행이 종료되면 실행 결과는 작업큐에 등록된다.

⑤ 컴퓨터 운영 체제는 실행할 프로그램을 주기억 장치에 저장한다.

11 다음 중 ⓐ의 실행 과정을 이해한 내용으로 적절하지 않은 것은?

① 교체 시간이 줄어들면 총 처리 시간이 줄어든다.

② 대기 시간이 늘어나면 총 처리 시간이 늘어난다.

③ 총 실행 시간이 줄어들면 총 처리 시간이 줄어든다.

④ 구간 시간이 늘어나면 구간 실행 횟수는 늘어난다.

⑤ 작업큐의 프로그램 개수가 늘어나면 총 처리 시간은 늘어난다.

`Easy`

12 사보 제작팀의 A사원이 혼자서 사보 제작을 진행하면 24일이 걸린다. B사원이 혼자서 제작을 진행하면 120일이 걸리며, C사원이 혼자서 제작을 진행하면 20일이 걸린다. 3명이 함께 사보를 제작할 때의 소요 기간은?

① 6일 　　　　　　　　　　② 10일

③ 12일 　　　　　　　　　④ 20일

⑤ 25일

※ 다음은 L보험에 입사한 귀하가 쓴 '노인 장기요양보험'에 대한 글이다. 이어지는 질문에 답하시오.
  [13~16]

(가) 따라서 급속하게 증가하는 고령화로 인한 국민의 노후에 대한 불안을 해소하고, 치매·중풍 등으로 거동이 불편한 노인의 '삶의 질' 향상과 그 가족의 부양부담을 경감하기 위한 사회안전망으로써 사회보장이 필요하다.

(나) 결국 노인 장기요양보험은 노인 요양 문제에 따르는 젊은 층의 노인 부양 비용을 사회적 연대 원리에 의해 충당하는 제도로써, 젊은 층의 안정적 생활을 위해 반드시 마련되어야 하는 사회보험 제도라는 인식 개선이 필요하다.

(다) 사람이라면 누구든지 치매·중풍 등의 노화 현상과 노인성 질환 등으로 인한 장기요양의 필요성으로부터 자유로울 수 없으며, 노인 장기요양보험 제도는 이러한 장기요양의 문제를 사회적으로 공동 해결하기 위하여 노인 및 그 가족뿐만 아니라 국민 전체에 의한 사회적 부양이라는 측면에서 사회적 연대 원리로 운영되는 사회보험 제도이다.

(라) 우리 사회의 급격한 고령화에 따라 치매·중풍·파킨슨 등 노인성 질병으로 일상생활을 혼자서 수행하기 어려운 노인들이 급속히 증가하고 있다. 요양이 필요한 노인은 증가하고 있지만 우리 사회의 핵가족화와 여성의 사회 참여 증가로 가정에 의한 돌봄은 이미 한계에 도달하였고, 치매·중풍 등의 노인을 돌보는 가정에서는 비용 부담, 부양 문제로 인한 가족 간의 갈등이 빈번하게 발생하고 있는 실정이다.

13 다음 중 제시된 문단을 논리적 순서대로 바르게 나열한 것은?

① (다) − (나) − (가) − (라)
② (다) − (나) − (라) − (가)
③ (다) − (라) − (가) − (나)
④ (라) − (가) − (다) − (나)
⑤ (라) − (나) − (가) − (다)

Easy

14 다음 중 윗글의 주제로 가장 적절한 것은?

① 사회보험의 현재와 미래
② 고령화의 원인과 해결 방안
③ 고령화와 사회보장
④ 우리나라의 사회보험 제도
⑤ 장기요양의 필요성

15 윗글이 어떤 질문에 대한 답이라면 그 질문으로 가장 적절한 것은?

① 사회보장이란 무엇인가요?

② 노인 장기요양보험은 왜 필요한가요?

③ 고령화를 극복하기 위한 방법은 무엇이 있나요?

④ 다른 나라와 우리나라의 사회보험 제도의 차이점은 무엇인가요?

⑤ 노인성 질환이란 무엇인가요?

16 한 병원에서 입원 환자 10명(가 ~ 차)의 병실 배치도를 작성하려고 한다. 다음 〈조건〉을 모두 만족하도록 환자들을 배치한 것은?

> **조건**
> - 병실은 2인실, 3인실, 5인실이 있다.
> - 가는 3인실에만 배치할 수 있다.
> - 자는 5인실에는 배치할 수 없다.
> - 라와 바는 같은 병실에 있어야 한다.
> - 자와 차는 같은 병실을 쓸 수 없다.
> - 다와 사가 같은 병실을 쓴다면, 자는 나와 같은 병실을 써야 한다.

① (가, 다), (나, 라, 자), (마, 바, 사, 아, 차)

② (나, 자), (가, 라, 바), (다, 마, 사, 아, 차)

③ (나, 차), (가, 다, 마), (라, 바, 사, 아, 자)

④ (라, 바), (가, 나, 차), (다, 마, 사, 아, 자)

⑤ (라, 바), (나, 다, 자), (가, 마, 사, 아, 차)

※ 다음은 L사 기획팀에서 진행하고 있는 행사에 대한 자료이다. 이어지는 질문에 답하시오. [17~20]

구분	월	주제	세부내용
봄	3	시작	세계 꽃 박람회, 벚꽃 축제
	4	오감	세계 음식 축제, 딸기 디저트 시식회
	5	청춘	어린이날 행사
여름	6	음악	통기타 연주회, 추억의 7080 댄스메들리
	7	환희	국제불빛축제, 서머페스티벌, 반딧불축제
	8	열정	락 페스티벌, 독립민주축제
가을	9	풍요	한방 약초 축제, 쌀문화 전시회, 세계 커피 시음회
	10	협동	남사당 바우덕이, 지구촌축제
	11	낭만	클래식 연주회, 가면무도회, 갈대축제
겨울	12	결실	얼음꽃축제, 빙어축제
	1	시작	해맞이 신년 기획 행사
	2	온정	사랑나눔 행사, 행복 도시락 배달

Easy

17 다음 중 위 자료의 제목으로 가장 적절한 것은?

① 세부업무계획
② 계절별프로젝트분담표
③ 월별이벤트진행현황
④ 연중이벤트계획표
⑤ 연중이벤트보고서

18 다음 중 위 자료의 수정 방안으로 적절하지 않은 것은?

① 5월 이벤트 계획은 좀 부실한 것 같으니 다른 행사를 기획해 추가해야겠어.
② 6월 이벤트 중에 통기타 연주회는 주제와 어울리지 않으니 수정해야겠어.
③ 겹치는 주제가 두 개 있으니 하나는 다른 주제로 변경해야겠어.
④ 12월은 주제와 세부내용이 맞지 않으니 알맞은 세부내용을 기획해야겠어.
⑤ 4월에 진행하는 행사는 먹을 것으로만 구성되어 있으니 다른 종류의 이벤트를 추가 계획해야겠어.

19 기획팀은 새해 사업계획과 관련해 회의를 하고자 한다. 회의 참석자들에 대한 정보가 〈조건〉과 같을 때, 회의에 참석할 직원을 모두 고르면?

> **조건**
> • 기획팀에는 A사원, B사원, C주임, D주임, E대리, F팀장이 있다.
> • 새해 사업계획 관련 회의는 화요일 오전 10시부터 11시반 사이에 열린다.
> • C주임은 같은 주 월요일부터 수요일까지 대구로 출장을 간다.
> • 담당 업무 관련 연락 유지를 위해 B사원과 D주임 중 한 명만 회의에 참석 가능하다.
> • F팀장은 반드시 회의에 참석한다.
> • 새해 사업계획 관련 회의에는 주임 이상만 참여 가능하다.
> • 회의에는 가능한 모든 인원이 참석한다.

① A사원, C주임, E대리
② A사원, E대리, F팀장
③ B사원, C주임, F팀장
④ C주임, E대리, F팀장
⑤ D주임, E대리, F팀장

20 L사는 2박 3일로 신입사원 OT 행사를 하기로 하였다. 기획팀의 E대리는 신입사원에게 할당된 방에 신입사원을 배정하는 업무를 맡았다. 다음 결과를 참고할 때 신입사원에게 주어진 방의 개수는?

> 〈배정 결과〉
> • 4명씩 방을 배정하면 12명이 방 배정을 못 받는다.
> • 6명씩 방을 배정하면 방이 2개가 남는다.

① 12개   ② 14개
③ 16개   ④ 24개
⑤ 26개

※ 다음은 시장경제에 대한 글이다. 이어지는 질문에 답하시오. [21~24]

박지원의 소설 「허생전」을 보면 재미난 이야기가 나온다. 허생이 대추, 밤, 감 등의 과일을 몽땅 사들인 결과 온 나라가 잔치나 제사를 못 치를 형편에 이르렀고, 이에 허생이 본래 가격의 열 배로 상인들에게 과일을 되팔았다는 것이다. 경쟁자가 없어진 시장에서 허생이 조선의 과일 값을 좌우하게 되었다는 이야기는 독점 시장의 특징을 잘 보여준다.

오늘날 시장의 모습은 매우 다양하다. 이 다양한 형태의 시장들은 공급자들의 시장 진입과 경쟁이 얼마나 자유로운가에 따라 크게 경쟁적 시장과 비경쟁적 시장으로 나눌 수 있다.

경쟁적 시장은 진입의 장벽이 존재하지 않거나 아주 낮은 시장으로서, 공급자들의 시장 진입과 퇴출이 쉬운 시장을 말한다. 동네의 수많은 치킨 가게를 떠올려 보자. 치킨 가게를 운영하기 위해 필요한 기술은 비교적 간단하고, 드는 자본의 규모 역시 적은 편이다. 따라서 창업과 사업 정리가 용이한 편이어서 공급자의 수가 매우 많다. 그러다 보니 공급자는 자신이 원하는 가격을 설정할 수 있는 힘인 '독점력'을 갖기가 어렵다. 따라서 치킨 산업과 같은 경쟁적 시장에서는 주로 가격 이외의 분야인 맛, 품질, 서비스 등에서 경쟁을 하게 된다.

반면 비경쟁적 시장은 진입 장벽이 높아 공급자들의 시장 진입과 퇴출이 어려운 시장을 의미한다. 비경쟁적 시장은 하나의 공급자가 공급을 독점하는 독점 시장과, 소수의 공급자가 시장을 분할하고 있는 과점 시장으로 다시 나눌 수 있다.

이 중 독점 시장은 다른 시장들에 비해 경쟁의 여지가 적고, 과점 시장은 체감 경쟁이 가장 치열하다. 왜냐하면 소수의 공급자들이 시장을 분할하다 보니 가격 경쟁은 물론 광고, 경품 제공 등 비가격 경쟁들도 치열하기 때문이다. 독과점 시장은 보다 높은 기술이나 대규모의 자본이 필요한 경우가 많고, 공급자의 독점력이 큰 편이다. 이러한 독과점 시장의 예로는 자동차, 휴대전화, 정유 산업을 들 수 있다.

21 다음 중 윗글에 대한 내용으로 적절하지 않은 것은?

① 치킨 산업에서는 비가격 경쟁이 중요하다.
② 정유 산업은 공급자의 독점력이 큰 편에 속한다.
③ 체감 경쟁이 가장 치열한 시장은 경쟁 시장이다.
④ 독과점 시장은 자신이 원하는 가격을 설정할 수 있는 공급자의 힘이 큰 편이다.
⑤ 박지원의 소설에는 독점 시장의 특징이 잘 나타난다.

22 다음 중 윗글을 읽고 추론할 수 있는 내용으로 적절하지 않은 것은?

① 과점 시장은 경쟁이 별로 없는 안정적인 시장이라 할 수 있겠군.
② 주유소에서 주유 시 무료세차권을 주는 것은 비가격 경쟁의 예라고 할 수 있겠군.
③ 허생이 조선의 과일 값을 좌우하게 된 것은 그가 유일한 과일 공급자였기 때문이겠군.
④ 막대한 초기 비용이 드는 이동 통신 산업은 공급자의 진입 장벽이 높은 산업의 예가 되겠군.
⑤ 치킨 가게를 운영하면서 가격을 원하는 대로 설정하기 쉽지 않겠군.

23 L사에서 신제품을 개발하여 중국시장에 진출하고자 한다. 귀하의 상사가 3C 분석 결과를 건네며, 사업 계획에 반영하고 향후 해결해야 할 회사의 전략 과제가 무엇인지 정리하여 보고하라는 지시를 내렸다. 회사에서 해결해야 할 전략 과제로 적절하지 않은 것은?

〈신제품 3C 분석 결과〉

Customer	Competitor	Company
• 전반적인 중국시장은 매년 10% 성장 • 중국시장 내 제품의 규모는 급성장 중임 • 20 ~ 30대 젊은 층이 중심 • 온라인 구매가 약 80% 이상 • 인간공학 지향	• 중국기업들의 압도적인 시장점유 • 중국기업들 간의 치열한 가격경쟁 • A/S 및 사후관리 취약 • 생산 및 유통망 노하우 보유	• 국내시장 점유율 1위 • A/S 등 고객서비스 부문 우수 • 해외 판매망 취약 • 온라인 구매시스템 미흡(보안, 편의 등) • 높은 생산원가 구조 • 높은 기술개발력

① 중국시장의 판매유통망 구축

② 온라인 구매시스템 강화

③ 고객서비스 부문 강화

④ 원가 절감을 통한 가격경쟁력 강화

⑤ 인간공학을 기반으로 한 제품 개발 강화

24 정가가 3,000원인 상품을 2할 할인하여 팔았더니 원가의 5할만큼 이익이 생겼을 때, 원가는?

① 1,600원   ② 1,800원

③ 2,000원   ④ 2,200원

⑤ 2,400원

※ 다음은 L사에서 제공하는 임직원 복지 혜택에 대한 설명이다. 이어지는 질문에 답하시오. [25~28]

〈임직원 복지 혜택 세부사항〉

구분	내용	대상	금액
명절상여금	설날·추석 명절상여금으로 매년 1월과 9월에 월 급여의 일정 비율만큼 월 급여에 합하여 지급함	해당 월 입사 3년 차 이상에 해당하는 자	월 급여의 10%
경조사비	부모, 배우자, 자녀의 경조사의 경우 직급에 따라 일정금액을 경조사일이 속한 달의 다음 달 급여에 월 급여와 합하여 지급함(결혼, 돌, 장례식 등)	제한 없음	− 사원, 주임, 대리 : 부모·배우자 (200,000원), 자녀(100,000원) − 과장 이상 : 300,000원
여름·겨울 휴가비	여름·겨울 휴가비로 매년 7월과 12월에 직급에 따라 일정 금액을 월 급여와 합하여 지급함	해당 월 입사 1년 차 이상에 해당하는 자	〈여름〉 − 사원, 주임 : 250,000원 − 대리 : 350,000원 − 과장 이상 : 500,000원 〈겨울〉 − 사원, 주임 : 150,000원 − 대리 : 250,000원 − 과장 이상 : 500,000원
문화생활비	임직원 문화생활 활성화를 위해 입사일 다음 해부터 매년 입사일이 속한 달의 월 급여에 합하여 지급함	해당 월 입사 1년 차 이상에 해당하는 자	100,000원
자기계발비	임직원 자기계발을 위해 직급에 따라 일정 금액을 매년 3월 급여에 합하여 지급함	제한 없음	− 사원, 주임 : 300,000원 − 대리 이상 : 200,000원
출산축하금 (경조사비와는 별개)	재직기간 중 출산했을 경우 휴가 1년(남성은 3개월)과는 별개로 추가 휴가 6개월(남성은 2개월) 또는 출산축하금 중 택1하여 지원함 (출산축하금의 경우 출산일이 속한 달 월 급여에 합하여 지급함)	제한 없음	− 여성 : 5,000,000원 − 남성 : 2,000,000원 부부 모두 회사 재직 시, 부부합산 7,000,000원을 여성 월 급여 통장에 입금
자녀 학자금	대학생 자녀가 있을 경우, 매년 4월과 10월에 월 급여에 합하여 지원함	직급 과장 이상	등록금에서 장학금을 제외한 금액의 70%를 지원함

Hard

25 2023년 1월 2일에 N주임이 회계팀에 문의한 내용이다. 다음 중 N주임이 상반기에 받는 혜택까지 포함된 총급여는?(단, 상반기는 1 ~ 6월이며, 출산예정일은 변동이 없다)

〈문의 내용〉

안녕하세요? 재작년 3월 2일에 입사한 영업팀 N주임입니다. 올 상반기 제가 받을 급여가 총 얼마인지 알고 싶어 문의하게 되었습니다. 현재 월 급여는 320만 원이고요, 5월부터는 대리로 진급함과 동시에 350만 원으로 인상될 것이라고 전달 받았습니다. 작년 12월 저희 아버님이 돌아가셨고, 올해 6월에 타회사에 근무 중인 아내가 첫 아이를 출산할 예정입니다. 그리고 출산축하금을 받을 것입니다.

① 1,940만 원   ② 2,120만 원
③ 2,240만 원   ④ 2,460만 원
⑤ 2,620만 원

26 임직원 복지 혜택 세부사항의 일부내용이 다음과 같이 변경되었다면 **25번의 N직원이 상반기에** 받는 복지 혜택까지 포함된 총 급여는?

〈변경 후 내용〉

- 명절상여금 : 입사 1년 차 이상, 월급여의 5%
- 경조사비 : 직급·사유 관계없이 200,000원
- 여름·겨울 휴가비 : 입사 2년 차 이하 100,000원, 입사 3년 차 이상은 기존 내용과 동일
- 문화생활비 : 항목 삭제
- 자기계발비 : 사원 직급에게만 매년 3월 500,000원 한도 내에서 업무 관련 자기계발비 증명자료 제출 시 지급
- 출산축하금 : 여성·남성 관계없이 3,000,000원 지급 및 부부 모두 재직 시에도 각각 지급
- 자녀학자금 : 매년 3월 2,000,000원 지급

① 1,985만 원
② 2,104만 원
③ 2,255만 원
④ 2,316만 원
⑤ 2,562만 원

27 다음 중 밑줄 친 부분의 맞춤법이 적절하지 않은 것은?

① 공공임대 입주자가 방 한 <u>칸</u>을 떼어내 다른 이에게 재임대하는 행위는 불법이다.
② 급등하고 있는 <u>사글세</u>가 무주택 서민들의 허리를 휘게 한다.
③ 전세자금 대출 사업을 통해 더 이상 전세자금을 <u>빌러</u> 다니지 않을 수 있게 되었다.
④ 점포 겸용 단독주택용지에서는 저층에 상가를 짓고 <u>위층</u>에 주택을 지을 수 있다.
⑤ 단층 주택은 내부 <u>천장</u>이 높지 않아 햇볕이 적게 들어온다.

28 L사는 직원들을 위해서 4층짜리 기숙사를 운영하고 있다. 기숙사의 각 층에는 사람들이 3명씩 살고 있어, 총 12명의 직원(가 ~ 타)이 살고 있다. 다음 〈조건〉에 근거하여 바르게 추론한 것은?

조건
- 가는 마, 바와 같은 층에 살고 있다.
- 마가 살고 있는 층보다 높은 층에 사는 사람은 9명이다.
- 나와 사는 같은 층에 살고 있고, 차가 사는 곳 한 층 아래에 산다.
- 아는 3층에 살고 있다.
- 다와 카는 가장 높은 4층에 산다.
- 라와 자는 가보다 한 층 높은 곳에 살고 있다.
- 차보다 높은 층에 사는 사람은 없다.

① 다와 라는 같은 층에 살고 있을 것이다.
② 타는 바의 바로 아래층에 살고 있다.
③ 사보다 높은 층에 사는 사람은 다, 차, 카이다.
④ 자는 3층에 살고 있다.
⑤ 타는 기숙사의 제일 높은 층에 산다.

※ L물류회사 소속 택배기사 A씨는 다음과 같은 〈조건〉에서 근무한다. 이어지는 질문에 답하시오.
 [29~32]

조건

- 한 번 배송을 다녀오면 10분간 휴식한다(단, 특수택배 물품의 배송이 끝난 후에는 쉬지 않고 보통택배 물품의 배송을 시작한다).
- 한 번 배송으로 소요되는 총 시간은 50분을 초과할 수 없다.
- 같은 물류창고에 있는 물건은 3개까지 가져갈 수 있다.
- 특수택배 물품의 배송이 모두 완료되어야 보통택배 물품을 배송할 수 있다.
- 특수택배의 배송번호는 '특'으로 시작하며, 보통택배의 배송번호는 '보'로 시작한다.
- 2개를 동시에 가져가서 배송하면 각 상품별 왕복 배송시간의 총합에서 5분이 감소하고, 3개를 동시에 가져가서 배송하면 10분이 감소한다.

〈배송표〉

구분	물류창고	왕복 배송시간
특01	가	10분
특02	나	15분
특03	나	10분
보01	가	10분
보02	나	15분
보03	다	20분
보04	다	10분
보05	다	25분
보06	가	10분

29 다음 중 위 자료에 대한 〈보기〉의 설명 중 적절하지 않은 것을 모두 고르면?

보기

ㄱ. 나 창고에 있는 택배 물품은 한 번에 전부 가지고 나가서 배송할 수 있다.
ㄴ. 특수택배 상품을 모두 배송하는 데에 최소 30분이 소요된다.
ㄷ. 다 창고에 있는 보통택배를 한 번에 배송할 수 있다.

① ㄱ
② ㄱ, ㄴ
③ ㄱ, ㄷ
④ ㄴ, ㄷ
⑤ ㄱ, ㄴ, ㄷ

30 A씨가 근무를 오전 9시에 시작한다고 할 때, 가장 빨리 모든 택배의 배송을 완료할 시간은?

① 10시
② 10시 5분
③ 10시 25분
④ 10시 45분
⑤ 11시 15분

Hard

31 A씨가 배송을 위해 L회사의 물류창고에서 75km/h로 이동하던 중 점심시간이 되어 전체 거리의 40% 지점에 위치한 휴게소에서 30분 동안 점심을 먹었다. 시계를 확인하니 예정된 배송완료 시간에 늦을 것 같아 25km/h를 더 올려 이동하였더니, 물류창고에서 배송지까지 총 3시간 20분이 걸려 도착하였다. 물류창고에서 배송지까지의 거리는?

① 100km
② 150km
③ 200km
④ 250km
⑤ 300km

Easy

32 L물류회사에서는 택배직원들의 복리후생을 위해 이번 주말에 무료 요가강의를 제공할 계획이다. 자원관리과에는 A사원, B사원, C주임, D대리, E대리, F과장 6명이 있다. 요가강의에 참여할 직원들에 대한 정보가 다음과 같을 때, 이번 주말에 열리는 무료 요가강의에 참석할 자원관리과 직원들의 최대 수는?

- C주임과 D대리 중 1명만 참석한다.
- B사원이 참석하면 D대리는 참석하지 않는다.
- C주임이 참석하면 A사원도 참석한다.
- D대리가 참석하면 E대리는 참석하지 않는다.
- E대리는 반드시 참석한다.

① 2명
② 3명
③ 4명
④ 5명
⑤ 6명

※ 다음은 홍보혁신실에 근무하는 귀하가 오전 회의를 위해 받은 자료 중 일부이다. 이어지는 질문에 답하시오. [33~36]

〈L기업, 로봇 '혁신' 위해 고객 아이디어 모은다〉

L기업은 26일 '제1회 로봇 인큐베이션 공모전'을 개최한다. 공모전 참가를 원하는 팀 또는 개인은 내달 29일까지 지원서를 홈페이지로 제출하면 된다. L기업은 이번 공모전에 직장인, 학생, 스타트업 등 다양한 분야에서 활동하면서 로봇에 관심 있는 팀이 참가, 일상생활에 도움을 주는 다양한 로봇 아이디어가 많이 나올 것으로 기대하고 있다.

L기업은 내부 심사를 거쳐 오는 9월 본선 진출팀을 발표한다. 본선 진출팀은 이번 공모전의 협력기관인 서울산업진흥원(SBA; Seoul Business Agency)이 운영하는 '메이커스페이스 전문랩 G캠프(서울 위치)'에서 L기업이 제시하는 프로젝트를 수행하며 팀별 경합을 거치게 된다. 서울산업진흥원은 서울시 산하 중소기업 지원기관이다. 연말에 가려지는 최종 우승팀에게는 1,500만 원의 상금이 주어진다.

이번 공모전은 로봇이 이미 일상으로 들어온 상황에서 다양한 아이디어를 통해 신규 비즈니스를 발굴하기 위한 목적으로 기획됐다. 위험하고 반복적인 일 대신 인간이 더 가치 있는 것들에 집중할 수 있도록 돕는 다양한 서비스 로봇을 선보이겠다는 의미다.

L기업은 로봇을 미래사업의 한 축으로 삼고, 일상생활에서 쉽게 접할 수 있는 서비스에 초점을 맞춰 호텔 솔루션, 병원 솔루션, F&B 솔루션 등 각종 맞춤형 솔루션을 선보이고 있다. L기업 로봇사업 담당자는 "로봇을 사용하게 될 고객들이 직접 참여해 선보일 다양한 서비스 로봇들을 통해 고객에게 새로운 경험과 가치를 제공하는 것은 물론, 일상에 도움이 되는 로봇 솔루션을 지속 개발할 것"이라고 말했다.

---

33 다음 중 회의 자료에 대한 설명으로 가장 적절한 것은?

① 해당 공모전의 본선은 서울산업진흥원 본부에서 진행된다.
② 로봇 인큐베이션 공모전은 인간이 가치집약적 일들에 집중하도록 하는 것을 목표로 한다.
③ 최종 우승팀은 내년 초에 결정된다.
④ 공모전에 참가를 원하는 팀은 기한 내에 홈페이지 혹은 우편으로 지원서를 제출하면 된다.
⑤ 개인자격으로는 로봇 인큐베이션 공모전에 참가할 수 없다.

34 다음 〈보기〉의 설명 중 위 공모전의 흥행 촉진을 위해 고려해야 할 사항으로 적절한 것을 모두 고르면?

> **보기**
> ㄱ. 본선 진출팀의 수를 늘리고, 최종 우승팀에 대한 상금을 인상한다.
> ㄴ. 심사 시, 일반 고객들에 의한 투표를 추가하고 이를 홍보한다.
> ㄷ. 전문성 확보를 위해 로봇 관련 공학 전공자만 참여가 가능하도록 지원요건을 추가한다.

① ㄱ   ② ㄷ
③ ㄱ, ㄴ   ④ ㄴ, ㄷ
⑤ ㄱ, ㄴ, ㄷ

35 다음은 로봇 인큐베이션 공모전에서 최종 후보로 선정된 다섯 팀에 대한 평가결과이다. 아래의 선정방식에 따라 최종우승팀을 결정할 때, 다음 중 최종 우승팀으로 결정될 팀은?

〈최종 우승팀 선정방식〉

• 안전개선, 고객지향, 기술혁신, 가치창조의 4가지 항목을 3 : 1 : 2 : 1의 가중치로 합산하여 최종 점수를 산출한다.
• 최종점수가 동일한 경우, 고객지향 – 기술혁신 – 안전개선 – 가치창조 항목 순으로 점수가 더 높은 팀을 선정한다.

〈최종 후보팀〉

다음은 최종 후보 다섯 팀을 안전개선, 고객지향, 기술혁신, 가치창조의 4가지 항목으로 평가하여 각 항목별 10점 만점으로 점수를 부여한 것이다.

(단위 : 점)

구분	안전개선	고객지향	기술혁신	가치창조
A	8	5	8	4
B	6	8	5	5
C	7	6	6	7
D	7	7	7	7
E	5	6	10	4

① A
② B
③ C
④ D
⑤ E

36 L사의 회의실에 있는 시계는 항상 10시 10분을 가리킨다. 이 시각일 때 시침과 분침이 시계 바탕에 각인된 L사의 로고를 가리지 않으며, 안정적인 각도로 보이기 때문이다. 시계가 10시 10분을 가리킬 때 시침과 분침이 이루는 작은 쪽의 각도는?

① 115°
② 145°
③ 175°
④ 205°
⑤ 225°

많은 사람이 리더가 되고 싶어 한다. 그러나 하고 싶다고 누구나 리더가 되는 것은 아니다. 리더가 되려면 리더십을 갖춰야 한다.

(가) 모든 것을 직접 체험하여 지식을 얻고 정보를 습득하면 좋겠지만, 현실적으로 불가능한 만큼 타인의 경험이 담긴 책을 통해 보다 다양한 지식과 정보를 간접적으로 얻는 노력이 있어야 한다. 물론, 지식과 정보를 습득하는 것 못지않게, 지식과 정보를 어떻게 활용할 것이며, 지식과 정보의 옥석(玉石)을 구별할 수 있는 안목과 혜안을 독서를 통해 길러야 한다. 글로벌 시대에 걸맞은 리더가 되려면 외국어 구사 능력도 반드시 갖춰야 한다.

(나) 리더십이 없는 리더가 조직의 수장이 되면 조직은 망할 수밖에 없다. 그래서 리더가 되고자 한다면 리더십을 키우는 연습과 훈련은 필수이다. 우선, 리더가 되기 위해서는 명확한 목표를 설정해야 한다. 다름 아닌 꿈이 있어야 한다는 것이다. 사랑도, 희망도, 삶의 목표도 꿈을 꾸면서 시작된다. 더 중요하고 분명한 것은 꿈을 가진 사람이, 꿈을 꾸지 않은 사람보다 더 열심히 더 즐겁게 인생을 살아간다는 사실이다. 꿈은 오늘을 새롭게 하고, 미래를 아름답게 만드는 활력소이다. 반기문 전 유엔사무총장이나 빌 클린턴 미국 전 대통령의 공통점은 학창시절 우수학생으로 뽑혀 케네디 대통령을 만나면서 외교관과 정치가의 꿈을 꾸었다는 것이다. 명확한 목표를 설정하고, 그것을 이루기 위해 최선을 다했기 때문에 두 사람은 꿈을 현실화시킨 리더로 평가받고 있다.

(다) 누구든지 나약해질 수 있고, 절망의 나락으로 떨어질 수 있다. 그런 위기와 시련에 직면했을 때 어떤 생각을 하고 사고하며, 어떤 마음으로 접근하느냐에 따라 인생의 항로가 바뀔 수 있다. 부정의 시각으로 생각하는 사람은 생각의 끝에서 절망을 선택할 것이며, 긍정의 시각으로 생각한 사람은 생각의 끝에서 희망으로 방향을 유턴하게 될 것이다. 세상은 긍정적이고 낙천적 사고의 소유자들에 의해 변화와 발전을 거듭해왔음을 직시해야 한다. 세계적인 커피체인점 스타벅스의 하워드 슐츠 회장이 리더는 항상 낙관적이어야 한다며 긍정적 사고를 강조한 것도 같은 맥락이다. 진정한 리더가 되고 싶다면, 앞에서 강조한 것을 선택과 집중의 관점에서 하나하나 실천해야 한다.

(라) 또한 리더가 되기 위해서는 원만한 대인관계를 구축해야 한다. 혼자 살 수 없는 세상에서 얽히고설키는 관계(關係)라는 말처럼 중요한 것도 없을 것이다. 그래서 사람과 사람을 이어주고, 소통시켜주는 원만한 대인관계야말로 성공을 향한 더없이 소중한 밑거름이다. 미국인들로부터 가장 성공한 사람으로 추앙받는 벤자민 프랭클린도 "아무에게도 적이 되지 말라."며 대인관계의 중요성을 역설했다. 나와 관계없는 백만 명의 사람보다 나와 관계를 맺은 한 사람을 더 소중하고 귀하게 여길 때 원만한 대인관계를 형성할 수 있고, 성공을 향한 발걸음도 한결 가벼워질 것이다. 리더에게 독서는 필수요소이다. 지식이 힘이고, 정보가 경쟁력인 지식정보화시대를 슬기롭게 헤쳐 나가기 위해서는 다독(多讀)이 필요하다.

(마) 특히, 영어는 단순한 외국어가 아니라 지구촌 사회와 의사소통을 가능하게 해주는 하나의 약속이 되고 있다. 모국어 하나로 살아갈 수도 있지만, 결국 우물 안 개구리로 전락할 수밖에 없다. 외국어를 구사하지 못하면 일류가 될 수 없고, 일류가 될 수 없다는 것은 결국 성공할 기회가 그만큼 희박해진다는 것을 의미한다. 네덜란드, 덴마크, 스위스, 오스트리아 등 유럽의 나라들이 규모에 비해 강소국의 반열에 올라설 수 있게 된 것도 국민의 외국어 구사 능력이 출중하기 때문이라는 것은 시사하는 바가 매우 크다. 덧붙여, 리더가 되고자 하는 사람은 긍정적이고 낙천적인 유연한 사고를 지녀야 한다.

37 다음 중 위 기사를 읽고 직원들이 느낀 바로 적절하지 않은 것은?

① 김대리 : 리더십이 없는 리더가 조직의 수장이 되면 조직은 망할 수밖에 없다.

② 유과장 : 리더가 되기 위해서는 꿈을 가지는 것이 중요하다.

③ 강차장 : 원만한 대인관계의 구축 또한 리더의 중요한 덕목 중 하나이다.

④ 곽사원 : 리더가 되기 위해선 위기와 시련을 마주했을 때 낙관적으로 볼 수 있는 긍정적인 자세가 중요하다.

⑤ 정부장 : 글로벌 시대에 맞는 외국어 구사능력도 중요하지만, 우리 고유의 전통을 지키는 것이 우선이다.

38 다음 중 위 기사의 내용에서 확인할 수 있는 '리더의 덕목'과 무관한 것은?

① 리더십 함양　　　　　　　　② 독서를 통한 지식의 확충

③ 낙관적 사고　　　　　　　　④ 주변 사람들에게 아낌없이 베풀기

⑤ 외국어 구사능력

39 다음 중 제시된 첫 단락에 이어질 문단을 논리적 순서대로 바르게 나열한 것은?

① (가) – (나) – (라) – (마) – (다)

② (가) – (다) – (마) – (라) – (나)

③ (나) – (가) – (다) – (라) – (마)

④ (나) – (라) – (가) – (마) – (다)

⑤ (다) – (나) – (가) – (라) – (마)

40 L사의 친목회에서 임원진(회장, 부회장, 총무)을 새롭게 선출하려고 한다. 친목회 전체 인원이 17명일 때, 회장, 부회장, 총무를 각 1명씩 뽑는 경우의 수는?(단, 작년에 임원진이었던 3명은 연임하지 못한다)

① 728가지　　　　　　　　② 1,360가지

③ 2,184가지　　　　　　　④ 2,730가지

⑤ 4,080가지

꿈을 계속 간직하고 있으면 반드시 실현할 때가 온다.

- 괴테 -

PART 3

조직적합진단

01 | 롯데그룹 조직적합진단

01 개요

새롭게 변화한 롯데그룹 조직적합진단(이하 인성검사라 한다)은 롯데그룹의 인재상과 부합하는 인재인지 평가하는 테스트로 직무적합진단 이전에 온라인으로 진행된다. 주로 지원자의 개인 성향이나 인성에 관한 질문으로 되어 있으며 1시간의 풀이시간이 주어진다.

02 인성검사 수검요령

인성검사는 특별한 수검요령이 없다. 다시 말하면 모범답안이 없고, 정답이 없다는 이야기이다. 국어문제처럼 말의 뜻을 풀이하는 것도 아니다. 굳이 수검요령을 말하자면, 진실하고 솔직한 내 생각이 최고의 답변이라고 할 수 있을 것이다.

인성검사에서 가장 중요한 것은 첫째, 솔직한 답변이다. 지금까지 경험을 통해서 축적한 자신의 생각과 행동을 거짓 없이 솔직하게 기재하는 것이다. 예를 들어, '나는 타인의 물건을 훔치고 싶은 충동을 느껴본 적이 있다.'란 질문에 지원자들은 많은 생각을 하게 된다. 생각해 보라. 유년기에 또는 성인이 되어서도 타인의 물건을 훔치는 일을 저지른 적은 없더라도, 훔치고 싶은 충동은 누구나 조금이라도 느껴보았을 것이다. 그런데 이 질문에 고민을 하는 사람이 간혹 있다. 이 질문에 '예'라고 대답하면 담당 검사관들이 나를 사회적으로 문제가 있는 사람으로 여기지는 않을까 하는 생각에 '아니요'라는 답을 기재하게 된다. 이런 솔직하지 않은 답변이 답변의 신뢰와 솔직함을 나타내는 타당성 척도에 좋지 않은 점수를 주게 된다.

둘째, 일관성 있는 답변이다. 인성검사의 수많은 질문 문항 중에는 비슷한 뜻의 질문이 여러 개 숨어 있는 경우가 많이 있다. 그 질문들은 지원자의 솔직한 답변과 심리적인 상태를 알아보기 위해 내포되어 있는 문항들이다. 예컨대 '나는 유년시절 타인의 물건을 훔친 적이 있다.'라는 질문에 '예'라고 대답했는데, '나는 유년시절 타인의 물건을 훔쳐보고 싶은 충동을 느껴본 적이 있다.'라는 질문에는 '아니요'라는 답을 기재한다면 어떻겠는가. 일관성 없이 '대충 기재하자.'라는 식의 심리적 무성의한 답변이 되거나, 정신적으로 문제가 있는 사람으로 보일 수 있다.

인성검사는 많은 문항을 풀어야 하므로 지원자들은 지루함과 따분함, 반복되는 비슷한 질문에 대한 인내력 상실 등을 경험할 수 있다. 인내를 가지고 솔직한 내 생각을 대답하는 것이 무엇보다 중요한 요령이다.

(1) 충분한 휴식으로 불안을 없애고 정서적인 안정을 취한다. 심신이 안정되어야 자신의 마음을 표현할 수 있다.

(2) 생각나는 대로 솔직하게 응답한다. 자신을 너무 과대포장하지도, 너무 비하하지도 마라. 답변을 꾸며서 하면 앞뒤가 맞지 않게끔 구성돼 있어 불리한 평가를 받게 된다. 무엇보다 제일 중요한 것은 솔직하게 답하는 것이다.

(3) 검사문항에 대해 지나치게 생각해서는 안 된다. 지나치게 몰두하면 엉뚱한 답변이 나올 수 있으므로 불필요한 생각은 삼간다.

(4) 검사시간에 유의해야 한다. 인성검사에 주어진 시간은 문항 수에 비하면 굉장히 짧은 시간이다. 때문에 지나치게 의식하고 풀면 주어진 문항을 다 풀기 어렵다.

(5) 인성검사는 문항 수가 많기에 자칫 건너뛰거나 다 풀지 못하는 경우가 있는데, 가능한 모든 문항에 답해야 한다. 응답하지 않은 문항이 많을 경우 평가자가 정확한 평가를 내리지 못해 불리한 평가를 내릴 수 있기 때문이다.

02 | 조직적합진단 모의연습

다음 문항을 읽고, 자신의 성향과 가까운 정도에 따라 1 ~ 7점을 부여한다(① 매우 그렇지 않다, ② 거의 그렇지 않다, ③ 조금 그렇지 않다, ④ 보통이다, ⑤ 조금 그렇다, ⑥ 거의 그렇다, ⑦ 매우 그렇다). 그리고 3개의 문장에서 자신과 가장 가까운 것과 가장 먼 것에 체크하시오.

문항군	응답 1							응답 2	
	전혀 아님	≪	보통	≫	매우 그러함			멀다	가깝다
A. 나는 팀원들과 함께 일하는 것을 좋아한다.	①	❷	③	④	⑤	⑥	⑦	●	㉮
B. 나는 새로운 방법을 시도하는 것을 선호한다.	①	②	③	④	❺	⑥	⑦	멀	㉮
C. 나는 수리적인 자료들을 제시하여 결론을 도출한다.	①	②	③	④	⑤	⑥	❼	멀	●

※ 다음 문항을 읽고, 자신의 성향과 가까운 정도에 따라 1 ~ 7점을 부여한다(① 매우 그렇지 않다, ② 거의 그렇지 않다, ③ 조금 그렇지 않다, ④ 보통이다, ⑤ 조금 그렇다, ⑥ 거의 그렇다, ⑦ 매우 그렇다). 그리고 3개의 문장에서 자신과 가장 가까운 것과 가장 먼 것에 체크하시오. [1~85]

※ 조직적합진단은 정답이 따로 없는 유형의 검사이므로 결과지를 제공하지 않습니다.

01

문항군	응답 1							응답 2	
	전혀 아님	≪	보통	≫	매우 그러함			멀다	가깝다
A. 사물을 신중하게 생각하는 편이라고 생각한다.	①	②	③	④	⑤	⑥	⑦	멀	㉮
B. 포기하지 않고 노력하는 것이 중요하다.	①	②	③	④	⑤	⑥	⑦	멀	㉮
C. 자신의 권리를 주장하는 편이다.	①	②	③	④	⑤	⑥	⑦	멀	㉮

02

문항군	응답 1							응답 2	
	전혀 아님	≪	보통	≫	매우 그러함			멀다	가깝다
A. 노력의 여하보다 결과가 중요하다.	①	②	③	④	⑤	⑥	⑦	멀	㉮
B. 자기주장이 강하다.	①	②	③	④	⑤	⑥	⑦	멀	㉮
C. 어떠한 일이 있어도 출세하고 싶다.	①	②	③	④	⑤	⑥	⑦	멀	㉮

03

문항군	응답 1							응답 2	
	전혀 아님	《	보통	》	매우 그러함			멀다	가깝다
A. 다른 사람의 일에 관심이 없다.	①	②	③	④	⑤	⑥	⑦	멀	가
B. 때로는 후회할 때도 있다.	①	②	③	④	⑤	⑥	⑦	멀	가
C. 진정으로 마음을 허락할 수 있는 사람은 없다.	①	②	③	④	⑤	⑥	⑦	멀	가

04

문항군	응답 1							응답 2	
	전혀 아님	《	보통	》	매우 그러함			멀다	가깝다
A. 한번 시작한 일은 반드시 끝을 맺는다.	①	②	③	④	⑤	⑥	⑦	멀	가
B. 다른 사람들이 하지 못하는 일을 하고 싶다.	①	②	③	④	⑤	⑥	⑦	멀	가
C. 좋은 생각이 떠올라도 실행하기 전에 여러모로 검토한다.	①	②	③	④	⑤	⑥	⑦	멀	가

05

문항군	응답 1							응답 2	
	전혀 아님	《	보통	》	매우 그러함			멀다	가깝다
A. 다른 사람에게 항상 움직이고 있다는 말을 듣는다.	①	②	③	④	⑤	⑥	⑦	멀	가
B. 옆에 사람이 있으면 싫다.	①	②	③	④	⑤	⑥	⑦	멀	가
C. 친구들과 남의 이야기를 하는 것을 좋아한다.	①	②	③	④	⑤	⑥	⑦	멀	가

06

문항군	응답 1							응답 2	
	전혀 아님	《	보통	》	매우 그러함			멀다	가깝다
A. 모두가 싫증을 내는 일에도 혼자서 열심히 한다.	①	②	③	④	⑤	⑥	⑦	멀	가
B. 완성된 것보다 미완성인 것에 흥미가 있다.	①	②	③	④	⑤	⑥	⑦	멀	가
C. 능력을 살릴 수 있는 일을 하고 싶다.	①	②	③	④	⑤	⑥	⑦	멀	가

07

문항군	응답 1							응답 2	
	전혀 아님	《	보통	》	매우 그러함			멀다	가깝다
A. 번화한 곳에 외출하는 것을 좋아한다.	①	②	③	④	⑤	⑥	⑦	멀	가
B. 다른 사람에게 자신이 소개되는 것을 좋아한다.	①	②	③	④	⑤	⑥	⑦	멀	가
C. 다른 사람보다 쉽게 우쭐해진다.	①	②	③	④	⑤	⑥	⑦	멀	가

08

문항군	응답 1							응답 2	
	전혀 아님	≪	보통	≫	매우	그러함		멀다	가깝다
A. 다른 사람의 감정에 민감하다.	①	②	③	④	⑤	⑥	⑦	멸	㉮
B. 남을 배려하는 마음씨가 있다는 말을 종종 듣는다.	①	②	③	④	⑤	⑥	⑦	멸	㉮
C. 사소한 일로 우는 일이 많다.	①	②	③	④	⑤	⑥	⑦	멸	㉮

09

문항군	응답 1							응답 2	
	전혀 아님	≪	보통	≫	매우	그러함		멀다	가깝다
A. 통찰력이 있다고 생각한다.	①	②	③	④	⑤	⑥	⑦	멸	㉮
B. 몸으로 부딪혀 도전하는 편이다.	①	②	③	④	⑤	⑥	⑦	멸	㉮
C. 감정적으로 될 때가 많다.	①	②	③	④	⑤	⑥	⑦	멸	㉮

10

문항군	응답 1							응답 2	
	전혀 아님	≪	보통	≫	매우	그러함		멀다	가깝다
A. 타인에게 간섭받는 것을 싫어한다.	①	②	③	④	⑤	⑥	⑦	멸	㉮
B. 신경이 예민한 편이라고 생각한다.	①	②	③	④	⑤	⑥	⑦	멸	㉮
C. 난관에 봉착해도 포기하지 않고 열심히 한다.	①	②	③	④	⑤	⑥	⑦	멸	㉮

11

문항군	응답 1							응답 2	
	전혀 아님	≪	보통	≫	매우	그러함		멀다	가깝다
A. 해야 할 일은 신속하게 처리한다.	①	②	③	④	⑤	⑥	⑦	멸	㉮
B. 매사에 느긋하고 차분하다.	①	②	③	④	⑤	⑥	⑦	멸	㉮
C. 끙끙거리며 생각할 때가 있다.	①	②	③	④	⑤	⑥	⑦	멸	㉮

12

문항군	응답 1							응답 2	
	전혀 아님	≪	보통	≫	매우	그러함		멀다	가깝다
A. 하나의 취미를 오래 지속하는 편이다.	①	②	③	④	⑤	⑥	⑦	멸	㉮
B. 낙천가라고 생각한다.	①	②	③	④	⑤	⑥	⑦	멸	㉮
C. 일주일의 예정을 만드는 것을 좋아한다.	①	②	③	④	⑤	⑥	⑦	멸	㉮

13

문항군	응답 1							응답 2	
	전혀 아님	《	보통	》	매우 그러함			멀다	가깝다
A. 자신의 의견을 상대에게 잘 주장하지 못한다.	①	②	③	④	⑤	⑥	⑦	멀	가
B. 좀처럼 결단하지 못하는 경우가 있다.	①	②	③	④	⑤	⑥	⑦	멀	가
C. 행동으로 옮기기까지 시간이 걸린다.	①	②	③	④	⑤	⑥	⑦	멀	가

14

문항군	응답 1							응답 2	
	전혀 아님	《	보통	》	매우 그러함			멀다	가깝다
A. 돌다리도 두드리며 건너는 타입이라고 생각한다.	①	②	③	④	⑤	⑥	⑦	멀	가
B. 굳이 말하자면 시원시원하다.	①	②	③	④	⑤	⑥	⑦	멀	가
C. 토론에서 이길 자신이 있다.	①	②	③	④	⑤	⑥	⑦	멀	가

15

문항군	응답 1							응답 2	
	전혀 아님	《	보통	》	매우 그러함			멀다	가깝다
A. 쉽게 침울해진다.	①	②	③	④	⑤	⑥	⑦	멀	가
B. 쉽게 싫증을 내는 편이다.	①	②	③	④	⑤	⑥	⑦	멀	가
C. 도덕 / 윤리를 중시한다.	①	②	③	④	⑤	⑥	⑦	멀	가

16

문항군	응답 1							응답 2	
	전혀 아님	《	보통	》	매우 그러함			멀다	가깝다
A. 매사에 신중한 편이라고 생각한다.	①	②	③	④	⑤	⑥	⑦	멀	가
B. 실행하기 전에 재확인할 때가 많다.	①	②	③	④	⑤	⑥	⑦	멀	가
C. 반대에 부딪혀도 자신의 의견을 바꾸는 일은 없다.	①	②	③	④	⑤	⑥	⑦	멀	가

17

문항군	응답 1							응답 2	
	전혀 아님	《	보통	》	매우 그러함			멀다	가깝다
A. 전망을 세우고 행동할 때가 많다.	①	②	③	④	⑤	⑥	⑦	멀	가
B. 일에는 결과가 중요하다고 생각한다.	①	②	③	④	⑤	⑥	⑦	멀	가
C. 다른 사람으로부터 지적받는 것은 싫다.	①	②	③	④	⑤	⑥	⑦	멀	가

18

문항군	응답 1							응답 2	
	전혀 아님	《	보통	》	매우 그러함			멀다	가깝다
A. 다른 사람에게 위해를 가할 것 같은 기분이 들 때가 있다.	①	②	③	④	⑤	⑥	⑦	멀	가
B. 인간관계가 폐쇄적이라는 말을 듣는다.	①	②	③	④	⑤	⑥	⑦	멀	가
C. 친구들로부터 줏대 없는 사람이라는 말을 듣는다.	①	②	③	④	⑤	⑥	⑦	멀	가

19

문항군	응답 1							응답 2	
	전혀 아님	《	보통	》	매우 그러함			멀다	가깝다
A. 누구와도 편하게 이야기할 수 있다.	①	②	③	④	⑤	⑥	⑦	멀	가
B. 다른 사람을 싫어한 적은 한 번도 없다.	①	②	③	④	⑤	⑥	⑦	멀	가
C. 리더로서 인정을 받고 싶다.	①	②	③	④	⑤	⑥	⑦	멀	가

20

문항군	응답 1							응답 2	
	전혀 아님	《	보통	》	매우 그러함			멀다	가깝다
A. 기다리는 것에 짜증내는 편이다.	①	②	③	④	⑤	⑥	⑦	멀	가
B. 지루하면 마구 떠들고 싶어진다.	①	②	③	④	⑤	⑥	⑦	멀	가
C. 남과 친해지려면 용기가 필요하다.	①	②	③	④	⑤	⑥	⑦	멀	가

21

문항군	응답 1							응답 2	
	전혀 아님	《	보통	》	매우 그러함			멀다	가깝다
A. 사물을 과장해서 말한 적은 없다.	①	②	③	④	⑤	⑥	⑦	멀	가
B. 항상 천재지변을 당하지 않을까 걱정하고 있다.	①	②	③	④	⑤	⑥	⑦	멀	가
C. 어떤 일이 있어도 의욕을 가지고 열심히 하는 편이다.	①	②	③	④	⑤	⑥	⑦	멀	가

22

문항군	응답 1							응답 2	
	전혀 아님	《	보통	》	매우 그러함			멀다	가깝다
A. 그룹 내에서는 누군가의 주도하에 따라가는 경우가 많다.	①	②	③	④	⑤	⑥	⑦	멀	가
B. 내성적이라고 생각한다.	①	②	③	④	⑤	⑥	⑦	멀	가
C. 모르는 사람과 이야기하는 것은 용기가 필요하다.	①	②	③	④	⑤	⑥	⑦	멀	가

23

문항군	응답 1							응답 2	
	전혀 아님	《	보통	》	매우 그러함			멀다	가깝다
A. 집에서 가만히 있으면 기분이 우울해진다.	①	②	③	④	⑤	⑥	⑦	멀	갸
B. 당황하면 갑자기 땀이 나서 신경 쓰일 때가 있다.	①	②	③	④	⑤	⑥	⑦	멀	갸
C. 차분하다는 말을 듣는다.	①	②	③	④	⑤	⑥	⑦	멀	갸

24

문항군	응답 1							응답 2	
	전혀 아님	《	보통	》	매우 그러함			멀다	가깝다
A. 어색해지면 입을 다무는 경우가 많다.	①	②	③	④	⑤	⑥	⑦	멀	갸
B. 융통성이 없는 편이다.	①	②	③	④	⑤	⑥	⑦	멀	갸
C. 이유도 없이 화가 치밀 때가 있다.	①	②	③	④	⑤	⑥	⑦	멀	갸

25

문항군	응답 1							응답 2	
	전혀 아님	《	보통	》	매우 그러함			멀다	가깝다
A. 자질구레한 걱정이 많다.	①	②	③	④	⑤	⑥	⑦	멀	갸
B. 다른 사람을 의심한 적이 한 번도 없다.	①	②	③	④	⑤	⑥	⑦	멀	갸
C. 지금까지 후회를 한 적이 없다.	①	②	③	④	⑤	⑥	⑦	멀	갸

26

문항군	응답 1							응답 2	
	전혀 아님	《	보통	》	매우 그러함			멀다	가깝다
A. 무슨 일이든 자신을 가지고 행동한다.	①	②	③	④	⑤	⑥	⑦	멀	갸
B. 자주 깊은 생각에 잠긴다.	①	②	③	④	⑤	⑥	⑦	멀	갸
C. 가만히 있지 못할 정도로 불안해질 때가 많다.	①	②	③	④	⑤	⑥	⑦	멀	갸

27

문항군	응답 1							응답 2	
	전혀 아님	《	보통	》	매우 그러함			멀다	가깝다
A. 스포츠 선수가 되고 싶다고 생각한 적이 있다.	①	②	③	④	⑤	⑥	⑦	멀	갸
B. 유명인과 서로 아는 사람이 되고 싶다.	①	②	③	④	⑤	⑥	⑦	멀	갸
C. 연예인에 대해 동경한 적이 없다.	①	②	③	④	⑤	⑥	⑦	멀	갸

28

문항군	응답 1							응답 2	
	전혀 아님	≪	보통	≫	매우 그러함			멀다	가깝다
A. 휴일은 세부적인 예정을 세우고 보낸다.	①	②	③	④	⑤	⑥	⑦	멀	가
B. 잘하지 못하는 것이라도 자진해서 한다.	①	②	③	④	⑤	⑥	⑦	멀	가
C. 이유도 없이 다른 사람과 부딪힐 때가 있다.	①	②	③	④	⑤	⑥	⑦	멀	가

29

문항군	응답 1							응답 2	
	전혀 아님	≪	보통	≫	매우 그러함			멀다	가깝다
A. 타인의 일에는 별로 관여하고 싶지 않다고 생각한다.	①	②	③	④	⑤	⑥	⑦	멀	가
B. 의견이 다른 사람과는 어울리지 않는다.	①	②	③	④	⑤	⑥	⑦	멀	가
C. 주위의 영향을 받기 쉽다.	①	②	③	④	⑤	⑥	⑦	멀	가

30

문항군	응답 1							응답 2	
	전혀 아님	≪	보통	≫	매우 그러함			멀다	가깝다
A. 지인을 발견해도 만나고 싶지 않을 때가 많다.	①	②	③	④	⑤	⑥	⑦	멀	가
B. 굳이 말하자면 자의식 과잉이다.	①	②	③	④	⑤	⑥	⑦	멀	가
C. 몸을 움직이는 것을 좋아한다.	①	②	③	④	⑤	⑥	⑦	멀	가

31

문항군	응답 1							응답 2	
	전혀 아님	≪	보통	≫	매우 그러함			멀다	가깝다
A. 무슨 일이든 생각해 보지 않으면 만족하지 못한다.	①	②	③	④	⑤	⑥	⑦	멀	가
B. 다수의 반대가 있더라도 자신의 생각대로 행동한다.	①	②	③	④	⑤	⑥	⑦	멀	가
C. 지금까지 다른 사람의 마음에 상처준 일이 없다.	①	②	③	④	⑤	⑥	⑦	멀	가

32

문항군	응답 1							응답 2	
	전혀 아님	≪	보통	≫	매우 그러함			멀다	가깝다
A. 실행하기 전에 재고하는 경우가 많다.	①	②	③	④	⑤	⑥	⑦	멀	가
B. 완고한 편이라고 생각한다.	①	②	③	④	⑤	⑥	⑦	멀	가
C. 작은 소리도 신경 쓰인다.	①	②	③	④	⑤	⑥	⑦	멀	가

33

문항군	응답 1							응답 2	
	전혀 아님	≪	보통	≫	매우 그러함			멀다	가깝다
A. 다소 무리를 하더라도 피로해지지 않는다.	①	②	③	④	⑤	⑥	⑦	멀	가
B. 다른 사람보다 고집이 세다.	①	②	③	④	⑤	⑥	⑦	멀	가
C. 성격이 밝다는 말을 듣는다.	①	②	③	④	⑤	⑥	⑦	멀	가

34

문항군	응답 1							응답 2	
	전혀 아님	≪	보통	≫	매우 그러함			멀다	가깝다
A. 다른 사람이 부럽다고 생각한 적이 한 번도 없다.	①	②	③	④	⑤	⑥	⑦	멀	가
B. 자신의 페이스를 잃지 않는다.	①	②	③	④	⑤	⑥	⑦	멀	가
C. 굳이 말하면 이상주의자다.	①	②	③	④	⑤	⑥	⑦	멀	가

PART 3

35

문항군	응답 1							응답 2	
	전혀 아님	≪	보통	≫	매우 그러함			멀다	가깝다
A. 가능성에 눈을 돌린다.	①	②	③	④	⑤	⑥	⑦	멀	가
B. 튀는 것을 싫어한다.	①	②	③	④	⑤	⑥	⑦	멀	가
C. 방법이 정해진 일은 안심할 수 있다.	①	②	③	④	⑤	⑥	⑦	멀	가

36

문항군	응답 1							응답 2	
	전혀 아님	≪	보통	≫	매우 그러함			멀다	가깝다
A. 매사에 감정적으로 생각한다.	①	②	③	④	⑤	⑥	⑦	멀	가
B. 스케줄을 짜고 행동하는 편이다.	①	②	③	④	⑤	⑥	⑦	멀	가
C. 지나치게 합리적으로 결론짓는 것은 좋지 않다.	①	②	③	④	⑤	⑥	⑦	멀	가

37

문항군	응답 1							응답 2	
	전혀 아님	≪	보통	≫	매우 그러함			멀다	가깝다
A. 다른 사람의 의견에 귀를 기울인다.	①	②	③	④	⑤	⑥	⑦	멀	가
B. 사람들 앞에 잘 나서지 못한다.	①	②	③	④	⑤	⑥	⑦	멀	가
C. 임기응변에 능하다.	①	②	③	④	⑤	⑥	⑦	멀	가

38

문항군	응답 1							응답 2	
	전혀 아님	<<	보통	>>		매우 그러함		멀다	가깝다
A. 꿈을 가진 사람에게 끌린다.	①	②	③	④	⑤	⑥	⑦	멀	가
B. 직감적으로 판단한다.	①	②	③	④	⑤	⑥	⑦	멀	가
C. 틀에 박힌 일은 싫다.	①	②	③	④	⑤	⑥	⑦	멀	가

39

문항군	응답 1							응답 2	
	전혀 아님	<<	보통	>>		매우 그러함		멀다	가깝다
A. 친구가 돈을 빌려달라고 하면 거절하지 못한다.	①	②	③	④	⑤	⑥	⑦	멀	가
B. 어려움에 처한 사람을 보면 원인을 생각한다.	①	②	③	④	⑤	⑥	⑦	멀	가
C. 매사에 이론적으로 생각한다.	①	②	③	④	⑤	⑥	⑦	멀	가

40

문항군	응답 1							응답 2	
	전혀 아님	<<	보통	>>		매우 그러함		멀다	가깝다
A. 혼자 꾸준히 하는 것을 좋아한다.	①	②	③	④	⑤	⑥	⑦	멀	가
B. 튀는 것을 좋아한다.	①	②	③	④	⑤	⑥	⑦	멀	가
C. 굳이 말하자면 보수적이라 생각한다.	①	②	③	④	⑤	⑥	⑦	멀	가

41

문항군	응답 1							응답 2	
	전혀 아님	<<	보통	>>		매우 그러함		멀다	가깝다
A. 다른 사람과 만났을 때 화제에 부족함이 없다.	①	②	③	④	⑤	⑥	⑦	멀	가
B. 그때그때의 기분으로 행동하는 경우가 많다.	①	②	③	④	⑤	⑥	⑦	멀	가
C. 현실적인 사람에게 끌린다.	①	②	③	④	⑤	⑥	⑦	멀	가

42

문항군	응답 1							응답 2	
	전혀 아님	<<	보통	>>		매우 그러함		멀다	가깝다
A. 병이 아닌지 걱정이 들 때가 있다.	①	②	③	④	⑤	⑥	⑦	멀	가
B. 자의식 과잉이라는 생각이 들 때가 있다.	①	②	③	④	⑤	⑥	⑦	멀	가
C. 막무가내라는 말을 들을 때가 많다.	①	②	③	④	⑤	⑥	⑦	멀	가

43

문항군	응답 1							응답 2	
	전혀 아님	《	보통	》	매우 그러함			멀다	가깝다
A. 푸념을 한 적이 없다.	①	②	③	④	⑤	⑥	⑦	멀	가
B. 수다를 좋아한다.	①	②	③	④	⑤	⑥	⑦	멀	가
C. 부모에게 불평을 한 적이 한 번도 없다.	①	②	③	④	⑤	⑥	⑦	멀	가

44

문항군	응답 1							응답 2	
	전혀 아님	《	보통	》	매우 그러함			멀다	가깝다
A. 친구들이 나를 진지한 사람으로 생각하고 있다.	①	②	③	④	⑤	⑥	⑦	멀	가
B. 엉뚱한 생각을 잘한다.	①	②	③	④	⑤	⑥	⑦	멀	가
C. 이성적인 사람이라는 말을 듣고 싶다.	①	②	③	④	⑤	⑥	⑦	멀	가

45

문항군	응답 1							응답 2	
	전혀 아님	《	보통	》	매우 그러함			멀다	가깝다
A. 예정에 얽매이는 것을 싫어한다.	①	②	③	④	⑤	⑥	⑦	멀	가
B. 굳이 말하자면 장거리주자에 어울린다고 생각한다.	①	②	③	④	⑤	⑥	⑦	멀	가
C. 여행을 가기 전에는 세세한 계획을 세운다.	①	②	③	④	⑤	⑥	⑦	멀	가

46

문항군	응답 1							응답 2	
	전혀 아님	《	보통	》	매우 그러함			멀다	가깝다
A. 굳이 말하자면 기가 센 편이다.	①	②	③	④	⑤	⑥	⑦	멀	가
B. 신중하게 생각하는 편이다.	①	②	③	④	⑤	⑥	⑦	멀	가
C. 계획을 생각하기보다는 빨리 실행하고 싶어 한다.	①	②	③	④	⑤	⑥	⑦	멀	가

47

문항군	응답 1							응답 2	
	전혀 아님	《	보통	》	매우 그러함			멀다	가깝다
A. 자신을 쓸모없는 인간이라고 생각할 때가 있다.	①	②	③	④	⑤	⑥	⑦	멀	가
B. 아는 사람을 발견해도 피해버릴 때가 있다.	①	②	③	④	⑤	⑥	⑦	멀	가
C. 앞으로의 일을 생각하지 않으면 진정이 되지 않는다.	①	②	③	④	⑤	⑥	⑦	멀	가

48

문항군	응답 1							응답 2	
	전혀 아님	≪	보통	≫	매우 그러함			멀다	가깝다
A. 격렬한 운동도 그다지 힘들어하지 않는다.	①	②	③	④	⑤	⑥	⑦	멀	가
B. 무슨 일이든 먼저 해야 이긴다고 생각한다.	①	②	③	④	⑤	⑥	⑦	멀	가
C. 예정이 없는 상태를 싫어한다.	①	②	③	④	⑤	⑥	⑦	멀	가

49

문항군	응답 1							응답 2	
	전혀 아님	≪	보통	≫	매우 그러함			멀다	가깝다
A. 잘하지 못하는 게임은 하지 않으려고 한다.	①	②	③	④	⑤	⑥	⑦	멀	가
B. 다른 사람에게 의존적이 될 때가 많다.	①	②	③	④	⑤	⑥	⑦	멀	가
C. 대인관계가 귀찮다고 느낄 때가 있다.	①	②	③	④	⑤	⑥	⑦	멀	가

50

문항군	응답 1							응답 2	
	전혀 아님	≪	보통	≫	매우 그러함			멀다	가깝다
A. 장래의 일을 생각하면 불안해질 때가 있다.	①	②	③	④	⑤	⑥	⑦	멀	가
B. 가만히 있지 못할 정도로 침착하지 못할 때가 있다.	①	②	③	④	⑤	⑥	⑦	멀	가
C. 침울해지면 아무것도 손에 잡히지 않는다.	①	②	③	④	⑤	⑥	⑦	멀	가

51

문항군	응답 1							응답 2	
	전혀 아님	≪	보통	≫	매우 그러함			멀다	가깝다
A. 새로운 일에 처음 한 발을 좀처럼 떼지 못한다.	①	②	③	④	⑤	⑥	⑦	멀	가
B. 다른 사람이 나를 어떻게 생각하는지 궁금할 때가 많다.	①	②	③	④	⑤	⑥	⑦	멀	가
C. 미리 행동을 정해두는 경우가 많다.	①	②	③	④	⑤	⑥	⑦	멀	가

52

문항군	응답 1							응답 2	
	전혀 아님	≪	보통	≫	매우 그러함			멀다	가깝다
A. 혼자 생각하는 것을 좋아한다.	①	②	③	④	⑤	⑥	⑦	멀	가
B. 다른 사람과 대화하는 것을 좋아한다.	①	②	③	④	⑤	⑥	⑦	멀	가
C. 하루의 행동을 반성하는 경우가 많다.	①	②	③	④	⑤	⑥	⑦	멀	가

53

문항군	응답 1							응답 2	
	전혀 아님	〈〈	보통	〉〉	매우 그러함			멀다	가깝다
A. 어린 시절로 돌아가고 싶을 때가 있다.	①	②	③	④	⑤	⑥	⑦	㉠	㉮
B. 인생에서 중요한 것은 높은 목표를 갖는 것이다.	①	②	③	④	⑤	⑥	⑦	㉠	㉮
C. 커다란 일을 해보고 싶다.	①	②	③	④	⑤	⑥	⑦	㉠	㉮

54

문항군	응답 1							응답 2	
	전혀 아님	〈〈	보통	〉〉	매우 그러함			멀다	가깝다
A. 작은 일에 신경 쓰지 않는다.	①	②	③	④	⑤	⑥	⑦	㉠	㉮
B. 동작이 기민한 편이다.	①	②	③	④	⑤	⑥	⑦	㉠	㉮
C. 소외감을 느낄 때가 있다.	①	②	③	④	⑤	⑥	⑦	㉠	㉮

55

문항군	응답 1							응답 2	
	전혀 아님	〈〈	보통	〉〉	매우 그러함			멀다	가깝다
A. 혼자 여행을 떠나고 싶을 때가 자주 있다.	①	②	③	④	⑤	⑥	⑦	㉠	㉮
B. 눈을 뜨면 바로 일어난다.	①	②	③	④	⑤	⑥	⑦	㉠	㉮
C. 항상 활력이 있다.	①	②	③	④	⑤	⑥	⑦	㉠	㉮

56

문항군	응답 1							응답 2	
	전혀 아님	〈〈	보통	〉〉	매우 그러함			멀다	가깝다
A. 싸움을 한 적이 없다.	①	②	③	④	⑤	⑥	⑦	㉠	㉮
B. 끈기가 강하다.	①	②	③	④	⑤	⑥	⑦	㉠	㉮
C. 변화를 즐긴다.	①	②	③	④	⑤	⑥	⑦	㉠	㉮

57

문항군	응답 1							응답 2	
	전혀 아님	〈〈	보통	〉〉	매우 그러함			멀다	가깝다
A. 굳이 말하자면 혁신적이라고 생각한다.	①	②	③	④	⑤	⑥	⑦	㉠	㉮
B. 사람들 앞에 나서는 데 어려움이 없다.	①	②	③	④	⑤	⑥	⑦	㉠	㉮
C. 스케줄을 짜지 않고 행동하는 편이다.	①	②	③	④	⑤	⑥	⑦	㉠	㉮

58

문항군	응답 1							응답 2	
	전혀 아님	<<	보통	>>	매우 그러함			멀다	가깝다
A. 학구적이라는 인상을 주고 싶다.	①	②	③	④	⑤	⑥	⑦	멀	갸
B. 조직 안에서는 우등생 타입이라고 생각한다.	①	②	③	④	⑤	⑥	⑦	멀	갸
C. 이성적인 사람 밑에서 일하고 싶다.	①	②	③	④	⑤	⑥	⑦	멀	갸

59

문항군	응답 1							응답 2	
	전혀 아님	<<	보통	>>	매우 그러함			멀다	가깝다
A. 정해진 절차에 따르는 것을 싫어한다.	①	②	③	④	⑤	⑥	⑦	멀	갸
B. 경험으로 판단한다.	①	②	③	④	⑤	⑥	⑦	멀	갸
C. 틀에 박힌 일을 싫어한다.	①	②	③	④	⑤	⑥	⑦	멀	갸

60

문항군	응답 1							응답 2	
	전혀 아님	<<	보통	>>	매우 그러함			멀다	가깝다
A. 그때그때의 기분으로 행동하는 경우가 많다.	①	②	③	④	⑤	⑥	⑦	멀	갸
B. 시간을 정확히 지키는 편이다.	①	②	③	④	⑤	⑥	⑦	멀	갸
C. 융통성이 있다.	①	②	③	④	⑤	⑥	⑦	멀	갸

61

문항군	응답 1							응답 2	
	전혀 아님	<<	보통	>>	매우 그러함			멀다	가깝다
A. 이야기하는 것을 좋아한다.	①	②	③	④	⑤	⑥	⑦	멀	갸
B. 회합에서는 소개를 받는 편이다.	①	②	③	④	⑤	⑥	⑦	멀	갸
C. 자신의 의견을 밀어붙인다.	①	②	③	④	⑤	⑥	⑦	멀	갸

62

문항군	응답 1							응답 2	
	전혀 아님	<<	보통	>>	매우 그러함			멀다	가깝다
A. 현실적이라는 이야기를 듣는다.	①	②	③	④	⑤	⑥	⑦	멀	갸
B. 계획적인 행동을 중요하게 여긴다.	①	②	③	④	⑤	⑥	⑦	멀	갸
C. 창의적인 일을 좋아한다.	①	②	③	④	⑤	⑥	⑦	멀	갸

63

문항군	응답 1							응답 2	
	전혀 아님	《	보통	》	매우 그러함			멀다	가깝다
A. 회합에서는 소개를 하는 편이다.	①	②	③	④	⑤	⑥	⑦	⑩	㉮
B. 조직 안에서는 독자적으로 움직이는 편이다.	①	②	③	④	⑤	⑥	⑦	⑩	㉮
C. 정해진 절차가 바뀌는 것을 싫어한다.	①	②	③	④	⑤	⑥	⑦	⑩	㉮

64

문항군	응답 1							응답 2	
	전혀 아님	《	보통	》	매우 그러함			멀다	가깝다
A. 일을 선택할 때에는 인간관계를 중시한다.	①	②	③	④	⑤	⑥	⑦	⑩	㉮
B. 굳이 말하자면 현실주의자이다.	①	②	③	④	⑤	⑥	⑦	⑩	㉮
C. 지나치게 온정을 표시하는 것은 좋지 않다고 생각한다.	①	②	③	④	⑤	⑥	⑦	⑩	㉮

65

문항군	응답 1							응답 2	
	전혀 아님	《	보통	》	매우 그러함			멀다	가깝다
A. 상상력이 있다는 말을 듣는다.	①	②	③	④	⑤	⑥	⑦	⑩	㉮
B. 틀에 박힌 일은 너무 딱딱해서 싫다.	①	②	③	④	⑤	⑥	⑦	⑩	㉮
C. 다른 사람이 나를 어떻게 생각하는지 신경 쓰인다.	①	②	③	④	⑤	⑥	⑦	⑩	㉮

66

문항군	응답 1							응답 2	
	전혀 아님	《	보통	》	매우 그러함			멀다	가깝다
A. 사람들 앞에서 잘 이야기하지 못한다.	①	②	③	④	⑤	⑥	⑦	⑩	㉮
B. 친절한 사람이라는 말을 듣고 싶다.	①	②	③	④	⑤	⑥	⑦	⑩	㉮
C. 일을 선택할 때에는 일의 보람을 중시한다.	①	②	③	④	⑤	⑥	⑦	⑩	㉮

67

문항군	응답 1							응답 2	
	전혀 아님	《	보통	》	매우 그러함			멀다	가깝다
A. 뉴스보다 신문을 많이 본다.	①	②	③	④	⑤	⑥	⑦	⑩	㉮
B. 시간을 분 단위로 나눠 쓴다.	①	②	③	④	⑤	⑥	⑦	⑩	㉮
C. 아이디어 회의 중 모든 의견은 존중되어야 한다.	①	②	③	④	⑤	⑥	⑦	⑩	㉮

68

문항군	응답 1							응답 2	
	전혀 아님	<<	보통	>>	매우 그러함			멀다	가깝다
A. 주위 사람에게 인사하는 것이 귀찮다.	①	②	③	④	⑤	⑥	⑦	⑨	㉮
B. 남의 의견을 절대 참고하지 않는다.	①	②	③	④	⑤	⑥	⑦	⑨	㉮
C. 남의 말을 호의적으로 받아들인다.	①	②	③	④	⑤	⑥	⑦	⑨	㉮

69

문항군	응답 1							응답 2	
	전혀 아님	<<	보통	>>	매우 그러함			멀다	가깝다
A. 광고를 보면 그 물건을 사고 싶다.	①	②	③	④	⑤	⑥	⑦	⑨	㉮
B. 컨디션에 따라 기분이 잘 변한다.	①	②	③	④	⑤	⑥	⑦	⑨	㉮
C. 많은 사람 앞에서 말하는 것이 서툴다.	①	②	③	④	⑤	⑥	⑦	⑨	㉮

70

문항군	응답 1							응답 2	
	전혀 아님	<<	보통	>>	매우 그러함			멀다	가깝다
A. 열등감으로 자주 고민한다.	①	②	③	④	⑤	⑥	⑦	⑨	㉮
B. 부모님에게 불만을 느낀다.	①	②	③	④	⑤	⑥	⑦	⑨	㉮
C. 칭찬도 나쁘게 받아들이는 편이다.	①	②	③	④	⑤	⑥	⑦	⑨	㉮

71

문항군	응답 1							응답 2	
	전혀 아님	<<	보통	>>	매우 그러함			멀다	가깝다
A. 친구 말을 듣는 편이다.	①	②	③	④	⑤	⑥	⑦	⑨	㉮
B. 자신의 입장을 잊어버릴 때가 있다.	①	②	③	④	⑤	⑥	⑦	⑨	㉮
C. 실패해도 또다시 도전한다.	①	②	③	④	⑤	⑥	⑦	⑨	㉮

72

문항군	응답 1							응답 2	
	전혀 아님	<<	보통	>>	매우 그러함			멀다	가깝다
A. 휴식시간에도 일하고 싶다.	①	②	③	④	⑤	⑥	⑦	⑨	㉮
B. 여간해서 흥분하지 않는 편이다.	①	②	③	④	⑤	⑥	⑦	⑨	㉮
C. 혼자 지내는 시간이 즐겁다.	①	②	③	④	⑤	⑥	⑦	⑨	㉮

73

문항군	응답 1							응답 2	
	전혀 아님	<<	보통	>>	매우 그러함			멀다	가깝다
A. 손재주는 비교적 있는 편이다.	①	②	③	④	⑤	⑥	⑦	멀	갸
B. 계산에 밝은 사람은 꺼려진다.	①	②	③	④	⑤	⑥	⑦	멀	갸
C. 공상이나 상상을 많이 하는 편이다.	①	②	③	④	⑤	⑥	⑦	멀	갸

74

문항군	응답 1							응답 2	
	전혀 아님	<<	보통	>>	매우 그러함			멀다	가깝다
A. 창조적인 일을 하고 싶다.	①	②	③	④	⑤	⑥	⑦	멀	갸
B. 규칙적인 것이 싫다.	①	②	③	④	⑤	⑥	⑦	멀	갸
C. 남을 지배하는 사람이 되고 싶다.	①	②	③	④	⑤	⑥	⑦	멀	갸

75

문항군	응답 1							응답 2	
	전혀 아님	<<	보통	>>	매우 그러함			멀다	가깝다
A. 새로운 변화를 싫어한다.	①	②	③	④	⑤	⑥	⑦	멀	갸
B. 급진적인 변화를 좋아한다.	①	②	③	④	⑤	⑥	⑦	멀	갸
C. 규칙을 잘 지킨다.	①	②	③	④	⑤	⑥	⑦	멀	갸

76

문항군	응답 1							응답 2	
	전혀 아님	<<	보통	>>	매우 그러함			멀다	가깝다
A. 스트레스 관리를 잘한다.	①	②	③	④	⑤	⑥	⑦	멀	갸
B. 스트레스를 받아도 화를 잘 참는다.	①	②	③	④	⑤	⑥	⑦	멀	갸
C. 틀리다고 생각하면 필사적으로 부정한다.	①	②	③	④	⑤	⑥	⑦	멀	갸

77

문항군	응답 1							응답 2	
	전혀 아님	<<	보통	>>	매우 그러함			멀다	가깝다
A. 스트레스를 받을 때 타인에게 화를 내지 않는다.	①	②	③	④	⑤	⑥	⑦	멀	갸
B. 자신을 비난하는 사람은 피하는 편이다.	①	②	③	④	⑤	⑥	⑦	멀	갸
C. 잘못된 부분을 보면 그냥 지나치지 못한다.	①	②	③	④	⑤	⑥	⑦	멀	갸

PART 3

78

문항군	응답 1							응답 2	
	전혀 아님	<<	보통	>>	매우 그러함			멀다	가깝다
A. 귀찮은 일은 남에게 부탁하는 편이다.	①	②	③	④	⑤	⑥	⑦	멀	갸
B. 어머니의 친구 분을 대접하는 것이 귀찮다.	①	②	③	④	⑤	⑥	⑦	멀	갸
C. 마음에 걸리는 일은 머릿속에서 떠나지 않는다.	①	②	③	④	⑤	⑥	⑦	멀	갸

79

문항군	응답 1							응답 2	
	전혀 아님	<<	보통	>>	매우 그러함			멀다	가깝다
A. 휴일에는 아무것도 하고 싶지 않다.	①	②	③	④	⑤	⑥	⑦	멀	갸
B. 과거로 돌아가고 싶다는 생각이 강하다.	①	②	③	④	⑤	⑥	⑦	멀	갸
C. 남들과 타협하기를 싫어하는 편이었다.	①	②	③	④	⑤	⑥	⑦	멀	갸

80

문항군	응답 1							응답 2	
	전혀 아님	<<	보통	>>	매우 그러함			멀다	가깝다
A. 친구와 싸우면 서먹서먹해진다.	①	②	③	④	⑤	⑥	⑦	멀	갸
B. 아무것도 하지 않고 가만히 있을 수 있다.	①	②	③	④	⑤	⑥	⑦	멀	갸
C. 내가 말한 것이 틀리면 정정할 수 있다.	①	②	③	④	⑤	⑥	⑦	멀	갸

81

문항군	응답 1							응답 2	
	전혀 아님	<<	보통	>>	매우 그러함			멀다	가깝다
A. 남들이 나를 추켜올려 주면 기분이 좋다.	①	②	③	④	⑤	⑥	⑦	멀	갸
B. 다른 사람들의 주목을 받는 게 좋다.	①	②	③	④	⑤	⑥	⑦	멀	갸
C. 기분이 잘 바뀌는 편에 속한다.	①	②	③	④	⑤	⑥	⑦	멀	갸

82

문항군	응답 1							응답 2	
	전혀 아님	<<	보통	>>	매우 그러함			멀다	가깝다
A. 공상 속의 친구가 있기도 한다.	①	②	③	④	⑤	⑥	⑦	멀	갸
B. 주변 사람들이 칭찬해 주면 어색해 한다.	①	②	③	④	⑤	⑥	⑦	멀	갸
C. 타인의 비난을 받으면 눈물을 잘 보인다.	①	②	③	④	⑤	⑥	⑦	멀	갸

83

문항군	응답 1							응답 2	
	전혀 아님	<<	보통	>>	매우 그러함			멀다	가깝다
A. 한 번 시작한 일은 마무리를 꼭 한다.	①	②	③	④	⑤	⑥	⑦	멀	가
B. 아무도 찬성해 주지 않아도 내 의견을 말한다.	①	②	③	④	⑤	⑥	⑦	멀	가
C. 자신의 방법으로 혼자서 일을 하는 것을 좋아한다.	①	②	③	④	⑤	⑥	⑦	멀	가

84

문항군	응답 1							응답 2	
	전혀 아님	<<	보통	>>	매우 그러함			멀다	가깝다
A. 중요한 순간에 실패할까봐 불안하였다.	①	②	③	④	⑤	⑥	⑦	멀	가
B. 가능하다면 내 자신을 많이 뜯어고치고 싶다.	①	②	③	④	⑤	⑥	⑦	멀	가
C. 운동을 하고 있을 때는 생기가 넘친다.	①	②	③	④	⑤	⑥	⑦	멀	가

85

문항군	응답 1							응답 2	
	전혀 아님	<<	보통	>>	매우 그러함			멀다	가깝다
A. 오랫동안 가만히 앉아 있는 것은 싫다.	①	②	③	④	⑤	⑥	⑦	멀	가
B. 신문을 읽을 때 슬픈 기사에만 눈길이 간다.	①	②	③	④	⑤	⑥	⑦	멀	가
C. 내 생각과 다른 사람이 있으면 불안하다.	①	②	③	④	⑤	⑥	⑦	멀	가

행운이란 100%의 노력 뒤에 남는 것이다.

- 랭스턴 콜만 -

PART **4**

면접

01 | 면접 유형 및 실전 대책

01 면접 주요사항

면접의 사전적 정의는 면접관이 지원자를 직접 만나보고 인품(人品)이나 언행(言行) 따위를 시험하는 일로, 흔히 필기시험 후에 최종적으로 심사하는 방법이다.

최근 주요 기업의 인사담당자들을 대상으로 채용 시 면접이 차지하는 비중을 설문조사했을 때, 50 ~ 80% 이상이라고 답한 사람이 전체 응답자의 80%를 넘었다. 이와 대조적으로 지원자들을 대상으로 취업 시험에서 면접을 준비하는 기간을 물었을 때, 대부분의 응답자가 2 ~ 3일 정도라고 대답했다.

지원자가 일정 수준의 스펙을 갖추기 위해 자격증 시험과 토익을 치르고 이력서와 자기소개서까지 쓰다 보면 면접까지 챙길 여유가 없는 것이 사실이다. 그리고 서류전형과 인적성검사를 통과해야만 면접을 볼 수 있기 때문에 자연스럽게 면접은 취업시험 과정에서 그 비중이 작아질 수밖에 없다. 하지만 아이러니하게도 실제 채용 과정에서 면접이 차지하는 비중은 절대적이라고 해도 과언이 아니다.

기업들은 채용 과정에서 토론 면접, 인성 면접, 프레젠테이션 면접, 역량 면접 등의 다양한 면접을 실시한다. 1차 커트라인이라고 할 수 있는 서류전형을 통과한 지원자들의 스펙이나 능력은 서로 엇비슷하다고 판단되기 때문에 서류상 보이는 자격증이나 토익 성적보다는 지원자의 인성을 파악하기 위해 면접을 더욱 강화하는 것이다. 일부 기업은 의도적으로 압박 면접을 실시하기도 한다. 지원자가 당황할 수 있는 질문을 던져서 그것에 대한 지원자의 반응을 살펴보는 것이다.

면접은 다르게 생각한다면 '나는 누구인가?'에 대한 물음에 해답을 줄 수 있는 가장 현실적이고 미래적인 경험이 될 수 있다. 취업난 속에서 자격증을 취득하고 토익 성적을 올리기 위해 앞만 보고 달려온 지원자들은 자신에 대해서 고민하고 탐구할 수 있는 시간을 평소 쉽게 가질 수 없었을 것이다. 자신을 잘 알고 있어야 자신에 대해서 자신감 있게 말할 수 있다. 대체로 사람들은 자신에게 관대한 편이기 때문에 스스로에 대해서 어떤 기대와 환상을 가지고 있는 경우가 많다. 하지만 면접은 제삼자에 의해 개인의 능력을 객관적으로 평가받는 시험이다. 어떤 지원자들은 다른 사람에게 자신을 표현하는 것을 어려워한다. 평소에 잘 사용하지 않는 용어를 내뱉으면서 거창하게 자신을 포장하는 지원자도 많다. 면접에서 가장 기본은 자기 자신을 면접관에게 알기 쉽게 표현하는 것이다.

이러한 표현을 바탕으로 자신이 앞으로 하고자 하는 것과 그에 대한 이유를 설명해야 한다. 최근에는 자신감을 향상시키거나 말하는 능력을 높이는 학원도 많기 때문에 얼마든지 자신의 단점을 극복할 수 있다.

1. 자기소개의 기술

자기소개를 시키는 이유는 면접자가 지원자의 자기소개서를 압축해서 듣고, 지원자의 첫인상을 평가할 시간을 가질 수 있기 때문이다. 면접을 위한 워밍업이라고 할 수 있으며, 첫인상을 결정하는 과정이므로 매우 중요한 순간이다.

(1) 정해진 시간에 자기소개를 마쳐야 한다.

쉬워 보이지만 의외로 지원자들이 정해진 시간을 넘기거나 혹은 빨리 끝내서 면접관에게 지적을 받는 경우가 많다. 본인이 면접을 받는 마지막 지원자가 아닌 이상, 정해진 시간을 지키지 않는 것은 수많은 지원자를 상대하기에 바쁜 면접관과 대기 시간에 지친 다른 지원자들에게 불쾌감을 줄 수 있다.

또한 회사에서 시간관념은 절대적인 것이므로 반드시 자기소개 시간을 지켜야 한다. 말하기는 1분에 200자 원고지 2장 분량의 글을 읽는 만큼의 속도가 가장 적당하다. 이를 A4 용지에 10point 글자 크기로 작성하면 반 장 분량이 된다.

(2) 간단하지만 신선한 문구로 자기소개를 시작하자.

요즈음 많은 지원자가 이 방법을 사용하고 있기 때문에 웬만한 소재의 문구가 아니면 면접관의 관심을 받을 수 없다. 이러한 문구는 시대적으로 유행하는 광고 카피를 패러디하는 경우와 격언 등을 인용하는 경우, 그리고 지원한 회사의 IC나 경영이념, 인재상 등을 사용하는 경우 등이 있다. 지원자는 이러한 여러 문구 중에 자신의 첫인상을 북돋아 줄 수 있는 것을 선택해서 말해야 한다. 자신의 이름을 문구 속에 적절하게 넣어서 말한다면 좀 더 효과적인 자기소개가 될 것이다.

(3) 무엇을 먼저 말할 것인지 고민하자.

면접관이 많이 던지는 질문 중 하나가 지원동기이다. 그래서 성장기를 바로 건너뛰고, 지원한 회사에 들어오기 위해 대학에서 어떻게 준비했는지를 설명하는 자기소개가 대세이다.

(4) 면접관의 호기심을 자극해 관심을 불러일으킬 수 있게 말하라.

면접관에게 질문을 많이 받는 지원자의 합격률이 반드시 높은 것은 아니지만, 질문을 전혀 안 받는 것보다는 좋은 평가를 기대할 수 있다. 지원한 분야와 관련된 수상 경력이나 프로젝트 등을 말하는 것도 좋다. 이는 지원자의 업무 능력과 직접 연결되는 것이므로 효과적인 자기 홍보가 될 수 있다. 일부 지원자들은 자신만의 특별한 경험을 이야기하는데, 이때는 그 경험이 보편적으로 사람들의 공감대를 얻을 수 있는 것인지 다시 생각해봐야 한다.

(5) 마지막 고개를 넘기가 가장 힘들다.

첫 단추도 중요하지만, 마지막 단추도 중요하다. 하지만 왠지 격식을 따지는 인사말은 지나가는 인사말 같고, 다르게 하자니 예의에 어긋나는 것 같은 기분이 든다. 이때는 처음에 했던 자신만의 문구를 다시 한 번 말하는 것도 좋은 방법이다. 자연스러운 끝맺음이 될 수 있도록 적절한 연습이 필요하다.

2. 1분 자기소개 시 주의사항

(1) 자기소개서와 자기소개가 똑같다면 감점일까?

아무리 자기소개서를 외워서 말한다 해도 자기소개가 자기소개서와 완전히 똑같을 수는 없다. 자기소개서의 분량이 더 많고 회사마다 요구하는 필수 항목들이 있기 때문에 굳이 고민할 필요는 없다. 오히려 자기소개서의 내용을 잘 정리한 자기소개가 더 좋은 결과를 만들 수 있다. 하지만 자기소개서와 상반된 내용을 말하는 것은 적절하지 않다. 지원자의 신뢰성이 떨어진다는 것은 곧 불합격을 의미하기 때문이다.

(2) 말하는 자세를 바르게 익혀라.

지원자가 자기소개를 하는 동안 면접관은 지원자의 동작 하나하나를 관찰한다. 그렇기 때문에 바른 자세가 중요하다는 것은 우리가 익히 알고 있다. 하지만 문제는 무의식적으로 나오는 습관 때문에 자세가 흐트러져 나쁜 인상을 줄 수 있다는 것이다. 이러한 습관을 고칠 수 있는 가장 좋은 방법은 캠코더 등으로 자신의 모습을 담는 것이다. 거울을 사용할 경우에는 시선이 자꾸 자기 눈과 마주치기 때문에 집중하기 힘들다. 하지만 촬영된 동영상은 제삼자의 입장에서 자신을 볼 수 있기 때문에 많은 도움이 된다.

(3) 정확한 발음과 억양으로 자신 있게 말하라.

지원자의 모양새가 아무리 뛰어나도, 목소리가 작고 발음이 부정확하면 큰 감점을 받는다. 이러한 모습은 지원자의 좋은 점에까지 악영향을 끼칠 수 있다. 직장을 흔히 사회생활의 시작이라고 말하는 시대적 정서에서 사람들과 의사소통을 하는 데 문제가 있다고 판단되는 지원자는 부적절한 인재로 평가될 수밖에 없다.

3. 대화법

전문가들이 말하는 대화법의 핵심은 '상대방을 배려하면서 이야기하라.'는 것이다. 대화는 나와 다른 사람의 소통이다. 내용에 대한 공감이나 이해가 없다면 대화는 더 진전되지 않는다.

베스트셀러 『카네기 인간관계론』의 작가인 철학자 카네기가 말하는 최상의 대화법은 자신의 경험을 토대로 이야기하는 것이다. 즉, 살아오면서 직접 겪은 경험이 상대방의 관심을 끌 수 있는 가장 좋은 이야깃거리인 것이다. 특히, 어떤 일을 이루기 위해 노력하는 과정에서 겪은 실패나 희망에 대해 진솔하게 얘기한다면 상대방은 어느새 당신의 편에 서서 그 이야기에 동조할 것이다.

독일의 사업가이자, 동기부여 트레이너인 위르겐 힐러의 연설법 중 가장 유명한 것은 '시즐(Sizzle)'을 잡는 것이다. 시즐이란, 새우튀김이나 돈가스가 기름에서 지글지글 튀겨질 때 나는 소리이다. 즉, 자신의 말을 듣고 시즐처럼 반응하는 상대방의 감정에 적절하게 대응하라는 것이다.

말을 시작한 지 10 ~ 15초 안에 상대방의 '시즐'을 알아차려야 한다. 자신의 이야기에 대한 상대방의 첫 반응에 따라 말하기 전략도 달라져야 한다. 첫 이야기의 반응이 미지근하다면 가능한 한 그 이야기를 빨리 마무리하고 새로운 이야깃거리를 생각해내야 한다. 길지 않은 면접 시간 내에 몇 번 오지 않는 대답의 기회를 살리기 위해서 보다 전략적이고 냉철해야 하는 것이다.

4. 차림새 이야기

(1) 구두

면접에 어떤 옷을 입어야 할지를 며칠 동안 고민하면서 정작 구두는 면접 보는 날 현관을 나서면서 즉흥적으로 신고 가는 지원자들이 많다. 구두를 보면 그 사람의 됨됨이를 알 수 있다고 한다. 면접관 역시 이러한 것을 놓치지 않기 때문에 지원자는 자신의 구두에 더욱 신경을 써야 한다. 스타일의 마무리는 발끝에서 이루어지는 것이다. 아무리 멋진 옷을 입고 있어도 구두가 어울리지 않는다면 전체 스타일이 흐트러지기 때문이다.

정장용 구두는 디자인이 깔끔하고, 에나멜 가공처리를 하여 광택이 도는 페이턴트 가죽 소재 제품이 무난하다. 검정 계열 구두는 회색과 감색 정장에, 브라운 계열의 구두는 베이지나 갈색 정장에 어울린다. 참고로 구두는 오전에 사는 것보다 발이 충분히 부은 상태인 저녁에 사는 것이 좋다. 마지막으로 당연한 일이지만 반드시 면접을 보는 전날 구두 뒤축이 닳지는 않았는지 확인하고 구두에 광을 내 둔다.

(2) 양말

양말은 정장과 구두의 색상을 비교해서 골라야 한다. 특히 검정이나 감색의 진한 색상의 바지에 흰 양말을 신는 것은 시대에 뒤처지는 일이다. 일반적으로 양말의 색깔은 바지의 색깔과 같아야 한다. 또한 양말의 길이도 신경 써야 한다. 바지를 입을 경우, 의자에 바르게 앉거나 다리를 꼬아서 앉을 때 다리털이 보여서는 안 된다. 반드시 긴 정장 양말을 신어야 한다.

(3) 정장

지원자는 평소에 정장을 입을 기회가 많지 않기 때문에 면접을 볼 때 본인 스스로도 옷을 어색하게 느끼는 경우가 많다. 옷을 불편하게 느끼기 때문에 자세마저 불안정한 지원자도 볼 수 있다. 그러므로 면접 전에 정장을 입고 생활해보는 것도 나쁘지는 않다.

일반적으로 면접을 볼 때는 상대방에게 신뢰감을 줄 수 있는 남색 계열의 옷이나 어떤 계절이든 무난하고 깔끔해보이는 회색 계열의 정장을 많이 입는다. 정장은 유행에 따라서 재킷의 디자인이나 버튼의 개수가 바뀌기 때문에 너무 오래된 옷을 입어서 다른 사람의 옷을 빌려 입고 나온 듯한 인상을 주어서는 안 된다.

(4) 헤어스타일과 메이크업

헤어스타일에 자신이 없다면 미용실에 다녀오거나 자신에게 어울리는 메이크업을 하는 것도 좋은 방법이다. 지나치게 화려한 스타일이 아니라면 보다 준비된 지원자처럼 보일 수 있다.

5. 첫인상

취업을 위해 성형수술을 받는 사람들에 대한 이야기는 더 이상 뉴스거리가 되지 않는다. 그만큼 많은 사람이 좁은 취업문을 뚫기 위해 이미지 향상에 신경을 쓰고 있다. 이는 면접관에게 좋은 첫인상을 주기 위한 것으로, 지원서에 올리는 증명사진을 이미지 프로그램을 통해 수정하는 이른바 '사이버 성형'이 유행하는 것과 같은 맥락이다. 실제로 외모가 채용 과정에서 영향을 끼치는가에 대한 설문조사에서도 60% 이상의 인사담당자들이 그렇다고 답변했다.

하지만 외모와 첫인상을 절대적인 관계로 이해하는 것은 잘못된 판단이다. 외모가 첫인상에서 많은 부분을 차지하지만, 외모 외에 다른 결점이 발견된다면 그로 인해 장점들이 가려질 수도 있다. 이러한 현상은 아래에서 다시 논하겠다.

첫인상은 말 그대로 한 번밖에 기회가 주어지지 않으며 몇 초 안에 결정된다. 첫인상을 결정짓는 요소 중 시각적인 요소가 80% 이상을 차지한다. 첫눈에 들어오는 생김새나 복장, 표정 등에 의해서 결정되는 것이다. 면접을 시작할 때 자기소개를 시키는 것도 지원자별로 첫인상을 평가하기 위해서이다. 첫인상이 중요한 이유는 만약 첫인상이 부정적으로 인지될 경우, 지원자의 다른 좋은 면까지 거부당하기 때문이다. 이러한 현상을 심리학에서는 초두효과(Primacy Effect)라고 한다.

그래서 한 번 형성된 첫인상은 여간해서 바꾸기 힘들다. 이는 첫인상이 나중에 들어오는 정보까지 영향을 주기 때문이다. 첫인상의 정보가 나중에 들어오는 정보 처리의 지침이 되는 것을 심리학에서는 맥락효과(Context Effect)라고 한다. 따라서 평소에 첫인상을 좋게 만들기 위한 노력을 꾸준히 해야만 하는 것이다. 좋은 첫인상이 반드시 외모에만 집중되는 것은 아니다. 오히려 깔끔한 옷차림과 부드러운 표정 그리고 말과 행동 등에 의해 전반적인 이미지가 만들어진다. 누구나 이러한 것 중에 한두 가지 단점을 가지고 있다. 요즈음은 이미지 컨설팅을 통해서 자신의 단점들을 보완하는 지원자도 있다. 특히, 표정이 밝지 않은 지원자는 평소 웃는 연습을 의식적으로 하여 면접을 받는 동안 계속해서 여유 있는 표정을 짓는 것이 중요하다. 성공한 사람들은 인상이 좋다는 것을 명심하자.

---

02 면접의 유형 및 실전 대책

1. 면접의 유형

과거 천편일률적인 일대일 면접과 달리 면접에는 다양한 유형이 도입되어 현재는 "면접은 이렇게 보는 것이다."라고 말할 수 있는 정해진 유형이 없어졌다. 그러나 대기업 면접에서는 현재까지는 집단 면접과 다대일 면접이 진행되고 있으므로 어느 정도 유형을 파악하여 사전에 대비가 가능하다. 면접의 기본인 단독 면접부터, 다대일 면접, 집단 면접의 유형과 그 대책에 대해 알아보자.

(1) 단독 면접

단독 면접이란 응시자와 면접관이 1대1로 마주하는 형식을 말한다. 면접위원 한 사람과 응시자 한 사람이 마주 앉아 자유로운 화제를 가지고 질의응답을 되풀이하는 방식이다. 이 방식은 면접의 가장 기본적인 방법으로 소요시간은 10 ~ 20분 정도가 일반적이다.

① 장점

필기시험 등으로 판단할 수 없는 성품이나 능력을 알아내는 데 가장 적합하다고 평가받아 온 면접방식으로 응시자 한 사람 한 사람에 대해 여러 면에서 비교적 폭넓게 파악할 수 있다. 응시자의 입장에서는 한 사람의 면접관만을 대하는 것이므로 상대방에게 집중할 수 있으며, 긴장감도 다른 면접방식에 비해서는 적은 편이다.

② 단점

면접관의 주관이 강하게 작용해 객관성을 저해할 소지가 있으며, 면접 평가표를 활용한다 하더라도 일면적인 평가에 그칠 가능성을 배제할 수 없다. 또한 시간이 많이 소요되는 것도 단점이다.

단독 면접 준비 Point

단독 면접에 대비하기 위해서는 평소 1대1로 논리 정연하게 대화를 나눌 수 있는 능력을 기르는 것이 중요하다. 그리고 면접장에서는 면접관을 선배나 선생님 혹은 집안 어른을 대하는 기분으로 면접에 임하는 것이 부담도 훨씬 적고 실력을 발휘할 수 있는 방법이 될 것이다.

(2) 다대일 면접

다대일 면접은 일반적으로 가장 많이 사용되는 면접방법으로 보통 2 ~ 5명의 면접관이 1명의 응시자에게 질문하는 형태의 면접방법이다. 면접관이 여러 명이므로 다각도에서 질문을 하여 응시자에 대한 정보를 많이 알아낼 수 있다는 점 때문에 선호하는 면접방법이다.

하지만 응시자의 입장에서는 질문도 면접관에 따라 각양각색이고 동료 응시자가 없으므로 숨 돌릴 틈도 없게 느껴진다. 또한 관찰하는 눈도 많아서 조그만 실수라도 지나치는 법이 없기 때문에 정신적 압박과 긴장감이 높은 면접방법이다. 따라서 응시자는 긴장을 풀고 한 시험관이 묻더라도 면접관 전원을 향해 대답한다는 기분으로 또박또박 대답하는 자세가 필요하다.

① 장점

면접관이 집중적인 질문과 다양한 관찰을 통해 응시자가 과연 조직에 필요한 인물인가를 완벽히 검증할 수 있다.

② 단점

면접시간이 보통 10 ~ 30분 정도로 좀 긴 편이고 응시자에게 지나친 긴장감을 조성하는 면접방법이다.

다대일 면접 준비 Point

질문을 들을 때 시선은 면접위원을 향하고 다른 데로 돌리지 말아야 하며, 대답할 때에도 고개를 숙이거나 입속에서 우물거리는 소극적인 태도는 피하도록 한다. 면접위원과 대등하다는 마음가짐으로 편안한 태도를 유지하면 대답도 자연스러운 상태에서 좀 더 충실히 할 수 있고, 이에 따라 면접위원이 받는 인상도 달라진다.

(3) 집단 면접

집단 면접은 다수의 면접관이 여러 명의 응시자를 한꺼번에 평가하는 방식으로 짧은 시간에 능률적으로 면접을 진행할 수 있다. 각 응시자에 대한 질문내용, 질문횟수, 시간배분이 똑같지는 않으며, 모두에게 같은 질문이 주어지기도 하고, 각각 다른 질문을 받기도 한다.

또한 어떤 응시자가 한 대답에 대한 의견을 묻는 등 그때그때의 분위기나 면접관의 의향에 따라 변수가 많다. 집단 면접은 응시자의 입장에서는 개별 면접에 비해 긴장감은 다소 덜한 반면에 다른 응시자들과의 비교가 확실하게 나타나므로 응시자는 몸가짐이나 표현력·논리성 등이 결여되지 않도록 자신의 생각이나 의견을 솔직하게 발표하여 집단 속에 묻히거나 밀려나지 않도록 주의해야 한다.

① 장점

집단 면접의 장점은 면접관이 응시자 한 사람에 대한 관찰시간이 상대적으로 길고, 비교 평가가 가능하기 때문에 결과적으로 평가의 객관성과 신뢰성을 높일 수 있다는 점이며, 응시자는 동료들과 함께 면접을 받기 때문에 긴장감이 다소 덜하다는 것을 들 수 있다. 또한 동료가 답변하는 것을 들으며, 자신의 답변 방식이나 자세를 조정할 수 있다는 것도 큰 이점이다.

② 단점

응답하는 순서에 따라 응시자마다 유리하고 불리한 점이 있고, 면접위원의 입장에서는 각각의 개인적인 문제를 깊게 다루기가 곤란하다는 것이 단점이다.

집단 면접 준비 Point

너무 자기 과시를 하지 않는 것이 좋다. 대답은 자신이 말하고 싶은 내용을 간단명료하게 말해야 한다. 내용이 없는 발언을 한다거나 대답을 질질 끄는 태도는 좋지 않다. 또 말하는 중에 내용이 주제에서 벗어나거나 자기중심적으로만 말하는 것도 피해야 한다. 집단 면접에 대비하기 위해서는 평소에 설득력을 지닌 자신의 논리력을 계발하는 데 힘써야 하며, 다른 사람 앞에서 자신의 의견을 조리 있게 개진할 수 있는 발표력을 갖추는 데에도 많은 노력을 기울여야 한다.

- 실력에는 큰 차이가 없다는 것을 기억하라.
- 동료 응시자들과 서로 협조하라.
- 답변하지 않을 때의 자세가 중요하다.
- 개성 표현은 좋지만 튀는 것은 위험하다.

---

(4) 집단 토론식 면접

집단 토론식 면접은 집단 면접과 형태는 유사하지만 질의응답이 아니라 응시자들끼리의 토론이 중심이 되는 면접방법으로 최근 들어 급증세를 보이고 있다. 이는 공통의 주제에 대해 다양한 견해들이 개진되고 결론을 도출하는 과정, 즉 토론을 통해 응시자의 다양한 면에 대한 평가가 가능하다는 집단 토론식 면접의 장점이 널리 확산된 데 따른 것으로 보인다. 사실 집단 토론식 면접을 활용하면 주제와 관련된 지식 정도와 이해력, 판단력, 설득력, 협동성은 물론 리더십, 조직 적응력, 적극성과 대인관계 능력 등을 쉽게 파악할 수 있다.

토론식 면접에서는 자신의 의견을 명확히 제시하면서도 상대방의 의견을 경청하는 토론의 기본자세가 필수적이며, 지나친 경쟁심이나 자기 과시욕은 접어두는 것이 좋다. 또한 집단 토론의 목적이 결론을 도출해 나가는 과정에 있다는 것을 감안하여 무리하게 자신의 주장을 관철시키기보다 오히려 토론의 질을 높이는 데 기여하는 것이 좋은 인상을 줄 수 있다는 점을 알아야 한다. 취업 희망자들은 토론식 면접이 급속도로 확산되는 추세임을 감안해 특히 철저한 준비를 해야 한다. 평소에 신문의 사설이나 매스컴 등의 토론 프로그램을 주의 깊게 보면서 논리 전개방식을 비롯한 토론 과정을 익히도록 하고, 친구들과 함께 간단한 주제를 놓고 토론을 진행해 볼 필요가 있다. 또한 사회·시사문제에 대해 자기 나름대로의 관점을 정립해두는 것도 꼭 필요하다.

(5) PT 면접

PT 면접, 즉 프레젠테이션 면접은 최근 들어 집단 토론 면접과 더불어 그 활용도가 점차 커지고 있다. PT 면접은 기업마다 특성이 다르고 인재상이 다른 만큼 인성 면접만으로는 알 수 없는 지원자의 문제해결 능력, 전문성, 창의성, 기본 실무능력, 논리성 등을 관찰하는 데 중점을 두는 면접으로, 지원자 간의 변별력이 높아 대부분의 기업에서 적용하고 있으며, 확산되는 추세이다.

면접 시간은 기업별로 차이가 있지만, 전문지식, 시사성 관련 주제를 제시한 다음, 보통 20 ~ 50분 정도 준비하여 5분가량 발표할 시간을 준다. 면접관과 지원자의 단순한 질의응답식이 아닌, 주제에 대해 일정 시간 동안 지원자의 발언과 발표하는 모습 등을 관찰하게 된다. 정확한 답이나 지식보다는 논리적 사고와 의사표현력이 더 중시되기 때문에 자신의 생각을 어떻게 설명하느냐가 매우 중요하다.

PT 면접에서 같은 주제라도 직무별로 평가요소가 달리 나타난다. 예를 들어, 영업직은 설득력과 의사소통 능력에 중점을 둘 수 있겠고, 관리직은 신뢰성과 창의성 등을 더 중요하게 평가한다.

> **PT 면접 준비 Point**
>
> • 면접관의 관심과 주의를 집중시키고, 발표 태도에 유의한다.
> • 모의 면접이나 거울 면접을 통해 미리 점검한다.
> • PT 내용은 세 가지 정도로 정리해서 말한다.
> • PT 내용에는 자신의 생각이 담겨 있어야 한다.
> • 중간에 자문자답 방식을 활용한다.
> • 평소 지원하는 업계의 동향이나 직무에 대한 전문지식을 쌓아둔다.
> • 부적절한 용어 사용이나 무리한 주장 등은 하지 않는다.

2. 면접의 실전 대책

(1) 면접 대비사항

① 지원 회사에 대한 사전지식을 충분히 준비한다.

필기시험에서 합격 또는 서류전형에서의 합격통지가 온 후 면접시험 날짜가 정해지는 것이 보통이다. 이때 수험자는 면접시험을 대비해 사전에 자기가 지원한 계열사 또는 부서에 대해 폭넓은 지식을 준비할 필요가 있다.

② 충분한 수면을 취한다.

충분한 수면으로 안정감을 유지하고 첫 출발의 상쾌한 마음가짐을 갖는다.

③ 얼굴을 생기 있게 한다.

첫인상은 면접에 있어서 가장 결정적인 당락요인이다. 면접관에게 좋은 인상을 줄 수 있도록 화장하는 것도 필요하다. 면접관들이 가장 좋아하는 인상은 얼굴에 생기가 있고 눈동자가 살아 있는 사람, 즉 기가 살아 있는 사람이다.

④ 아침에 인터넷 뉴스를 읽고 간다.

그날의 뉴스가 질문 대상에 오를 수가 있다. 특히 경제면, 정치면, 문화면 등을 유의해서 볼 필요가 있다.

(2) 면접 시 옷차림

면접에서 옷차림은 간결하고 단정한 느낌을 주는 것이 가장 중요하다. 색상과 디자인 면에서 지나치게 화려한 색상이나, 노출이 심한 디자인은 자칫 면접관의 눈살을 찌푸리게 할 수 있다. 단정한 차림을 유지하면서 자신만의 독특한 멋을 연출하는 것, 지원하는 회사의 분위기를 파악했다는 센스를 보여주는 것 또한 코디네이션의 포인트이다.

(3) 면접요령

① 첫인상을 중요시한다.

상대에게 인상을 좋게 주지 않으면 어떠한 얘기를 해도 이쪽의 기분이 충분히 전달되지 않을 수 있다. 예를 들어, '저 친구는 표정이 없고 무엇을 생각하고 있는지 전혀 알 길이 없다.'처럼 생각되면 최악의 상태이다. 우선 청결한 복장, 바른 자세로 침착하게 들어가야 한다. 건강하고 신선한 이미지를 주어야 하기 때문이다.

② 좋은 표정을 짓는다.

얘기를 할 때의 표정은 중요한 사항의 하나다. 거울 앞에서 웃는 연습을 해본다. 웃는 얼굴은 상대를 편안하게 하고, 특히 면접 등 긴박한 분위기에서는 천금의 값이 있다 할 것이다. 그렇다고 하여 항상 웃고만 있어서는 안 된다. 자기의 할 얘기를 진정으로 전하고 싶을 때는 진지한 얼굴로 상대의 눈을 바라보며 얘기한다. 면접을 볼 때 눈을 감고 있으면 마이너스 이미지를 주게 된다.

③ 결론부터 이야기한다.

자기의 의사나 생각을 상대에게 정확하게 전달하기 위해서 먼저 무엇을 말하고자 하는가를 명확히 결정해 두어야 한다. 대답을 할 경우에는 결론을 먼저 이야기하고 나서 그에 따른 설명과 이유를 덧붙이면 논지(論旨)가 명확해지고 이야기가 깔끔하게 정리된다.

한 가지 사실을 이야기하거나 설명하는 데는 3분이면 충분하다. 복잡한 이야기라도 어느 정도의 길이로 요약해서 이야기하면 상대도 이해하기 쉽고 자기도 정리할 수 있다. 긴 이야기는 오히려 상대를 불쾌하게 할 수가 있다.

④ 질문의 요지를 파악한다.

면접 때의 이야기는 간결성만으로는 부족하다. 상대의 질문이나 이야기에 대해 적절하고 필요한 대답을 하지 않으면 대화는 끊어지고 자기의 생각도 제대로 표현하지 못하여 면접자로 하여금 수험생의 인품이나 사고방식 등을 명확히 파악할 수 없게 한다. 무엇을 묻고 있는지, 무슨 이야기를 하고 있는지 그 요점을 정확히 알아내야 한다.

면접에서 고득점을 받을 수 있는 성공요령

1. 자기 자신을 겸허하게 판단하라.
2. 지원한 회사에 대해 100% 이해하라.
3. 실전과 같은 연습으로 감각을 익히라.
4. 단답형 답변보다는 구체적으로 이야기를 풀어나가라.
5. 거짓말을 하지 말라.
6. 면접하는 동안 대화의 흐름을 유지하라.
7. 친밀감과 신뢰를 구축하라.
8. 상대방의 말을 성실하게 들으라.
9. 근로조건에 대한 이야기를 풀어나갈 준비를 하라.
10. 끝까지 긴장을 풀지 말라.

02 | 롯데그룹 실제 면접

롯데그룹은 지원자의 역량, 가치관 발전 및 가능성, 보유 역량의 수준 등을 종합적이고 심도 있게 평가하기 위해 다양한 면접 방식을 도입하여 실시하고 있다. 면접전형은 조직·직무적합진단을 통과한 지원자만 응시할 수 있도록 진행된다.

계열사별 차이는 있으나 PT 면접, 그룹 토의 면접(GD 면접), 역량 면접 등 최대 1~3회 이상의 과정을 거쳐 지원자의 역량을 철저히 검증하고 있다. 여기에 최근에는 지원자의 Global Communication 능력을 검증하기 위한 외국어 면접도 점차 확대하고 있다.

01 역량기반 구조화 면접

역량기반 구조화 면접은 해당 직무의 실무자 2명과 지원자 1명으로 약 30분에서 1시간 정도 진행된다. 회사의 기본가치 및 직무에 필요한 역량을 도출하여 만든 상황별 심층 질문을 통해, 지원자의 잠재역량을 측정하여 조직 적합도 및 직무역량이 뛰어난 인재를 선별하고자 한다. 답변 내용에 따라 상황에 맞는 심층 질문 및 꼬리 질문이 이루어지므로 지나치게 자신을 포장하려는 태도는 좋지 않다. 따라서 긍정적인 모습만으로 미화하려는 것 보다는 자신의 본 모습을 솔직하게 보여줄 수 있도록 생각을 정리하고 조리 있게 답변하는 것이 중요하다.

(1) 식품부문

- 롯데제과에서 만드는 제품 중 좋아하는 것 다섯 가지를 말해 보시오. [롯데제과]
- 제과업계 특성상 미투(Me-too) 마케팅이 유행하고 있는데 어떻게 생각하는가? 또 미투(Me-too) 마케팅의 단점을 어떻게 극복할 것인가? [롯데제과]
- 지원한 직무에 맞는 남들과 차별되는 본인만의 역량이 있다면 말해 보시오. [롯데제과]
- 롯데제과 제품을 말해 보시오. [롯데제과]
- 롯데제과의 제품 중 하나를 택하여 판매해야 한다면, 어떤 방법으로 판매할 것인가? [롯데제과]
- 롯데제과의 안 좋은 이미지는 무엇이고, 그 이미지를 극복하기 위해 어떻게 해야 하는가? [롯데제과]
- 육체적인 힘듦과 정신적인 힘듦 중 어떤 것이 더 힘들다고 생각하는가? [롯데제과]
- 롯데칠성음료의 공장이 어디에 있는가? [롯데칠성음료]
- 육아 휴직에 대한 본인의 생각을 타당한 근거를 들어 말해 보시오. [롯데칠성음료]
- 루트 영업에 대해 말해 보시오. [롯데칠성음료]
- 롯데칠성음료가 생산하는 제품에 대해 말해 보시오. [롯데칠성음료]
- 최근 롯데칠성음료에서 진행한 광고의 아쉬운 점은? [롯데칠성음료]

- 롯데푸드의 기업 이미지에 대해 말해 보시오. [롯데푸드]
- 롯데푸드에 대해 아는대로 다 말해 보시오. [롯데푸드]
- 왜 롯데리아는 일본과 관련된 이미지를 벗어나지 못한다고 생각하는가? [롯데리아]
- 롯데리아의 CSV 향상 및 이미지 제고 방안에 대해 말해 보시오. [롯데리아]
- 롯데리아가 운영하는 외식업체를 방문한 경험이 있는가? 소감을 말해 보시오. [롯데리아]
- 학업 외 활동 경험을 직무에서 어떻게 살릴 것인가? [롯데리아]
- 롯데리아에서 가장 좋아하는 햄버거는 무엇인가? 그 이유는? [롯데리아]
- 스타벅스와 엔젤리너스의 인기 차이에 대해 어떻게 생각하는가, 그리고 극복 방안에 대해 말해 보시오. [롯데리아]
- 롯데의 인재상에 대해 말해 보시오. [롯데중앙연구소]
- 삶에서 가장 중요한 가치는 무엇인지 말해 보시오. [롯데중앙연구소]
- 롯데의 신제품에 대해서 말해 보시오. [롯데중앙연구소]
- 롯데의 식품 중 가장 좋아하는 것과 개선해야 하는 점에 대해 말해 보시오. [롯데중앙연구소]
- 집단의 리더가 되어 성공을 이끈 경험이 있는가? 그 과정에서 실패는 없었는가? [롯데중앙연구소]

(2) 관광부문

- 대인관계에서 갈등이 일어난 상황에서 본인이 했던 행동을 말해 보시오. [롯데호텔]
- 롯데호텔에 대해 아는 대로 다 설명해 보시오. [롯데호텔]
- 왜 본인을 뽑아야 하는지 말해 보시오. [롯데호텔]
- 상사의 부당한 지시에 따를 것인가? [롯데호텔]
- 가장 기억나는 PT는 무엇인가? [롯데호텔]
- 본인이 경험한 최고와 최악의 서비스에 대해 말해 보시오. [롯데월드]
- 서비스의 범위는 어디까지라고 생각하는가? [롯데월드]
- 블랙컨슈머를 만났던 경험과 어떻게 본인이 대처했는지 말해 보시오. [롯데월드]
- 아르바이트 경험에 대해 말해 보시오. [롯데월드]

(3) 서비스부문

- 편법을 사용하지 않고 정당하게 무언가를 이루어낸 경험에 대해 말해 보시오. [롯데글로벌로지스]
- 무리한 부탁을 받은 경험에 대해 말해 보시오. [롯데글로벌로지스]
- 인생에 있어 도전했던 경험에 대해 말해 보시오. [롯데글로벌로지스]
- 동아리나 팀 리더로 활동했던 경험에 대해 말해 보시오. [롯데시네마]
- 일과 삶의 균형에 대한 본인의 생각을 말해 보시오. [롯데시네마]
- IT분야 외의 관심 있는 분야는 무엇인가? [롯데정보통신]
- 자기소개서에 인턴 경험이 있는데 본인이 어떤 일을 했는지 자세히 말해 보시오. [롯데정보통신]
- 프로젝트를 진행한 경험이 있는데, 힘들었던 일은 없었는가? 또 갈등상황은 어떻게 해결했는지 말해 보시오. [롯데정보통신]
- 학교시험 때 족보를 보는 것에 대해 어떻게 생각하는가? [롯데정보통신]
- 관습이나 관례에 대해 어떻게 생각하는가? [롯데정보통신]

- L-PAY에 대해 말해 보시오. [로카모빌리티]
- 본인이 영향력을 발휘하여 기존의 상황을 변화시킨 사례에 대해 말해 보시오. [로카모빌리티]
- 청년실업으로 4행시를 해 보시오. [롯데렌탈]
- 연필의 다른 용도를 5가지 말해 보시오. [롯데렌탈]
- 사회 실업난은 누구의 책임인가? [롯데렌탈]

(4) 유통부문

- 창의적으로 일을 해낸 경험에 대해 말해 보시오. [롯데백화점]
- 주변의 맛집은 어디인가? 본인이 생각하는 맛집의 요인은 무엇인지 말해 보시오. [롯데백화점]
- 왜 롯데인가? [롯데백화점]
- 부당한 요구를 받은 경험이 있다면 말해 보시오. [롯데백화점]
- 롯데백화점 식품 매장을 방문한 경험이 있는가? 느꼈던 점은 무엇인가? [롯데백화점]
- 업무 중 협력사나 매장에서 근무하는 사람들과 부딪힐 때 대처할 것인가? [롯데백화점]
- 헌법 제1조가 무엇인지 아는가? [롯데백화점]
- 롯데백화점의 해외 지사가 어디에 있는지 아는가? [롯데백화점]
- 지방근무나 주말근무도 가능한가? [롯데백화점]
- 마케팅 4P에 대해 설명해 보시오. [롯데백화점]
- Co-Work가 불가능한 팀과 Co-Work를 해야 할 때 어떻게 하겠는가? [롯데백화점]
- 나이가 더 많은 사람이 후배로 들어오면 어떻게 관리하겠는가? [롯데백화점]
- 1~2년 사이 친구는 몇 명 사귀었는가? 그 친구 중 가장 친한 친구의 이름은 무엇인가? 또한 그 친구와 친하게 지낼 수 있었던 자신만의 방법을 말해 보시오. [롯데백화점]
- 오늘 면접장에 와서 주변 지원자들과 무슨 이야기를 했는가? [롯데백화점]
- 카카오톡에 친구 수는 총 몇 명인가? 또 그 친구들을 어떻게 그룹화 할 수 있는가? [롯데마트]
- 도박, 투기, 투자의 차이점은 무엇인가? [롯데마트]
- 타 마트로부터 배워야 할 점은 무엇인가? [롯데마트]
- 지금 당장 여행가고 싶은 곳은 어디인가? 그 이유는? [롯데마트]
- 다른 계열사도 많은데 왜 하이마트에 지원했는가? [롯데하이마트]
- 오늘 면접장에 몇 시에 도착했는가? [롯데하이마트]
- 자신의 윤리성을 점수로 매기자면 몇 점인가? 그 이유는? [롯데하이마트]
- 공백기가 다른 지원자들에 비해 긴 편이다. 공백기 동안 무엇을 했는가? [롯데하이마트]
- 아르바이트를 할 때 가장 기뻤던 점은 무엇인가? [롯데하이마트]
- 요즘 관심 있게 보고 있는 것은 무엇인가? [롯데하이마트]
- 롯데면세점 어플리케이션을 쓰면서 불편했던 점과 좋았던 점을 이야기해 보시오. [롯데면세점]
- 면세점 시장의 동향에 대해 설명한 후, 매출신장의 방법에 대해 말해 보시오. [롯데면세점]
- (비영업부문 지원자에게) 프로모션을 성공적으로 해본 경험이 있는가? [롯데면세점]
- (시간제한) 본인을 PR해 보시오. [롯데면세점]
- 최근 2년 안에 가장 몰두했던 일은 무엇인가? [롯데슈퍼]
- 동시에 여러 가지 일을 한 경험에 대해 말해 보시오. [코리아세븐]
- 대학교 시험 때 컨닝한 학생들을 본적이 있는가? 그에 대한 본인의 행동은? [코리아세븐]
- 역량은 작으나 큰 성취를 한 경험에 대해 말해 보시오. [코리아세븐]

- 상사가 남아서 야근을 지시하면 어떻게 할 것인가? 단, 다른 직원들은 모두 정시 퇴근을 하며, 본인이 혼자 남을 경우 다른 직원들의 눈치를 받게 된다. [롯데홈쇼핑]
- MD의 입장에서 상품을 어떻게 기획할 것인가? [롯데홈쇼핑]
- 관행을 바꾼 경험이 있다면 말해 보시오. [롯데홈쇼핑]

(5) 유화부문

- 본인의 인성을 파악할 만한 질문은 무엇이라고 생각하는가? 그 질문의 답을 말해 보시오. [롯데케미칼]
- 학점은 평가 기준에서 몇 위라고 생각하는가? [롯데케미칼]
- 컨닝을 한 경험이 있는가? [롯데케미칼]
- 지방근무에 대해 어떻게 생각하는가? [롯데케미칼]
- 상사가 범법행위를 저지른다면 어떻게 할 것인가? [롯데케미칼]
- 지방근무를 하더라도 잘 적응할 수 있겠는가? [롯데케미칼]

(6) 건설 · 제조부문

- 롯데건설의 구호를 알고 있는가? [롯데건설]
- 평소 정보를 어떻게 얻는가? [롯데건설]
- 리더십을 발휘한 사례에 대해 말해 보시오. [롯데건설]
- 살면서 어려웠던 경험에 대해 말해 보시오. [롯데건설]
- 현장에서 소음 문제는 어떻게 해결될 수 있는가? [롯데건설]
- (세종대왕 제외) 존경하는 조선시대 왕을 말해 보시오. [롯데건설]
- 성격의 장단점에 대해 말해 보시오. [롯데알미늄]
- 4차산업이 영업직무에 어떤 영향을 미칠 것 같은가? [롯데알미늄]
- 생산지원 직무에 대해 설명해 보시오. [캐논코리아비즈니스솔루션]
- 원하는 직무에서 업무를 볼 수 없다면 어떻게 하겠는가? [캐논코리아비즈니스솔루션]
- 본인의 실패 경험에 대해 말해 보시오. [캐논코리아비즈니스솔루션]

(7) 금융부문

- 최근 롯데카드가 진행하는 광고를 봤는가? 광고에 대해 어떻게 생각하는가? [롯데카드]
- 사람들을 설득할 때 어떤 방법으로 설득하는가? [롯데카드]
- 인 · 적성검사를 공부하면 도움이 되는가? 어떤 면에서 도움이 되는가? [롯데캐피탈]
- '마이 리틀 텔레비전'을 들어봤는가? [롯데캐피탈]
- 통화정책과 재정정책 중 무엇이 더 효과적이라고 생각하는가? [롯데캐피탈]
- 뉴스를 보는가? 요즘 이슈는 무엇인가? [롯데캐피탈]
- 다른 금융회사도 지원을 했는가? [롯데캐피탈]
- 할부와 리스의 차이점에 대해 말해 보시오. [롯데캐피탈]
- 롯데캐피탈에 대해 평소 알고 있었는가? [롯데캐피탈]

- 직무를 선택한 이유에 대해 말해 보시오. [롯데손해보험]
- 창의성을 발휘하여 문제를 해결한 경험이 있는가? [롯데손해보험]
- 대리출석을 한 경험이 있는가? [롯데손해보험]
- 자신의 강점에 대해 말해 보시오. [롯데자산개발]
- 봉사활동에서 얻은 교훈에 대해 말해 보시오. [롯데멤버스]
- 힘든 일을 극복한 과정에 대해 말해 보시오. [롯데멤버스]
- 본인이 성취한 뛰어난 성과에 대해 말해 보시오. [롯데멤버스]

02 GD(Group Discussion) 면접

GD(Group Discussion) 면접은 특정주제에 대해 자유토의 방식으로 4 ~ 6명이 한 조가 되어 30분가량 토론이 진행된다. 면접관은 토론에 전혀 관여하지 않으며 찬반 토론이 아닌 주제에 대한 토의로 서로 의견을 공유하며 해결 방안을 도출한다. 또한 해당 주제에 대한 특정 정답을 요구하는 것이 아니므로 단순히 지적 수준이나 토론 능력만을 평가하지 않는다. 따라서 토론에 임하는 자세와 의사소통능력, 협동심이 등이 더욱 중요하다.

(1) 식품부문

- 약국 외 약품 판매 [롯데푸드]

(2) 관광부문

- 전망대, 키즈파크, 아쿠아리움, 어드밴처, 워터파크의 통합 마케팅 방안 [롯데월드]
- 롯데월드 타워의 활용 방안 [롯데월드]
- 갑질논란에 대한 의견 [롯데제이티비]

(3) 서비스부문

- 3PL 영업전략 [롯데글로벌로지스]
- 롯데시네마 월드타워관 운영 및 활성화 방안 [롯데시네마]
- O2O 서비스 발전 방향 [롯데정보통신]
- 공인인증서 폐지 [롯데정보통신]
- 경쟁사인 AJ렌터카의 저가전략에 대한 대응 방안 [롯데렌탈]

(4) 유통부문

- CRV에 대한 아이디어 [롯데백화점]
- 1인 가구 트렌드에 맞는 롯데백화점의 상품, 서비스 전략 [롯데백화점]
- (백화점 아울렛 시장에 대한 기사) 백화점 3사 아울렛 시장 [롯데백화점]
- 중국 롯데 백화점 홍보 마케팅 전략 [롯데백화점]
- 고유가 대책과 유류세 인하 [롯데백화점]
- 종교인의 세금 부과 [롯데백화점]
- 선거운동과 SNS [롯데백화점]
- 학생 체벌 금지 [롯데백화점]
- (새롭게 표준어가 된 단어 제시) 새 표준어 개정안에 대한 의견 [롯데백화점]
- 하이마트 PB 상품 개발에서 고려해야 할 요소 및 홍보전략 [롯데하이마트]
- 고객 니즈를 충족시킬 수 있는 편의점 신전략 [코리아세븐]
- 편의점의 수익성 강화를 위해 필요한 변화 [코리아세븐]
- 롯데닷컴 단합대회 기획 [롯데닷컴]

(5) 유화부문

- 롯데케미칼의 환경경영 [롯데케미칼]

(6) 건설·제조부문

- 롯데건설이 나아갈 새로운 사업 [롯데건설]
- 역발상과 롯데건설이 나아가야 할 방향 [롯데건설]
- 천안함 피폭 사건과 관련한 국민의 알 권리와 국가 기밀 보호 [롯데건설]

(7) 금융부문

- 보험사기를 근절하기 위한 해결방안 [롯데손해보험]

프레젠테이션 면접은 주어진 주제에 대해 지원자가 직접 분석 및 자료 작성을 통해 발표를 진행하는 방식으로 이루어진다. 조별로 기사가 3개 정도 주어지며 면접관 2명과 지원자 1명으로 구성되어 10분 정도 진행된다. PT 면접에서 중요한 것은 정해진 시간 내에 합리적이고 독창적인 결과를 도출해 낼 수 있는 분석력과 창의성이다. 또한 이를 상대방에게 효과적으로 전달할 수 있는 발표능력도 매우 중요하다.

(1) 식품부문

- 롯데제과의 제품 하나를 골라 할랄 식품 인증을 획득할 계획을 수립하시오. [롯데제과]
- (시장 점유율 표 제시) 시장의 변화를 주기 위한 상품과 현실적인 적용 방안에 대해 말해 보시오. [롯데칠성음료]
- 브랜드 이미지 상승 방안에 대해 말해 보시오. [롯데칠성음료]
- 파스퇴르 우유 제품을 중국 시장 어느 연령대에 어떻게 공략할 것인지 말해 보시오. [롯데푸드]
- 편의점 도시락 메뉴 및 간편식 시장을 공략하고자 할 때 활성화 방안에 대해 말해 보시오. [롯데푸드]
- 1인 가족을 타겟으로 한 새로운 상품 개발에 대해 말해 보시오. [롯데푸드]
- 한식의 세계화 방안에 대해 말해 보시오. [롯데푸드]
- 부실한 군납 급식 개선 방안에 대해 말해 보시오. [롯데푸드]
- 롯데리아의 옴니채널 활용 방안을 말해 보시오. [롯데리아]
- (식품 트렌드 관련 기사 제시) 롯데에서 개발할 신제품을 발표하고자 할 때, 이름, 포장법, 타겟, 가격 등의 계획을 수립하여 발표하시오. [롯데중앙연구소]

(2) 유통부문

- 코즈마케팅과 관련한 기업의 실천 방안에 대해 말해 보시오. [롯데백화점]
- 경쟁 백화점과의 차별 방안에 대해 말해 보시오. [롯데백화점]
- 매출부진을 극복하기 위한 상품 기획안을 제시하시오. [롯데슈퍼]
- 배송경쟁, 가격 경쟁 심화 속에서 롯데홈쇼핑 만의 차별화 된 경쟁 방안에 대해 말해 보시오. [롯데홈쇼핑]

(3) 유화부문

- 롯데케미칼의 환경 경영에 대해 말해 보시오. [롯데케미칼]

(4) 건설 · 제조부문

- B2C분야로 처음 진출할 때, 아이템이나 기업 브랜드를 홍보할 수 있는 방안을 제시하시오. [롯데기공]

(5) 금융부문

- 주어진 기사를 바탕으로 서비스를 기획하시오. [롯데카드]
- 창업 지원에 초점을 맞추면 어떤 업종을 추천하겠는가? [롯데캐피탈]
- 오토리스 직무 관련해서는 어떤 업종을 추천하겠는가? [롯데캐피탈]
- 롯데 멤버스 제휴사와 상호 송객을 통한 마케팅 전략에 대해 말해 보시오. [롯데멤버스]

04 외국어 면접

외국어 면접은 영어, 일어, 중국어 중 하나를 선택하여 구술평가로 진행된다. 계열사마다 필수적으로 보는 곳이 있고 선택적으로 보는 곳이 있다. 필수적으로 보는 곳은 보통 영어로 간단한 질문을 하는 유형이다. 선택적으로 보는 곳이면 자신이 외국어에 자신이 있다고 생각하는 사람만 신청해서 면접을 볼 수 있으며 면접을 보지 않는다고 해도 감점은 없다. 단지 잘 봤을 경우의 가점만 있을 뿐이다.

(1) 식품부문

- 자기소개를 해 보시오. [롯데제과]
- 영어 멘토링 봉사활동을 했는데 활동 내용을 영어로 상세히 말해 보시오. [롯데제과]

(2) 관광부문

- 사는 곳에 대해 설명해 보시오. [롯데호텔]
- 여행을 좋아하는가? 여행을 가본 곳 중 인상 깊었던 곳을 설명해 보시오. [롯데호텔]
- 전공에 대해 설명해 보시오. [롯데호텔]
- 쉬는 날에는 보통 무엇을 하는가? [롯데호텔]
- 자기소개를 해 보시오. [롯데월드]
- 본인의 장단점에 대해 말해 보시오. [롯데월드]
- 취미를 말해 보시오. [롯데월드]
- 입사 후 각오에 대해 말해 보시오. [롯데월드]

(3) 유통부문

- 본인의 성격을 묘사해 보시오. [롯데백화점]
- (짧은 글 제시) 다음 글을 요약한 후, 본인의 생각에 대해 말해 보시오. [롯데백화점]
- (한글 신문 기사 제시) 기사 내용을 요약해서 1분 동안 말해 보시오. [롯데백화점]
- 롯데백화점의 장단점에 대해 말해 보시오. [롯데백화점]
- 최근 관심 있게 본 뉴스는 무엇인가? [롯데백화점]
- 현대백화점과 롯데백화점의 차이는 무엇인가? [롯데백화점]
- 주말엔 무엇을 했는가? [롯데백화점]
- 친구란 무엇인가? [롯데백화점]
- 왜 롯데면세점에 지원했는가? [롯데면세점]
- 친구들이 본인을 어떻게 묘사하는가? [롯데면세점]
- 롯데면세점의 강점에 대해 말해 보시오. [롯데면세점]
- 자기소개를 해 보시오. [롯데면세점]

(4) 유화부문

- 자기소개를 해 보시오. [롯데케미칼]
- 주말 계획을 말해 보시오. [롯데케미칼]
- 자신의 인생 목표를 말해 보시오. [롯데케미칼]

05 임원 면접

면접관(임원) 3~4명, 지원자 3~4명으로 구성된 다대다 면접으로 진행되며 공통된 질문 또는 개별 질문에 대한 답변으로 30분 정도 진행된다. 가장 중점적으로 평가하는 부분은 지원자의 기본 인성과 조직 적합성 부분이다. 따라서 지원하는 회사에 대한 관심과 깊이 있는 이해가 매우 중요하다. 또한 자신이 회사에 필요한 인재임을 증명하고, 회사의 발전과 더불어 자신도 성장할 수 있는 성장 가능성을 제시할 수 있다면 좋다. 특히 임원 면접은 인성적 측면에 대한 검증의 의미가 크기 때문에 임의로 준비한 자세와 답변보다는 자신의 진실된 모습을 여과 없이 보여주는 것이 좋다.

(1) 식품부문

- 버킷리스트가 있는가? [롯데제과]
- 생산이란 무엇이라고 생각하는가? [롯데제과]
- 지원동기를 말해 보시오. [롯데칠성음료]
- 주량은 어떻게 되는가? [롯데칠성음료]
- 입사 후 하고 싶은 일에 대해 말해 보시오. [롯데칠성음료]
- 친구들 사이에서 본인의 역할에 대해 말해 보시오. [롯데푸드]
- 본인이 잘하는 것에 대해 말해 보시오. [롯데푸드]
- 40살까지의 목표가 있는가? [롯데리아]
- 인생의 목표에 대해 말해 보시오. [롯데리아]
- 본인의 롤 모델에 대해 말해 보시오. [롯데리아]
- 옷은 어떤 색을 주로 입는가? [롯데리아]
- 여자친구(남자친구)를 부모님에게 직접 소개한다면, 어떤 점에 포인트를 둘 것인가? [롯데리아]
- 돈, 일, 명예 중 어떤 것을 선택할 것인가? [롯데중앙연구소]
- 삶에서 가장 중요한 가치는 무엇인가? [롯데중앙연구소]

(2) 관광부문

- 본인을 색깔로 표현해 보시오. [롯데호텔]
- 영어를 제외하고 할 수 있는 외국어가 있는가? [롯데호텔]
- 후회했던 순간에 대해 말해 보시오. [롯데호텔]
- 여행이란 무엇인가? [롯데제이티비]
- 본인의 강점에 대해 말해 보시오. [롯데제이티비]
- 여성을 위한 여행 상품을 기획해 보시오. [롯데제이티비]
- 롯데제이티비가 나아가야 할 방향에 대해 본인의 의견을 말해 보시오. [롯데제이티비]

(3) 서비스부문

- 지원동기를 말해 보시오. [롯데글로벌로지스]
- 감명 깊게 읽은 책을 말해 보시오. [롯데글로벌로지스]
- 낮은 연봉에 대한 본인의 생각을 말해 보시오. [롯데글로벌로지스]
- 취업난이 심해지는 이유에 대한 본인의 생각을 말해 보시오. [롯데글로벌로지스]
- 임금피크제에 대한 본인의 생각을 말해 보시오. [롯데글로벌로지스]
- 취미는 무엇인가? [롯데정보통신]
- 빅데이터 시대에 빅데이터를 활용한 마케팅 방안에 대해 말해 보시오. [로카모빌리티]
- 입사한다면 어떤 영업사원이 되고 싶은지 말해 보시오. [롯데렌탈]
- 영업과 마케팅의 차이점에 대해 말해 보시오. [롯데렌탈]

(4) 유통부문

- 준비한 자기소개가 아닌, 지금 이 자리에서 즉석으로 성장과정에 대해 말해 보시오. [롯데백화점]
- 롯데그룹의 비리에 대한 본인의 생각을 말해 보시오. [롯데백화점]
- 롯데백화점 지원을 언제부터 결심했는가? [롯데백화점]
- 마지막으로 하고 싶은 말을 해 보시오. [롯데백화점]
- 백화점이 무엇이라고 생각하는가? [롯데백화점]
- 백화점의 입지조건으로 무엇이 중요하다고 생각하는가? [롯데백화점]
- 최근 부모님과의 통화는 언제인가? [롯데하이마트]
- 본인의 전공과 하이마트의 관련성은 무엇인가? [롯데하이마트]
- 주변사람들로부터 본인은 어떤 사람이라는 평판을 듣는가? [롯데하이마트]
- 월드컵과 연관 지어 마케팅 방안을 말해 보시오. [롯데면세점]
- 졸업 논문은 어떤 내용인가? 구체적으로 말해 보시오. [롯데면세점]
- 당신이 임원이라면 어떤 사람을 뽑겠는가? [롯데면세점]
- 매장을 방문한 경험이 있는가? 방문한 매장의 문제점을 개선할 방안을 말해 보시오. [롯데슈퍼]
- 코리아세븐을 연상시키는 이미지를 세 가지 단어로 말한다면? [코리아세븐]
- 롯데그룹의 중심가치는 무엇인가? [코리아세븐]
- 임원들의 이미지가 어떠한가? [코리아세븐]
- 취미는 무엇인가? [코리아세븐]
- (한국사 자격증이 있는 지원자에게) 고구려, 백제, 신라의 멸망 순서를 아는가? [코리아세븐]
- (공대 출신 지원자에게) 전공이 다른데 영업에 지원한 특별한 이유가 있는가? [코리아세븐]
- 편의점 야근 아르바이트를 해본 경험이 있는가? [코리아세븐]
- 일정관리를 어떻게 하는 편인가? [코리아세븐]
- (돌발질문) 면접실 뒤에 있는 달력은 왜 있는 것 같은가? [롯데홈쇼핑]
- 스타트업에 대한 생각과 한국에서 스타트업에 잘 안 되는 이유에 대해 말해 보시오. [롯데홈쇼핑]
- 30만 원 공기청정기보다 130만 원 공기청정기의 매출이 더 높다. 문제점과 이유는 무엇이라고 생각하는가? [롯데홈쇼핑]
- 가장 친한 친구가 있다면 누구이고 왜 그렇게 생각하는가? [코리아세븐]
- 219,000원보다 199,000원일 때 상품의 매출이 높다. 이유는 무엇이라고 생각하는가? [롯데홈쇼핑]
- 가치란 무엇인가? [롯데홈쇼핑]
- 옆 경쟁사에서 대박 난 상품을 롯데홈쇼핑에서도 판매하려고 한다. 경쟁사에서는 마진이 30%였지만, 우린 20%였다. 본인이 MD라면 어떻게 할 것인가? [롯데홈쇼핑]
- 롯데홈쇼핑의 약점과 강점에 대한 본인의 생각을 말해 보시오. [롯데홈쇼핑]
- 자신 있는 본인만의 역량에 대해 말해 보시오. [롯데닷컴]

(5) 유화부문

- 10년 후, 20년 후, 30년 후 본인의 모습을 각각 말해 보시오. [롯데케미칼]
- 선망하는 기업이 있는가? [롯데케미칼]
- 존경하는 기업인이 있는가? [롯데케미칼]
- 평소에 생각하는 롯데의 긍정적인 이미지와 부정적인 이미지에 대해 말해 보시오. [롯데케미칼]

(6) 건설 · 제조부문

- 부모님과의 대화는 자주 하는 편인가? [롯데건설]
- 입사를 한다면 진급 목표는 어디까지 생각하고 있는가? [롯데건설]
- 왜 이 직무를, 왜 롯데에서 하고자 하는가? [롯데건설]
- 갑질을 당했거나 목격한 적이 있는가? [롯데건설]
- 현재 우리 부서가 주력하고 있는 부분에 대해 아는 것이 있다면 말해 보시오. [롯데건설]
- 가장 힘들었던 점은 무엇인가? [롯데알미늄]
- 본인만의 영업 전략에 대해 말해 보시오. [캐논코리아비즈니스솔루션]
- 조직 생활에서 다른 사람과 충돌한 경험이 있다면 말해 보시오. [캐논코리아비즈니스솔루션]

(7) 금융부문

- 이틀 뒤에 당신이 합격하였는데, 그 주 주말에 로또에 당첨이 된다면 입사를 하겠는가? [롯데카드]
- 손해보험업에 지원한 이유가 무엇인가? [롯데손해보험]
- 여러 보험사 중 롯데손해보험을 지원한 이유가 무엇인가? [롯데손해보험]
- 지원 직무 내에서 구체적으로 하고 싶은 업무가 무엇인가? [롯데손해보험]

"오늘 당신의 노력은 아름다운 꽃의 물이 될 것입니다."

그러나, 이 꽃을 볼 때 사람들은 이 꽃의 아름다움과 향기만을 사랑하고 칭찬하였지, 이 꽃을 그렇게 아름답게 어여쁘게 만들어 주는 병 속의 물은 조금도 생각지 않는 것이 보통입니다.

만일 이 꽃병 속에 들어 있는 물을 죄다 쏟아 버리고 빈 병에다 이 꽃을 꽂아 보십시오.

아무리 아름답고 어여쁜 꽃이기로서니 단 한 송이의 꽃을 피울 수 있으며, 단 한 번이라도 꽃 향기를 날릴 수 있겠습니까?

우리는 여기서 아무리 본바탕이 좋고 아름다운 꽃이라도 보이지 않는 물의 숨은 힘이 없으면 도저히 그 빛과 향기를 자랑할 수 없는 것을 알았습니다.

– 방정환의 「우리 뒤에 숨은 힘」 중 –

앞선 정보 제공! 도서 업데이트

언제, 왜 업데이트될까?

도서의 학습 효율을 높이기 위해 자료를 추가로 제공할 때!
공기업 · 대기업 필기시험에 변동사항 발생 시 정보 공유를 위해!
공기업 · 대기업 채용 및 시험 관련 중요 이슈가 생겼을 때!

01 시대에듀 도서
www.sdedu.co.kr/book
홈페이지 접속

02 상단 카테고리
「도서업데이트」
클릭

03 해당
기업명으로
검색

참고자료, 시험 개정사항 등 정보 제공으로 학습효율을 높여 드립니다.

시대에듀
대기업 인적성검사
시리즈

신뢰와 책임의 마음으로 수험생 여러분에게 다가갑니다.

2025
전면개정판

판매량
1위
YES24 롯데그룹
부문

L-TAB
롯데그룹
온라인 조직·직무적합진단

정답 및 해설

최신기출유형+모의고사 3회
+무료롯데특강

편저 | SDC(Sidae Data Center)

유형분석 및 모의고사로
최종합격까지
한 권으로
마무리!

SDC
SDC는 시대에듀 데이터 센터의 약자로
약 30만 개의 NCS · 적성 문제 데이터를
바탕으로 최신 출제경향을 반영하여
문제를 출제합니다.

시대에듀

PART 1

대표기출유형

끝까지 책임진다! 시대에듀!

QR코드를 통해 도서 출간 이후 발견된 오류나 개정법령, 변경된 시험 정보, 최신기출문제, 도서 업데이트 자료 등이 있는지 확인해 보세요! **시대에듀 합격 스마트 앱**을 통해서도 알려 드리고 있으니 구글 플레이나 앱 스토어에서 다운받아 사용하세요. 또한, 파본 도서인 경우에는 구입하신 곳에서 교환해 드립니다.

01 | 언어적 사고

01

정답 ③

중앙은행은 기준금리를 통해 경기 변동에 따른 위험을 완화하고 금융시장의 원활한 운영을 돕는 역할을 수행한다.

오답분석
① 경제가 성장하고 인플레이션이 심해지면 중앙은행은 기준금리 인상을 통해 소비와 투자를 저하시켜 경기 과열을 억제한다.
② 중앙은행이 기준금리를 인상하면 자금이 제한되고 대출이 어려워지므로 소비와 투자를 저하시킨다.
④ 기준금리 설정 시에는 인플레이션 목표율 경제 성장률 등 다양한 요소를 고려해야 하므로 이 중 어느 하나가 가장 중요한 요인이라고 할 수 없다.
⑤ 기준금리는 정부와 기업, 개인들의 경제 활동에 직간접적인 영향을 준다.

02

정답 ③

놀이 공원이나 휴대전화 요금제 등을 미루어 생각해 볼 때, 이부가격제는 이윤 추구를 최대화하려는 기업의 가격 제도이다.

03

정답 ④

박쥐가 많은 바이러스를 보유하고 있는 것은 밀도 높은 군집 생활을 하기 때문이며, 그에 대항하는 면역도 갖추었기 때문에 긴 수명을 가질 수 있었다.

오답분석
① 박쥐의 수명이 대다수의 포유동물보다 길다는 것은 맞지만, 평균적인 포유류 수명보다 짧은지는 알 수 없다.
② 박쥐는 뛰어난 비행 능력으로 긴 거리를 비행해 다닐 수 있다.
③ 박쥐는 현재 강력한 바이러스 대항 능력을 갖추었다.
⑤ 박쥐의 면역력을 연구하여 치료제를 개발할 수 있다.

04

정답 ⑤

도구일 뿐인 기계가 인간을 판단하는 것은 정당하지 않으며, 인공 지능은 인간이 만든 도구일 뿐이고, 이런 도구가 인간을 평가하면 주체와 객체가 뒤바뀌는 상황이 발생한다.

오답분석
① 인공 지능과 인간의 차이점을 통해 논지를 주장하고 있다.
② 인공 지능은 빅데이터를 바탕으로 결과를 도출해 내는 기계에 불과하므로, 통계적 분석을 할 뿐 타당한 판단을 할 수 없다.
③ 의사소통을 통해 사회적 관계를 형성하는 것은 인간이다.
④ 미래에 인공 지능이 인간을 대체할 것인지에 대해서는 글에서 알 수 없다.

05

정답 ②

채집음식이란 재배한 식물이 아닌 야생에서 자란 음식 재료를 활용하여 만든 음식을 의미한다.

[오답분석]

① 로가닉의 희소성은 루왁 커피를 사례로 보며 까다로운 채집 과정과 인공의 힘으로 불가능한 생산 과정을 거쳐서 나타난다.
③ 로가닉은 '천연상태의 날 것'을 유지한다는 점에서 기존의 오가닉과 차이를 가진다.
④ 소비자들이 로가닉 제품의 스토리텔링에 만족한다면 높은 가격은 더 이상 매출 상승의 장애 요인이 되지 않을 것으로 보고 있다.
⑤ '로가닉 조리법'을 활용한 외식 프랜차이즈 브랜드가 꾸준히 인기를 끌고 있음을 알 수 있다.

06

정답 ①

최저임금제도로 인한 인건비 인상은 기업에게 경제적 부담으로 다가올 수 있다. 그러나 근로자의 소비 지출 증가로 기업의 생산과 판매를 촉진시키므로 기업 입장에서 최저임금제도가 아무런 이득이 없는 것은 아니다.

[오답분석]

② 인건비 인상으로 인한 기업의 비용 부담 증가는 일자리의 제약이나 물가 상승으로 이어질 수 있다.
③ 근로자들이 안정된 임금을 받게 되면 소비력이 강화되고 소비 지출이 증가한다.
④ 최저임금제도는 불공정한 임금구조를 해소하고 경제적인 격차를 완화하는 데 도움을 준다.
⑤ 일정 수준 이상으로 설정된 최저임금은 근로자들의 최소 생계비를 보장하고 근로 환경에서의 안정성을 확보할 수 있게 한다.

07

정답 ②

마지막 문단에서 '그리고 병원균이나 곤충, 선충에 기생하는 종들을 사용한 생물 농약은 유해 병원균이나 해충을 직접 공격하기도 한다.'라고 하였으므로 직접 공격하지 못한다고 설명하는 ②의 내용은 적절하지 않다.

08

정답 ④

인간이 지구상에서 이용할 수 있는 생활공간은 제한되어 있기 때문에, 인간이 이용할 수 있는 생활공간의 한계를 깨뜨리지 않는 범위 안에서만 인간의 생활공간을 확장시켜야 한다고 언급되어 있다.

09

정답 ⑤

제시문은 1940 ~ 1950년대 성립된 회화 사조인 추상표현주의에 대한 글이다.
ㄴ. 추상표현주의 작가들은 이성에 대한 회의를 바탕으로 했다.
ㄷ. 추상표현주의 작가들은 화가 개인의 감정을 나타내고자 했다.
ㄹ. 의도된 계획에 따라 그림을 그려나가는 것은 추상표현주의가 추구하는 예술과 반대되는 것이다.

[오답분석]

ㄱ. 첫 문장을 통해 알 수 있다.

10

정답 ④

미선나무의 눈에서 조직 배양한 기내식물체에 청색과 적색(1 : 1) 혼합광을 쬐어준 결과, 일반광(백색광)에서 자란 것보다 줄기 길이가 1.5배 이상 증가하였고, 줄기의 개수가 줄어든 게 아니라 한 줄기에서 3개 이상의 새로운 줄기가 유도되었다.

01

저맥락 문화는 멤버 간에 공유하고 있는 맥락의 비율이 낮고 개인주의와 다양성이 발달했다. 미국은 저맥락 문화의 대표국가로, 선악의 확실한 구분, 수많은 말풍선을 사용한 스토리 전개 등이 특징이다. 다채로운 성격의 캐릭터 등장은 일본만화의 특징이다.

02

재생 에너지 사업이 기하급수적으로 늘어남에 따라 전력계통설비의 연계용량 부족 문제가 발생하였는데, 이것은 설비 보강만으로는 해결하기 어렵기 때문에 최소부하를 고려한 설비 운영 방식으로 해결하고자 하였다.

오답분석

① 탄소 중립을 위해 재생 에너지 발전 작업이 추진되고 있다고 하였으므로 합리적인 추론이다.
② 재생 에너지의 예시로 태양광이 제시되었다.
③ 재생 에너지 확충으로 인해 기존 송배전 전력 설비가 과부하 되는 문제가 있다고 하였다.
⑤ 최소부하를 고려한 설비 운영 개념을 도입해 변전소나 배전선로 증설 없이 재생 에너지 접속용량을 확대하는 방안이 있다고 하였다.

03

가해자의 징벌을 위해 부과되는 것은 벌금이다.

오답분석

① 불법 행위를 감행하기 쉬운 상황일수록 이를 억제하는 데에는 금전적 제재 수단이 효과적이다.
③ 벌금은 형사적 제재이고 과징금은 행정적 제재이다. 두 제재는 서로 목적이 다르므로 한 가지 행위에 대해 동시 적용이 가능하다.
④ 우리나라에서는 기업의 불법 행위에 대해 손해 배상 소송이 제기되거나 벌금이 부과되는 경우는 드물며, 과징금 등 행정적 제재 수단이 억제 기능을 수행하는 경우가 많다.
⑤ 행정적 제재인 과징금은 국가에 귀속되므로 피해자에게 직접적인 도움이 되지는 못한다.

04

제시문에서는 조상형 동물의 몸집이 커지면서 호흡의 필요성에 따라 아가미가 생겨났고, 호흡계 일부가 변형된 허파는 식도 아래쪽으로 생성되었으며, 이후 폐어 단계에서 척추동물로 진화하며 호흡계와 소화계가 겹친 부위가 분리되기 시작했음을 설명한다. 결국 하나의 교차점을 남기면서 인간의 음식물로 인한 질식 현상과 같은 단점을 남겼다는 것이다. 또한 마지막 문장에서 이러한 과정이 '당시에는 최선의 선택'이었다고 하였으므로, 진화가 순간순간에 필요한 대응일 뿐 최상의 결과를 내는 것은 아님을 알 수 있다.

05

두 번째 문단에 따르면 전문 화가들의 그림보다 문인사대부들의 그림을 더 높이 사는 풍조는 동양 특유의 문화 현상에서만 나타나는 것이므로 서양 문화에서는 아마추어격인 문인사대부들의 그림보다 전문 화가들의 그림을 더 높게 평가하였을 것이다.

오답분석

① 문인사대부들은 정교한 기법이나 기교에 바탕을 둔 장식적인 채색풍을 멀리하였고, 동기창(董其昌)은 정통적인 화공보다 이러한 문인사대부들의 그림을 더 높이 평가하였으므로 옳지 않다.
② 두 개의 회화적 전통이 성립된 곳은 오로지 극동 문화권뿐이라고 하였으므로 옳지 않다.
③ 문방사우를 이용해 그린 문인화(文人畫)는 화공들이 아닌 문인사대부들이 주로 그렸다.
⑤ 동양 문화를 대표하는 지·필·묵은 동양 문화 내에서 사유 매체로서의 기능을 담당한 것이므로 옳지 않다.

06

정답 ④

의병장들은 대부분 각 지역에서 사회·경제적 기반을 확고히 갖춘 인물들이었다. 따라서 자신의 지역적 기반을 유지하려는 현실적 이해관계가 얽혀 의병 활동에 참여한 것으로 보인다.

[오답분석]
①·② 전쟁 당시 조정에 대한 민심은 부정적이었다. 따라서 나라에 대한 충성심보다는 자신과 주변을 지키기 위한 목적이 크다.
③ 의병들은 의병장의 명령에 따라 지역적으로 움직였다.
⑤ 조정에서는 의병장에게 관직을 부여함으로써 의병의 적극적인 봉기를 유도하기도 했다는 걸로 보아 관직이 의병장들에게 매력적이었던 것으로 파악된다.

07

정답 ④

제시된 기사의 논점은 교과서는 정확한 통계·수치를 인용해야 하며, 잘못된 정보는 바로 잡아야 한다는 것이다. ①·②·③·⑤는 이러한 맥락에 맞춰 교과서의 오류에 관해 논하고 있지만 ④는 교과서에 실린 원전 폐쇄 찬반문제를 언급하며, 원전 폐쇄 찬성에 부정적인 의견을 펼치고 있다. 따라서 ④는 기사를 읽고 난 후의 감상으로 적절하지 않다.

08

정답 ①

제시문은 천재가 선천적인 재능뿐만 아니라 후천적인 노력에 의해서 만들어지는 존재라고 주장하고 있기 때문에 ①은 논지를 강화하기 위한 내용으로 옳지 않다.

[오답분석]
②·③·④ 제시문에서 언급된 절충적 천재(선천적 재능과 후천적 노력이 결합한 천재)에 대한 내용이다.
⑤ 영감을 가져다주는 것은 신적인 힘보다도 연습이라는 논지이므로 제시문과 같은 입장이다.

09

정답 ④

밑줄의 '이런 미학'은 인간의 눈으로는 확인할 수 없는 부분에 대한 것을 사진을 통해 느껴보지 못한 아름다움을 느끼는 것으로, 기존 예술의 틈으로 파고들어갈 것으로 주장하고 있다.

대표기출유형 03 기출응용문제

01

정답 ④

스피노자는 삶을 지속하고자 하는 인간의 욕망을 코나투스라고 정의하며, 코나투스인 욕망을 긍정하고 욕망에 따라 행동해야 한다고 주장하였다. 따라서 스피노자의 주장에 대한 반박으로는 인간의 욕망을 부정적으로 바라보며, 이러한 욕망을 절제해야 한다는 내용의 ④가 가장 적절하다.

[오답분석]
③ 스피노자는 모든 동물들이 코나투스를 가지고 있으나, 인간은 자신의 충동을 의식할 수 있다는 점에서 차이가 있다고 주장하므로 스피노자와 동일한 입장임을 알 수 있다.

02

'소비자 책임 부담 원칙'은 소비자를 이성적인 존재로 상정하며, 소비자의 선택이 자유로움을 전제로 한다. 때문에 실제로는 소비자가 자유로운 선택을 하기 어렵다는 주장을 통해 반박할 수 있다.

오답분석

① 소비자는 소비 생활에 필요한 상품의 성능, 가격, 판매 조건 등의 정보를 광고에서 얻을 수 있기 때문에 도움이 되지 않는 것은 아니다.

03

제시문은 소음의 규제에 대한 이야기를 하고 있다. 따라서 소리가 시공간적 다양성을 담아내는 문화 구성 요소라는 주장을 통해 단순 소음 규제에 반박할 수 있다.

오답분석

① 관현악단 연주 사례를 통해 알 수 있는 사실이다.

04

제시문은 인간의 생각과 말은 깊은 관계를 가지고 있으며, 생각이 말보다 범위가 넓고 큰 것은 맞지만 그것을 말로 표현하지 않으면 그 생각이 다른 사람에게 전달되지 않는다고 주장한다. 즉, 생각은 말을 통해서만 다른 사람에게 전달될 수 있다는 것이다. 따라서 이러한 주장에 대한 반박으로 ①이 가장 적절하다.

05

제시문은 인간에게 어떠한 이익을 주는가에 초점을 맞춰 생물 다양성의 가치를 논하고 있다. 즉, 인간 자신의 이익을 위해 생물 다양성을 보존해야 한다는 것이다. 따라서 ③에서처럼 인간 중심적인 시각을 비판할 수 있다.

오답분석

① 다섯 번째 문단에 문제 해결의 구체적 실천 방안이 제시되었다.
② 생물 다양성의 경제적 가치뿐만 아니라 생태적 봉사 기능, 학술적 가치 등을 설명하며 동등하게 언급하였다.
④ 자연을 우선시하고 있지는 않지만, 다섯 번째 문단에서 인간 중심에 따른 생태계 파괴의 문제를 지적하고 보존 대책을 제시하는 등 인간과 자연이 공존할 수 있는 길을 모색하고 있다.
⑤ 제시문에서는 인간과 자연을 대립 관계로 보는 시각이 드러나 있지 않다.

06

제시문은 산업 혁명을 거치면서 일자리가 오히려 증가했으므로 로봇 사용으로 일자리가 줄어들 가능성은 낮다고 주장한다. 그러나 보기에서는 로봇 사용으로 인한 일자리 대체 규모가 기하급수적으로 커져 인간의 일자리는 줄어들 것이라고 말한다. 로봇 사용으로 인한 일자리의 증감에 대해 정반대로 예측하는 것이다. 따라서 보기의 내용을 근거로 제시문을 반박하려면 제시문의 예측에 문제가 있음을 지적해야 하므로 ④가 적절하다.

07

제시문의 핵심은 첫 번째 문단의 끝에서 '제로섬(Zero-sum)적인 요소를 지니는 경제 문제'와 두 번째 문단의 끝에서 '우리 자신의 수입을 보호하기 위해 경제적 변화가 일어나는 것을 막거나 혹은 사회가 우리에게 손해를 입히는 공공정책이 강제로 시행되는 것을 막기 위해 싸울 것'이다. 따라서 이 글은 사회경제적인 총합이 많아지는 정책, 즉 '사회의 총생산량이 많아지게 하는 정책이 좋은 정책'이라는 주장에 대한 비판이라고 볼 수 있다.

08
정답 ①

제시문의 글쓴이는 기술이 내부적인 발전 경로를 가지고 있다는 통념을 비판하기 위해 다양한 사례 연구를 논거로 인용하고 있다. 따라서 인용하고 있는 연구 결과를 반박할 수 있는 자료가 있다면 글쓴이의 주장은 설득력을 잃게 된다.

09
정답 ①

제시된 연설문의 두 번째 문단에 따르면 '경쟁 도시는 시민의 지지가 낮지만 우리(＝A시)는 90%가 넘는 시민의 합의를 이끌어 냈다.'라고 말한다. 그러나 경쟁 도시 시민의 지지가 낮다는 주장을 뒷받침하는 근거를 제시하지 않았다.

오답분석
② 세 번째 문단에 따르면 'A시는 각종 국제 대회를 성공리에 개최하여 전 세계인의 찬사를 받은 바 있다.'고 말했다.
③ 두 번째 문단에 따르면 정부가 재정 지원을 약속했다.
④ 네 번째 문단에서 해외 청소년 대상 사이클 프로그램 운영을 언급한 이유는 사이클 활성화를 위한 A시의 노력을 입증하기 위한 것이다. ④와 같은 반응은 연설 내용을 반박하는 것이 아니라 공감하는 것이다.
⑤ 제시된 연설문에는 A시에서 사이클이 비인기 종목이라는 발언이 없다. 오히려 두 번째 문단에서 '사이클에 대한 시민들의 관심이 높아지고 있고 사이클 인구도 빠르게 늘어나고 있다.'라고 말했다.

10
정답 ①

마지막 문단에 따르면 와이츠가 말하는 예술의 '열린 개념'은 '가족 유사성'에 의해 성립하며, 와이츠는 '열린 개념'은 무한한 창조성이 보장되어야 하는 예술에 적합한 개념이라고 주장한다. 따라서 ①에서처럼 '아무런 근거 없이 확장된다.'는 것은 옳지 않다.

오답분석
② 마지막 문단에 따르면 와이츠는 예술을 본질이 아닌 가족 유사성만을 갖는 '열린 개념'으로 보았다. 즉, 예술의 근거를 하나의 공통적 특성이 아닌 구성원 일부의 유사성으로 보았으므로 예술 내에서도 두 대상이 서로 닮지 않을 수 있다.
③ 마지막 문단에 따르면 와이츠는 전통적인 관점에서의 표현이나 형식은 예술의 본질이 아니라 좋은 예술의 기준으로 이해되어야 한다고 보았다.
④ · ⑤ 마지막 문단에 따르면 와이츠가 말하는 '열린 개념'은 '주어진 대상이 이미 그 개념을 이루고 있는 구성원 일부와 닮았다면, 그 점을 근거로 하여 얼마든지 그 개념의 새로운 구성원이 될 수 있을 만큼 테두리가 열려 있는 개념'이다. 따라서 와이츠의 이론은 현대와 미래의 예술의 새로운 변화를 유용하게 설명할 수 있다.

대표기출유형 04 | 기출응용문제

01
정답 ②

첫 번째 문단에서는 높아지는 의료보장제도의 필요성에 대해 언급하고 있으며, 두 번째 문단과 세 번째 문단에서는 의료보장제도의 개념에 대하여 이야기하고 있다. 마지막 문단에서는 이러한 의료보장제도의 유형으로 의료보험 방식과 국가보건서비스 방식에 대해 설명하고 있다. 따라서 글의 제목으로 가장 적절한 것은 각 문단의 중심 내용을 포괄할 수 있는 ②이다.

02
정답 ⑤

제시문에서는 우리 민족과 함께해 온 김치의 역사를 비롯하여 김치의 특징과 다양성 등을 이야기하고 있다. 또한 복합 산업으로 발전하면서 규모가 성장하고 있는 김치 산업에 관해서도 이야기하고 있다. 따라서 글 전체의 내용을 아우를 수 있는 글의 제목으로 가장 적절한 것은 ⑤이다.

① · ④ 첫 번째 문단이나 두 번째 문단의 소제목은 될 수 있으나, 글 전체 내용을 나타내는 글의 제목으로는 적절하지 않다.
② 세 번째 문단에서 김치산업에 관한 내용을 언급하고 있지만, 이는 현재 김치산업의 시장 규모에 대한 내용일 뿐이므로 산업의
　활성화 방안과는 거리가 멀다.
③ 제시문과 관련이 없다.

03

정답 ④

제시문의 첫 문단에서 위계화의 개념을 설명하고, 이러한 불평등의 원인과 구조에 대해 살펴보고 있다. 따라서 글의 제목으로 가장
적절한 것은 ④이다.

04

정답 ①

제시문은 유전자 치료를 위해 프로브와 겔 전기영동법을 통해 비정상적인 유전자를 찾아내는 방법을 설명하고 있다. 따라서 글의
제목으로 가장 적절한 것은 ①이다.

05

정답 ⑤

제시문은 부모 사망 시 장애인 자녀의 안정적인 생활을 위해 가입할 수 있는 보험과 그와 관련된 세금 혜택, 그리고 부모 및 그
밖의 가족들의 재산 증여 시 받을 수 있는 세금 혜택에 대해 다루고 있다. 따라서 제시문의 제목으로 ⑤가 가장 적절하다.

① 제시문은 부모 사망 시 장애인 자녀가 직면한 상속의 어려움에 대해 언급하고 있지만, 구체적으로 유산 상속 과정을 다루고
　있지는 않다.
② 제시문은 부모 사망 시 장애인 자녀가 받을 수 있는 세금 혜택을 다루고는 있으나, 단순히 '혜택'이라고 명시하기에는 포괄적이므
　로 적절하지 않다.
③ 제시문은 부모 사망 시 장애인 자녀가 직면한 상속의 어려움과 생활 안정 방안에 대해 다루고 있으므로 '사회적 문제'는 제시문의
　전체적인 제목으로 보기에는 적절하지 않다.
④ 제시문은 부모 사망 시 장애인 자녀가 받는 보험 혜택과 증여세 혜택보다는, 수령하는 보험금에 있어서의 세금 혜택과 보험금을
　어떻게 수령하여야 장애인 자녀의 생활 안정에 유리한지, 또 상속세 및 증여세법에 의해 받는 세금 혜택이 무엇인지에 대해
　다루고 있으므로 글의 내용 전체를 담고 있지 않아 제시문의 제목으로 적절하지 않다.

06

정답 ③

첫 번째 문단에서는 하천의 과도한 영양분이 플랑크톤을 증식시켜 물고기의 생존을 위협한다고 이야기하며, 두 번째 문단에서는
이러한 녹조 현상이 우리가 먹는 물의 안전까지도 위협한다고 이야기한다. 마지막 세 번째 문단에서는 생활 속 작은 실천을 통해
생태계와 인간의 안전을 위협하는 녹조를 예방해야 한다고 이야기하므로 글의 제목으로는 ③이 가장 적절하다.

07

정답 ⑤

제시문은 미세먼지 특별법 제정과 시행 내용에 대해 설명하고 있다. 따라서 ⑤가 글의 주제로 가장 적절하다.

08

정답 ⑤

제시문은 1948년에 제정된 대한민국 헌법에 드러난 공화제적 원리는 1948년에 이르러 갑자기 등장한 것이 아니라 이미 19세기
후반부터 표명되고 있었다고 말하면서 구체적인 예로, 1885년 『한성주보』와 1898년 만민 공동회, 독립협회의 『헌의 6조』에서
공화주의 원리를 찾아볼 수 있다고 하였다. 따라서 제시문의 중심 내용은 ⑤이다.

09

제시문은 한국인 하루 평균 수면 시간과 수면의 질에 대한 글로, 짧은 수면 시간으로 현대인 대부분이 수면 부족에 시달리며, 낮은 수면의 질로 다양한 합병증이 발생할 수 있음을 설명하고 있다. 그러나 '수면 마취제의 부작용'에 대한 내용은 언급되어 있지 않으므로 ②는 글의 주제로 적절하지 않다.

대표기출유형 05   기출응용문제

01

정답 ⑤

'Ⅱ - 나'는 악성 댓글 해소 방안보다는 원인으로 적절하며, ⑩은 이러한 원인에 대한 해소 방안으로 적절하다. 따라서 서로 위치를 바꾸는 것은 적절하지 않다.

02

정답 ④

'Ⅲ. 끝'을 통해 글의 주제는 도시 광산의 활성화를 위해서는 폐전자제품 수거에 대한 관심이 필요하다는 관점에 있음을 알 수 있다. 따라서 ㉢은 'Ⅱ - 2.'의 하위 항목으로 옮기는 것이 아니라 삭제하는 것이 적절하다.

03

정답 ④

'Ⅱ - 1'에서는 청소년 참여 활동의 참여율이 저조한 원인을, 'Ⅱ - 2'에서는 청소년 참여 활동의 참여율을 높이기 위한 방안을 원인에 대한 해결 방향으로 제시하고 있다. 따라서 빈칸에는 글의 논리적 흐름에 따라 'Ⅱ - 1 - 다'와 연결하여, 청소년의 관심을 끌 수 있는 방안을 제시하는 내용의 ④가 들어가는 것이 가장 적절하다.

04

정답 ④

'Ⅱ - 2 - (1)'은 국내에 있는 외국인 노동자가 국내 문화에 적응을 하지 못하고 있다는 점을 지적하고 있다. 따라서 ㉢에는 국내 외국인 노동자가 국내 문화에 잘 적응할 수 있도록 하는 방안이 제시되어야 한다.

05

정답 ②

정부나 지자체의 지난 관광 정책이 중요한 것이 아니라, 현재 국내여행 정책을 조사하고 분석해서 국내여행을 활성화할 수 있는 방안을 마련해야 한다.

오답분석
① 외국의 여행 정책의 특성을 파악해서 국내여행 정책과 비교하면 더 나은 방안을 찾을 수 있다.
③ 국내 관광객 수를 파악하는 것은 기본적인 방법이다.
④ 국내여행과 해외여행의 목적을 분석하면 정책에서 어떤 부분에 역점을 두어야 하는지 파악할 수 있다.
⑤ 관련 기관의 의견을 수렴함으로써 국내여행 활성화 방안을 세울 수 있다.

06

정답 ④

'Ⅱ. 전통 시장 쇠퇴의 원인'을 바탕으로 전통 시장의 활성화 방안을 찾아볼 수 있다. ④는 'Ⅱ'에서 제시한 요인들과는 관련이 없으므로 빈칸에 들어갈 내용으로 적절하지 않다.

07

ⓒ은 '2. 우리말의 오용 원인' 중 '(2) 사회적 측면'의 하위 항목이므로 대중매체에서 잘못 사용되고 있는 우리말의 사례를 활용해야 한다. ③은 우리말이 잘못 사용되고 있는 사례로 보기 어려우므로 활용 방안으로 적절하지 않다.

08

정답 ②

'1. 서론'과 '2. 본론'의 '(1)・(2)・(3)'을 통해 글의 핵심 내용이 '우리나라는 기부 문화가 활성화되지 않았으므로 해결 대책을 마련해 기부 문화를 활성화하자.'는 것임을 알 수 있다. 이러한 핵심 내용을 가장 잘 반영한 것은 ②이다.

오답분석

① '2. − (1) − 나.'의 '기부금에 대한 세제 혜택 미비'에 대한 해결책일 뿐이다.
③ '2. − (1) − 가.'의 '사회적 약자에 대한 배려 부족'에서 언급할 수 있는 내용일 뿐이며, 결론으로서 전체 내용을 포괄하지 못한다.
④ 기업의 기부금 감소는 '1. 서론'에서 지적할 수 있는 문제이며, '2. − (2)'에서 이에 대한 해결책을 제시할 수 있으나 결론이 되기에는 지엽적이다.
⑤ '2. − (1) − 가.'의 기부에 대한 인식 부족'에서 잘못된 기부 문화 의식을 지적할 때 활용할 수 있으나, 주제를 아우르지 못한다.

09

정답 ⑤

1인 가구들이 주택을 계약하는 과정에서 어려움을 겪은 인터뷰 내용은 결론보다 서론의 주거지원 정책의 필요성에 추가하는 것이 적절하다.

대표기출유형 06 　기출응용문제

01

정답 ③

제시문의 내용에 따르면 공교육에서는 학생들의 실력 차이를 모두 고려할 수 없다. 따라서 '한꺼번에'로 수정하는 것이 적절하다.

02

정답 ⑤

ⓜ의 앞뒤 내용을 살펴보면 유행은 취미와 아주 밀접하게 결부된 현상이지만, 서로 다른 특징을 가진다고 했다. 따라서 역접 기능의 접속어 '그러나'가 오는 것이 적절하다.

03

정답 ③

'펴다'는 '굽은 것을 곧게 하다. 또는 움츠리거나 구부리거나 오므라든 것을 벌리다.'의 의미를 지닌 타동사이다. 반면 '피다'는 '꽃봉오리 따위가 벌어지다.' 등의 의미를 지닌 자동사이다. 따라서 ⓒ에는 '펴고'가 적절하다.

04

정답 ④

주제와 글의 흐름을 고려해 ⓔ에서 생략된 내용을 유추해 보면 빛 공해의 심각성을 분명히 느낀다는 내용이 오는 것이 적절하다.

오답분석

① ㉠의 '다녀오다'는 '−에, −을'과 어울려 어느 곳에 갔다가 돌아오다는 뜻으로 '용언＋오다' 형태의 통사적 합성어이다. 한 단어이므로 붙여 쓴다.
② ㉡의 '걸맞다'는 형용사이며, 형용사는 '아름답는'의 경우처럼 현재 시제를 나타내는 어미 '−는'을 붙일 수 없다. 형용사의 어간에 붙어 현재의 상태를 나타내는 관형사형 전성 어미는 '−은'이므로 '걸맞은'으로 수정해야 한다.

10 ・ 롯데그룹 L−TAB

③ ⓒ의 앞에서는 빛 공해의 정의를 제시하고, ⓒ은 이러한 정의에 대한 예시이므로 두 문장을 하나의 문단으로 연결한다.
⑤ ⑩의 '제기하다'의 사전적 의미는 '의견이나 문제를 내어놓다.', '소송을 일으키다.'이므로 '표어를'이라는 목적어와 문맥상 어울리지 않는다.

05

'유발하다'는 '어떤 것이 다른 일을 일어나게 하다.'의 의미를 지닌 단어로, 이미 사동의 의미를 지니고 있다. 따라서 사동 접미사 '-시키다'와 결합하지 않고 ⓐ과 같이 사용할 수 있다.

06

재산이 많은 사람은 약간의 세율 변동에도 큰 영향을 받는다. 그러므로 '영향이 크기 때문에'로 수정하는 것이 적절하다.

07

한글 맞춤법에 따르면 모음이나 'ㄴ' 받침 뒤에 이어지는 '률'은 '율'로 적어야 한다. 따라서 ⓐ은 '범죄율'이 올바른 표기이다.

08

'-로써'는 어떤 일의 수단이나 도구를 나타내는 격조사이며, '-로서'는 지위나 신분 또는 자격을 나타내는 격조사이다. 서비스 이용자의 증가가 오투오 서비스 운영 업체에 많은 수익을 내도록 한 수단이 되므로 ⓛ에는 '증가함으로써'가 적절하다.

09

한글 맞춤법 규정에 따르면 '초점(焦點)'의 경우 고유어가 들어 있지 않으므로 사이시옷이 들어가지 않는다. 따라서 '초점'이 옳은 표기이다.

대표기출유형 07   기출응용문제

01

'과녁에 화살을 맞추다.'를 '과녁에 화살을 맞히다.'로 수정해야 옳다.
• 맞히다 : 문제에 대한 답을 틀리지 않게 하다. 쏘거나 던지거나 하여 한 물체가 어떤 물체에 닿게 하다.
• 맞추다 : 서로 떨어져 있는 부분을 제자리에 맞게 대어 붙이거나 서로 어긋남이 없이 조화를 이루다.

02

오답분석
① '~문학을 즐길 예술적 본능을 지닌다.'의 주어가 생략되었다.
② '그는'이 중복되었다.
③ '~시작되었다.'의 주어가 생략되었다.
⑤ '전망'은 동작성 명사이므로, '~ㄹ 것으로 전망됩니다.'처럼 쓰여야 한다.

03

- 안은 → 않은
- 며녁 → 면역
- 항채 → 항체
- 보유률 → 보유율

04

- 1. 계관시간 ~ : 계관 → 개관
- 매주 일요일, 공유일, ~ : 공유일 → 공휴일
- 음식물을 바납하지 ~ : 바납 → 반입
- 문화유산이니 홰손하지 ~ : 홰손 → 훼손

05

「한글맞춤법 제4장 제4절 제30항」은 다음과 같다.
사이시옷은 다음과 같은 경우에 받치어 적는다.
1. 순 우리말로 된 합성어로서 앞말이 모음으로 끝난 경우
   (1) 뒷말의 첫소리 된소리로 나는 것
      예 바닷가, 쳇바퀴, 나뭇가지
   (2) 뒷말의 첫소리 'ㄴ, ㅁ' 앞에서 'ㄴ' 소리가 덧나는 것
      예 잇몸, 멧나물, 아랫마을
   (3) 뒷말의 첫소리 모음 앞에서 'ㄴㄴ' 소리가 덧나는 것
      예 깻잎, 베갯잇, 도리깻열
2. 순 우리말과 한자어로 된 합성어로서 앞말이 모음으로 끝난 경우
   (1) 뒷말의 첫소리 된소리로 나는 것
      예 샛강, 탯줄, 전셋집
   (2) 뒷말의 첫소리 'ㄴ, ㅁ' 앞에서 'ㄴ' 소리가 덧나는 것
      예 곗날, 양칫물, 제삿날
   (3) 뒷말의 첫소리 모음 앞에서 'ㄴㄴ' 소리가 덧나는 것
      예 예삿일, 가욋일, 사삿일
3. 두 음절로 된 다음 한자어
      예 곳간(庫間), 셋방(貰房), 숫자(數字), 찻간(車間), 툇간(退間), 횟수(回數)
따라서 ㄷ, ㅁ의 쓰임이 적절하지 않다.

06

'투영하다'는 '어떤 상황이나 자극에 대한 해석, 판단, 표현 따위에 심리 상태나 성격을 반영하다.'의 의미로, '투영하지'가 적절한 표기이다.

[오답분석]

① 문맥상 '(내가) 일을 시작하다.'의 관형절로 '시작한'으로 수정해야 한다.
② '못' 부정문은 주체의 능력을 부정하는 데 사용된다. 문맥상 단순 부정의 '안' 부정문이 사용되어야 하므로 '않았다'로 수정해야 한다.
③ '안건을 결재하여 허가함'의 의미를 지닌 '재가'로 수정해야 한다.
⑤ '칠칠하다'는 '성질이나 일 처리가 반듯하고 야무지다.'는 의미를 가지므로 문맥상 '칠칠하다'의 부정적 표현인 '칠칠하지 못한'으로 수정해야 한다.

07

정답 ①

'데'는 '장소'를 의미하는 의존명사이므로 띄어 쓴다.

[오답분석]

② 목포간에 → 목포 간에 : '간'은 '한 대상에서 다른 대상까지의 사이'를 의미하는 의존명사이므로 띄어 쓴다.

③ 있는만큼만 → 있는 만큼만 : '만큼'은 '정도'를 의미하는 의존명사이므로 띄어 쓴다.

④ 같은 데 → 같은데 : '데'가 연결형 어미일 때는 붙여 쓴다.

⑤ 떠난지가 → 떠난 지가 : '지'는 '어떤 일이 있었던 때로부터 지금까지의 동안'을 나타내는 의존명사이므로 띄어 쓴다.

08

정답 ①

[오답분석]

② 은익한 → 은닉한

③ 남존녀비 → 남존여비

④ 잎 → 닢

⑤ 년도 → 연도

09

정답 ②

문맥상 빈칸에는 부조화된 인지상태를 조화된 상태로 바꾼다는 뜻의 단어가 들어가야 하므로, '기존의 것을 다른 방향이나 다른 상태로 바꿈'을 뜻하는 '전환(轉換)'이 가장 적절하다.

[오답분석]

① 전이(轉移) : 자리나 위치 등을 다른 곳으로 옮김

③ 변환(變換) : 다르게 하여 바꿈

④ 이양(移讓) : 다른 사람에게 넘겨줌

⑤ 양여(讓與) : 자신의 소유를 남에게 건네줌

10

정답 ③

• 표제(標題) : 작품의 겉에 쓰는 그 작품의 이름

• 좌목(座目) : 자리의 차례를 적은 목록

• 발문(跋文) : 작품의 끝에 본문 내용의 대강(大綱)이나 간행 경위에 관한 사항을 간략하게 적은 글

11

정답 ③

ⓒ에는 관심이나 영향이 미치지 못하는 범위를 비유적으로 이르는 말인 '사각(死角)'이 사용되어야 한다.

• 사각(四角) : 네 개의 각으로 이루어진 모양. 또는 그런 도형

[오답분석]

① 창안(創案) : 어떤 방안, 물건 따위를 처음으로 생각하여 냄. 또는 그런 생각이나 방안

② 판정(判定) : 판별하여 결정함

④ 종사(從事) : 어떤 일을 일삼아서 함

⑤ 밀집(密集) : 빈틈없이 빽빽하게 모임

01

'비가 온다.'를 A, '산책을 나간다.'를 B, '공원에 들린다.'를 C라고 하면, 첫 번째 명제는 ~A → B, 두 번째 명제는 ~C → ~B이다. 두 번째 명제의 대우는 B → C이므로 삼단논법에 의해 ~A → B → C가 성립하여 결론은 ~A → C나 ~C → A이다. 따라서 빈칸에 들어갈 내용으로 적절한 것은 '공원에 들리지 않으면 비가 온 것이다.'이다.

02

'저녁에 일찍 잔다.'를 A, '상쾌하게 일어난다.'를 B, '자기 전 휴대폰을 본다.'를 C라고 하면 첫 번째 명제는은 A → B, 결론은 C → ~A이다. 첫 번째 명제의 대우가 ~B → ~A이므로 C → ~B → ~A가 성립하기 위한 두 번째 명제는 C → ~B나 B → ~C이다. 따라서 빈칸에 들어갈 내용으로 적절한 것은 '자기 전 휴대폰을 보면 상쾌하게 일어날 수 없다.'이다.

03

'환율이 하락한다.'를 A, '수출이 감소한다.'를 B, 'GDP가 감소한다.'를 C, '국가 경쟁력이 떨어진다.'를 D라고 했을 때, 첫 번째 명제는 A → D, 세 번째 명제는 B → C, 네 번째 명제는 B → D이므로 마지막 명제가 참이 되려면 C → A라는 명제가 필요하다. 따라서 빈칸에 들어갈 내용으로 적절한 것은 C → A의 대우 명제인 '환율이 상승하면 GDP가 증가한다.'이다.

04

'등산을 하는 사람'을 A, '심폐지구력이 좋은 사람'을 B, '마라톤 대회에 출전하는 사람'을 C, '자전거를 타는 사람'을 D라고 하면, 첫 번째 명제와 세 번째 명제, 네 번째 명제는 다음과 같은 벤 다이어그램으로 나타낼 수 있다.

1) 첫 번째 명제   2) 세 번째 명제   3) 네 번째 명제

이를 정리하면 다음과 같은 벤 다이어그램이 성립한다.

따라서 반드시 참인 명제는 '심폐지구력이 좋은 어떤 사람은 등산을 하고 자전거도 탄다.'의 ④이다.

[오답분석]
두 번째 명제를 벤 다이어그램으로 나타내면 다음과 같으며, C와 A · D가 공통되는 부분이 있는지 여부에 따라 반례를 찾아 답을 지워나가야 한다.

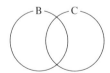

① C와 A가 공통되는 부분이 없는 다음과 같은 경우 성립하지 않는다.

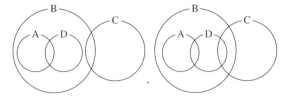

② C와 D가 공통되는 부분이 없는 다음과 같은 경우 성립하지 않는다.

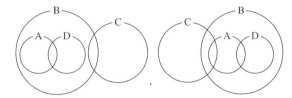

③ 다음과 같은 경우 성립하지 않는다.

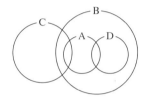

⑤ 다음과 같은 경우 성립하지 않는다.

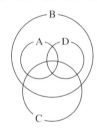

05
정답 ②

어떤 꽃은 향기롭고, 향기로운 꽃은 주위에 나비가 많고, 나비가 많은 꽃은 아카시아이다. 따라서 어떤 꽃은 아카시아이다.

06
정답 ②

모든 공원은 분위기가 있고, 서울에 있는 어떤 공원은 사람이 많지 않다. 따라서 서울에 있는 어떤 공원은 분위기가 있으면서 사람이 많지 않다.

07
정답 ②

여름은 겨울보다 비가 많이 내림 → 비가 많이 내리면 습도가 높음 → 습도가 높으면 먼지와 정전기가 잘 일어나지 않음
비가 많이 내리면 습도가 높고, 습도가 높으면 먼지가 잘 나지 않는다. 따라서 비가 많이 오지 않는 겨울이 여름보다 먼지가 잘 난다.

오답분석
④ 1번째 명제와 4번째 명제로 추론할 수 있다.
⑤ 4번째 명제의 대우와 1번째 명제로 추론할 수 있다.

08

적극적인 사람은 활동량이 많으며, 활동량이 많을수록 잘 다치고 면역력이 강화된다. 활동량이 많지 않은 사람은 적극적이지 않은 사람이며, 적극적이지 않은 사람은 영양제를 챙겨먹는다. 영양제를 챙겨먹으면 면역력이 강화되는지는 알 수 없다.

오답분석

① 1번째 명제와 2번째 명제 대우를 통해 추론할 수 있다.
② 1번째 명제와 3번째 명제를 통해 추론할 수 있다.
③ 2번째 명제, 1번째 명제 대우, 4번째 명제를 통해 추론할 수 있다.
⑤ 1번째 명제 대우와 2번째 명제를 통해 추론할 수 있다.

09

정답 ③

운동을 좋아하는 사람은 담배를 좋아하지 않고, 담배를 좋아하지 않는 사람은 커피를 좋아하지 않으며, 커피를 좋아하지 않는 사람은 주스를 좋아한다. 그리고 과일을 좋아하는 사람은 커피를 좋아하지 않는데, 담배를 좋아하는지는 알 수 없다.

오답분석

① 1번째 명제와 2번째 명제의 대우로 추론할 수 있다.
② 3번째 명제의 대우와 2번째 명제로 추론할 수 있다.
④ 1번째 명제, 2번째 명제 대우, 3번째 명제로 추론할 수 있다.
⑤ 4번째 명제와 3번째 명제로 추론할 수 있다.

10

정답 ④

'커피를 좋아한다'를 A, '홍차를 좋아한다'를 B, '탄산수를 좋아한다'를 C, '우유를 좋아한다'를 D, '녹차를 좋아한다'를 E라고 하면 'A → ~B → ~E → C'와 '~C → D'가 성립한다. 이때 'C → B'인지는 알 수 없다.

대표기출유형 09 | 기출응용문제

01

정답 ⑤

C를 4번 자리에 고정시키고, 그 다음 E와 D를 기준으로 표를 그려보면 다음과 같다.

구분	1	2	3	4	5	6
경우 1	D	F	B	C	E	A
경우 2	D	B	F	C	E	A
경우 3	A	D	F	C	B	E
경우 4	B	D	F	C	A	E

따라서 E는 항상 C보다 오른쪽에 앉아 있다.

02

정답 ③

ⅰ) 월요일에 진료를 하는 경우 첫 번째 명제에 의해 수요일에 진료를 하지 않는다. 그러면 네 번째 명제에 의해 금요일에 진료를 한다. 또한 세 번째 명제의 대우에 의해 화요일에 진료를 하지 않는다. 따라서 월요일, 금요일에 진료를 한다.
ⅱ) 월요일에 진료를 하지 않는 경우 두 번째 명제에 의해 화요일에 진료를 한다. 그러면 세 번째 명제에 의해 금요일에 진료를 하지 않는다. 또한 네 번째 명제의 대우에 의해 수요일에 진료를 한다. 따라서 화요일, 수요일에 진료를 한다.

16 · 롯데그룹 L-TAB

03

주어진 조건을 통해 다음과 같은 표를 만들 수 있다.

구분	영어	불어	독어	일어
정희		○ / ×	○ / ×	○
철수		○ / ×	○ / ×	○
순이	○			
영희		○	○	○
인원(8명 이상)	1명	2명	2명 이상	3명

6번째, 7번째 조건에 따라 순이가 배우는 언어는 정희, 철수, 영희와 겹치지 않으므로 순이는 영어를 배운다. 다음으로 일어는 3명이 배워야 하므로 정희, 철수, 영희가 배운다. 마지막으로 정희가 배우면 영희도 무조건 배워야 하는데, 불어는 2명, 독어는 2명 이상이 배워야 하므로 영희와 정희가 모두 배우거나, 영희는 배우고 정희는 배우지 않는다. 따라서 영희는 반드시 불어, 독어, 일어를 배운다.

04

제주는 수·목·금요일과 일요일에 원정 경기를 할 수 있다.

[오답분석]

② 제주가 수요일에 홈경기가 있든 원정 경기가 있든 화요일이 홈경기이기 때문에 목요일은 반드시 쉬어야 한다.

③ ②와 마찬가지로 토요일에 서울이 홈경기를 하기 때문에 일요일에 경기를 한다면 반드시 쉬어야 한다.

④ 전북이 목요일에 경기를 한다면 울산과 홈경기를 하고, 울산은 원정 경기이므로 금요일에 쉬게 된다. 따라서 금요일에 경기가 있다면 서울과 제주의 경기가 된다.

⑤ 울산이 금요일에 홈경기를 하면, 상대팀은 원정 경기를 하게 된다. 따라서 토요일에 경기가 있는 전북과 서울은 경기를 할 수 없으므로 제주와의 경기가 된다.

05

C는 3층에 내렸으므로 다섯 번째 조건에 의해 B는 6층, F는 7층에 내린 것을 알 수 있다. 네 번째 조건에서 G는 C보다 늦게, B보다 빨리 내렸다고 하였으므로 G는 4층 또는 5층에 내렸다. 그리고 I는 D보다 늦게, G보다는 일찍 내렸으며, D는 A보다 늦게 내렸으므로 A는 1층, D는 2층, I는 4층이 된다. 따라서 G는 5층에서 내렸다. 두 번째 조건에 의해 H는 홀수 층에서 내렸으므로 H는 9층, E는 8층에서 내렸다. 따라서 짝수 층에서 내리지 않은 사람은 G이다.

06

첫 번째 조건과 두 번째 조건에 따라 물리학과 학생은 흰색만 좋아하는 것을 알 수 있으며, 세 번째 조건과 네 번째 조건에 따라 지리학과 학생은 흰색과 빨간색만 좋아하는 것을 알 수 있다. 전공별로 좋아하는 색을 정리하면 다음과 같다.

경제학과	물리학과	통계학과	지리학과
검은색, 빨간색	흰색	빨간색	흰색, 빨간색

이때 검은색을 좋아하는 학과는 경제학과뿐이므로 C가 경제학과임을 알 수 있으며, 빨간색을 좋아하지 않는 학과는 물리학과뿐이므로 B가 물리학과임을 알 수 있다. 따라서 항상 참이 되는 것은 ②이다.

[오답분석]

① A는 통계학과이거나 지리학과이다.

③ C는 경제학과이다.

④ D는 통계학과이거나 지리학과이다.

⑤ C는 빨간색을 좋아하지만 B는 흰색을 좋아한다.

07

먼저 첫 번째 조건과 두 번째 조건에 따라 6명의 신입사원을 부서별로 1명, 2명, 3명으로 나누어 배치한다. 이때 세 번째 조건에 따라 기획부에 3명, 구매부에 1명이 배치되므로 인사부에는 2명의 신입사원이 배치된다. 또한 1명이 배치되는 구매부에는 마지막 조건에 따라 여자 신입사원이 배치될 수 없으므로 반드시 1명의 남자 신입사원이 배치된다. 남은 5명의 신입사원을 기획부와 인사부에 배치하는 방법은 다음과 같다.

구분	기획부(3명)	인사부(2명)	구매부(1명)
경우 1	남자 1명, 여자 2명	남자 2명	남자 1명
경우 2	남자 2명, 여자 1명	남자 1명, 여자 1명	

경우 1에서는 인사부에 남자 신입사원만 배치되므로 '인사부에는 반드시 여자 신입사원이 배치된다.'의 ④는 옳지 않다.

08

D는 102동 또는 104동에 살며, A와 B가 서로 인접한 동에 살고 있으므로 E는 101동 또는 105동에 산다. 이를 통해 101동부터 (A, B, C, D, E), (B, A, C, D, E), (E, D, C, A, B), (E, D, C, B, A) 순서대로 사는 네 가지 경우를 추론할 수 있다. 따라서 'A가 102동에 산다면 E는 105동에 산다.'는 반드시 참이 된다.

대표기출유형 10　기출응용문제

01

A ~ E의 진술에 따르면 B와 D의 진술은 반드시 동시에 참 또는 거짓이 되어야 하며, B와 E의 진술은 동시에 참이나 거짓이 될 수 없다.

ⅰ) B와 D의 진술이 거짓인 경우
　A와 C의 진술이 서로 모순되므로 성립하지 않는다.

ⅱ) A와 E의 진술이 거짓인 경우
　A의 진술에 따르면 E의 진술은 참이 된다. 이때 E의 진술에 따르면 B와 D도 거짓말을 한 것이므로 총 4명이 거짓을 말한 것이 된다. 따라서 조건이 성립하지 않는다.

ⅲ) C와 E의 진술이 거짓인 경우
　A ~ E의 진술에 따라 정리하면 다음과 같다.

구분	필기구	의자	복사용지	사무용 전자제품
신청 사원	A, D	C		D

의자를 신청한 사원의 수는 3명이므로 필기구와 사무용 전자제품 2항목을 신청한 D와 의자를 신청하지 않은 B를 제외한 A, E가 의자를 신청했음을 알 수 있다. 또한, 복사용지를 신청하지 않았다는 E의 진술에 따라 E가 신청한 나머지 항목은 사무용 전자제품이 된다. 남은 항목의 개수에 따라 신청 사원을 배치하면 다음과 같이 정리할 수 있다.

구분	필기구	의자	복사용지	사무용 전자제품
신청 사원	A, D	A, C, E	B, C	B, D, E

따라서 신청 사원과 신청 물품이 바르게 연결된 것은 ②이다.

02

ⅰ) C가 참이면 D도 참이므로 C, D는 모두 참을 말하거나 모두 거짓을 말한다. 그런데 A와 E의 진술이 서로 상반되므로 둘 중에 1명의 진술은 참이고 다른 1명의 진술은 거짓이다. 만약 C, D가 모두 참이면 참을 말한 사람이 적어도 3명이 되므로 2명만 참을 말한다는 조건에 맞지 않는다. 따라서 C, D는 모두 거짓을 말한다.

ⅱ) ⅰ)에서 C와 D가 모두 거짓을 말하고, A와 E 중 1명은 참, 다른 한 명은 거짓을 말한다. 따라서 B는 참을 말한다.

ⅲ) ⅱ)에 따라 A와 B가 참이거나 B와 E가 참이다. 그런데 A는 '나와 E만 범행 현장에 있었다.'라고 했으므로 B의 진술(참)인 '목격자는 2명이다'와 모순된다(목격자가 2명이면 범인을 포함해서 3명이 범행 현장에 있어야 하므로). 또한 A가 참일 경우, A의 진술 중 '나와 E만 범행 현장에 있었다.'는 참이면서 E의 '나는 범행 현장에 있었고'는 거짓이 되므로 모순이 된다.

따라서 B와 E가 참이므로, E의 진술에 따라 A가 범인이다.

03

ⓛ과 ⓔ·ⓢ은 상반되며, ⓒ과 ⓗ·ⓞ·ⓩ 역시 상반된다.

ⅰ) 김대리가 짬뽕을 먹은 경우 : ⓗ, ⓞ, ⓩ 3개의 진술이 참이 되므로 성립하지 않는다.

ⅱ) 박과장이 짬뽕을 먹은 경우 : ⓖ, ⓒ, ⓜ 3개의 진술이 참이 되므로 성립하지 않는다.

ⅲ) 최부장이 짬뽕을 먹은 경우 : 최부장이 짬뽕을 먹었으므로 ⓖ, ⓜ, ⓞ은 반드시 거짓이 된다. 이때, ⓒ은 반드시 참이 되므로 상반되는 ⓗ, ⓩ은 반드시 거짓이 되고, ⓔ, ⓢ 또한 반드시 거짓이 되므로 상반되는 ⓛ이 참이 되는 것을 알 수 있다.

따라서 짬뽕을 먹은 사람은 최부장이고, 참인 진술은 ⓛ·ⓒ이다.

04

먼저 A사원의 말이 거짓이라면 A사원과 D사원 두 명이 3층에서 근무하게 되고, 반대로 D사원의 말이 거짓이라면 3층에는 아무도 근무하지 않게 되므로 조건에 어긋난다. 결국 A사원과 D사원은 진실을 말하고 있음을 알 수 있다. 또한 C사원의 말이 거짓이라면 아무도 홍보팀에 속하지 않으므로 C사원도 진실을 말하고 있음을 알 수 있다. 따라서 거짓말을 하고 있는 사람은 B사원이며, 이때 B사원은 총무팀 소속으로 6층에서 근무하고 있다.

05

먼저 8호 태풍 바비의 이동 경로에 관한 A국과 D국의 예측이 서로 어긋나므로 둘 중 한 국가의 예측만 옳은 것을 알 수 있다.

ⅰ) A국의 예측이 옳은 경우

　A국의 예측에 따라 8호 태풍 바비는 일본에 상륙하고, 9호 태풍 마이삭은 한국에 상륙한다. D국의 예측은 옳지 않으므로 10호 태풍 하이선이 중국에 상륙하지 않을 것이라는 C국의 예측 역시 옳지 않음을 알 수 있다. 따라서 B국의 예측에 따라 10호 태풍 하이선은 중국에 상륙하며, 태풍의 이동 경로를 바르게 예측한 나라는 A국과 B국이다.

ⅱ) D국의 예측이 옳은 경우

　D국의 예측에 따라 10호 태풍 하이선은 중국에 상륙하지 않으며, 8호 태풍 바비가 일본에 상륙한다는 A국의 예측이 옳지 않게 되므로 9호 태풍 마이삭은 한국에 상륙하지 않는다. 따라서 B국이 예측한 결과의 대우인 '태풍 하이선이 중국에 상륙하지 않으면, 9호 태풍 마이삭은 한국에 상륙하지 않는다.'가 성립하므로 B국의 예측 역시 옳은 것을 알 수 있다. 그런데 이때 10호 태풍 하이선은 중국에 상륙하지 않는다는 C국의 예측 역시 성립하므로 두 국가의 예측만이 실제 태풍의 이동 경로와 일치했다는 조건에 어긋난다.

따라서 태풍의 이동 경로를 바르게 예측한 나라는 A국과 B국이다.

06

3명의 진술이 모두 참이라고 할 때, 을과 병의 진술이 모순된다.

ⅰ) 을의 진술이 참인 경우

　병이 범인이고 을은 범인이 아니므로, 갑의 진술은 거짓이다. 따라서 범인은 병과 갑 2명이 된다.

ⅱ) 병의 진술이 참인 경우

　을이 범인이고, 갑의 진술은 참이다. 따라서 범인은 을이다.

문제에서 범인은 1명이라고 했으므로 병의 진술이 참이며, 범인은 을이다.

07

용의자 2명이 진실을 말할 경우는 다음과 같다.

ⅰ) A와 B의 말이 진실일 경우

A는 자신이 범인이 아니라고 했지만, B는 A가 범인이라고 하였으므로 성립되지 않는다.

ⅱ) A와 C의 말이 진실일 경우

A는 범인이 아니며, C의 진술에 따르면 거짓말을 한 사람과 범인은 B가 된다.

ⅲ) B와 C의 말이 진실일 경우

C의 진술에서 B가 거짓말을 하고 있다고 했으므로 둘의 진술은 동시에 진실이 될 수 없다.

따라서 거짓말을 한 사람과 물건을 훔친 범인은 B이다.

08

용의자 1명이 진실을 말할 경우는 다음과 같다.

ⅰ) A의 말이 진실일 경우

B와 C의 말을 모두 거짓으로 가정하면, B는 거짓을 말하고 있는 것인데, 그렇다면 C가 진실을 말하는 것이 되므로 성립되지 않는다.

ⅱ) B의 말이 진실일 경우

B의 말이 진실이므로 범인은 A가 된다. 또한 A와 C의 말이 거짓이므로, A가 범인이 되고 B는 범인이 되지 않는다.

ⅲ) C의 말이 진실일 경우

B의 말이 거짓이 되므로 범인은 A가 아니다. 그러나 자신이 범인이 아니라는 A의 말도 거짓이 되기 때문에 둘의 진술이 동시에 성립될 수 없다.

따라서 거짓말을 한 사람은 A와 C이고, 범인은 A이다.

02 | 수리적 사고

대표기출유형 01 | 기출응용문제

01

정답 ⑤

두 지점 A, B사이의 거리를 $x$km라고 하면 A에서 B로 갈 때 걸리는 시간은 $\dfrac{x}{16}$ 시간, B에서 A로 되돌아올 때 걸리는 시간은

$\dfrac{x}{8}$ 시간이므로 $\dfrac{x}{16} + \dfrac{x}{8} \leq \dfrac{3}{2}$ 이다.

→ $3x \leq 24$

∴ $x \leq 8$

따라서 두 지점 사이의 거리는 최대 8km이어야 한다.

02

정답 ④

B의 속력을 xm/min라고 하자.

서로 반대 방향으로 걸으므로, 한 번 만날 때 두 사람은 연못을 1바퀴 걸은 것이다.

1시간 동안 5번을 만났다면, 두 사람의 이동거리는 $600 \times 5 = 3{,}000$m이다.

$3{,}000 = 60(15 + x)$

→ $60x = 2{,}100$

∴ $x = 35$

따라서 B의 속력은 35m/min이다.

03

정답 ①

철수가 탄 배의 속력을 xm/s라 하자. A에서 B로 갈 때 속력은 $(x+1)$m/s, B에서 A로 갈 때 속력은 $(x-1)$m/s이다.

1시간 6분 40초는 $(1 \times 60 \times 60) + (6 \times 60) + 40 = 4{,}000$초이고, 3km=3,000m이므로 다음과 같은 식이 성립한다.

$\dfrac{3{,}000}{x+1} + \dfrac{3{,}000}{x-1} = 4{,}000$

→ $6{,}000x = 4{,}000(x+1)(x-1)$

→ $3x = 2(x^2 - 1)$

→ $2x^2 - 3x - 2 = 0$

→ $(2x+1)(x-2) = 0$

∴ $x = 2$

따라서 철수가 탄 배의 속력은 2m/s이다.

04

A씨가 오른쪽으로 걷는 속력을 0.8m/s, B씨가 왼쪽으로 걷는 속력을 xm/s라고 하자. 같은 지점에서 반대방향으로 걸어가는 두 사람의 30초 후 거리는 각자 움직인 거리의 합이다. B씨가 무빙워크를 탈 때와 타지 않을 때의 거리를 각각 구하면 다음과 같다.

- B씨가 무빙워크를 탈 때
  $(0.6+0.8) \times 30 + (0.6+x) \times 30 = 42 + 18 + 30x = (60+30x)$m
- B씨가 무빙워크를 타지 않을 때
  $(0.6+0.8) \times 30 + x \times 30 = (42+30x)$m

따라서 B씨가 무빙워크를 탈 때와 타지 않을 때의 거리 차이는 $(60+30x) - (42+30x) = 18$m이다.

05

철수가 출발하고 나서 영희를 따라잡은 시간을 x분이라고 하자.
철수와 영희는 5 : 3 비율의 속력으로 간다고 했으므로 철수의 속력을 $5a$m/분이라고 하면 영희의 속력은 $3a$m/분이다.

→ $5a \times x = 3 \times 30 + 3a \times x$
→ $5ax = 90a + 3ax$
→ $2ax = 90a$
∴ $x = 45$

따라서 철수가 영희를 따라잡은 시간은 45분만이다.

06

기차의 길이를 xm라고 하면 다음과 같은 식이 성립한다.

$$\frac{480+x}{36} = \frac{600+x}{44}$$

→ $11 \times (480+x) = 9 \times (600+x)$
→ $2x = 120$
∴ $x = 60$

따라서 기차의 길이는 60m이므로 기차의 속력은 $\dfrac{480+60}{36} = 15$m/s이다.

다른풀이

기차의 길이는 변하지 않고 같은 속력으로 $600 - 480 = 120$m 더 가는데 $44 - 36 = 8$초 더 걸리므로 속력은 $\dfrac{120}{8} = 15$m/s이다.

07

정환이의 속력을 $x$km/h, 민주의 속력을 $y$km/h라고 하면 다음과 같은 식이 성립한다.

$\dfrac{3}{4}x + \dfrac{3}{4}y = 12 \cdots$ ㉠

$3x = 12 + 3y \cdots$ ㉡

㉠, ㉡을 연립하면 $x = 10$, $y = 6$이다.
따라서 정환이의 속력은 10km/h이다.

08

정답 ③

친척집까지의 거리를 $x$km라고 하면 자전거를 타고 갈 때 걸리는 시간은 $\frac{x}{12}$시간, 걸어갈 때 걸리는 시간은 $\frac{x}{4}$시간이므로 다음과 같은 식이 성립한다.

$\frac{x}{12}+1=\frac{x}{4} \rightarrow 2x=12$

$\therefore x=6$

따라서 친척집과의 거리는 6km이므로 시속 8km의 속력으로 달려간다면 $\left(\frac{6}{8}\text{시간}\right)=45$분이 걸릴 것이다.

09

정답 ①

올라간 거리를 $x$km라고 하면 내려온 거리는 $(x+2)$km이고 올라간 시간과 내려간 시간이 같으므로 다음과 같은 식이 성립한다.

$\frac{x}{4}=\frac{x+2}{6} \rightarrow 3x=2(x+2)$

$\therefore x=4$

따라서 내려올 때 걸린 시간은 $\frac{4+2}{6}=1$시간이다.

10

정답 ①

사이클 구간의 길이를 $x$km, 마라톤 구간의 길이를 $y$km라고 하면 다음과 같은 방정식이 성립한다.

$x+y+1.5=51.5 \cdots \textcircled{\small{ㄱ}}$

$\frac{x}{48}+\frac{y}{15}+\frac{18}{60}=\frac{9}{5} \cdots \textcircled{\small{ㄴ}}$

이를 정리하면 다음과 같다.

$x+y=50 \cdots \textcircled{\small{ㄱ}}'$

$5x+16y=360 \cdots \textcircled{\small{ㄴ}}'$

$\textcircled{\small{ㄴ}}'$에 $\textcircled{\small{ㄱ}}'$을 대입하면 $5(50-y)+16y=360$이므로 $y=10$이다.

따라서 마라톤 구간의 길이는 10km이다.

대표기출유형 02 　기출응용문제

01

정답 ②

• 농도 10% 설탕물에 들어있는 설탕의 양 : $\frac{10}{100}\times480=48$g

• 농도 20% 설탕물에 들어있는 설탕의 양 : $\frac{20}{100}\times120=24$g

• 두 설탕물을 섞었을 때의 농도 : $\frac{48+24}{480+120}\times100=12$%

• 컵으로 퍼낸 설탕의 양은 $\frac{12}{100}x$ (x : 컵으로 퍼낸 설탕물의 양)

컵으로 퍼낸 만큼 물을 부었을 때의 농도는 $\dfrac{(48+24)-\dfrac{12}{100}x}{600-x+x}\times100=11\%$이다.

$$\dfrac{\left(72-\dfrac{12}{100}x\right)\times100}{600}=11\%$$

$\rightarrow 7,200-12x=600\times11$

$\rightarrow 12x=600$

$\therefore x=50$

따라서 컵으로 퍼낸 설탕물의 양은 50g이다.

02

처음 퍼낸 소금물의 양을 xg이라고 하자.

200g의 소금물에서 xg을 퍼낸 후의 소금의 양은 $\dfrac{8}{100}(200-x)$g이므로

$$\dfrac{8}{100}(200-x)+50=\dfrac{24}{100}\times250$$

$\rightarrow 8(200-x)+5,000=6,000$

$\rightarrow 200-x=125$

$\therefore x=75$

따라서 처음 퍼낸 소금물의 양은 75g이다.

03

정답 ③

농도를 알 수 없는 소금물의 농도를 $x\%$라고 하면 다음과 같은 식이 성립한다.

$$\dfrac{13}{100}\times400+\dfrac{7}{100}\times200+\dfrac{x}{100}\times100=\dfrac{22}{100}\times700$$

$\rightarrow 52+14+x=154$

$\therefore x=88$

따라서 농도를 알 수 없는 소금물의 농도는 88%이다.

04

정답 ⑤

처음 소금물의 농도를 $x\%$라 가정하고 소금의 양에 대한 방정식을 세우면 다음과 같다.

$$\dfrac{x}{100}\times160+\dfrac{0}{100}\times40=0.08\times(160+40)$$

$\rightarrow 160x=1,600$

$\therefore x=10$

따라서 물을 넣기 전 처음 소금물의 농도는 10%이다.

05

정답 ②

$a+b=600\cdots\bigcirc$

$\dfrac{4}{100}a+\dfrac{7.75}{100}b=600\times\dfrac{6}{100}=36\cdots\bigcirc$

㉡에 ㉠을 대입하여 정리하면 다음과 같다.

$4a+7.75\times(600-a)=3,600$

$\rightarrow 3.75a=1,050$

$\therefore a=280$

따라서 농도 4% 소금물의 양은 280g이다.

24 · 롯데그룹 L-TAB

06

정답 ③

A소금물에 첨가한 물의 양은 ag, 버린 B소금물의 양은 bg, 늘어난 A소금물과 줄어든 B소금물을 합친 소금물의 양은 500g이다. 또한 농도는 10%라고 하였으므로, 다음 식이 성립한다.

$(200+a)+(300-b)=500 \rightarrow a-b=0 \cdots \bigcirc$

$(200 \times 0.1)+(300-b) \times 0.2=500 \times 0.1$

$\rightarrow 20+60-0.2b=50$

$\rightarrow 0.2b=30$

$\therefore b=150 \cdots \bigcirc$

ⓒ을 ⓒ에 대입하면 $a=150$이므로, A소금물에 첨가한 물의 양은 150g이다.

07

정답 ①

농도가 14%인 A설탕물 300g과 농도가 18%인 B설탕물 200g을 합친 후 100g의 물을 더 넣으면 600g의 설탕물이 되고, 이 설탕물에 녹아있는 설탕의 양은 $300 \times 0.14+200 \times 0.18=78$g이다. 여기에 C설탕물을 합치면 $600+150=750$g의 설탕물이 되고, 이 설탕물에 녹아있는 설탕의 양은 $78+150 \times 0.12=96$g이다.

따라서 마지막 200g에 들어있는 설탕의 질량은 $200 \times \dfrac{96}{750}=200 \times 0.128=25.6$g이다.

08

정답 ⑤

처음 퍼낸 설탕물의 양을 xg이라고 하면, 4% 설탕물의 양은 $400-(300-x)+x=100$g이다.

(설탕의 양)$=\left(\dfrac{농도}{100}\right) \times$(설탕물의 양)이므로 다음과 같은 식이 성립한다.

$\dfrac{8}{100} \times (300-x)+\dfrac{4}{100} \times 100=\dfrac{6}{100} \times 400$

$\rightarrow 2,400-8x+400=2,400$

$\rightarrow 8x=400$

$\therefore x=50$

따라서 처음 퍼낸 설탕물의 양은 50g이다.

09

정답 ⑤

7% 소금물 300g에 들어있는 소금의 양은 $300 \times 0.07=21$g, 4% 소금물 150g에 들어있는 소금의 양은 $150 \times 0.04=6$g이다.

$\dfrac{21+6}{300+150} \times 100=\dfrac{27}{450} \times 100=6$

따라서 두 소금물을 섞으면 6% 소금물 450g이 생성된다. 농도를 반으로 줄이기 위해서는 용액의 양이 두 배가 되어야 하므로 추가로 넣은 물의 양은 450g이다.

10

정답 ③

처음 설탕물의 농도를 x%라 하면, 마지막 설탕물의 농도는 $\dfrac{\dfrac{x}{100} \times 200+5}{200-50+5} \times 100=3x$%이다.

$200x+500=465x$

$\therefore x=\dfrac{100}{53} ≒ 1.9$

따라서 처음 설탕물의 농도는 약 1.9%이다.

01

정답 ①

$15-12=3$L이므로 1분에 3L만큼의 물을 퍼내는 것과 동일하다. 따라서 25분 후에 수조에 남아있는 물의 양은 $100-3\times25=25$L 이다.

02

정답 ③

완성품 1개를 만드는 데 필요한 일의 양을 1이라고 하고, A와 B기계가 x일 만에 완성품을 1개 만들었다고 하면 다음과 같은 식이 성립한다.

• A기계가 하루에 하는 일의 양 : $\dfrac{1}{20}$

• B기계가 하루에 하는 일의 양 : $\dfrac{1}{30}$

$(\dfrac{1}{20}+\dfrac{1}{30})\times x=1$

$\rightarrow \dfrac{5}{60}\times x=1$

$\therefore \ x=12$

따라서 두 기계를 함께 사용하면 12일 만에 완성품 1개를 만들 수 있다.

03

정답 ③

책의 전체 쪽수를 x쪽이라고 하면 다음과 같은 식이 성립한다.

$x-\dfrac{1}{3}x-\dfrac{1}{4}\left(x-\dfrac{1}{3}x\right)-100=92$

$\rightarrow \dfrac{2}{3}x-\dfrac{1}{6}x-100=92$

$\rightarrow \dfrac{1}{2}x=192$

$\therefore \ x=384$

따라서 책의 전체 쪽수는 384쪽이다.

04

정답 ④

(A톱니바퀴의 톱니 수)×(A톱니바퀴의 회전수)=(B톱니바퀴의 톱니 수)×(B톱니바퀴의 회전수)

A톱니바퀴의 톱니 수를 x개, B톱니바퀴의 톱니 수를 $(x-20)$개라고 하면 다음과 같은 식이 성립한다.

$6x=10(x-20)$

$\rightarrow 4x=200$

$\therefore \ x=50$

따라서 A톱니바퀴의 톱니 수는 50개이다.

05

수도 A, B가 1분 동안 채울 수 있는 물의 양은 각각 $\frac{1}{15}$ L, $\frac{1}{20}$ L이다.

그러므로 수도 A, B를 동시에 틀어 놓을 경우 1분 동안 채울 수 있는 물의 양은 $\frac{1}{15}+\frac{1}{20}=\frac{7}{60}$ L이다.

따라서 30분 동안 $\frac{7}{60}\times30=3.5$ L의 물을 받을 수 있고, 3개의 물통을 가득 채울 수 있다.

06

해야 할 일의 양을 1로 설정했을 때, 둘째 날까지 일을 하고 남은 일의 비율은 다음과 같다.

$\frac{2}{3}\times\frac{3}{5}\times100=\frac{2}{5}\times100=40\%$

따라서 셋째 날에 해야 할 일의 양은 전체의 40%이다.

07

작은 톱니바퀴가 x바퀴 돌았다고 하면, 큰 톱니바퀴와 작은 톱니바퀴가 돈 길이는 같으므로 다음과 같은 식이 성립한다.

$27\pi\times10=15\pi\times x$

$\therefore\ x=18$

따라서 작은 톱니바퀴는 분당 18바퀴 돌았다.

08

한 팀이 15분 작업 후 도구 교체에 걸리는 시간이 5분이므로 작업을 새로 시작하는데 걸리는 시간은 20분이다. 다른 한 팀은 30분 작업 후 바로 다른 작업을 시작하므로 작업을 새로 시작하는데 걸리는 시간은 30분이다.

따라서 두 팀은 60분마다 작업을 동시에 시작하므로 오후 1시에 작업을 시작해서 3번째로 동시에 작업을 시작하는 시각은 3시간 후인 오후 4시이다.

09

해당 문제는 모래시계를 뒤집을 수 있다는 점을 파악하여야 한다. 30분을 측정하는 과정은 다음과 같다.

ⅰ) 처음에 두 모래시계를 동시에 사용한다.

ⅱ) 14분짜리 모래시계의 모래가 모두 가라앉았을 때, 14분짜리 모래시계를 뒤집는다.

이때 시간은 14분이 걸렸다.

ⅲ) 22분짜리 모래시계의 모래가 모두 가라앉았을 때, 14분짜리 모래시계를 다시 뒤집는다.

이때 시간은 총 22분이 걸렸으며, 14분짜리 모래시계는 8분만큼의 모래가 밑으로 가라앉았다. 해당 모래시계를 뒤집었기 때문에 이후 14분짜리 모래시계는 8분을 측정하게 된다.

ⅳ) 14분짜리 모래시계의 모래가 모두 가라앉을 때 30분이 된다.

따라서 두 모래시계를 사용하면 정확히 30분을 잴 수 있다.

10

전체 작업량을 1로 둘 때, 6명이 5시간 만에 청소를 완료하므로 직원 1명의 시간당 작업량은 $\frac{1}{30}$ 이다.

따라서 3시간 만에 일을 끝마치기 위한 직원의 수를 x명이라고 하면 다음과 같은 식이 성립한다.

$\frac{x}{30}\times3=1$

$\therefore\ x=10$

따라서 총 10명의 직원이 필요하며, 추가로 필요한 직원의 수는 4명이다.

01

정답 ②

식탁과 의자 2개의 합은 $20+(10\times2)=40$만 원이고 30만 원 이상 구매 시 10% 할인이므로 $40\times0.9=36$만 원이다.
가구를 구매하고 남은 돈은 $50-36=14$만 원이고 장미꽃 한 송이 당 가격이 6,500원이다.
따라서 $14\div0.65=21.53\cdots\cdots$이므로 장미꽃은 21송이를 살 수 있다.

02

정답 ②

42와 54의 최대공약수는 6이므로 가로에는 $2\times(54\div6)=18$그루, 세로에는 $2\times(42\div6)=14$그루를 심어야 한다.
이때 $18+14=32$그루에서 겹치는 꼭짓점의 4그루를 빼야 한다.
따라서 $32-4=28$그루가 필요하다.

03

정답 ②

상반기 남자 직원의 수를 x명, 여자 직원의 수를 y명이라고 하자.
상반기 마케팅부서 직원은 20명이므로 $x+y=20\cdots$㉠이 성립하고,
하반기 인사이동 결과 22명이 되었으므로 $0.8x+1.3y=22\cdots$㉡이 성립한다.
㉠과 ㉡을 연립하면 $x=8$이다.
따라서 상반기 남자 직원 수는 8명이다.

04

정답 ③

상자의 개수를 x개라고 하면 다음과 같은 식이 성립한다.
$6x+4=7(x-3)+1$
$\therefore\ x=24$
즉, 상자의 개수는 24개이고 야구공의 개수는 $6\times24+4=148$개이다.
따라서 상자의 개수와 야구공의 개수의 합은 $24+148=172$개이다.

05

정답 ④

전체 합격자 수가 280명이므로 남학생 합격자는 $280\times\dfrac{5}{7}=200$명, 여학생은 $280-200=80$명이다. 불합격한 남학생과 여학생의
수를 각각 $4a$명, $3a$명이라고 가정하고, 전체 학생 수에 대한 남녀 비례식을 세우면 다음과 같다.
$(200+4a):(80+3a)=3:2$
→ $(200+4a)\times2=(80+3a)\times3$
→ $400+8a=240+9a$
$\therefore\ a=160$
따라서 여학생 지원자는 $80+3\times160=560$명이다.

06

정답 ⑤

A연구소의 남직원은 $20 \times 0.6 = 12$명이므로 A연구소의 여직원은 $20 - 12 = 8$명이다.

B공장의 생산직 남직원 수는 A연구소와 B공장 전체 남직원 수의 40%이므로 A연구소의 남직원 12명은 전체 남직원 수의 60%임을 알 수 있다.

여기서 B공장의 생산직 남직원 수를 x명이라고 하면 다음과 같은 비례식이 성립한다.

$40 : 60 = x : 12$

$\therefore\ x = 8$

따라서 B공장의 생산직 여직원은 $41 - 8 = 33$명이 되므로 A연구소의 여직원과 B공장의 생산직 여직원은 모두 $8 + 33 = 41$명이다.

07

정답 ③

청소년의 영화표 가격은 $12,000 \times 0.7 = 8,400$원이다.

청소년을 x명, 성인을 $(9 - x)$명이라고 하면 다음과 같은 식이 성립한다.

$12,000 \times (9 - x) + 8,400 \times x = 90,000$

$\rightarrow\ -3,600x = -18,000$

$\therefore\ x = 5$

따라서 청소년은 5명이다.

08

정답 ①

작년 남학생 수를 x명, 여학생 수를 $(600 - x)$명이라고 하면, 올해 전체 학생 수에 대해 다음과 같은 식이 성립한다.

$600 \times (1 + 0.04) = x + 36 + (600 - x) \times (1 - 0.05)$

$\rightarrow\ 624 = 0.05x + 606$

$\rightarrow\ 0.05x = 18$

$\therefore\ x = 360$

그러므로 작년 여학생 수는 $600 - 360 = 240$명이다.

따라서 올해 여학생 수는 $240 \times (1 - 0.05) = 228$명이다.

09

정답 ①

입구와 출구가 같고, 둘레의 길이가 456m인 타원 모양의 호수 둘레를 따라 4m 간격으로 일정하게 심어져 있는 가로수는 $456 \div 4 = 114$그루이다. 입구에 심어져 있는 가로수를 기준으로 6m 간격으로 가로수를 옮겨 심으려고 할 때, 4m와 6m의 최소공배수인 12m 간격의 가로수 $456 \div 12 = 38$그루는 그 자리를 유지하게 된다. 호수 둘레를 따라 6m 간격으로 일정하게 가로수를 심을 때 필요한 가로수는 $456 \div 6 = 76$그루이므로 그대로 두는 가로수 38그루를 제외한 $76 - 38 = 38$그루를 새롭게 옮겨 심어야 한다.

10

정답 ③

처음 사탕의 개수를 x개라고 하면 남아있는 사탕의 개수는 다음과 같이 나타낼 수 있다.

- 처음으로 사탕을 먹고 남은 사탕의 개수 : $\left(1 - \dfrac{1}{3}\right)x = \dfrac{2}{3}x$개

- 그다음 날 사탕을 먹고 남은 사탕의 개수 : $\dfrac{2}{3}x \times \left(1 - \dfrac{1}{2}\right) = \dfrac{1}{3}x$개

- 또 그다음 날 사탕을 먹고 남은 사탕의 개수 : $\dfrac{1}{3}x \times \left(1 - \dfrac{1}{4}\right) = \dfrac{1}{4}x$개

마지막으로 남은 사탕의 개수는 18개라고 하였으므로 다음과 같은 방정식이 성립한다.

$$\frac{1}{3}x \times \left(1 - \frac{1}{4}\right) = 18$$

$$\rightarrow \frac{1}{4}x = 18$$

$$\therefore x = 72$$

따라서 처음 사탕 바구니에 들어있던 사탕의 개수는 72개이다.

대표기출유형 05 기출응용문제

01
정답 ③

경서와 민준이가 받은 용돈의 금액을 각각 x원, $2x$원이라 하고, 지출한 금액을 각각 $4y$원, $7y$원이라고 하자.

$x - 4y = 2,000 \cdots \bigcirc$

$2x - 7y = 5,500 \cdots \bigcirc\!\bigcirc$

㉠과 ㉡을 연립하면 $x = 8,000$, $y = 1,500$이다.

따라서 민준이가 받은 용돈은 $2 \times 8,000 = 16,000$원이다.

02
정답 ④

• 정가 : $600 \times (1 + 0.2) = 720$원

• 할인 판매가 : $720 \times (1 - 0.2) = 576$원

손실액은 원가에서 할인 판매가를 뺀 금액이므로 $600 - 576 = 24$원이다.

03
정답 ②

정가의 할인율을 $[(1 - x) \times 100]\%$라고 하자.

• 매출액 : $500 \times 0.7 \times 1.3 \times 1,200 + 500 \times 0.3 \times 1.3 \times x \times 1,200 = 546,000 + 234,000x$원

• 원가 총액 : $1,200 \times 500 = 600,000$원

• 순이익 : $546,000 + 234,000x - 600,000 = 133,200$원 $\rightarrow 234,000x = 187,200$

$\therefore x = 0.8$

따라서 $1 - x = 1 - 0.8 = 0.2$이므로 정가에서 20%를 할인하였고, 원가의 $1.3 \times 0.8 = 1.04$배로 판매하였다.

04
정답 ④

과일 한 상자의 가격을 사과 x원, 배 y원, 딸기 z원이라고 하면 다음과 같은 방정식이 성립한다.

$x = 10,000 \cdots \bigcirc$

$y = 2z \cdots \bigcirc\!\bigcirc$

$x + z = y - 20,000 \cdots \bigcirc\!\bigcirc\!\bigcirc$

㉠, ㉡, ㉢을 연립하면 $10,000 + z = 2z - 20,000$이므로 $z = 30,000$이다.

$\therefore x + y + z = x + 3z = 10,000 + 90,000 = 100,000$

따라서 10명의 동네 주민들에게 선물을 준다고 하였으므로 내야 하는 총금액은 $100,000 \times 10 = 1,000,000$원이다.

05

정답 ①

지난달에는 $\dfrac{3,750,000}{12,500}=300$포대의 쌀을 구매하였으므로 이번 달에 쌀을 구매하는 데 사용한 금액은 $14,000\times300=4,200,000$원이다.

따라서 이번 달의 쌀 구매비용은 지난달보다 $4,200,000-3,750,000=450,000$원 더 증가하였다.

06

정답 ②

자동차를 1일 이용할 경우, 교통비는 $5,000+2,000\times2=9,000$원이므로, 지하철 대신 자동차를 이용할 경우 $6,000$원의 차액이 발생한다. 이번 달과 다음 달의 차이는 프로젝트 기간 5일의 유무이다.

따라서 5일간의 교통비 차액은 이번 달과 다음 달의 교통비 차액인 $5\times6,000=30,000$원이다.

07

정답 ④

케이크 재료비는 $50,000$원이고, 케이크를 50개 만들었을 때 남는 이윤은 $50,000\times0.1\times50=250,000$원이다.

케이크를 20개 만들었을 때의 재료비는 $50,000\times20=1,000,000$원이므로, $\dfrac{1,000,000+250,000}{20}=62,500$원으로 가격을 측정해야 50개를 만들었을 때 남는 이윤과 같은 이윤을 남길 수 있다.

08

정답 ③

• 연필을 낱개로 한 타만큼 사는 데 드는 비용 : $1,000\times12=12,000$원

• 연필 한 타를 사는 비용 : $12,000\times\dfrac{100-20}{100}=9,600$원

$\therefore\ 12,000-9,600=2,400$

따라서 한 타를 사는 것이 낱개로 살 때보다 $2,400$원 더 저렴하다.

09

정답 ④

1급 1명에게 지급할 성과급이 x원이면, 2급 1명에게 지급할 성과급은 $\dfrac{1}{2}x$원이고, 3급 1명에게 지급할 성과급은 $\dfrac{1}{2}x\times\dfrac{2}{3}=\dfrac{1}{3}x$원, 4급 1명에게 지급할 성과급은 $\dfrac{1}{3}x\times\dfrac{3}{4}=\dfrac{1}{4}x$원이다. 이때, 지급 대상자에게 지급할 총성과급에 대한 식은 다음과 같다.

$3x+12\times\dfrac{1}{2}x+18\times\dfrac{1}{3}x+20\times\dfrac{1}{4}x=50,000,000$

$\rightarrow 20x=50,000,000$

$\therefore\ x=2,500,000$

따라서 1급에게 지급되는 성과급은 $3\times2,500,000=7,500,000$원이다.

10

정답 ④

버섯 1봉지 가격을 x원, 두부 한 모를 y원, 대파 한 묶음을 z원이라고 하면 다음과 같은 식이 성립한다.

$x+2y+z+4,200+3,400=12,500\cdots\text{㉠}$

$x+y=3z-300\cdots\text{㉡}$

$x=y+300\cdots\text{㉢}$

ⓒ과 ㉠을 연립하면

$x + 2y + z = 12,500 - 7,600 = 4,900$

→ $y + 300 + 2y + z = 4,900$

→ $3y + z = 4,600 \cdots$ ⓐ

ⓑ과 ⓒ을 연립하면

$x + y = 3z - 300$

→ $y + 300 + y - 3z = -300$

→ $2y - 3z = -600 \cdots$ ⓑ

→ $11y = 13,200$

∴ $y = 1,200$

따라서 두부 한 모의 가격은 1,200원이다.

대표기출유형 06   기출응용문제

01

세 자리 수가 홀수가 되려면 끝자리 숫자가 홀수여야 한다. 홀수는 1, 3, 5, 7, 9로 5개이고, 백의 자리와 십의 자리의 숫자의 경우의 수를 고려한다.

백의 자리에 올 수 있는 숫자는 0을 제외한 8가지, 십의 자리는 0을 포함한 8가지 숫자가 올 수 있다.

따라서 홀수인 세 자리 숫자로는 $8 \times 8 \times 5 = 320$가지가 가능하다.

02

정답 ④

ⅰ) 2명 다 호텔 방을 선택하는 경우 : $_3P_2 = 3 \times 2 = 6$가지

ⅱ) 2명 중 1명만 호텔 방을 선택하는 경우 : 호텔 방을 선택하는 사람은 A, B 2명 중에 1명이고, 1명이 호텔 방을 선택할 수 있는 경우의 수는 3가지이므로 $2 \times 3 = 6$가지

따라서 2명이 호텔 방을 선택하는 경우의 수는 2명 다 선택 안 하는 경우까지 합하여 $6 + 6 + 1 = 13$가지이다.

03

정답 ②

영희는 세 종류의 과일을 주문한다고 하였으며, 그중 감, 귤, 포도, 딸기에 대해서는 최대 두 종류의 과일을 주문한다고 하였다. 감, 귤, 포도, 딸기 중에서 과일이 0개, 1개, 2개 선택된다고 하였을 때, 영희는 나머지 과일에서 3개, 2개, 1개를 선택한다.

따라서 영희의 주문에 대한 경우의 수는 $_4C_3 + _4C_2 \times _4C_1 + _4C_1 \times _4C_2 = 52$가지이다.

04

A는 400mg의 카페인 중 200mg의 카페인을 섭취했으므로 200mg의 카페인을 추가로 섭취 가능하다. 따라서 200mg를 넘지 않은 선에서 최소한 1가지 종류의 커피만을 마시는 경우를 포함한 각각의 경우의 수를 계산하면 총 9가지가 존재한다.

인스턴트 커피	핸드드립 커피	총 카페인
4회	0회	$4 \times 50 + 0 \times 75 = 200$mg
3회	0회	$3 \times 50 + 0 \times 75 = 150$mg
2회	1회	$2 \times 50 + 1 \times 75 = 175$mg
2회	0회	$2 \times 50 + 0 \times 75 = 100$mg
1회	2회	$1 \times 50 + 2 \times 75 = 200$mg
1회	1회	$1 \times 50 + 1 \times 75 = 125$mg
1회	0회	$1 \times 50 + 0 \times 75 = 50$mg
0회	2회	$0 \times 50 + 2 \times 75 = 150$mg
0회	1회	$0 \times 50 + 1 \times 75 = 75$mg

05

정답 ⑤

A   B

위의 그림과 같이 8강전 대진표를 살펴보면 결승전은 4명 중에서 1명씩 진출하는 것을 알 수 있다. 결승전 전까지 같은 국가의 선수 대결을 피하기 위해서는 A그룹과 B그룹에 2명의 선수들이 나누어 들어가야 한다.

대진표상 A그룹과 B그룹은 따로 구별이 필요하지 않다. 하지만 2명의 한국 선수가 각 그룹에 들어갔다고 하였을 때, 선수를 기준으로 두 그룹의 구별이 발생한다. 해당 그룹에 각 나머지 나라의 선수들이 배치되는 경우의 수는 $2 \times 2 \times 2 = 8$가지이다.

따라서 분배된 인원들의 경기의 경우의 수를 구하면 $_4C_2 \times _2C_2 \div 2 \times _4C_2 \times _2C_2 \div 2 = 9$이므로 $8 \times 9 = 72$가지이다.

06

정답 ③

대진표를 살펴보면 여섯 팀 중 네 팀은 총 2번 경기하여 결승전에 진출할 수 있지만, 나머지 두 팀은 1번의 경기로 결승전에 진출할 수 있다.

따라서 여섯 팀 중, 네 팀과 두 팀으로 분할한다. 또한 분할된 네 팀은 다시 두 팀으로 나누어지므로 해당 경우의 수를 구한다(단, 네 팀에서 분할된 두 개의 팀은 구분이 필요 없으므로 2를 나눈다).

따라서 $_6C_4 \times _2C_2 \times _4C_2 \times _2C_2 \div 2 = 45$가지이다.

07

정답 ②

총 9장의 손수건을 구매했으므로 B손수건 3장을 제외한 나머지 A, C, D손수건은 각각 $\dfrac{9-3}{3} = 2$장씩 구매하였다. 먼저 3명의 친구들에게 서로 다른 손수건을 3장씩 나눠 줘야 하므로 B손수건을 1장씩 나눠준다. 나머지 A, C, D손수건을 서로 다른 손수건으로 2장씩 나누면 (A, C), (A, D), (C, D)로 묶을 수 있다. 이 세 묶음을 3명에게 나눠주는 방법은 $3! = 3 \times 2 \times 1 = 6$가지가 나온다.

따라서 친구 3명에게 종류가 다른 손수건을 3장씩 나눠주는 경우의 수는 6가지이다.

08

정답 ①

같은 부서 사람이 옆자리로 함께 앉아야 하므로 먼저 부서를 한 묶음으로 생각하고 세 부서를 원탁에 배치하는 경우는 $2!=2$가지이다. 각 부서 사람끼리 자리를 바꾸는 경우의 수는 $2!\times2!\times3!=2\times2\times3\times2=24$가지가 나온다.

따라서 조건에 맞게 7명이 앉을 수 있는 경우의 수는 $2\times24=48$가지이다.

09

정답 ⑤

1부터 40까지의 자연수 중 40의 약수(1, 2, 4, 5, 8, 10, 20, 40)는 8개이고, 3의 배수(3, 6, 9, …, 36, 39)는 13개이다.

따라서 40의 약수 중 3의 배수는 없으므로 구하는 경우의 수는 $8+13=21$가지이다.

10

정답 ⑤

8명이 경기를 하면 4개의 조를 정하는 것과 같다. 1 ~ 4위까지의 선수들을 만나지 않게 하려면 각 조에 1 ~ 4위 선수가 각각 1명씩 배치되어야 한다. 이 선수들을 먼저 배치하고 다른 선수들이 들어가는 경우의 수는 $4!=24$가지이다. 다음으로 만들어진 4개의 조를 2개로 나누는 경우의 수를 구하면 $_4C_2\times_2C_2\times\dfrac{1}{2!}=3$가지이다.

따라서 가능한 대진표의 경우의 수는 $24\times3=72$가지이다.

대표기출유형 07 | 기출응용문제

01

정답 ④

두 수의 곱이 홀수가 되려면 (홀수)×(홀수)여야 하므로 1에서 10까지 적힌 숫자카드를 임의로 2장을 동시에 뽑았을 때, 2장 모두 홀수일 확률을 구해야 한다.

따라서 10장 중 홀수 카드 2개를 뽑을 확률은 $\dfrac{_5C_2}{_{10}C_2}=\dfrac{\frac{5\times4}{2\times1}}{\frac{10\times9}{2\times1}}=\dfrac{5\times4}{10\times9}=\dfrac{2}{9}$ 이다.

02

정답 ③

제품 4개 중 2개를 불량품으로 고르는 경우의 수는 $_4C_2=6$가지이다.

불량품이 들어 있을 확률은 $\dfrac{1}{10}$ 이다.

따라서 임의로 4개의 제품을 택할 때, 2개의 제품이 불량품일 확률은 $_4C_2\times\left(\dfrac{1}{10}\right)^2\times\left(\dfrac{9}{10}\right)^2=\dfrac{486}{10,000}$ 이다.

03

정답 ①

• 5권의 책을 나열하는 경우의 수 : $5!=120$가지
• A와 B 2권의 책이 붙어 있는 경우의 수 : $4!\times2=48$가지

따라서 구하고자 하는 확률은 $\dfrac{48}{120}=\dfrac{2}{5}$ 이다.

04

⑤

- 7명이 조건에 따라서 앉는 경우의 수 : 운전석에 앉을 수 있는 사람은 3명이고 조수석에는 부장이 앉지 않으므로 $3 \times 5 \times 5! = 1,800$ 가지이다.
- A가 부장 옆에 앉지 않을 경우의 수 : 전체 경우의 수에서 부장의 옆에 앉는 경우를 빼면 A가 부장 옆에 앉지 않을 경우의 수가 되므로 먼저 A가 부장 옆에 앉는 경우의 수를 구하면 다음과 같다.

  A가 운전석에 앉거나 조수석에 앉으면 부장은 운전을 하지 못하고 조수석에 앉지 않으므로 부장 옆에 앉지 않을 수 있다. 따라서 A가 부장 옆에 앉을 수 있는 경우는 가운데 줄에서의 2가지 경우와 마지막 줄에서 1가지 경우가 있다. A가 부장 옆에 앉는 경우는 총 3가지이고, 서로 자리를 바꿔서 앉는 경우까지 2×3가지이다. 운전석에는 A를 제외한 2명이 앉을 수 있고, 조수석을 포함한 나머지 네자리에 4명이 앉는 경우의 수는 4!가지이다. 그러므로 A가 부장 옆에 앉는 경우의 수는 $2 \times 3 \times 2 \times 4! = 288$가지이다.

따라서 A가 부장 옆에 앉지 않을 경우의 수는 $1,800 - 228 = 1,512$가지이므로 A가 부장의 옆자리에 앉지 않을 확률은 $\frac{1,512}{1,800} = 0.84$이다.

05

③

- 첫 번째 문제를 맞힐 확률 : $\frac{1}{5}$
- 첫 번째 문제를 틀릴 확률 : $1 - \frac{1}{5} = \frac{4}{5}$
- 두 번째 문제를 맞힐 확률 : $\frac{2}{5} \times \frac{1}{4} = \frac{1}{10}$
- 두 번째 문제를 틀릴 확률 : $1 - \frac{1}{10} = \frac{9}{10}$

따라서 두 문제 중 하나만 맞힐 확률은 $\frac{1}{5} \times \frac{9}{10} + \frac{4}{5} \times \frac{1}{10} = \frac{13}{50} = 26\%$이다.

06

②

토너먼트 방식은 16강, 8강, 4강, 결승으로, 총 4번의 경기를 하게 된다.

따라서 진수네 팀이 우승할 확률은 $\frac{6}{10} \times \frac{6}{10} \times \frac{6}{10} \times \frac{6}{10} = 0.1296 \fallingdotseq 0.13 = 13\%$이다.

07

⑤

- 두 사원이 1 ~ 9층에 내리는 경우의 수 : $9 \times 9 = 81$가지
- A가 1 ~ 9층에 내리는 경우의 수 : 9가지
- B는 A가 내리지 않은 층에서 내려야 하므로 B가 내리는 경우의 수 : 8가지

따라서 서로 다른 층에 내릴 확률은 $\frac{9 \times 8}{81} = \frac{8}{9}$이다.

08

②

A과목과 B과목을 선택한 학생의 비율이 각각 전체의 40%, 60%이고
A과목을 선택한 학생 중 여학생은 30%, B과목을 선택한 학생 중 여학생은 40%이므로
- A과목을 선택한 여학생의 비율 : $0.4 \times 0.3 = 0.12$
- B과목을 선택한 여학생의 비율 : $0.6 \times 0.4 = 0.24$

따라서 구하고자 하는 확률은 $\frac{0.24}{0.12 + 0.24} = \frac{2}{3}$이다.

09

탁구공 12개 중에서 4개를 꺼내는 경우의 수는 $_{12}C_4 = \dfrac{12 \times 11 \times 10 \times 9}{4 \times 3 \times 2 \times 1} = 495$가지이다.

흰색 탁구공이 노란색 탁구공보다 많은 경우는 흰색 탁구공 3개, 노란색 탁구공 1개 또는 흰색 탁구공 4개를 꺼내는 경우이다.

ⅰ) 흰색 탁구공 3개, 노란색 탁구공 1개를 꺼내는 경우의 수

$_7C_3 \times _5C_1 = \dfrac{7 \times 6 \times 5}{3 \times 2 \times 1} \times 5 = 175$가지

ⅱ) 흰색 탁구공 4개를 꺼내는 경우의 수

$_7C_4 = \dfrac{7 \times 6 \times 5 \times 4}{4 \times 3 \times 2 \times 1} = 35$가지

따라서 구하는 확률은 $\dfrac{175 + 35}{495} = \dfrac{210}{495} = \dfrac{14}{33}$이다.

10

서진이와 민진이가 서로 이웃하여 앉을 확률은 $\dfrac{4! \times 2!}{5!} = \dfrac{2}{5}$이다.

따라서 서진이와 민진이 사이에 적어도 1명이 앉아 있을 확률은 $1 - \dfrac{2}{5} = \dfrac{3}{5}$이다.

대표기출유형 08 　기출응용문제

01

2019년과 2021년의 전체 풍수해 규모에서 대설로 인한 풍수해 규모가 차지하는 비중을 구하면 다음과 같다.

• 2019년 : $\dfrac{477}{7,950} \times 100 = 6\%$

• 2021년 : $\dfrac{119}{1,700} \times 100 = 7\%$

따라서 전체 풍수해 규모에서 대설로 인한 풍수해 규모가 차지하는 비중은 2021년이 2019년보다 크다.

오답분석

① 2015년의 전년 대비 태풍으로 인한 풍수해와 전체 풍수해 규모의 증감 추이만 비교해도 바로 알 수 있다. 태풍으로 인한 풍수해 규모는 증가한 반면, 전체 풍수해 규모는 감소했으므로 옳지 않은 설명이다.

② 2015년, 2017년, 2018년에 풍수해 규모는 강풍이 가장 작았으므로 옳지 않은 설명이다.

③ 2023년 호우로 인한 풍수해 규모의 전년 대비 감소율은 $\dfrac{1,400 - 14}{1,400} \times 100 = 99\%$로 97% 이상이다.

⑤ 2014년 ~ 2023년 동안 연도별로 발생한 전체 풍수해 규모에서 태풍으로 인한 풍수해 규모가 가장 큰 해는 2015년과 2020년이므로 옳지 않은 설명이다.

36 · 롯데그룹 L-TAB

02

업그레이드 전 성능지수가 100인 기계의 수는 15대이고, 성능지수 향상폭이 35인 기계의 수도 15대이므로 동일하다.

[오답분석]

① 업그레이드된 기계 100대의 성능지수의 평균을 구하면

$$\frac{60 \times 14 + 5 \times 20 + 5 \times 21 + 15 \times 35}{100} = 15.7$$로 20 미만이다.

② 서비스 향상폭이 35인 기기는 15대인데, 성능지수는 65, 79, 85, 100 네 가지가 있고 이 중 가장 최대는 100이다. 서비스 성능이 35만큼 향상할 수 있는 경우는 성능지수가 65였을 때이다. 따라서 35만큼 향상된 기계의 수가 15대라고 했으므로 $\frac{15}{80} \times 100 = 18.75\%$가 100으로 향상되었다.

③ 향상폭이 21인 기계는 5대로 업그레이드 전 79인 기계 5대가 모두 100으로 향상되었다.

④ 향상되지 않은 기계는 향상폭이 0인 15대이며 이는 업그레이드 전 성능지수가 100인 기계 15대를 뜻하며 그 외 기계는 모두 성능지수가 향상되었다.

03

10대의 인터넷 공유활동을 참여율이 큰 순서대로 나열하면 '커뮤니티 이용 – 퍼나르기 – 블로그 운영 – UCC 게시 – 댓글 달기'이다. 반면 30대는 '커뮤니티 이용 – 퍼나르기 – 블로그 운영 – 댓글 달기 – UCC 게시'이므로 활동 순위가 서로 같지 않다.

[오답분석]

① 20대가 다른 연령에 비해 참여율이 비교적 높은 편임을 표에서 쉽게 확인할 수 있다.

② 남성이 여성보다 참여율이 대부분의 활동에서 높지만, 블로그 운영에서는 여성의 참여율이 더 높다.

③ 남녀 간의 참여율 격차가 가장 큰 활동은 14%p로 댓글 달기이며, 격차가 가장 작은 활동은 3%p로 커뮤니티 이용이다.

⑤ 40대는 다른 영역과 달리 댓글 달기 활동에서는 다른 연령대보다 높은 참여율을 보이고 있다.

04

ㄴ. B작업장은 생물학적 요인에 해당하는 바이러스의 사례 수가 가장 많다.

ㄷ. 화학적 요인에 해당하는 분진은 집진 장치를 설치하여 예방할 수 있다.

[오답분석]

ㄱ. A작업장은 물리적 요인(소음, 진동)에 해당하는 사례 수가 6건으로 가장 많다.

05

화재피해액은 매년 증가하지만, 화재발생건수는 감소도 하고 증가도 한다.

[오답분석]

② 화재피해액은 매년 증가한다.

③ 화재발생건수는 2022년이 4.9만 건으로 가장 높다.

④ 화재피해액은 2021년까지는 2.8천억 원이었지만, 2022년에 4.3천억 원으로 4천억 원을 넘어섰다.

⑤ 화재발생건수는 2022년이 가장 높지만, 화재피해액은 2023년이 가장 높다.

06

정답 ⑤

이온음료는 7월에서 8월로 넘어가면서 판매량이 줄어드는 모습을 보이고 있다.

[오답분석]

① 맥주의 판매량은 매월 커피 판매량의 2배 이상임을 알 수 있다.
② 3 ~ 5월 판매현황과 6 ~ 8월 판매현황을 비교해볼 때, 모든 캔 음료는 봄보다 여름에 더 잘 팔린다.
③ 3 ~ 5월 판매현황을 보면, 이온음료는 탄산음료보다 더 잘 팔리는 것을 알 수 있다.
④ 맥주가 매월 다른 캔 음료보다 많은 판매량을 보이고 있음을 볼 때, 가장 큰 판매 비중을 보임을 알 수 있다.

07

정답 ⑤

ㄷ. 자원봉사 참여 인구는 2019년도에 증가 후 계속 감소하였으므로 참여 증가율이 가장 높은 해는 2019년도이며, 참여 증가율이 가장 낮은 해는 2022년이다.
ㄹ. 2018년부터 2021년까지 자원봉사에 참여한 성인 인구수는 2,667,575+2,874,958+2,252,287+2,124,110=9,918,930명으로 천만 명 이하이다.

[오답분석]

연도별 성인 참여율과 증가율은 아래와 같다.

구분	2018년	2019년	2020년	2021년	2022년
참여 증가율(%)	−	7.7	−21.6	−5.7	−34.8
참여율(%)	6.4	6.8	5.2	4.9	3.2

ㄱ. 성인 참여율은 2019년도가 6.8%로 가장 높다.
ㄴ. 2020년도 성인 참여율은 5.2%로 2021년도 참여율 4.9%보다 높다.

08

정답 ①

회화(영어·중국어) 중 한 과목을 수강하고, 지르박을 수강하면 2과목 수강이 가능하고 지르박을 수강하지 않고, 차차차와 자이브를 수강하면 최대 3과목 수강이 가능하다.

[오답분석]

② 자이브의 강좌시간이 3시간 30분으로 가장 길다.
③ 중국어회화의 한 달 수강료는 60,000÷3=20,000원이고, 차차차의 한 달 수강료는 150,000÷3=50,000원이므로 한 달 수강료는 70,000원이다.
④ 차차차의 강좌시간은 12:30 ~ 14:30이고 자이브의 강좌시간은 14:30 ~ 18:00이므로 둘 다 수강할 수 있다.

09

정답 ⑤

2013년의 원자력 자원의 발전량은 약 135,000GWh, 신재생 자원의 발전량은 약 30,000GWh이다. 2022년의 원자력 자원의 발전량은 약 195,000GWh, 신재생 자원의 발전량은 약 110,000GWh이다. 원자력 자원의 발전량 대비 신재생 자원의 발전량의 비율은 2013년에 $\frac{30,000}{135,000} \times 100 = 22\%$이고, 2022년에 $\frac{110,000}{195,000} \times 100 = 56\%$이다.

따라서 원자력 자원의 발전량 대비 신재생 자원의 발전량의 비율은 2013년에 비해 2022년에 증가하였다.

10

유통업의 경우 9점을 받은 현지의 엄격한 규제 요인이 가장 강력한 진입 장벽으로 작용하므로 유통업체인 L사가 몽골 시장으로 진출할 경우, 해당 요인이 시장의 진입을 방해하는 요소로 작용할 가능성이 가장 큰 것을 알 수 있다.

[오답분석]
① 초기 진입 비용 요인의 경우 유통업(5점)보다 식·음료업(7점)의 점수가 더 높고, 유통업은 현지의 엄격한 규제 요인(9점)이 가장 강력한 진입 장벽으로 작용한다.
③ 몽골 기업의 시장 점유율 요인의 경우 제조업(5점)보다 유통업(7점)의 점수가 더 높으며, 제조업은 현지의 엄격한 규제 요인(8점)이 가장 강력한 진입 장벽으로 작용한다.
④ 문화적 이질감이 가장 강력한 진입 장벽으로 작용하는 업종은 해당 요인에 가장 높은 점수를 부여한 서비스업(8점)이다.
⑤ 서비스업은 초기 진입 비용이 타 업종에 비해 적게 든다.

대표기출유형 09 　기출응용문제

01

50대 해외·국내여행 평균횟수는 매년 1.2회씩 증가한다. 따라서 빈칸에 들어갈 수는 $31.2+1.2=32.4$이다.

02

교원 1인당 원아 수＝원아 수÷교원 수이므로, 원아 수＝교원 1인당 원아 수×교원 수이다.
따라서 (A)＝$16.2\times33,504 ≒ 542,765$이다.

03

• 대학교 이상인 인구 구성비의 2019년 대비 2023년 증가율 : $\dfrac{48-41}{41}\times100 ≒ 17.1\%$

• 중학교 이하인 인구 구성비의 2019년 대비 2022년 감소율 : $\dfrac{13-18}{18}\times100 ≒ -27.8\%$

04

2017년과 2018년에 구입한 책상은 조건에 제시된 날짜(2023년 8월 15일)를 기준으로 계산하면 5년 이상이다. 따라서 부서별로 우선적으로 교체할 책상 개수를 정리하면 다음과 같다.

(단위 : 개)

구분	E부서	F부서	G부서	H부서	합계
5년 이상인 책상	25	16	17	12	70
5년 미만인 책상	5	2	0	3	10
합계	30	18	17	15	80

두 번째 조건에서 기존 책상과 교체할 책상 개수 비율이 10 : 90일 경우 교체할 책상 개수가 $80 \times \frac{90}{100} = 72$개이고, 비율이 20 : 80일

때 교체할 책상은 $80 \times \frac{80}{100} = 64$개이다. 교체 대상으로 5년 이상인 책상의 개수가 총 70개이므로 교체할 책상은 64개가 된다.

세 번째 조건에서 부서별로 기존 책상이 전체 책상 개수의 10%를 넘지 말아야 하므로 교체하지 않은 책상은 부서별로 $80 \times 0.1 = 8$개 이하이다. 그러므로 부서별 교체할 책상 개수의 범위는 다음과 같다.

구분	E부서	F부서	G부서	H부서
교체할 책상 개수 범위	22개 이상 25개 이하	10개 이상 16개 이하	9개 이상 17개 이하	7개 이상 12개 이하

따라서 교체할 책상의 개수 범위가 맞고, 총 개수가 64개인 선택지는 ④이다.

오답분석
① F부서의 교체할 책상 개수는 범위에 속하지 않는다.
② G부서와 H부서의 교체할 책상 개수는 범위에 속하지 않는다.
③ 모든 부서의 교체할 책상 개수가 범위 안에 있지만 전체 교체할 책상 개수는 22+12+16+12=62개이므로 64개보다 적다.
⑤ G부서의 교체할 책상 개수는 범위에 속하지 않는다.

05

정답 ③

ㄱ. 2019 ~ 2021년까지 전년 대비 세관물품 신고 수가 증가와 감소를 반복한 것은 '증가 – 감소 – 증가'인 B와 D이다. 따라서 가전류와 주류는 B와 D 중 하나에 해당한다.

ㄴ. A ~ D의 전년 대비 2022년 세관물품 신고 수의 증가량은 다음과 같다.
   • A : 5,109−5,026=83만 건
   • B : 3,568−3,410=158만 건
   • C : 4,875−4,522=353만 건
   • D : 2,647−2,135=512만 건
   C가 두 번째로 증가량이 많으므로 담배류에 해당한다.

ㄷ. B, C, D를 제외하면 잡화류는 A임을 바로 알 수 있지만, 표의 수치를 보면 A가 2019 ~ 2022년 동안 매년 세관물품 신고 수가 가장 많음을 확인할 수 있다.

ㄹ. 2021년도 세관물품 신고 수의 전년 대비 증가율을 구하면 D의 증가율이 세 번째로 높으므로 주류에 해당하고 ㄱ에 따라 B가 가전류가 된다.
   • A : $\frac{5,026-4,388}{4,388} \times 100 ≒ 14.5\%$
   • B : $\frac{3,410-3,216}{3,216} \times 100 ≒ 6.0\%$
   • C : $\frac{4,522-4,037}{4,037} \times 100 ≒ 12.0\%$
   • D : $\frac{2,135-2,002}{2,002} \times 100 ≒ 6.6\%$

따라서 A는 잡화류, B는 가전류, C는 담배류, D는 주류이다.

06

정답 ④

E과제에 대한 전문가 3의 점수는 $70 \times 5 - (100 + 40 + 70 + 80) = 60$점이고, A ~ E과제의 평균점수와 최종점수를 구하면 다음과 같다.

구분	평균점수	최종점수
A	$\dfrac{100 + 70 + 60 + 50 + 80}{5} = 72$점	$\dfrac{70 + 60 + 80}{3} = 70$점
B	$\dfrac{80 + 60 + 40 + 60 + 60}{5} = 60$점	$\dfrac{60 + 60 + 60}{3} = 60$점
C	$\dfrac{60 + 50 + 100 + 90 + 60}{5} = 72$점	$\dfrac{60 + 90 + 60}{3} = 70$점
D	$\dfrac{80 + 100 + 90 + 70 + 40}{5} = 76$점	$\dfrac{80 + 90 + 70}{3} = 80$점
E	70점	$\dfrac{60 + 70 + 80}{3} = 70$점

따라서 평균점수와 최종점수가 같은 과제는 B, E이다.

07

정답 ③

남자 수는 전체의 60%이므로 300명, 여자 수는 200명이다.

• 41 ~ 50회를 기록한 남자 수 : $\dfrac{35}{100} \times 300 = 105$명

• 11 ~ 20회를 기록한 여자 수 : $\dfrac{17}{100} \times 200 = 34$명

따라서 구하고자 하는 인원수의 차이는 $105 - 34 = 71$명이다.

08

정답 ④

각 연도의 총비율은 100%이므로 취업률의 변화율은 취업률 또는 비취업률의 증감률을 구하여 비교하면 된다. 선택지에 해당되는 비취업률의 증감률은 다음과 같다.

• 2002년 : $\dfrac{71 - 71.5}{71.5} \times 100 ≒ -0.7\%$

• 2012년 : $\dfrac{65.5 - 69.2}{69.2} \times 100 ≒ -5.3\%$

• 2015년 : $\dfrac{66.0 - 65.5}{65.5} \times 100 ≒ 0.8\%$

• 2018년 : $\dfrac{71.1 - 66.0}{66.0} \times 100 ≒ 7.7\%$

• 2021년 : $\dfrac{69.1 - 71.1}{71.1} \times 100 ≒ -2.8\%$

따라서 조사한 직전 연도 대비 노인 취업률의 변화율이 가장 큰 연도는 2018년이다.

09

정답 ④

2016년부터 2021년까지 전년도에 비해 하루 평균 판매량이 증가한 연도는 2017년, 2018년, 2020년, 2021년이다. 각 연도별 증가율은 다음과 같다.

• 2017년 : $\dfrac{120 - 105}{105} \times 100 ≒ 14.3\%$

• 2018년 : $\dfrac{150 - 120}{120} \times 100 = 25\%$

- 2020년 : $\dfrac{180-130}{130} \times 100 ≒ 38.5\%$

- 2021년 : $\dfrac{190-180}{180} \times 100 ≒ 5.6\%$

따라서 2020년에 전년 대비 판매량 증가율이 가장 높다.

10
정답 ②

- 평균 통화시간이 6 ~ 9분인 여자의 수 : $400 \times \dfrac{18}{100} = 72$명

- 평균 통화시간이 12분 이상인 남자의 수 : $600 \times \dfrac{10}{100} = 60$명

따라서 평균 통화시간이 6 ~ 9분인 여자의 수는 12분 이상인 남자의 수의 $\dfrac{72}{60} = 1.2$배이다.

대표기출유형 10 기출응용문제

01
정답 ⑤

강수량의 증감추이를 나타내면 다음과 같다.

1월	2월	3월	4월	5월	6월
–	증가	감소	증가	감소	증가
7월	8월	9월	10월	11월	12월
증가	감소	감소	감소	감소	증가

이와 동일한 추이를 보이는 그래프는 ⑤이다.

[오답분석]

① 증감추이는 같지만 4월의 강수량이 50mm 이하로 표현되어 있다.

02
정답 ④

내수 현황을 누적으로 나타내었으므로 적절하지 않다.

[오답분석]

①・② 제시된 자료를 통해 알 수 있다.

③ 신재생에너지원별 고용인원 비율을 구하면 다음과 같다.

- 태양광 : $\dfrac{8,698}{16,177} \times 100 ≒ 54\%$

- 풍력 : $\dfrac{2,369}{16,177} \times 100 ≒ 15\%$

- 폐기물 : $\dfrac{1,899}{16,177} \times 100 ≒ 12\%$

- 바이오 : $\dfrac{1,511}{16,177} \times 100 ≒ 9\%$

- 기타 : $\dfrac{1,700}{16,177} \times 100 ≒ 10\%$

⑤ 신재생에너지원별 해외공장매출 비율을 구하면 다음과 같다.

- 태양광 : $\dfrac{18,770}{22,579} \times 100 ≒ 83.1\%$

- 풍력 : $\dfrac{3,809}{22,579} \times 100 ≒ 16.9\%$

03

보고서에서는 50대 이상 연령대가 40대에 비해 2년 미만 생활 기간이 상대적으로 높게 나타났다고 설명하고 있으나, 그래프에서는 반대로 40대가 50대 이상보다 더 높게 나타나 있다.

04

연도별 냉장고별 화재발생 비율은 다음과 같다.

구분	2018년	2019년	2020년	2021년	2022년
김치냉장고 비율	47.7%	59.3%	45.4%	59.4%	56.6%
일반냉장고 비율	52.3%	40.7%	54.6%	40.6%	43.4%

05

연도별 영업이익과 이익률을 포함한 표는 다음과 같다.

(단위 : 억 원)

구분	2018년	2019년	2020년	2021년	2022년
매출액	1,485	1,630	1,410	1,860	2,055
매출원가	1,360	1,515	1,280	1,675	1,810
판관비	30	34	41	62	38
영업이익	95	81	89	123	207
영업이익률	6.4%	5.0%	6.3%	6.6%	10.1%

06

2021년 증가율은 2020년 대비 낮다.

구분	2012년	2013년	2014년	2015년	2016년	2017년	2018년	2019년	2020년	2021년	2022년
대수 (만 대)	1,794	1,844	1,887	1,940	2,012	2,099	2,180	2,253	2,320	2,368	2,437
증가 (만 대)	−	50	43	53	72	87	81	73	67	48	69
증가율 (%)	−	2.8	2.3	2.8	3.7	4.3	3.9	3.3	3.0	2.1	2.9

07

연도별 변화율은 아래와 같다. 2021년 중학교의 변화율은 2020년과 유사하다.

(단위 : %)

구분	2018년	2019년	2020년	2021년	2022년
유치원	0.00	−0.75	−3.01	−4.65	−3.25
초등학교	0.00	−2.01	−0.68	0.00	0.69
중학교	−5.92	−6.99	−4.51	−4.72	−3.31
고등학교	−3.65	−2.27	−3.88	−7.26	−7.83
일반대학	−2.38	−1.63	−2.48	0.00	0.42

08

응시자 중 불합격자 수는 응시자에서 합격자 수를 뺀 값으로 연도별 알맞은 수치는 다음과 같다.
- 2018년 : $2,810-1,310=1,500$명
- 2019년 : $2,660-1,190=1,470$명
- 2020년 : $2,580-1,210=1,370$명
- 2021년 : $2,110-1,010=1,100$명
- 2022년 : $2,220-1,180=1,040$명

제시된 수치는 접수자에서 합격자 수를 뺀 값으로 옳지 않은 그래프이다.

오답분석

① 미응시자 수는 접수자 수에서 응시자 수를 제외한 값이다.
- 2018년 : $3,540-2,810=730$명
- 2019년 : $3,380-2,660=720$명
- 2020년 : $3,120-2,580=540$명
- 2021년 : $2,810-2,110=700$명
- 2022년 : $2,990-2,220=770$명

09

오답분석

② 2022년 성비가 자료와 다르다.
③ 남성과 여성의 자료가 전체적으로 바뀌었다.
④ 자료에 따르면 남성의 경우 진료인원이 계속 증가하는데 그래프는 계속 감소하고 있다.
⑤ 2019 ~ 2020년 남성 진료인원과 여성 진료인원의 수가 바뀌었다.

대표기출유형 11 기출응용문제

01

n번째 주에 잡은 물고기의 수를 a_n 마리라고 할 때, $a_{n+2}=a_{n+1}+a_n$ 이므로 6번째 주에 잡은 물고기의 수는 $a_6=a_5+a_4=15+24=39$마리이다.

따라서 7번째 주에 잡은 물고기의 양은 $a_7=a_6+a_5=39+24=63$마리이다.

02

n시간 후 세균의 수는 $\dfrac{19}{2n-1}$ 백만 마리이다.

따라서 10시간 후 세균의 수는 $\dfrac{19}{2\times10-1}=\dfrac{19}{19}=1$백만 마리이다.

03

1. 규칙 파악
   - A박테리아 개체 수

   $$5 \;\rightarrow\; 7 \;\rightarrow\; 11 \;\rightarrow\; 17 \;\rightarrow\; 25$$
   $$+2 \qquad +4 \qquad +6 \qquad +8$$

   그러므로 첫 번째 항은 5이고 개체 수는 증가하고 있다. 증가량은 첫째 항이 2이고 공차가 2인 등차수열이다.
   - B박테리아 개체 수

   $$5 \;\rightarrow\; 10 \;\rightarrow\; 20 \;\rightarrow\; 40 \;\rightarrow\; 80$$
   $$\times 2 \qquad \times 2 \qquad \times 2 \qquad \times 2$$

   그러므로 개체 수는 증가하고 있으며, 첫 번째 항은 5이고 공비가 2인 등비수열이다.

2. 계산
   ㉠ 직접 계산하기
   - A박테리아 개체 수

5시간	6시간	7시간	8시간	9시간
25 →	35 →	47 →	61 →	77
+10	+12	+14	+16	

   - B박테리아 개체 수

5시간	6시간	7시간	8시간	9시간
80 →	160 →	320 →	640 →	1,280
×2	×2	×2	×2	

   ㉡ 식 세워 계산하기
   - A박테리아 개체 수

   첫 번째 항은 5이고 $n \geq 2$인 자연수일 때 $a_n = a_1 + 2(n-1)$인 수열이므로 $a_n = 5 + \sum_{k=1}^{n-1} 2k = 5 + 2 \times \dfrac{(n-1) \times n}{2} = 5 +$ $(n-1) \times n$이다. 따라서 $a_9 = 5 + 8 \times 9 = 77$마리이다.
   - B박테리아 개체 수

   $n \geq 2$인 자연수일 때 n번째 항을 a_n이라고 하면 $a_n = 5 \times 2^{n-1}$인 수열이므로 $a_9 = 5 \times 2^8 = 1,280$마리이다.

04

1. 규칙 파악
   - A지역

   $$87 \;\rightarrow\; 85 \;\rightarrow\; 82 \;\rightarrow\; 78 \;\rightarrow\; 73 \;\rightarrow\; 67 \;\rightarrow\; 60$$
   $$-2 \qquad -3 \qquad -4 \qquad -5 \qquad -6 \qquad -7$$

   그러므로 A지역의 지진 발생 건수는 감소하고 있으며, 감소량은 첫째 항이 −2이고 공차가 −1인 등차수열이다.
   - B지역

   $$2 \;\rightarrow\; 3 \;\rightarrow\; 4 \;\rightarrow\; 6 \;\rightarrow\; 9 \;\rightarrow\; 14 \;\rightarrow\; 22$$
   $$+1 \;\rightarrow\; +1 \;\rightarrow\; +2 \;\rightarrow\; +3 \;\rightarrow\; +5 \;\rightarrow\; +8$$
   $$+(1+1) \quad +(1+2) \quad +(2+3) \quad +(3+5)$$

   그러므로 B지역의 지진 발생 건수는 증가하고 있으며, 증가량은 처음 두 항이 1이고 세 번째 항부터는 각 항이 바로 앞 두 항의 합인 피보나치수열이다.

2. 계산
   ㉠ 직접 계산하기
   - A지역

2022년	20223	2024년	2025년	2026년	2027년
60 →	52 →	43 →	33 →	22 →	10
−8	−9	−10	−11	−12	

- B지역

2022년		2023년		2024년		2025년		2026년		2027년
22	→	35	→	56	→	90	→	145	→	234
	+13		+21		+34		+55		+89	

ⓒ 식 세워 계산하기
- A지역

구분	2016년	2017년	…	2027년
n번째 항	1번째 항	2번째 항	…	12번째 항
A지역	87	85	…	?

2016년의 지진 발생 건수를 첫 항이라 하면 $a_1=87$이다. 감소량은 2016년 대비 2017년에 감소한 지진 발생 건수를 첫 항이라 하면 $b_1=2$이고, 공비 $d=1$이므로 $b_n=2+1\times(n-1)=n+1$이다. 그러므로 $a_n=a_1-\sum_{k=1}^{n-1}(k+1)$이고, 2027년은 12번째 항이므로 $a_{12}=87-\sum_{k=1}^{11}(k+1)=87-\left(\dfrac{11\times12}{2}+11\right)=10$건이다.

05   정답 ③

앞의 두 항의 합이 다음 항이 되는 피보나치수열이다.
따라서 (　　)=−3+(−5)=−8이다.

06   정답 ③

+1, ×(−2)가 반복되는 수열이다.
따라서 (　　)=3×(−2)=−6이다.

07   정답 ④

홀수 항은 1, 짝수 항은 1, 2, 3, 4, …씩 더하는 수열이다.
따라서 (　　)=4+3=7이다.

08   정답 ③

앞의 항에 1^2, 2^2, 3^2, 4^2, 5^2, …씩 더하는 수열이다.
따라서 (　　)=54+6^2=90이다.

09   정답 ②

홀수 항은 +2, 짝수 항은 −2로 나열된 수열이다.
따라서 (　　)=19−2=17이다.

10   정답 ⑤

(앞의 항)×(뒤의 항)=(다음 항)인 수열이다.
따라서 (　　)=8×(−32)=−256이다.

03 | 문제해결

대표기출유형 02 **기출응용문제**

01

정답 ③

A ~ E의 성과급 점수를 계산해보면 다음과 같다.
- A대리 : $(85 \times 0.5) + (90 \times 0.5) = 87.5$점
- B과장 : $(100 \times 0.3) + (85 \times 0.1) + (80 \times 0.6) = 86.5$점
- C사원 : $(95 \times 0.6) + (85 \times 0.4) = 91$점
- D차장 : $(80 \times 0.2) + (90 \times 0.3) + (85 \times 0.5) = 85.5$점
- E과장 : $(100$점$\times 0.3) + (85$점$\times 0.1) + (80$점$\times 0.6) = 89.5$점

따라서 성과급 점수가 90점 이상인 S등급에 해당하는 사람은 C사원이다.

02

정답 ④

전 직원이 이미 확정된 스케줄의 변동 없이 1시간을 사용할 수 있는 시간은 10:00 ~ 11:00와 14:00 ~ 15:00의 두 시간대이다. 전무이사는 가능한 빨리 완료할 것을 지시하였으므로 10:00 ~ 11:00가 가장 적절하다.

03

정답 ③

아랍에미리트에는 해외 EPS센터가 없으므로 제외한다. 또한, 한국 기업이 100개 이상 진출해 있어야 한다는 두 번째 조건으로 인도네시아와 중국으로 후보를 좁힐 수 있으나 '우리나라 사람들의 해외취업을 위한 박람회'이므로 성공적인 박람회 개최를 위해선 취업까지 이어지는 것이 중요하다. 중국의 경우 청년 실업률은 높지만 경쟁력 부분에서 현지 기업의 80% 이상이 우리나라 사람을 고용하기를 원하므로 중국 청년 실업률과는 별개로 우리나라 사람들의 취업이 쉽게 이루어질 수 있음을 알 수 있다. 따라서 D과장이 박람회 장소로 선택할 나라는 중국이 가장 적절하다.

04

정답 ②

2분기 포인트 적립금은 직전분기의 승인금액 합계에 따르므로, 2024년 1월부터 3월까지의 승인금액의 합인 595.3만 원에 대해 적립된다. 2분기 포인트 적립금은 $59 \times 950 = 56,050$p이며, 따라서 A주임은 청소기를 사은품으로 수령하게 된다.

05

어느 고객의 민원이 기간 내에 처리하기 곤란하여 민원처리기간이 지연되었다. 우선 민원이 접수되면 규정상 주어진 처리기간은 24시간이다. 그 기간 내에 처리하기 곤란할 경우에는 민원인에게 중간답변을 한 후 48시간으로 연장할 수 있다. 연장한 기간 내에서도 처리하기 어려운 사항일 경우 1회에 한하여 본사 총괄부서장의 승인에 따라 48시간을 추가 연장할 수 있다.

따라서 해당 민원은 늦어도 48시간＋48시간＝96시간＝4일 이내에 처리하여야 한다. 그러므로 7월 18일에 접수된 민원은 늦어도 7월 22일까지는 처리가 완료되어야 한다.

06

1단계 조사는 그 조사 실시일을 기준으로 3년마다 실시해야 하므로 을단지 주변지역은 2024년 3월 1일에 실시해야 한다.

[오답분석]

① 2단계 조사는 1단계 조사 판정일 이후 1개월 내에 실시해야 하므로 2023년 12월 31일 전에 실시해야 한다.
③ 환경부장관이 2단계 조사를 실시해야 한다.
④ 병단지 주변지역은 정상지역으로 판정이 났으므로 2단계 조사를 실시할 필요가 없다.
⑤ 1단계 조사는 당해 기초지방자치단체장이 시행해야 한다.

07

• 첫 번째 조건에 따라 2층의 중앙 객실은 아무도 배정받지 않는다. 또한 D의 우측 객실은 C가 배정받는다.
• 세 번째 조건에 따라 G와 E가 바로 인접한 두 객실을 배정받으려면, E는 2층 우측, G는 1층 우측 객실을 배정받아야 한다.
• B는 1층 좌 혹은 중앙 객실을 배정받으며, F는 나머지 방 중 한 곳을 배정받는다.

따라서 B가 배정받지 않은 1층의 객실을 배정받을 수도 있으므로 ④는 적절하지 않은 설명이다.

	좌	중앙	우
3층		D	C
2층	A	-	E
1층		B	G

	좌	중앙	우
3층		D	C
2층	A	-	E
1층	B		G

08

2020년 12월 9일에 만들어진 상품이므로 겨울에 만들어진 것임을 알 수 있다.

[오답분석]

① 이 상품이 농업용인지 알 수 없다.
② 이 상품은 2020년에 만들어졌다.
③ 이 상품은 B의 999번째 상품이지만, B가 모두 999개인지는 알 수 없다.
⑤ 이 상품의 라인은 m7이지만, 라인이 모두 7개인지는 알 수 없다.

09

다음 논리 순서에 따라 주어진 조건을 정리하면 쉽게 접근할 수 있다.

• 6번째, 8번째 조건 : G는 1번째 자리에 앉는다.
• 7번째 조건 : C는 3번째 자리에 앉는다.
• 4번째, 5번째 조건 : 만약 A와 B가 4번째, 6번째 또는 5번째, 7번째 자리에 앉으면, D와 F는 나란히 앉을 수 없다. 따라서 A와 B는 2번째, 4번째 자리에 앉는다. 이때 남은 자리는 5, 6, 7번째 자리이므로 D와 F는 5, 6번째 또는 6, 7번째 자리에 앉게 되고, 나머지 한 자리에 E가 앉는다.

이 사실을 종합하여 주어진 조건을 표로 정리하면 다음과 같다.

구분	1번째	2번째	3번째	4번째	5번째	6번째	7번째
경우 1	G	A	C	B	D	F	E
경우 2	G	A	C	B	F	D	E
경우 3	G	A	C	B	E	D	F
경우 4	G	A	C	B	E	F	D
경우 5	G	B	C	A	D	F	E
경우 6	G	B	C	A	F	D	E
경우 7	G	B	C	A	E	D	F
경우 8	G	B	C	A	E	F	D

따라서 어떠한 경우에도 C의 옆자리는 항상 A와 B가 앉는다.

[오답분석]
① 조건에서 D와 F는 나란히 앉는다고 하였다.
②・④ 경우 4, 8일 때에만 성립한다.
⑤ B는 어떠한 경우에나 2번째 또는 4번째에 앉는다.

10
정답 ⑤

다섯 번째 명제에 의해, 나타날 수 있는 경우는 다음과 같다.

구분	1순위	2순위	3순위
경우 1	A	B	C
경우 2	B	A	C
경우 3	A	C	B
경우 4	B	C	A

• 두 번째 명제 : 경우 1+경우 3=11
• 세 번째 명제 : 경우 1+경우 2+경우 4=14
• 네 번째 명제 : 경우 4=6
따라서 C에 3순위를 부여한 사람의 수는 경우 1과 경우 2를 더한 값을 구하면 되므로, 14-6=8명이다.

지식에 대한 투자가 가장 이윤이 많이 남는 법이다.

– 벤자민 프랭클린 –

PART **2**

최종점검 모의고사

최종점검 모의고사

01	02	03	04	05	06	07	08	09	10
①	④	④	⑤	④	②	②	③	②	④
11	12	13	14	15	16	17	18	19	20
④	②	④	③	②	②	④	②	⑤	①
21	22	23	24	25	26	27	28	29	30
③	①	③	①	③	④	③	③	②	⑤
31	32	33	34	35	36	37	38	39	40
④	④	④	③	④	①	⑤	④	④	③

01
정답 ①

제시문은 현대 회화의 새로운 경향을 설명하고 있는데, 대상의 사실적 재현에서 벗어나고자 하는 경향이 형태와 색채의 해방을 가져온다는 점에 주목하여 서술하고 있다. 그리고 마지막 문단에서 의미 정보와 미적 정보의 개념을 끌어들여, 현대 회화는 형식 요소 자체가 지닌 아름다움을 중시하는 미적 정보 전달을 위주로 한다는 것을 밝히고 있다.

02
정답 ④

(라)에서는 대상의 재현에 그치지 않는 현대미술의 특징을 전개하면서 현대예술의 오브제화의 시작을 말하고 있다. 따라서 (라)의 글쓰기 전략은 개념에 대한 재조명과 새로운 범위를 확정하는 방법이라고 해야 적절하다.

오답분석

(가)에서 우리가 그림을 감상할 때 일어날 수 있는 경험과 관련지어 화제를 제시하고 있으며, (나)에서는 실제의 작품을 예로 들고 인용의 방법을 사용하여 내용을 전개하고 있다. 그리고 (다)에서는 칸딘스키의 견해가 시사하는 바가 무엇인지에 초점을 두어 서술하고, (마)에서는 '의미 정보'와 '미적 정보'라는 참신한 개념을 끌어들여 글을 마무리 짓는다.

03
정답 ④

전체 신입사원 수를 x명이라고 하면 다음과 같은 식이 성립한다.

$\frac{1}{5}x + \frac{1}{4}x + \frac{1}{2}x + 100 = x$

$\rightarrow x - (0.2x + 0.25x + 0.5x) = 100$

$\rightarrow 0.05x = 100$

$\therefore x = 2,000$

따라서 전체 신입사원은 2,000명이다.

04
정답 ⑤

1박으로만 숙소를 예약하므로 S닷컴을 통해 예약할 경우 할인을 받지 못한다.

M투어를 통해 예약하는 경우 3박 이용 시 다음 달에 30% 할인쿠폰 1매가 제공되므로 9월에 30% 할인 쿠폰을 1개 사용할 수 있으며, 총숙박비용을 최소화하고자 하므로 9월 또는 10월에 30% 할인 쿠폰을 사용할 것이다.

H트립을 이용하는 경우 6월부터 8월 사이 1박 이상 숙박 이용내역이 있을 시 10% 할인받을 수 있으므로 총 5번의 숙박 중 7월, 8월에 10% 할인받을 수 있다.

T호텔스의 경우 멤버십 가입 여부에 따라 숙박비용을 비교해야 한다.

이를 고려하여 예약사이트별 O호텔 숙박비용을 계산하면 다음과 같다.

구분	총숙박비용
M투어	$(120,500 \times 4) + (120,500 \times 0.7 \times 1) =$ 566,350원
H트립	$(111,000 \times 3) + (111,000 \times 0.9 \times 2) =$ 532,800원
S닷컴	$105,500 \times 5 = 527,500$원
T호텔스	• 멤버십 미가입 : $105,000 \times 5 = 525,000$원 • 멤버십 가입 : $(105,000 \times 0.9 \times 5) + 20,000$ $= 492,500$원

따라서 숙박비용이 가장 저렴한 예약사이트는 T호텔스이며 총숙박비용은 492,500원이다.

05
정답 ④

네 번째 문단에서는 퇴근 후 업무 지시 금지를 통한 직원들의 휴식권 보장, 9시에 출근해 오후 5시에 퇴근하는 '9-to-5제'에 대한 내용으로 구성되어 있다. 따라서 ④는 네 번째 문단의 제목으로 적절하지 않다.

① 첫 번째 문단에서는 주당 최대 근로시간을 52시간으로 확립해 국민의 삶의 질을 개선하고 생산성을 높이겠다는 정부의 워라밸과 관련된 계획을 볼 수 있다.
② 두 번째 문단에서는 워라밸의 의미와 최근 기업들에게 나타나는 '워라밸 제도'를 소개하고 있다.
③ 세 번째 문단에서는 출근 시간을 자유롭게 선택해서 일정 시간을 근무한 후 각자 다른 시간에 퇴근하는 '퍼플타임제'와 한 달간 자기 계발의 시간을 가질 수 있는 '창의 휴가 제도'를 소개하고 있다.
⑤ 다섯 번째 문단에서는 다른 국가들에 비해 비효율적인 한국의 노동 실태를 제시하고 이에 대한 워라밸 열풍의 귀추를 기대하고 있다.

06
정답 ②

마지막 문단에서 각국의 노동생산성 수준을 볼 때 미국, 프랑스, 독일에 비해 한국은 이들 국가의 절반 수준에 그쳤음을 알 수 있다.

오답분석
① 최대 한 달간 자기 계발의 시간을 가질 수 있는 제도는 창의 휴가 제도이다.
③ 주 35시간 근무제에서 야근을 희망하는 사람들을 제외하는지는 나와 있지 않다.
④ 워라밸은 근로조건 개선을 통해 회사에 대한 애사심으로 이어져 결국 퇴사율을 낮춘다.
⑤ 퍼플타임제는 출근 시간을 자유롭게 선택해서 일정 시간을 근무한 후 각자 다른 시간에 퇴근하는 탄력 근무제도이다.

07
정답 ②

T사원의 업무시간은 점심시간 1시간을 제외하면 8시간이다. 주간업무계획 수립으로 $8시간 \times \frac{1}{8} = 1시간$을, 프로젝트 회의로 $8시간 \times \frac{2}{5} = 192분 = 3시간 12분$을, 거래처 방문으로 $8시간 \times \frac{1}{3} = 160분 = 2시간 40분$을 보냈다.

따라서 남은 시간은 8시간−(1시간+3시간 12분+2시간 40분)=1시간 8분이다.

08
정답 ③

ㄱ. 각 팀장이 매긴 순위에 대한 가중치는 모두 동일하다고 했으므로 1, 2, 3, 4순위의 가중치를 각각 4, 3, 2, 1점으로 정해 4명의 면접점수를 산정하면 다음과 같다.

- 갑 : 2+4+1+2=9
- 을 : 4+3+4+1=12
- 병 : 1+1+3+4=9
- 정 : 3+2+2+3=10

면접점수가 높은 을, 정 중 1명이 입사를 포기하면 갑, 병 중 1명이 채용된다. 갑과 병의 면접점수는 9점으로 동점이지만 조건에 따라 인사팀장이 부여한 순위가 높은 갑을 채용하게 된다.

ㄷ. 경영관리팀장이 갑과 병의 순위를 바꿨을 때, 4명의 면접점수를 산정하면 다음과 같다.

- 갑 : 2+1+1+2=6
- 을 : 4+3+4+1=12
- 병 : 1+4+3+4=12
- 정 : 3+2+2+3=10

즉, 을과 병이 채용되므로 정은 채용되지 못한다.

오답분석
ㄴ. 인사팀장이 을과 정의 순위를 바꿨을 때, 4명의 면접점수를 산정하면 다음과 같다.

- 갑 : 2+4+1+2=9
- 을 : 3+3+4+1=11
- 병 : 1+1+3+4=9
- 정 : 4+2+2+3=11

즉, 을과 정이 채용되므로 갑은 채용되지 못한다.

09
정답 ②

'일정하다'는 '전체적으로 흐름이나 절차가 규칙적이다.'라는 뜻이고, '균등하다'는 '고르고 가지런하여 차별이 없다.'라는 뜻이다. 따라서 두 단어의 뜻에 차이가 없으므로 수정할 필요가 없다.

오답분석
① • 기준 : 기본이 되는 표준
　 • 간격 : 시간적으로 벌어진 사이
③ • 축적하다 : 지식, 경험, 자금 따위를 모아서 쌓다.
　 • 저장하다 : 물건이나 재화 따위를 모아서 간수하다.
④ • 임의적 : 일정한 기준이나 원칙 없이 하고 싶은 대로 하는. 또는 그런 것
　 • 추가적 : 나중에 더 보태는. 또는 그런 것
⑤ • 늘어지다 : 물체의 끝이 아래로 처지다.
　 • 늘어나다 : 부피나 분량 따위가 본디보다 커지거나 길어지거나 많아지다.

10
정답 ④

제시문은 컴퓨터가 둘 이상의 프로그램을 동시에 실행할 때 사용하는 CPU 스케줄링을 설명하고 있는데, 첫 번째 문단에 따르면 운영 체제는 CPU에서 실행이 종료된 프로그램을 작업 큐에서 지운다.

11
정답 ④

세 번째 문단에 따르면 CPU의 실행 시간을 여러 개의 짧은 구간으로 나누고 각각의 구간마다 하나의 프로그램이 실행되는데, 구간 시간은 각각의 구간에서 프로그램이 실행되는 시간을 뜻하며, 구간 시간의 길이는 일정하다.
④의 진술처럼 '구간 실행 횟수가 늘어나려면' 어떤 하나의 프로그램의 총 실행 시간이 구간 시간보다 길어야 한다. 따라서 구간 시간이 늘어나도 구간 실행 횟수가 증가하는 것은 아니므로 구간 시간이 늘어도 프로그램의 총 실행 시간이 늘지 않으면 구간 실행 횟수는 증가하지 않는다.

12
정답 ②

작업량에 대한 식은 1=(작업 시간)×(작업 속도)로 표현된다.

- A사원의 제작 속도 : $\frac{1}{24}$

- B사원의 제작 속도 : $\frac{1}{120}$

- C사원의 제작 속도 : $\frac{1}{20}$

3명의 제작 속도를 더하면 $\frac{1}{24}+\frac{1}{120}+\frac{1}{20}=\frac{12}{120}=\frac{1}{10}$ 이다.
따라서 3명이 함께 사보를 제작하면 10일이 걸린다.

13
정답 ④

(라) 우리 사회의 급격한 고령화로 인한 갈등과 문제 발생 - (가) 따라서 고령화 문제 해소를 위한 사회보장이 필요함 - (다) 사람이라면 누구든지 노화가 오며 이로 인한 사회보험 제도, 즉 노인 장기요양보험이 필요함 - (나) 노인 장기요양보험은 젊은 층의 안정적 생활을 위해 반드시 마련되어야 함 순으로 나열하는 것이 가장 적절하다.

14
정답 ③

제시문에서는 고령화에 따른 사회보장, 즉 사회보험 제도 중 노인 장기요양보험에 대해 설명하고 있다. 따라서 글의 주제로 '고령화와 사회보장'이 가장 적절하다.

15
정답 ②

제시문은 우리나라의 급격한 고령화에 따른 갈등과 문제 해결의 방법으로 사회보험 제도인 노인 장기요양보험의 필요성에 대해 이야기하고 있으므로 질문으로는 ②가 가장 적절하다.

16
정답 ②

이 문제는 선택지를 보고 조건에 틀린 선지가 있는지 확인하여 푸는 것이 빠르게 풀 수 있는 방법이다. ②만 모든 조건에 부합한다.

오답분석
① 자가 5인실에 배치되었기 때문에 적절하지 않다.
③ 가가 3인실이 아닌 2인실에 배치되었고, 라와 바가 다른 병실에 있기 때문에 적절하지 않다.
④ 다와 사가 같은 병실을 쓰고 있지만, 자는 나와 같은 병실을 쓰고 있지 않아서 적절하지 않다.
⑤ 가가 3인실이 아닌 5인실에 배치되었기 때문에 적절하지 않다.

17
정답 ④

자료는 연중 계획된 이벤트를 표로 정리하여 보여주고 있다. 따라서 ④가 자료의 제목으로 가장 적절하다.

18
정답 ②

6월의 주제는 '음악'이므로 통기타 연주회가 주제와 어울리지 않다는 말은 적절하지 않다.

19
정답 ⑤

C주임은 출장으로 인해 참석하지 못하며, B사원과 D주임은 둘 중 한 명만 참석이 가능하다. 또한 주임 이상만 참여 가능하므로 A사원과 B사원은 참석하지 못한다. 그리고 가능한 모든 인원이 참석해야 하므로 참석하지 못할 이유가 없는 팀원은 전부 참여해야 한다. 따라서 참석할 사람은 D주임, E대리, F팀장이다.

20
정답 ①

배정하는 방 개수를 x개라고 하면 다음과 같은 식이 성립한다.
$4x+12=6(x-2)$
$\rightarrow 2x=24$
$\therefore x=12$
따라서 신입사원들이 배정받는 방 개수는 12개이다.

21
정답 ③

마지막 문단에서 알 수 있듯이 체감 경쟁이 가장 치열한 시장은 과점 시장이다.

22

마지막 문단에 따르면 과점 시장은 체감 경쟁이 가장 심한 시장의 형태이다.

23
정답 ③

해결해야 할 전략 과제란 취약한 부분에 대해 보완해야 할 과제를 말한다. 따라서 이미 우수한 고객서비스 부문을 강화한다는 것은 전략 과제로 삼기에 적절하지 않다.

오답분석

① 해외 판매망이 취약하다고 분석되었으므로 중국시장의 판매유통망을 구축하는 전략 과제를 세우는 것은 적절하다.
② 중국시장에서 제품의 구매 방식이 대부분 온라인으로 이루어지는 데 반해, 자사의 온라인 구매시스템은 미흡하기 때문에 온라인 구매시스템을 강화한다는 전략 과제는 적절하다.
④ 제품에 대해 중국기업들 간의 가격 경쟁이 치열하다는 것은 제품의 가격이 내려가고 있다는 의미인데, 자사는 생산원가가 높다는 약점이 있다. 따라서 원가 절감을 통한 가격경쟁력 강화 전략은 적절하다.
⑤ 중국시장에서 인간공학이 적용된 제품을 지향하고 있으므로 인간공학을 기반으로 한 제품 개발을 강화하는 것은 적절한 전략 과제이다.

24
정답 ①

정가(=판매가격)=(원가)+(이익금)=(원가)+[(원가)×(이율)]=(원가)[1+(이율)]이다.
정가가 3,000원인 상품을 2할 할인해서 팔았다면 정가(=판매가격)는 $3,000 \times 0.8 = 2,400$원이다.
원가를 x원이라고 하면 $2,400 = 1.5x$이다.
따라서 원가는 1,600원이다.

25
정답 ③

N주임은 2021년 3월 2일에 입사하였으므로 2023년 1월 2일 기준 입사 2년 차에 해당한다. 입사 3년 차 미만으로 명절상여금은 못 받고, 여름 휴가비용은 상반기 기간에 해당이 안 된다. 또한 자녀학자금에도 과장 이상이 아니므로 제외된다. 따라서 혜택은 경조사비, 문화생활비, 자기계발비, 출산축하금을 급여와 함께 받을 수 있다.

• 경조사비 : 경조사일이 속한 달의 다음 달 급여에 지급되므로 1월 급여에 주임 직급의 금액으로 지급(200,000원)
• 문화생활비 : 입사일이 속한 달에 지급되므로 3월에 지급(100,000원)
• 자기계발비 : 3월 주임 직급에 해당하는 금액만큼 지급(300,000원)
• 출산축하금 : 6월에 타회사 근무 중인 아내가 첫 아이를 출산하므로 남성 출산축하금이 지급(2,000,000원)

월 급여는 2023년 1월 ~ 4월에는 직급이 주임이므로 320만 원을 받고, 5 ~ 6월에는 대리로 진급하여 350만 원을 받는다. 따라서 N주임이 상반기에 받는 혜택까지 포함된 총급여는 $320 \times 4 + 350 \times 2 + 20 + 10 + 30 + 200 = 2,240$만 원이다.

26
정답 ④

25번에서 추가되는 혜택은 1월 명절상여금으로 입사 1년 차로 주임 직급 월급여의 5%인 $320 \times 0.05 = 16$만 원이다. 경조사비는 20만 원으로 동일하며, 문화생활비와 자기계발비(사원만 가능)가 없어지고, 출산축하금은 300만 원이다.
따라서 N주임이 상반기에 받는 혜택까지 포함된 총급여는 $320 \times 4 + 350 \times 2 + 16 + 20 + 300 = 2,316$만 원이다.

27
정답 ③

빌러 → 빌리러
표준어 규정에 따르면 남의 물건이나 돈을 쓴다는 뜻의 '빌다'가 '빌리다'로 형태가 바뀜에 따라 '빌리다'만 표준어로 삼는다.
• 빌다
　1. 바라는 바를 이루게 하여 달라고 신이나 사람, 사물 따위에 간청하다.
　2. 잘못을 용서하여 달라고 호소하다.
• 빌리다 : 남의 물건이나 돈 따위를 나중에 도로 돌려주거나 대가를 갚기로 하고 얼마 동안 쓰다.

28
정답 ③

주어진 조건에 따라 층별 인원을 추론해보면 다음과 같다.

4층	다, 차, 카
3층	나, 사, 아
2층	라, 자, 타
1층	가, 마, 바

사는 3층에 살고 있으며, 다, 차, 카는 4층에 살고 있으므로 적절한 추론이다.

29
정답 ②

ㄱ. 특수택배를 먼저 배송한 후에 보통택배 배송을 시작할 수 있으므로 2개까지 가능하다.
ㄴ. 특수택배 상품 배송 시, 가 창고에 있는 특01을 배송하고, 나 창고에 있는 물품 특02, 특03을 한 번에 배송하면, 최소 $10 + 10(휴식) + (15 + 10 - 5) = 40$분이 소요된다.

오답분석

ㄷ. 3개의 상품(보03, 보04, 보05)을 한 번에 배송하면 총시간에서 10분이 감소한다. $20 + 10 + 25 - 10 = 45$분이 소요되므로 50분을 넘지 않아 가능하다.

30
정답 ⑤

조건에 따라 최소 배송소요시간을 계산하면 다음과 같다.
우선, 특수택배 배송완료까지 소요되는 최소 시간은 40분이다.
보통택배의 배송 소요시간을 최소화하기 위해서는 같은 창고에 있는 택배를 최대한 한 번에 배송하여야 한다.
가 창고의 보통택배 배송 소요시간은 $10+10-5=15$분이고, 휴식 시간은 10분이다.
나 창고의 보통택배 배송 소요시간은 15분이며, 휴식 시간은 10분이다.
다 창고의 보통택배 배송 소요시간은 $20+10+25-10=45$분이다.
이를 모두 합치면 배송 소요시간이 최소가 되는 총소요시간은 $40+15+10+15+10+45=135$분이다.
따라서 9시에 근무를 시작하므로 11시 15분에 모든 택배의 배송이 완료된다.

31
정답 ④

물류창고에서 배송지까지의 거리를 $x$km라고 하자.
이때 물류창고에서 휴게소까지의 거리는 $\frac{4}{10}x=\frac{2}{5}x$km,
휴게소에서 배송지까지의 거리는 $\left(1-\frac{2}{5}\right)x=\frac{3}{5}x$km이다.
$\left(\frac{2}{5}x\times\frac{1}{75}\right)+\frac{30}{60}+\left(\frac{3}{5}x\times\frac{1}{75+25}\right)=\frac{200}{60}$
$\rightarrow \frac{2}{375}x+\frac{3}{500}x=\frac{17}{6}$
$\rightarrow 8x+9x=4,250$
$\therefore x=250$
따라서 물류창고에서 배송지까지의 거리는 250km이다.

32
정답 ④

다섯 번째 정보에 따르면 E대리는 참석한다.
네 번째 정보의 대우는 'E대리가 참석하면 D대리는 참석하지 않는다'이므로 D대리는 참석하지 않는다.
첫 번째 정보에 따라, D대리가 참석하지 않으므로 C주임이 참석한다.
세 번째 정보에 따라, C주임이 참석하면 A사원도 참석한다.
두 번째 정보는 나머지 정보들과 논리적 동치 관계가 없으므로 판단의 근거로 활용할 수 없다.
따라서 반드시 참석하는 직원은 A사원, C주임, E대리이며, 반드시 참석하지 않는 직원은 D대리이다. B사원과 F과장의 참석여부는 분명하지 않다. 따라서 B사원과 F과장이 참석한다고 가정하는 경우, A사원, B사원, C주임, E대리, F과장 5명이 참석하는 경우가 최대 인원이 참석하는 경우이다.

33
정답 ②

세 번째 문단에 따르면 위험하고 반복적인 일은 로봇에게 맡김으로써 인간이 가치집약적 일에 집중하게 하는 것을 목표로 한다는 내용이 제시되어 있다.

오답분석

① 두 번째 문단에 따르면 서울산업진흥원 본부가 아닌 G캠프에서 진행된다.
③ 두 번째 문단에 따르면 최종 우승팀은 연말에 결정된다.
④ 첫 번째 문단에 따르면 지원서를 홈페이지로만 접수해야 한다.
⑤ 첫 문단에 따르면 팀뿐만 아니라 개인 자격으로도 공모전에 참가 가능하다.

34
정답 ③

ㄱ. 본선 진출 팀의 수를 늘려 상금획득 가능성에 대한 기대를 높이고, 최종 우승 시의 보상을 높이는 것은 참여의지를 촉진시킨다.
ㄴ. 내부 심사 외에, 일반 고객들이 지원자가 아닌 평가자로서 참여할 수 있도록 하고 이를 홍보한다면 다른 일반인들의 관심이 높아져 흥행할 수 있다.

오답분석

ㄷ. 제출 작품의 전문성을 높일 수는 있겠지만, 지원자의 폭을 좁혀 흥행 촉진에는 부정적일 수 있다. 또한 일상에서의 로봇 활용 아이디어를 목표로 하는 만큼, 지원자격에 전문성을 추가하는 것은 참신한 아이디어를 제한할 수 있다.

35
정답 ④

팀별 평가결과를 바탕으로 최종점수를 산출하면 다음과 같다.
(단위 : 점)

구분	안전 개선	고객 지향	기술 혁신	가치 창조	최종 점수
A	24	5	16	4	49
B	18	8	10	5	41
C	21	6	12	7	46
D	21	7	14	7	49
E	15	6	20	4	45

최종점수는 A팀과 D팀이 49점 동점으로 가장 높다. 그중 고객지향 점수가 더 높은 D팀이 최종우승팀으로 결정된다.

36

정답 ①

10시 10분일 때 시침과 분침의 각도를 구하면 다음과 같다.
- 10시 10분일 때 시침의 각도 : $30 \times 10 + 0.5 \times 10 = 305°$
- 10시 10분일 때 분침의 각도 : $6 \times 10 = 60°$

따라서 시침과 분침이 이루는 작은 쪽의 각도는 $(360 - 305) + 60 = 115°$이다.

37

정답 ⑤

제시된 기사는 글로벌 시대에 맞는 외국어 구사능력을 강조했으며, 전통을 지켜야 한다는 내용은 찾아볼 수 없다.

38

정답 ④

리더의 덕목에서 주변 사람들에게 아낌없이 베푼다는 내용은 제시된 기사에서 찾아볼 수 없다.

39

정답 ④

제시문의 첫 문장에서는 많은 사람이 리더가 되고 싶어 하며, 리더가 되기 위해서는 리더십을 갖춰야 한다고 말한다. 따라서 다음 순서로는 리더십에 관해 설명하고 있는 (나)가 가장 적절하며, 이어서는 리더의 두 번째 덕목인 원만한 대인관계를 제시하는 (라)가 적절하다. (라)의 마지막 문장에서는 리더의 세 번째 덕목으로 독서를 제시하므로 이어지는 순서로는 독서의 효과를 제시하는 (가)가 적절하다. 다음으로는 (가)의 마지막 문장인 외국어 능력의 중요성을 이어서 설명하는 (마), 리더의 낙천적 사고를 제시하는 (다) 순으로 나열하는 것이 적절하다.

40

정답 ③

작년의 임원진 3명은 연임하지 못하므로 올해 임원 선출이 가능한 인원은 $17 - 3 = 14$명이다.
14명 중에서 회장, 부회장, 총무를 각 1명씩 뽑을 수 있는 방법은 다음과 같다.
$_{14}P_3 = 14 \times 13 \times 12 = 2,184$가지

따라서 올해 임원을 선출할 수 있는 경우의 수는 2,184가지이다.

미래는 자신이 가진 꿈의 아름다움을 믿는 사람들의 것이다.

- 엘리노어 루즈벨트 -

롯데그룹 L-TAB 온라인 직무적합진단 답안지

문번	1	2	3	4	5	문번	1	2	3	4	5	문번	1	2	3	4	5
1	①	②	③	④	⑤	16	①	②	③	④	⑤	31	①	②	③	④	⑤
2	①	②	③	④	⑤	17	①	②	③	④	⑤	32	①	②	③	④	⑤
3	①	②	③	④	⑤	18	①	②	③	④	⑤	33	①	②	③	④	⑤
4	①	②	③	④	⑤	19	①	②	③	④	⑤	34	①	②	③	④	⑤
5	①	②	③	④	⑤	20	①	②	③	④	⑤	35	①	②	③	④	⑤
6	①	②	③	④	⑤	21	①	②	③	④	⑤	36	①	②	③	④	⑤
7	①	②	③	④	⑤	22	①	②	③	④	⑤	37	①	②	③	④	⑤
8	①	②	③	④	⑤	23	①	②	③	④	⑤	38	①	②	③	④	⑤
9	①	②	③	④	⑤	24	①	②	③	④	⑤	39	①	②	③	④	⑤
10	①	②	③	④	⑤	25	①	②	③	④	⑤	40	①	②	③	④	⑤
11	①	②	③	④	⑤	26	①	②	③	④	⑤						
12	①	②	③	④	⑤	27	①	②	③	④	⑤						
13	①	②	③	④	⑤	28	①	②	③	④	⑤						
14	①	②	③	④	⑤	29	①	②	③	④	⑤						
15	①	②	③	④	⑤	30	①	②	③	④	⑤						

고사장

성 명

수 험 번 호

⓪	⓪	⓪	⓪	⓪	⓪	⓪
①	①	①	①	①	①	①
②	②	②	②	②	②	②
③	③	③	③	③	③	③
④	④	④	④	④	④	④
⑤	⑤	⑤	⑤	⑤	⑤	⑤
⑥	⑥	⑥	⑥	⑥	⑥	⑥
⑦	⑦	⑦	⑦	⑦	⑦	⑦
⑧	⑧	⑧	⑧	⑧	⑧	⑧
⑨	⑨	⑨	⑨	⑨	⑨	⑨

감독위원 확인

(인)

롯데그룹 L-TAB 온라인 직무적합진단 답안지

고사장

성 명

수험번호

	0	1	2	3	4	5	6	7	8	9
	⓪	①	②	③	④	⑤	⑥	⑦	⑧	⑨
	⓪	①	②	③	④	⑤	⑥	⑦	⑧	⑨
	⓪	①	②	③	④	⑤	⑥	⑦	⑧	⑨
	⓪	①	②	③	④	⑤	⑥	⑦	⑧	⑨
	⓪	①	②	③	④	⑤	⑥	⑦	⑧	⑨
	⓪	①	②	③	④	⑤	⑥	⑦	⑧	⑨
	⓪	①	②	③	④	⑤	⑥	⑦	⑧	⑨

감독위원 확인

(인)

문번	1	2	3	4	5	문번	1	2	3	4	5	문번	1	2	3	4	5
1	①	②	③	④	⑤	16	①	②	③	④	⑤	31	①	②	③	④	⑤
2	①	②	③	④	⑤	17	①	②	③	④	⑤	32	①	②	③	④	⑤
3	①	②	③	④	⑤	18	①	②	③	④	⑤	33	①	②	③	④	⑤
4	①	②	③	④	⑤	19	①	②	③	④	⑤	34	①	②	③	④	⑤
5	①	②	③	④	⑤	20	①	②	③	④	⑤	35	①	②	③	④	⑤
6	①	②	③	④	⑤	21	①	②	③	④	⑤	36	①	②	③	④	⑤
7	①	②	③	④	⑤	22	①	②	③	④	⑤	37	①	②	③	④	⑤
8	①	②	③	④	⑤	23	①	②	③	④	⑤	38	①	②	③	④	⑤
9	①	②	③	④	⑤	24	①	②	③	④	⑤	39	①	②	③	④	⑤
10	①	②	③	④	⑤	25	①	②	③	④	⑤	40	①	②	③	④	⑤
11	①	②	③	④	⑤	26	①	②	③	④	⑤						
12	①	②	③	④	⑤	27	①	②	③	④	⑤						
13	①	②	③	④	⑤	28	①	②	③	④	⑤						
14	①	②	③	④	⑤	29	①	②	③	④	⑤						
15	①	②	③	④	⑤	30	①	②	③	④	⑤						

롯데그룹 L-TAB 온라인 직무적합진단 답안지

문번	1	2	3	4	5	문번	1	2	3	4	5	문번	1	2	3	4	5
1	①	②	③	④	⑤	16	①	②	③	④	⑤	31	①	②	③	④	⑤
2	①	②	③	④	⑤	17	①	②	③	④	⑤	32	①	②	③	④	⑤
3	①	②	③	④	⑤	18	①	②	③	④	⑤	33	①	②	③	④	⑤
4	①	②	③	④	⑤	19	①	②	③	④	⑤	34	①	②	③	④	⑤
5	①	②	③	④	⑤	20	①	②	③	④	⑤	35	①	②	③	④	⑤
6	①	②	③	④	⑤	21	①	②	③	④	⑤	36	①	②	③	④	⑤
7	①	②	③	④	⑤	22	①	②	③	④	⑤	37	①	②	③	④	⑤
8	①	②	③	④	⑤	23	①	②	③	④	⑤	38	①	②	③	④	⑤
9	①	②	③	④	⑤	24	①	②	③	④	⑤	39	①	②	③	④	⑤
10	①	②	③	④	⑤	25	①	②	③	④	⑤	40	①	②	③	④	⑤
11	①	②	③	④	⑤	26	①	②	③	④	⑤						
12	①	②	③	④	⑤	27	①	②	③	④	⑤						
13	①	②	③	④	⑤	28	①	②	③	④	⑤						
14	①	②	③	④	⑤	29	①	②	③	④	⑤						
15	①	②	③	④	⑤	30	①	②	③	④	⑤						

교사장

성 명

수 험 번 호

⓪	①	②	③	④	⑤	⑥	⑦	⑧	⑨
⓪	①	②	③	④	⑤	⑥	⑦	⑧	⑨
⓪	①	②	③	④	⑤	⑥	⑦	⑧	⑨
⓪	①	②	③	④	⑤	⑥	⑦	⑧	⑨
⓪	①	②	③	④	⑤	⑥	⑦	⑧	⑨
⓪	①	②	③	④	⑤	⑥	⑦	⑧	⑨
⓪	①	②	③	④	⑤	⑥	⑦	⑧	⑨

감독위원 확인

(인)

※ 절취선을 따라 분리하여 실제 시험과 같이 사용하면 더욱 효과적입니다.

롯데그룹 L-TAB 온라인 직무적합진단 답안지

교시장

성 명

수험번호

0	①	②	③	④	⑤	⑥	⑦	⑧	⑨

감독위원 확인

(인)

문번	1	2	3	4	5		문번	1	2	3	4	5		문번	1	2	3	4	5
1	①	②	③	④	⑤		16	①	②	③	④	⑤		31	①	②	③	④	⑤
2	①	②	③	④	⑤		17	①	②	③	④	⑤		32	①	②	③	④	⑤
3	①	②	③	④	⑤		18	①	②	③	④	⑤		33	①	②	③	④	⑤
4	①	②	③	④	⑤		19	①	②	③	④	⑤		34	①	②	③	④	⑤
5	①	②	③	④	⑤		20	①	②	③	④	⑤		35	①	②	③	④	⑤
6	①	②	③	④	⑤		21	①	②	③	④	⑤		36	①	②	③	④	⑤
7	①	②	③	④	⑤		22	①	②	③	④	⑤		37	①	②	③	④	⑤
8	①	②	③	④	⑤		23	①	②	③	④	⑤		38	①	②	③	④	⑤
9	①	②	③	④	⑤		24	①	②	③	④	⑤		39	①	②	③	④	⑤
10	①	②	③	④	⑤		25	①	②	③	④	⑤		40	①	②	③	④	⑤
11	①	②	③	④	⑤		26	①	②	③	④	⑤							
12	①	②	③	④	⑤		27	①	②	③	④	⑤							
13	①	②	③	④	⑤		28	①	②	③	④	⑤							
14	①	②	③	④	⑤		29	①	②	③	④	⑤							
15	①	②	③	④	⑤		30	①	②	③	④	⑤							

2025 최신판 시대에듀 All-New 롯데그룹 L-TAB
온라인 조직 · 직무적합진단 최신기출유형 ＋ 모의고사 3회 ＋
무료롯데특강

개정23판1쇄 발행	2025년 02월 20일 (인쇄 2024년 11월 06일)
초 판 발 행	2013년 07월 10일 (인쇄 2013년 06월 05일)
발 행 인	박영일
책 임 편 집	이해욱
편 저	SDC(Sidae Data Center)
편 집 진 행	안희선 · 정수현
표지디자인	박수영
편집디자인	장하늬 · 장성복
발 행 처	(주)시대고시기획
출 판 등 록	제10-1521호
주 소	서울시 마포구 큰우물로 75 [도화동 538 성지 B/D] 9F
전 화	1600-3600
팩 스	02-701-8823
홈 페 이 지	www.sdedu.co.kr
I S B N	979-11-383-8220-5 (13320)
정 가	23,000원